21世纪高等院校旅游管理类创新型应用人才培养规划教材

景区经营与管理

陈玉英 主编

内 容 简 介

本书是全国高等院校旅游类专业核心课程教材,是编者多年教学与研究成果。本书以景区发展运营为脉络,围绕景区运营环节、管理与经营展开,对景区经营性资源、服务性业务、景区游客管理、项目管理、营销管理、安全管理等内容进行了阐述,并注重于中国和世界其他旅游发达的国家和地区的景区发展实践相结合,运用案例分析引导基础知识,引导学生实训专业能力,是与发达国家高等教育接轨的教材。

本书既可做为大学旅游学、旅游地理学、文化产业管理学等专业本科生的教材和教学参考书,也可供区域旅游行政管理、景区企业管理、导游人员等决策者和服务人员参考。

图书在版编目(CIP)数据

景区经营与管理/陈玉英主编.—北京:北京大学出版社,2014.1
(21世纪高等院校旅游管理类创新型应用人才培养规划教材)
ISBN 978-7-301-23364-1

Ⅰ.①景… Ⅱ.①陈… Ⅲ.①风景区—经济管理—中国—高等学校—教材 Ⅳ.①F592.6

中国版本图书馆 CIP 数据核字(2013)第 248270 号

书　　　名:	**景区经营与管理**
著作责任者:	陈玉英　主编
策 划 编 辑:	莫　愚
责 任 编 辑:	莫　愚
标 准 书 号:	ISBN 978-7-301-23364-1/F·3778
出 版 发 行:	北京大学出版社
地　　　址:	北京市海淀区成府路 205 号　100871
网　　　址:	http://www.pup.cn　新浪官方微博:@北京大学出版社
电 子 信 箱:	pup_6@163.com
电　　　话:	邮购部 010-62752015　发行部 010-62750672　编辑部 010-62750667
印 刷 者:	北京虎彩文化传播有限公司
经 销 者:	新华书店
	787 毫米×1092 毫米　16 开本　19 印张　560 千字
	2014 年 1 月第 1 版　2021 年 7 月第 5 次印刷
定　　　价:	42.00 元

未经许可,不得以任何方式复制或抄袭本书之部分或全部内容。
版权所有,侵权必究
举报电话:010-62752024　电子信箱:fd@pup.pku.edu.cn

编委会成员

主　编　陈玉英（河南大学历史文化学院城市休闲与会展研究所所长、副教授、硕士生导师）

副主编　陈楠（河南大学历史文化学院旅游学系主任、副教授、硕士生导师）
　　　　　马少春（昆明学院旅游学院副教授）

参　编　乔光辉（河南工业大学管理学院副教授、硕士生导师）
　　　　　王东峰（河南大学历史文化学院讲师）
　　　　　古耀升（开封市体育运动学校高级讲师）
　　　　　郭盼盼（郑州旅游学院旅游管理系讲师）

序

　　自19世纪夏威夷、地中海、加勒比海等一批旅游度假区开发经营成功之后,西方经济发达国家和地区陆续开发滨海度假区、国家公园、文化遗产地、博物馆、主题公园等能满足不同游客需求的景区,景区成为区域旅游经济发展中不可替代的经济实体、文化单位。20世纪90年代,我国景区的开发建设、管理、保护开始受到重视。景区实质上已成为了区域旅游的核心环节,是各种旅游要素和相关环境的地域综合体,也是区域旅游发展水平的主要表征。目前,一大批高质量、高品位、高水平的景区享誉海内外,成为中国旅游产业发展的新的增长点。同时,由于中国巨大的国内旅游市场,特别是休假制度的实施,使刚步入发展期的景区得到了长足发展,同时也因经营与管理水平亟待提升,成为游客投诉的集中领域,使之成为中国旅游产业发展的"瓶颈"之一。2000年始,国家旅游局开始组织实施旅游区(点)质量等级标准的评定。2003年,又对其标准进行了修改,形成了国家标准 GB/T 17775—2003《旅游区(点)质量等级标准》,这标志着我国景区管理进入了现代企业化、规范化发展阶段。景区经营与管理方面的人才培养与科学研究显得尤为重要。

　　景区已经成为区域旅游产业发展的核心领域,景区的发展对各个国家和地区的旅游产业发展提出了更高的要求,更重要的是,对景区管理学科理论层面的研究提出了挑战。分析世界旅游和我国旅游发展进程,可以发现一些深层次的规律性的现象,并由此形成一些新的认识。但景区领域研究的难度较大,我国景区管理体制受整个社会经济管理体制,特别是传统管理理念的影响,难度更大。到目前为止,市场上旅游景区管理方面的教材和专著已有很多,虽然每个版本都有自己的特色,但多从管理学视角分析景区,且多与旅游学概论、旅游资源规划与开发,甚至与管理学原理、旅游财务管理、旅游人力资源管理等课程内容体系交叉重复,给旅游本科教学带来了困扰。细读陈玉英主编的《景区经营与管理》,我感到有以下四个方面特色突出:

　　第一,开合有序,系统完整,分析深入浅出。首先,作者把景区运营作为景区经营与管理的研究对象进行了综合分析。然后逐章展开对景区运营过程中的各重要环节的研究,讲究开合有序,深入浅出,内容系统完整,逻辑性强,适合作为高校教材或大学生自学参考书,同时也可为景区经营管理者提供参考。

　　第二,"景区管理"和"景区经营"主题突出。景区管理强调以人为本,以景区员工为中心,主要阐述景区战略管理、项目管理、游客体验管理、容量管理、营销管理、安全管理等问题。景区经营部分以景区客户为中心,以旅游市场需求为导向,重点阐述了景区经营环境、资源基础、业务等问题。

　　第三,理论阐述与案例分析、应用相结合。在编写过程中,作者把加强理论性作为写作的重点予以突出,并有意识地分析国内外典型案例。各章节在阐述概念、原理、方法、规律之后,均辅以典型案例,并在课后思考题中设计实训题目,引导学生进行理论运用。

第四,在严谨治学的基础上创新思维。作者对书中引用的大量文献、实例、数据和图表,都以严谨的科学态度加以整理、分析、对比,然后形成自己的思路和观点,引导读者进行思考。

《景区经营与管理》一书适应了我国旅游教育与旅游产业发展的需求。自20世纪80年代以来,景区管理学在我国发展很快,如今,景区经营与管理已成为旅游学科教育的核心基础课程,与旅行社经营管理、饭店经营管理一起构成旅游企业管理的三大核心课程。目前,景区经营与管理的教学和科研活动还处于初步发展时期,急需加大人才培养力度。各位同仁还需要进行深入系统的研究与探讨,促进景区经营与管理研究更加科学化,使旅游学科体系更加完备,为发展我国旅游产业和旅游科学研究做出更大贡献!

全国丹霞地貌旅游开发研究会副理事长
中国旅游协会理事、旅游教育协会常务理事
2006—2010年教育部旅游高职教指委委员
云南旅游产业发展哲社研究基地首席科学家
云南省人民政府旅游专家组专家、A级景区评委
云南省中青年科学技术带头人
云南师范大学旅游规划研究中心主任

明庆忠 教授、博士生导师
2013年8月26日于昆明

前　言

从词义上讲，旅游可以理解为"旅"是方式，"游"是目的，其中"游"的空间载体就是景区。旅游活动中"游"是核心，"游"的存在引起"行""食""宿""娱""购"等几个旅游活动支撑性环节的存在，并配合完成了整个"游"的过程。同时，由于旅游资源的垄断性、不可替代性及门票价格的非市场性，在购物、餐馆、交通等单项旅游产品价格下降时，景区门票价格多呈刚性，只升不降。从招徕游客角度理解，景区是旅游吸引力的源泉，是旅游消费的吸引中心。人们在选择旅游目的地、安排旅游行程时，首要考虑景区吸引力大小。因此，景区是旅游产业的核心部门。然而，我国景区，特别是旅游资源具有显著公共属性的景区，其产业化和资产化经营滞后。长期以来，景区在旅游产业中的地位没有得到应有的重视，而且旅游研究中对景区经营与管理的研究严重缺失。在早期的旅游教育实践中，我国的旅游高等教育甚至出现只讲旅游资源，不讲景区经营的现象。

"景区经营与管理"作为旅游管理专业的必修课，属于专业教育的重点课程，与"酒店经营与管理""旅行社经营与管理"等一起构成了旅游专业基础课。在我国旅游业向纵深方向发展的大背景下，景区经营与管理人员的非专业构成特点，将无法适应市场竞争的要求，懂专业、职业化的景区经营与管理人员将成为景区核心竞争力之一。因此，"景区经营与管理"已成为旅游市场需求最迫切的专业方向课程之一。同时，由于此课程形成时间较晚，亟须完善优化课程内容体系。

汤姆·彼得斯（Tom Peters）曾指出，卓越企业之所以卓越是因为它们的基本功更加扎实，经营与管理呈现的正是企业的基本功底。对卓越景区而言，经营与管理缺一不可，经营奠定了景区成长的基础，而有效的管理则让其成长变为现实。彼得·德鲁克（Peter Drucker）在《管理的实践》中首先提出经营只有一个有效定义：创造顾客，而且企业的唯一目的是创造顾客。从经营上，不论是个人还是组织，都要追求成果，但必须要清楚成果只存在于外部；从管理上，需要明确管理以解决效率问题为核心，通过组织的分权结构安排提升组织的整体效率。鉴于此，本书的内容体系以景区管理为核心，同时强调景区经营，形成了景区管理与景区经营的二重理念。

编者围绕景区管理和景区经营两个景区发展的重要环节，收集整理文献资料，并以国内已出版发行的相关教材和相关学术论文为基础，构建了重视管理、突出经营并兼顾实证案例的课程内容体系。全书共分11章：第1章为导论，以国内外景区发展史切入，逐步展现景区及相关概念、理论基础、研究对象与研究内容；第2~5章突出了景区经营的本质，即创造游客价值；第6~9章突出了景区管理的重要环节；第10章和第11章为国内外景区经营与管理经典案例分析。

本书是集体努力的结果、团队智慧的结晶。具体编写分工如下：陈玉英负责编写全书写作大纲，确定书稿体例，并撰写第1~3章；马少春、郭盼盼撰写第4章和第9章；陈楠撰写第5章和第10章；乔光辉、古耀升撰写第6章和第11章；王东峰撰写第7章和第

8 章。全书由陈玉英、陈楠统稿。研究生崔新平、周瑞雪、张新参与了文字校对工作。

编者在编写本书的过程中参考了大量文献和资料，没有前人的研究成果和教材基础，就没有本书的成功编写。在此，对文献作者表示衷心的感谢！

由于编者水平有限，信息获取途径不足，对一些问题的思考可能仍不成熟，因此书中不妥之处在所难免，恳请广大读者不吝赐教，多提宝贵意见。

编者
2013 年 6 月

目 录

第1章 导论 …………………………… 1
  1.1 景区发展历程 ………………… 2
    1.1.1 国外景区发展历程 ……… 2
    1.1.2 我国景区发展历程 ……… 8
  1.2 景区的类型 …………………… 11
    1.2.1 风景名胜区 ……………… 11
    1.2.2 主题公园 ………………… 11
    1.2.3 旅游度假区 ……………… 12
    1.2.4 博物馆及重点文物保护单位 … 12
    1.2.5 森林公园 ………………… 12
    1.2.6 自然保护区 ……………… 13
    1.2.7 地质公园 ………………… 14
    1.2.8 水利风景区 ……………… 14
  1.3 相关概念与理论基础 ………… 15
    1.3.1 旅游目的地 ……………… 15
    1.3.2 景区 ……………………… 16
    1.3.3 景区管理 ………………… 18
    1.3.4 景区经营 ………………… 20
    1.3.5 景区发展的理论基础 …… 23
  1.4 景区在旅游发展中的特殊地位和作用 …………………………… 25
    1.4.1 景区是旅游业的核心要素 … 25
    1.4.2 景区可传播地区旅游形象，提高区域知名度 ……………… 25
    1.4.3 景区消费是新的旅游经济增长点 ……………………… 25
  1.5 景区经营与管理的主要研究内容 … 26
    1.5.1 基本概念体系、原理和范式 … 26
    1.5.2 景区战略管理 …………… 26
    1.5.3 景区管理环境 …………… 27
    1.5.4 景区的资源管理 ………… 27
    1.5.5 景区游客行为管理 ……… 27
    1.5.6 景区业务管理 …………… 27
    1.5.7 景区市场营销管理 ……… 28
    1.5.8 景区的标准化管理 ……… 28
    1.5.9 景区安全与危机管理 …… 28

第2章 景区的经营环境 ……………… 31
  2.1 环境与景区经营的关系 ……… 31
    2.1.1 环境是景区经营的基本保障 ……………………… 32
    2.1.2 环境与景区间的交换关系 … 32
    2.1.3 环境与景区间的竞争关系 … 33
    2.1.4 景区经营活动的外部经济效应 ……………………… 33
  2.2 景区经营的宏观环境 ………… 33
    2.2.1 景区经营的政策与法制环境 ……………………… 34
    2.2.2 景区经营的经济环境 …… 36
    2.2.3 景区经营的社会环境 …… 37
    2.2.4 景区经营的技术环境 …… 38
  2.3 景区经营的微观环境 ………… 39
    2.3.1 景区运行的内在决定性因素 ……………………… 39
    2.3.2 景区权利关系 …………… 41
    2.3.3 景区组织结构 …………… 42
    2.3.4 景区经营制度 …………… 44
    2.3.5 景区经营的资源基础 …… 46
    2.3.6 景区的产品状态 ………… 46

第3章 景区经营的资源基础 ………… 50
  3.1 景区经营的资源体系 ………… 50
    3.1.1 景观资源 ………………… 50
    3.1.2 景区土地资源 …………… 55
    3.1.3 景区资本 ………………… 58
    3.1.4 景区人力资源 …………… 60
    3.1.5 景区组织 ………………… 61
  3.2 开发景区经营性资源的理论基础 … 62
    3.2.1 地域分异规律 …………… 62
    3.2.2 区位论 …………………… 63
    3.2.3 系统论 …………………… 64
    3.2.4 产业经济学理论 ………… 64
    3.2.5 可持续发展理论 ………… 64
  3.3 开发景区经营性资源的保障体系 … 66

  3.3.1 完善的法规制度 ………… 66
  3.3.2 适度的旅游税 …………… 67
  3.3.3 超前的行政管理理念 …… 68

第4章 景区服务性经营 …………… 71

 4.1 景区经营业务 ………………… 72
  4.1.1 景区的经营内容 ………… 72
  4.1.2 景区经营业务类型 ……… 73
 4.2 景区解说 ……………………… 74
  4.2.1 景区解说的起源与含义 … 74
  4.2.2 景区解说的类型 ………… 76
  4.2.3 我国景区解说管理的重点… 77
 4.3 景区接待 ……………………… 78
  4.3.1 景区票务服务管理 ……… 78
  4.3.2 景区入门接待服务管理 … 80
  4.3.3 景区投诉与抱怨管理 …… 82
 4.4 景区购物 ……………………… 88
  4.4.1 景区商品设计 …………… 88
  4.4.2 游客购物心理分析 ……… 90
  4.4.3 景区购物推销技巧 ……… 91
 4.5 景区娱乐 ……………………… 93
  4.5.1 景区娱乐类型 …………… 93
  4.5.2 景区娱乐服务经营模式 … 96
  4.5.3 景区娱乐发展思路 ……… 103
 4.6 景区服务设施 ………………… 105
  4.6.1 景区购物设施 …………… 105
  4.6.2 景区娱乐设施 …………… 106
  4.6.3 景区接待设施常用指标 … 111
  4.6.4 景区环境卫生设施 ……… 113

第5章 景区游客体验管理 ………… 117

 5.1 景区游客体验理论 …………… 118
  5.1.1 旅游体验理论 …………… 118
  5.1.2 景区游客体验类型 ……… 123
  5.1.3 景区游客行为特征 ……… 124
 5.2 景区游客体验管理方法与措施 … 128
  5.2.1 服务性管理方法 ………… 128
  5.2.2 控制性管理方法 ………… 129
  5.2.3 激发性管理方法 ………… 131
  5.2.4 满足游客体验需求的措施 … 131
 5.3 体验经济时代的景区游客体验管理
  模式——创造"快乐剧场" ……… 133
  5.3.1 创意景区体验主题 ……… 134
  5.3.2 贯彻景区管理的游客体验
    原则 …………………… 135
  5.3.3 淘汰消极印象 …………… 136
  5.3.4 不断满足游客期望 ……… 137
  5.3.5 完善旅游公共服务、营造
    诚信安全的旅游环境 …… 139

第6章 景区容量与可持续发展 …… 143

 6.1 旅游容量的概念体系 ………… 144
  6.1.1 基本容量 ………………… 144
  6.1.2 非基本容量 ……………… 146
 6.2 旅游容量的量测 ……………… 146
  6.2.1 基本空间标准 …………… 146
  6.2.2 旅游容量的量测方法 …… 148
 6.3 景区可持续发展 ……………… 151
  6.3.1 景区可持续发展概述 …… 151
  6.3.2 景区可持续发展的目标 … 154
  6.3.3 景区可持续发展的评价
    标准 …………………… 155
  6.3.4 景区可持续发展战略 …… 156

第7章 景区项目管理 ………………… 161

 7.1 景区项目管理的内容与方法 … 161
  7.1.1 项目管理与旅游项目 …… 161
  7.1.2 景区项目管理的内容 …… 164
  7.1.3 景区项目管理方法 ……… 164
 7.2 景区项目的选择 ……………… 166
  7.2.1 景区项目选择的基本原则 … 166
  7.2.2 景区项目选择的基本程序 … 167
 7.3 景区项目设计 ………………… 168
  7.3.1 景区项目设计的原则 …… 168
  7.3.2 景区项目设计的内容 …… 169
  7.3.3 景区项目设计的程序 …… 170
 7.4 景区项目价格管理 …………… 173
  7.4.1 景区项目价格的演变 …… 173
  7.4.2 影响景区项目价格政策
    制定的因素 …………… 177
  7.4.3 制定景区项目价格政策的
    路径 …………………… 178
  7.4.4 景区项目价格定位 ……… 181
  7.4.5 景区项目价格战略 ……… 185

第8章 景区营销管理 …… 196

- 8.1 景区营销的定义、特征 …… 197
  - 8.1.1 景区营销管理的定义 …… 197
  - 8.1.2 景区营销的特征 …… 198
- 8.2 景区营销管理过程 …… 200
  - 8.2.1 景区营销环境调查与分析 …… 200
  - 8.2.2 景区营销战略的制定 …… 201
  - 8.2.3 景区市场营销计划的制订 …… 205
  - 8.2.4 景区营销计划的实施与控制 …… 210
- 8.3 景区营销的前沿策略 …… 212
  - 8.3.1 合作营销 …… 212
  - 8.3.2 口号营销 …… 212
  - 8.3.3 美食营销 …… 213
  - 8.3.4 概念营销 …… 214
  - 8.3.5 网络营销 …… 214
  - 8.3.6 互动营销 …… 215
  - 8.3.7 事件营销 …… 216

第9章 景区安全管理 …… 221

- 9.1 景区危机表现形态 …… 222
  - 9.1.1 景区自然灾害 …… 222
  - 9.1.2 景区公共安全事故 …… 222
  - 9.1.3 景区旅游设备的安全隐患 …… 223
- 9.2 景区安全法规体系 …… 224
- 9.3 景区安全管理的内容 …… 224
  - 9.3.1 游乐设施安全管理 …… 224
  - 9.3.2 景区交通设施安全管理 …… 226
  - 9.3.3 景观安全管理 …… 227
  - 9.3.4 景区治安管理 …… 227
- 9.4 景区安全管理的阶段性任务 …… 227
  - 9.4.1 危机之前 …… 228
  - 9.4.2 危机期间 …… 228
  - 9.4.3 危机过后 …… 228
- 9.5 景区安全预警管理 …… 230
  - 9.5.1 安全预警管理工作原则 …… 230
  - 9.5.2 安全预警管理工作内容 …… 230
  - 9.5.3 旅游景区危机预警系统 …… 231
- 9.6 景区安全管理的措施 …… 231
  - 9.6.1 施行法定代表人负责制 …… 231
  - 9.6.2 健全安全管理机构，明确其主要职责 …… 232
  - 9.6.3 建立并健全安全管理制度 …… 232
  - 9.6.4 完善安全保障与救援系统 …… 234
  - 9.6.5 配备旅游安全防范设施 …… 235
  - 9.6.6 加强救灾方案储备 …… 236

第10章 中国景区治理模式及典型案例分析 …… 239

- 10.1 中国景区治理模式概述 …… 240
  - 10.1.1 影响中国景区治理模式的因素 …… 240
  - 10.1.2 中国景区治理结构 …… 243
  - 10.1.3 中国景区治理模式特征分析 …… 247
  - 10.1.4 中国景区治理的基础条件 …… 249
- 10.2 整体租赁模式——以碧峰峡模式为例 …… 249
  - 10.2.1 碧峰峡模式的产生 …… 249
  - 10.2.2 碧峰峡模式的特点 …… 250
  - 10.2.3 碧峰峡模式的优势与风险 …… 252
  - 10.2.4 碧峰峡模式的完善与发展 …… 253
- 10.3 股份制企业模式——以富春江模式为例 …… 254
  - 10.3.1 富春江模式的产生 …… 254
  - 10.3.2 富春江模式的特征 …… 255
  - 10.3.3 富春江模式的完善与发展 …… 256
- 10.4 上市公司模式——以黄山模式为例 …… 256
  - 10.4.1 黄山模式的产生 …… 257
  - 10.4.2 黄山模式治理结构 …… 257
- 10.5 网络复合模式——以净月潭模式为例 …… 259
  - 10.5.1 网络复合模式的内涵 …… 259
  - 10.5.2 净月潭模式的产生 …… 259
  - 10.5.3 净月潭模式的特征 …… 260
  - 10.5.4 净月潭模式风险分析 …… 261
- 10.6 自主开发模式 …… 261
- 10.7 政府主导模式 …… 262
  - 10.7.1 政府主导模式的内涵 …… 262
  - 10.7.2 政府主导模式的提出 …… 262
  - 10.7.3 政府主导模式的实践方式 …… 262
  - 10.7.4 案例分析——云台山模式 …… 264

第 11 章　国外景区管理经验借鉴 …… 269

11.1　美国国家公园的管理体制 …… 270
- 11.1.1　美国国家公园管理体制的形成及特点 …… 270
- 11.1.2　黄石国家公园管理经验 …… 272
- 11.1.3　中国和美国自然文化遗产管理比较 …… 277

11.2　英国景区管理体系 …… 278
- 11.2.1　英国景区管理体系概述 …… 279
- 11.2.2　英国景区管理体系的特点 …… 279
- 11.2.3　英国景区管理体系的经验总结 …… 280

11.3　日本自然公园的治理模式 …… 281
- 11.3.1　日本国家公园制度 …… 281
- 11.3.2　日本自然公园概况 …… 281
- 11.3.3　日本的《自然公园法》 …… 282
- 11.3.4　广岛中央森林公园概况 …… 283
- 11.3.5　日本自然公园管理经验 …… 285

11.4　南非尼加拉私人狩猎保护区治理模式 …… 285

11.5　印度尼西亚巴厘岛度假区治理模式 …… 286
- 11.5.1　巴厘岛概况 …… 286
- 11.5.2　巴厘岛度假区管理经验 …… 286

参考文献 …… 290

第1章 导　论

景区发展包括经营和管理两个主要环节，经营是企业进行市场活动的行为，而管理是企业调整工作流程、发现问题的行为。本章将围绕景区发展、景区类型、相关概念、理论基础及景区研究对象和内容展开。

学习目标

知识目标	技能目标
1. 掌握景区的内涵及类型 2. 掌握景区管理学的理论基础 3. 掌握景区管理学的研究对象与内容 4. 熟悉国内外景区发展历程 5. 熟悉景区管理与景区经营的关系 6. 了解景区在旅游发展中的地位与作用	1. 能够借鉴国内外景区发展成功经验决策景区新建项目 2. 能将各类景区特征运用于景区产品设计中 3. 能客观认识旅游目的地与景区间的关系

导入案例

黄山风景名胜区的国际话语权

黄山风景名胜区依托"世界文化与自然遗产"、"世界地质公园"三项世界级桂冠的黄山风景区旅游资源，主营游览接待、餐饮娱乐、旅游商品、风景资源管理、旅行社、房地产开发、电子商务、广告等领域的高端产品。近年来，黄山风景区管委会以国际化为导向，不断扩大与国际旅游组织之间的交流合作：2008年同联合国世界旅游组织（UNWTO）等国际组织合作建设"世界遗产地可持续旅游（黄山）观测区"；2009年11月7日，成功举办了来自美国、英国、法国、德国、澳大利亚、日本、韩国、俄罗斯等38个国家和地区，以及由全国20多个省市和十多所高校的百余支代表队参加的第五届中国黄山国际登山大会；2009年7月批准设立"皖南国际文化旅游示范区"；2010年获得世界旅游业理事会（WTTC）"全球目的地管理奖"；2012年参与起草制定《全球可持续旅游目的地准则》；2013年获得首届"亚太旅游协会（PATA）中国旅游社会责任最佳实践奖"；2013年5月11日，正式启动世界优秀目的地评估工作，世界优秀目的地中心理事长弗朗索瓦·贝达德及其委派的世界优秀目的地中心（CED）评价指标体系专家组顺利完成了对黄山世界优秀目的地现场评估，初步结论为黄山风景区在资源与环境保护、文化与遗产传承、目的地系统管理、旅游业可持续发展等方面，都取得了系列成就。

景区国际话语权是个什么概念？黄山与国际组织交流，创建国际品牌有何价值和意义？景区作为旅游产业系统的核心，是旅游产业发展的动力源，也是区域旅游发展的核心竞争力。但目前有关景区经营与管理的理论研究还不成熟，理论基础的不完善使得景区在经营与管理实务操作中出现了很多偏差。本章将对国内外景区发展历程和景区相关概念体系进行梳理；对景区经营与管理的理论基础及景区在国民经济中的地位与作用，以及作为一门学科，景区经营与管理的研究对象和研究内容进行分析。

1.1 景区发展历程

景区是旅游产业繁荣发展期形成的部门，进入 20 世纪 50 年代以来，出现了世界性的旅游热潮。旅游产业的不断发展，促使旅游产品类型不断丰富、创意层出不穷、服务功能日益完善，出现了专门吸引旅游者、刺激旅游消费的景区。景区经营和管理的科学化也日益受到经营管理者的重视，逐步开展了对景区各要素的综合性系统管理，以发挥其更大的经济、社会和生态效益。

1.1.1 国外景区发展历程

1. 国外景区相关研究历程

作为旅游业的核心组成部分，人们对景区并不陌生。事实上，早在 20 世纪 80 年代景区的发展就进入了成熟期，仅世界发展水平排名前 20 位的景区，每年接待的游客量就高达 115 亿人次。但不可否认的是，与景区的快速发展和旅游业中的其他行业研究相比较，学术界对景区的研究还是相当有限的。同时，目前的相关研究还缺乏理论深度和实验基础，相关的学术著作不多，正如史蒂文斯(Stevens)的评价：从学术研究的角度来看，景区还是"灰姑娘"，没有受到赏识。

虽然国外的景区研究尚处于初级阶段，但其并不是新兴课题。从历史的角度来看，景区的历史渊源十分久远，而景区何时纳入研究者的视野，在此只能进行探索性的描述。虽然早在 20 世纪 60 年代丹尼尔·布尔斯廷(Daniel j. Boorstin)就对景区一词的渊源进行了论证，同一时期的约翰·派柏罗格鲁(John. Piperoglou)也给出了评价景区的四个步骤，但从国际权威性文献《国际产业划分标准》的观点，即"旅游业主要由三部分构成，即旅行社、交通客运部门和以旅馆为代表的住宿业部门"来看，在 20 世纪 60—70 年代，景区在旅游产业系统研究中还没有受到应有的重视。但是景区的地位和作用自 1955 年迪士尼主题乐园在加利福尼亚州建成之日起就已经受到了业界的高度关注。从 20 世纪 80 年代开始，对景区在旅游产业发展中地位与作用的描述出现在了一系列文献中。随着研究者对景区重要地位的呼吁，20 世纪 80 年代中后期，旅游景点被纳入旅游产业系统研究。其中，克莱尔·冈恩(Clare A. Gunn)指出旅游功能系统(the functional tourism system)是由供给和需求两大板块构成的，而景区属于供给系统构成成分之一；维克多·梅得尔敦(Victor T. C. Middleton)则明确地把游览场所经营部门纳入了旅游产业，此后，景区在旅游产业系统中的地位逐步得到了确认。20 世纪 90 年代以后，虽然旅游研究者和理论家达成了妥协，把景区的本质看成了一种现象，但是皮尔斯(Pearce)认为景区研究还是值得被多种学科的关注。事实上，从近十几年来国外旅游景点研究的文献来看，皮尔斯的观点已经得到了证明。

目前国外关于景区的研究内容主要有景区概念与地位、景区的分类与构成、景区管理、景区感知与选择、景区发展战略等，涉及面十分广泛，研究方法和技术手段新颖，案例研究针对性强。其中关于景区管理的研究主要涉及景区战略管理、营销管理、人力资源管理、价格管理、游客容量管理、质量管理等。国外关于景区的研究还存在基础理论研究薄弱、共识少、争议大，后继研究困难，研究主体集中在遗产类景区、主题公园和博物馆，其他类型的景区研究相对薄弱等问题。

2. 美国国家公园发展历程

美国国家公园体系发展存在6个阶段。

第一阶段为萌芽阶段(1832—1916年)。19世纪初，美国艺术家、探险家等有识之士开始认识到西部大开发将对原始自然环境造成巨大威胁，同时颇有势力的铁路公司也发现了西部荒野作为旅游资源开发的潜在价值。于是保护自然的理想主义者和与强调旅游开发的实用主义者一拍即合，联合起来共同反对伐木、采矿、修筑水坝等另外类型的实用主义者，并最终成功说服国会立法建立了世界上第一个国家公园。19世纪末，美国公众又开始关注史前废墟和印第安文明的保护问题，从而导致国会于1906年通过了《古迹法》授权总统以文告形式设立国家纪念地。

第二阶段为成型阶段(1916—1933年)。截至1916年8月，美国内政部共辖14个国家公园和21个国家纪念地，但没有专门机构管理它们，保护力度十分薄弱。国家公园重新面临着资源开发的巨大压力。这种情况下，斯蒂芬·廷·马瑟(Stephen Tyng Mather)成功筹建了国家公园管理局，并制定了以景观保护和适度旅游开发为双重任务的基本政策。同时积极帮助扩大州立公园体系以缓解国家公园面临的旅游压力，并在美国东部大力拓展历史文化资源保护方面的工作，从而使美国国家公园运动在美国全境基本形成体系。

第三阶段为发展阶段(1933—1940年)。1933年对美国国家公园体系来讲是又一个十分重要的年份，在这一年罗斯福总统签署法令将战争部、林业局等所属的国家公园和纪念地，以及国家首都公园划归国家公园管理局管理，极大增强了国家公园体系的规模，尤其是国家公园管理局在美国东部的势力范围。同时随着罗斯福新政的展开，国家公园管理局与公民保护军团配合，雇佣了成千上万的年轻人在国家公园和州立公园内完成了数量众多的保护性和建设性工程项目，这些项目对国家公园体系产生了深远影响。同时1935年和1936年分别通过的《历史地段法》和《公园、风景路和休闲地法》进一步增强了国家公园管理局在历史文化资源和休闲地管理方面的力度。

第四阶段为停滞与再发展阶段(1940—1963年)。这一阶段包括了第二次世界大战(以下简称二战)期间的停滞时期和战后由于旅游压力迅速发展时期。二战期间国家公园体系的经费和人员急剧减少，但国家公园管理局却成功地抵制了军事飞机制造业、水电业等开发公园内自然资源的蛮横要求。战后由于国家公园的游客大增，旅游服务设施严重不足，国家公园管理局启动了"66计划"，即从1956年起，用10年时间，花费10亿美元彻底改善国家公园的基础设施和旅游服务设施条件。"66计划"在满足游客需求方面是成功的，但在生态环境保护方面考虑不足，被保护主义者批评为过度开发。

第五阶段为注重生态保护阶段(1963—1985年)。20世纪60年代以前，美国国家公园管理局保护的仅仅是自然资源的景观价值，而对资源的生态价值没有充分认识，因此在公园动植物管理中犯了很多严重的错误，如在公园内随意引进外来物种等。随着美国环保意识的觉醒，在学术界和环保组织的压力下，国家公园管理局在资源管理方面的政策终于向保护生态系统方面做出了缓慢但重要的调整，如不再对观赏型野生动物进行人工喂养，逐步消灭外来物种。

第六阶段为教育拓展与合作阶段（1985年以后）。国家公园的教育功能在1985年以后得到了进一步强化，在教育硬件设施方面进行了较大规模的建设，在人员配备、资金安排等方面优先考虑，使国家公园体系成为进行科学、历史、环境和爱国主义教育的重要场所。由于里根以后的几届政府不断压缩国家公园管理局的人员和资金规模，因此这一时期的另一趋势是国家公园管理局开始强调同其他政府机构、基金会、公司和其他私人组织开展合作。

3. 英国工业景区发展特征

英国是世界工业旅游发展的先驱国家，也是工业旅游发展最为成熟的国家之一，其发展经验对于处于工业旅游业发展中的国家而言具有很强的借鉴意义。特别是正值我国工业旅游发展处于起步阶段，总结其工业旅游景点开发与管理经验对我国各工业旅游景点项目开发与管理借鉴意义尤为突出。

1993年前后正是英国工业旅游业发展的高潮时期，其景点开发与管理经验更具有规律性意义，其相应的指导借鉴意义也更强。英国工业旅游景点项目主要有卡德布里世界、苏格兰威士忌文化遗产中心、艾思布里奇峡博物馆、斯尼伯斯顿发现者公园、南约克郡的埃尔赛卡等（表1-1）。

表1-1 英国主要工业旅游景点一览

景点名称	景点类型	开放时间	经营者	占地面积	建设性投资	开发目标
卡德布里世界	工业旅游景点	1990	卡德布里有限公司	3.5英亩	600万英镑	树立公司及其产品的高品质形象；提高市场占有率；教育；增加游客数量；为社区提供休闲场所和设施
苏格兰威士忌文化遗产中心	工业旅游景点与主题博物馆于一身	1988	威士忌制造业的私人企业公司	750平方米	250万英镑	教育；增加游客数量；创收；实现利润最大化；其中心使命是"以传授知识和娱乐方式促进威士忌的销售"
艾思布里奇峡博物馆	大型露天博物馆	1973	一个注册慈善机构设立的基金会	6平方英里	2600万英镑	遗产保护；教育；创收；增加游客数量；为社区提供休闲设施；保护工业革命诞生地、解说历史、传播文化

续表

景点名称	景点类型	开放时间	经营者	占地面积	建设性投资	开发目标
斯尼伯斯顿发现者公园	主题公园	1992	英国政府、郡政务委员会及业主	130英亩	600万英镑	教育；遗产保护；增加游客数量；创收；为社区提供休闲场所；提高市场占有率；实现最大利润
埃尔赛卡	工业史和工业遗址景点	—	欧洲联盟、中央和地方政府、英格兰遗产局	6.5英亩	600万英镑	为社区提供休闲场所；环境保护；教育；增加游客数量；创收；扩大市场占有率；实现利润最大化

资料来源：[英]约翰·斯沃布鲁克．旅游景点开发与管理，张文等译．中国旅游出版社，2001：323、326、338、332、341．

表1-1中的五个工业旅游景点中有政府部门、社会团体，也有私人企业公司，其开发与管理策略是一个庞大的系统，涉及景点开发的可行性研究，景点产品的包装设计，景点开发资金的筹措，市场营销的开展，人力资源、财务、经营、质量的全方位管理等众多方面。这些工业景区在发展过程中，有显著的共性特征，主要表现在以下几方面。

1) 多样化开发目标

从历史角度看，英国工业景区发展目标具有显著的多样性，主要涉及教育、遗产保护、为社区提供休闲设施、创收、增加游客人数、实现最大利润、树立公司及产品高品质形象、提高公司产品市场占有率等方面。虽然各景点之间开发目标有所差异，但每个景点至少有五个开发目标，这表明英国工业旅游景点开发不仅仅将开发目标锁定在一两个方面，而且呈现多目标取向发展态势，这也说明英国在发展工业旅游中充分注意到了社会、经济、文化多方面效益统一的价值取向。每个景点至少有五个主要开发目标，但综合起来，教育、创收、增加游客数量几乎是每个景点开发所共有的目标，这表明工业景点开发目标选择还是具有相对稳定的方向性。

各景点目标重要性排序有所差别，有的是将树立公司形象、推荐公司产品放在首位。有的是将教育和遗产保护放在首位，有的是将带动地区经济发展放在首位。产生这种差异的原因主要来自两个方面，一是景点本身"素质"条件，二是景点开发经营者属性，后者往往与开发首位目标的对应性更强，如卡德布里世界和苏格兰威士忌文化遗产中心的经营者为私人公司，它们把树立公司形象、促进公司产品销售、扩大市场占有率作为主要目标，其经济目的性更强一些，而社会团体、慈善机构、地方政府经营的景点如艾思布里奇峡博物馆、斯尼伯斯顿发现者公园、埃尔赛卡则把教育、保护遗产、推动地方经济发展这些公益性、社会性目标放在首位。

2) 产品开发完善

英国各工业景区在开发过程中，都十分重视景区主题特色的塑造。例如，卡德布里世界围绕"巧克力"这一中心展开，威士忌文化遗产中心围绕"威士忌酒"这一中心展开，艾思布里奇峡博物馆围绕工业发展史这一中心展开，斯尼伯斯顿发现者公园围绕"科学"和工业博物馆展开，埃尔赛卡则以记录工业史的建筑物、展览陈列品为中心展开，每一个景点都有自己极具特色的发展主题中心，这是增强景点吸引力和竞争力的重要举措，也是发展的必然选择。

景区主题多体现人本主义精神，处处为游客着想。例如，卡德布里世界为残疾人提供了轮椅道和导向狗服务等；威士忌文化遗产中心更细致到为残疾游客提供电梯及专用卫生间，为不同国家游客提供多种语言导游服务等。这些做法从直接的经济效益上看作用不是很大，甚至毫无效益可言，但对于树立景点质量形象来说意义却十分巨大，给景点带来的间接效益是多方面的，也是十分巨大的。

景区产品参与性很强，为游客提供多种接触实际的活动。在工业景点旅游者可以直接到生产车间参观生产，甚至可以直接参与生产，对于工业历史遗址遗迹人们可以直接深入到历史的生产场景中去。游人与景点景物真正地实现了"零距离"接触，这也正是工业旅游项目与一般性质博物馆的区别所在，工业景点旅游产品具有"原原本本"的特点。

重视景区配套服务设施的配置。随着开发的不断深入，英国工业旅游景点所提供的服务项目越来越系统全面，各景点大都设有礼品店、餐饮店、导游服务、会议设施及接待服务设施，有的景点为学校团体提供教学设施，为特定团体提供高尔夫球中心、钓鱼池等服务设施。可见服务已有向纵深和横向发展的趋势。就具体景点而言，各景点根据本身条件特征和市场状况及发展取向开发了不同产品，各景点产品之间也有一定差别，但总体上看是趋于一致的。

3）景区营销目标明确

英国每个工业景区的营销活动都有专门预算，各年度都有计划地拨出专门款项用以开展营销、市场开发，以确保营销目标的实现。每个工业景区都有明确的年度营销目标和要传达的主题信息。卡德布里世界的营销目标是鼓励淡季游和增加回头客，传达的主题信息是"唯一巧克力经历"，威士忌文化遗产中心的营销目标是扩大知名度和增加游客量，传达的主题信息是为游客提供一次与苏格兰的主要产品有关的娱乐活动；斯尼伯斯顿发现者公园的营销目标为提供一次独特的游览经历，让人人都能参与，告诉人们无论过去和现在科学和工业都在影响着我们每一个人和我们的环境，传达的信息是工业景区不断发展、全面开放，是探索科学和工业奥秘的需要，同时工业景区也可使所有年龄阶段的游客享受到一次独特经历。每个景点的营销目标和传达的主题信息有所分别，传达信息一般是景点的特色所在、优势所在，而营销目标则主要是解决发展中存在的问题，进一步发挥优势。

实现营销目标的措施是多样化的，每个景点可供选择的营销措施都有至少5种，包括传单、小册子、广告、促销、公关、新闻发布、直销等众多方法。各景点所采用的营销措施往往也是多样化的。营销措施的选择主要根据营销方法的宣传效果及所针对的细分市场对营销方法效果的反馈情况来确定。各景点都根据景点特色优势等状况进行目标市场定位，包括市场分布的主要地区范围国家、面对的主要人群等。例如，卡德布里世界的市场定位在英格兰中部和东南部地区，主要是家庭市场，斯尼伯斯顿发现者公园的市场定位在两小时驾车范围内，主要是家庭和一日游市场、大巴公司组织的团队，威士忌文化遗产中心则把市场定位在美国、日本、以及欧洲的团队旅游市场。

4. 对我国工业旅游景点开发与管理的几点启示

针对中国工业旅游景点开发与管理的现状特点，英国工业旅游景点开发与管理的经验方法可以给我国景区景点如下启示。

1) 要走多方经营之路

目前我国刚刚起步开发的工业旅游景点几乎清一色地为工厂企业独家经营，各级政府和社会团体还没有参与到工业旅游景点的经营开发中来，这种单一主体的开发模式存在着很多弊端，一旦景点开发受企业经营视野窄小限制，开发目标相对单一，如从企业经济效益上考虑偏多，而忽视了社会教育功能开发，轻视文化遗产保护等，即便考虑到了社会教育功能和遗产保护问题，也往往或直接或间接地考虑到其经济效益问题。鉴于此，我们一方面积极鼓励工业企业部门进行工业旅游景点的投资开发，另一方面各级政府部门和社会团体等也应积极参与到工业旅游景点开发中来，或独立或联合地进行工业旅游景点的开发，加强对地方各类工业旅游资源普查评价，更多地从社会效益、文化遗产保护、社区休闲场所建设等角度考虑景点开发，这一点对我国工业旅游资源保护与开发、工业旅游景点建设与管理而言具有十分现实而又重大的意义。

2) 要拓宽发展思路

发展成熟的工业旅游景点其发展目标是多样的，其所提供给游客的产品是系统丰富的，其营销手段也是多样的。因此我国工业旅游景点的开发也应该拓宽思路，把发展目标从创收为主的经济效益型向兼顾经济效益、社会效益的综合效益型转变，把教育功能、文化遗产保护功能等纳入到发展目标中来；把产品开发从单一的实际生产车间参观的侧面性产品类型向系统的包括博物馆、展览馆、饮食服务、会议娱乐等产品在内的全面性产品类型发展，营销手段上也逐步采取多种方式进行。换脑筋，拓宽思路是我国工业旅游景点开发与管理中所亟待解决的经营者认识问题。

3) 要因景点制宜

各工业旅游景点之间存在着很大差异，有工业企业类型、景点规模、产品特点、市场定位、发展目标选择等众多方面差异，因此我们针对一个具体工业旅游景点的开发管理一定要根据景点具体状况，制定相应的开发与管理方案，既要注意工业旅游景点开发与管理中的共性问题，更要注意到各工业旅游景点开发中的个性问题，这样才能选择一条最适宜一个工业旅游景点开发与管理的道路。各景点开发与管理中最忌讳的是不加选择地全盘照搬照抄，最提倡的是突出特色、发挥优势，要充分注意同中之异。

4) 要确立经营主体

目前我国绝大多数工业旅游景点的开发附属于其所经营的工业企业，是整个大企业棋盘中的一颗棋子，其发展的独立性差，这在一定程度上限制干扰了工业旅游景点的开发与管理，处理好工业旅游景点开发管理与所依附企业的关系是我国工业旅游景点开发中的一个迫切需要解决的问题。一方面工业企业要为工业旅游景点开发提供必要的支持，包括资金、场所等，另一方面工业企业要放权，让工业旅游景点独立运营，如在景点开放时间、门票价格等方面能有高度独立性，并使之成为实体，使工业旅游景点的经营者具有主体地位，让其能够独立进入大市场中，按市场法则去运营，既解除羁绊，又放下拐棍，这样才能逐步地使工业旅游景点发展走上一个健康、良性的发展轨道。当然，在工业企业进行工业旅游景点开发初期进行必要的扶持是需要的，但不能忽略市场规律，而且要适时适当。

5）要重视公益目标

工业旅游景点开发目标中经济效益是十分重要的方面，但是更需要注意社会效益问题，这其中包含发挥社会效益与获取经济效益相一致的情况，也包含发挥社会效益在短时乃至更长时间内不能获取乃至损害经济效益的情况。作为我国工业旅游景点的主体开发与管理者各大工业企业应该承担起相当的服务于社会的责任，在工业旅游景点中注意开展科普教育，注意文化遗产的保护，注意为社会提供更多的就业岗位，注意为社区提供更加优美的休闲场所。对公益性目标的重视应该是我国所有工业企业部门所应该有的社会公德和义务，更加全面而又深入地开展公益性活动也是各工业企业所要不断努力的目标，经营工业旅游景点的企业也不例外。

相对于国外而言，我国景区发展迅速与研究滞后的矛盾更加突出。目前，景区发展实践中正面临管理体制、经营机制、淡旺季显著而带来的供需矛盾加剧等问题。对这些问题国内学者也有研究，但大部分研究成果针对性不强，成果转化为生产力困难。

1.1.2 我国景区发展历程

我国旅游业发展的非常规性决定了其景区发展历程的特殊性。参照我国旅游业发展历程，可以将其景区发展历程分为三个阶段。

1. 起步阶段（1954—1978年）

我国景区发展在外事接待中起步。

我国景区的雏形是传统园林。传统园林时期，造园艺术较为简单，其功能与最初的行宫苑囿相似，均以自然景观为主，但能真正享受园林生活的只是社会中极少数的人。大众化的公园的出现，最早是1868年诞生于上海的"公花园"（即现在的黄浦公园），公园内除人造景观外，有大面积的游憩娱乐用地，还有些基础性游憩设施，已具备现代景区的雏形。

新中国成立初期，国民经济迅速恢复和发展，国际威望也与日俱增，不仅有许多外国人想了解中国的新面貌，而且广大海外侨胞、外籍华裔也有回国探亲访友的需求。因此，创办旅行社、开展旅行业务很快就被提到国家对外事务的议事日程上来，景区成为接待广大海外侨胞、外籍华裔的集散地，其主要作用是对外宣传中国的发展建设成就，加强国际友好往来。但是，这一时期，我国旅游工作一直属于民间友好往来的范畴，而且因受政治冲击，旅游接待成为单纯政治接待，不计成本，不讲效益，景区只是国家对外宣传的窗口，主要是依托当地具有一定品位和知名度的旅游资源，配备适当的相关服务设施，景区产品非常单一。

2. 转型阶段（1979—1995年）

1978年以后，中国旅游业进入了新的发展时期，景区从外事接待，经由事业接待转型为创汇型产业。邓小平对加快旅游业的发展多次做出"旅游事业大有文章可做，要突出地搞，加快地搞"，加强旅游宣传促销、重视环境保护及搞好配套设施建设，做好人才培养和管理工作、改革分配制度、提高服务质量、旅游商品开发等旅游经济思想成为新时期中国旅游业的发展指南。在此发展阶段的20年中，我国旅游业从无到有，从小到大，产业特征日益显著，逐渐成为国民经济中发展速度最快的行业之一，同时也是具有明显国际竞争优势的产业之一。20世纪90年代，国家提出把旅游业培育成为新的经济增长点，旅游业成为扩大内需的重要手段。

进入20世纪80年代中后期，我国政府为了加快旅游业的发展，提出了多种渠道办旅游的方针，景区的形式出现多样化。1984年河北省正定县修建西游记宫，开创了人造景观的先河，此后国内修建了大批人造景观。人造景点是旅游走向成熟的一种标志，从依托固有资源的被动开发阶段走上了主动调整、补充和创造开发阶段。这一阶段景区开发只是依托当地品位和知名度较高的旅游资源，配备符合大众需求的相关服务设施，景区产品十分单一，且缺乏创意，主题模糊，观光型的项目开发依然占据市场主导。景区的开发建设主要表现在过多地建造亭、堂、楼、所等人造景观，造成人造景观与景区环境氛围的不协调，甚至破坏了景区内资源原有的和谐与自然美，造成旅游资源被严重破坏；景区的开发建设对自然生态环境和社会道德环境的负面影响较多；而且景区对外宣传和营销工作不够深入，导致游客不了解景区而产生破坏行为；由于对旅游者行为研究不够，对客源市场把握不准确，对外宣传、营销工作不够深入，景区经营还处于买方市场。

3. 繁荣阶段（1996年至今）

景区在旅游业繁荣发展的环境中，逐渐成为旅游产业的支柱。

随着国家标准（GB/T 17775—1999）《旅游区（点）质量等级的划分与评定》的推出、推广、更新，以及旅游可持续发展理念的贯彻，特别是世界遗产管理体系的引入，使我国景区资源保护和旅游产品得到了质的提升。从旅游者角度分析，人们对景区的选择不再满足于自然和人文旅游资源的观光，旅游活动形式逐渐向休闲度假和体验式旅游发展，景区发展到创意和参与互动阶段，迪士尼、嘉年华的体验式旅游备受游客青睐。景区开始进入发展快车道，行业特征逐渐显性化：首先是景区类型逐渐增多，出现了乡村旅游、工业旅游、农业观光旅游及节事旅游等能满足游客休闲游憩活动的旅游产品；其次，城市景观及其休闲游憩资源逐渐被发掘成景区景点，如成都锦里、上海外滩、西安曲江新区等；再次，体验式旅游活动逐渐成为景区发展主导，游客真正成为景区产品的一部分，参与旅游产品生产，体验旅游乐趣，游客体验的新鲜感、亲切感和自豪感构成游客活动的主体，塑造快乐成为景区发展使命。

这一阶段的特点如下：保护前提下开发经营管理景区；国内外旅游产业的繁荣与发展，给景区带来了前所未有的发展机遇与挑战；景区开发规划的制定和实施避免了景区的无序发展；景区在开发、规划和经营管理的过程中引入了可持续发展理念；景区旅游服务接待设施的发展逐步完善，基础设施的配套设施健全；旅游产品不断求优创新，市场竞争力逐渐增强；景区旅游形象建设、市场营销和对外宣传已成为景区经营管理的一个重要领域；景区类型和景区产品的创新开发较为普遍。

知识链接

1996年至今我国景区发展重大事件

◆ 1997年11月18日，由国家旅游局、安徽省人民政府共同主办的"1997中国黄山国际旅游节"在安徽省黄山市举行。

◆ 1998年3月31日中央精神文明建设指导委员会办公室（以下简称中央文明办）、原建设部（现称住房和城乡建设部）、国家旅游局联合发出《关于推荐文明风景旅游区示范点的通知》。

◆ 1998年5月1日 国家旅游局制定的《漂流旅游安全管理暂行办法》正式实施。

◆ 1998年5月8—10日，中国主题公园发展研讨会在武汉市召开，中外专家学者和来自有关部委的代表50多人参加了会议。

◆ 1999年1月19日，为了规范游览参观点的价格行为，原国家计划委员会（现发展改革委）向各地物价部门印发了《游览参观点门票价格管理办法》。该《办法》共分18条，分别对《办法》的适用范围、门票价格的管理部门和管理原则、制定和调整门票价格的审批程序、门票的分类、门票的印制出售及违规处罚等做了具体规定。

◆ 1999年5月1日—10月1日，世界园艺博览会（以下简称世博会）在云南昆明举行。该届博览会以"人与自然——迈向21世纪"为主题，具有鲜明的时代特征，符合人与自然和谐发展的客观要求。博览会参展国家达到69个、国际组织26个。世博会期间，共有51个国家和国际组织举办了馆日活动，有50多个国际性会议在昆明召开，累计入园参观人数达到940多万。

◆ 1999年7月20日，国家旅游局制定的《旅游区（点）质量等级的划分与评定》标准，经国家质量技术监督局（现称国家质量监督检验检疫总局）批准作为国家标准GB/T 17775—1999正式发布，于1999年10月1日起实施。

◆ 1999年11月2日，黄山风景区荣获联合国教科文组织颁发的首届"梅利娜·迈尔库里文化景观保护与管理荣誉奖"。

◆ 2001年1月11日，时任副总理的钱其琛等领导同志为68个荣获"第二批优秀旅游城"称号的城市代表和187加首批成为国家级AAAA旅游区（点）的景区代表颁发了证书和奖牌。

◆ 2001年10月22日，国家旅游局与世界旅游组织联合在北京召开新闻发布会，宣布中国最佳旅游城市标准体系的制定工作在北京正式启动。国家旅游局将和世界旅游组织共同编写标准，联合命名最佳旅游城市。

◆ 2002年6月16~18日，国家旅游局在湖北省宜昌市召开全国旅游标准化技术委员会扩大会议。时任国家旅游局副局长孙钢出席会议并讲话。会议通过了对《旅游规划通则》、《旅游资源分类、调查与评价》、《旅游厕所质量等级的划分与评定》和《旅游区（点）质量等级的划分与评定（修订稿）》四项国家标准送审稿的评审。

◆ 2002年11月19日，国家标准化管理委员会批准国家旅游局申报的标准修订项目《国家生态旅游区》（20022038—T—420），正式作为国家标准立项。

◆ 2004年4月5日，国家旅游局在山东青岛召开"全国工农业旅游示范点验收会议"。时任国家旅游局副局长孙钢、时任青岛市市委书记杜世成出席会议。

◆ 2010年1月4日，国务院发布《国务院关于推进海南国际旅游岛建设发展的若干意见》。

◆ 上海世博会（Expo 2010）是第41届世博会，于2010年5月1日—10月31日，在上海市举行。此次世博会也是由我国举办的首届世博会。上海世博会以"城市，让生活更美好"（Better City, Better Life）为主题，总投资达450亿元人民币，创造了世博会史上最大规模纪录，同时超过7 000万的参观人数也创下了历届世博会之最。

1.2　景区的类型

景区类型多种多样，分类标准也很多。我国学者按照景区的资源特性、经营治理模式把景区分为八类，即风景名胜区、主题公园、旅游度假区、博物馆及重点文物保护单位、森林公园、自然保护区、地质公园和水利风景区。

1.2.1　风景名胜区

风景名胜区是指具有观赏、文化、科学价值，自然景观、人文景观比较集中，环境优美，具有一定规模和范围，可供人们游览、休息，或进行科学考察、文化活动的区域。风景名胜资源是区域自然及历史遗产的一部分，具有自然生态和文化遗产保护、生态环境、科学研究和旅游发展等多重价值。风景名胜资源非常珍贵同时又十分脆弱，具有明显的不可再生性。我国风景名胜区保护工作于1979年启动，1985年国务院颁布《风景名胜区管理暂行条例》，明确风景名胜区保护工作列入从中央到地方各级政府的工作职责中，并分别主持评定国家级风景名胜区、省级风景名胜区和市县级风景名胜区工作。

1.2.2　主题公园

主题公园是指具有特定的主题，由人创造而成的舞台化的休闲娱乐活动空间，是一种休闲娱乐产业（1997，保继刚）。在欧美国家和地区，主题公园的服务大致包括为旅游者的娱乐消遣而设计和经营的场所；具有多种吸引物；围绕一个或者几个历史的或其他的主体，包括餐饮、购物、健身等设施；能开展多种多样有吸引力的活动，实行商业化经营并收取门票。国际上将专门为满足人们休闲娱乐需求而设计建造的娱乐场所均称为主题公园。主题公园一般可以分为文化教育公园、露天娱乐公园和水上主题公园。

我国主题公园的管理体制经历了由事业型向企业型的转变。20世纪80年代中期出现了中国第一批以观赏为主要特点的影视基地型主题公园。为拍摄电视剧《红楼梦》而兴建的北京"大观园"、河北省正定的"荣国府"是代表，其管理具有"两栖性"，盈利并非其重要目的，并未进入企业化。目前我国主题公园建设呈现出规模不断扩大、投资不断上升的特征，并逐渐向着现代的主题型、综合型方向发展。在我国，第一个真正意义上的大型主题公园是1989年开业的深圳"锦绣中华"微缩景区。"锦绣中华"将中国的名山大川和人文古迹以微缩模型的方式展现出来，取得了轰动性的成功，开业一年就接待了超过300

万的游客，1亿元的投资仅用一年的时间就全部收回；以其收入滚动开发的"中华民俗村"再掀热潮，一年半后又回收了1.1亿元的投资；1994年6月开业的"世界之窗"投资5.8亿元，又创新高。自1989年深圳"锦绣中华"诞生并取得巨大成功后，主题公园早期良好的经济效益和社会效益起到了强烈的示范作用，引致了20世纪90年代初主题公园的投资热潮。我国的主题景点以各种形式遍地开花。但是据北京零点市场调查分析公司2002年的一份《新型娱乐设施市场潜力调查报告》表明，全国的2 000多个主题公园，投资金额达3 000亿元。但是这些公园中70%亏损，20%持平，只有10%盈利，大多数主题公园都是昙花一现，经历短暂生命周期后就走向没落。绚烂之后，中国的主题公园遇到了始料未及的寒冬。

1.2.3 旅游度假区

世界旅游组织的旅游规划专家爱德华·因斯科普（Edward Inskeep）认为：旅游度假区是一个相对自给自足的目的地，是为满足游客娱乐、放松需求而提供的可以广泛选择的旅游设施与服务。

1991年，我国推出国家级旅游度假区发展战略，在全国选择了12个地点发展度假旅游，推动旅游目的地的建设由观光型向观光、度假、休闲、商务会议的多功能旅游目的地转变。旅游度假区采用的是政府指导下的企业化管理，在行政上设立国家旅游度假区管理委员会，负责度假区发展规划、基础设施建设与招商。例如，北海银滩国家级旅游度假区管理委员会是北海市人民政府的派出机构，代表北海市政府对北海银滩国家旅游度假区实行统一管理，属机关事业单位。国家旅游度假区的开发经营相应采取企业市场化运作方式，即企业自主经营、自负盈亏。

1.2.4 博物馆及重点文物保护单位

博物馆是一个为社会及其发展服务的、非盈利的永久性机构，并向大众开放。它为研究、教育、欣赏之目的征集、保护、研究、传播并展出人类及人类环境的物证。（2007：《国际博物馆协会章程》）。历史博物馆和遗址性博物馆是了解一个国家和民族文化发展过程的最佳场所，参观游览活动最直观，最节省时间，效果最佳；科技类博物馆对青少年、学生及广大知识分子有很大的吸引力；名人故居博物馆或者纪念馆深受海外游客的喜爱。博物馆具有教育、研究、求知、娱乐等多种功能，易形成稳定的顾客群体。而且博物馆也是人们进行旅游休闲娱乐与传播历史文化知识的最佳结合点。博物馆及重点文物保护单位的管理主要依据《中华人民共和国文物保护法》（以下简称《文物保护法》），依据"保护为主、抢救第一、合理利用、加强管理"的文物工作方针进行管理。

1.2.5 森林公园

森林公园是为了保护自然森林生态系统的多样性和完整性，促进林木资源的保护和持续利用，而在一些生态资源丰富和独特的地区设立的具有专职管理的机构，分为国家森林公园和省级森林公园。我国多数国家森林公园是在原有的国有林场基础上转轨和重建而成的。我国第一个森林公园是张家界国家森林公园。1992年我国原林业部（现国家林业局）成立了森林公园管理办公室，各省、直辖市也相继成立了管理机构；1994年林业部颁布了《森林公园管理办法》，并同时成立了中国森林风景资源质量评价委员会，规范了国家森林公园的审批程序，制定了森林公园风景资源质量评价标准，把我国的森林公园分为三级：国家级森林公园、省级森林公园、市县级森林公园。

森林公园的开发建设，可以由森林公园经营管理机构单独进行，也可以由森林公园经营管理机构联合相关单位或个人，以合资、合作方式联合经营，但不允许改变森林公园经营管理机构的隶属关系。1995年，林业部发布行业标准LY/T 5132—1995《森林公园总体设计规范》，并于1996年1月1日开始施行，为森林公园的总体设计提供了标准和规范。森林公园的设施和景点建设，必须按照总体规划设计进行。在珍贵景物、重要景点和景区核心区，除必要的保护和附属设施外，不得建设宾馆、招待所、疗养院和其他工程设施。禁止在森林公园毁林开垦和毁林采石、采沙、采土等毁林行为。

森林公园的管理目标是保护具有特色的自然景观，维持历史、文化遗迹的风貌；维持现有自然资源、生物群落及物种的自然状态；提供游憩、科普教育的机会。森林公园的管理方式是保护为主、适度开发、对公众开放。森林公园的保护对象是具有基础性、普遍性显著的美学价值高的动植物。

1.2.6 自然保护区

自然保护区是国家用法律形式确定的长期保护与恢复自然综合体和自然资源整体为主而划定的一定空间范围，包括地域和水域，是一个事业型的实体机构。在其所属范围内，严禁任何直接利用自然资源的经营性生产活动。其目的旨在保护重要的生态系统及其环境，拯救濒临灭绝的物种群落，或者是为保护自然历史遗产。

自然保护区的管理目标是保护动植物的栖息地、生态系统和使动植物种群尽可能小地受到外界侵扰；保护遗传资源的进化演替；保持现有的生态系统进化过程。自然保护区的管理方式是严格控制，少对公众开放。其经营与管理是为科学研究、科学实验、驯化、繁殖野生动植物等提供基础和保障。

自然保护区实行综合管理和分部门管理相结合，以及统一监督管理与分类管理并存的管理体制。国家环境保护部门负责全国自然保护区的综合管理；林业、农业、地矿、水利、海洋等部门在各自的范围内，主管有关的自然保护区，林业部门建设管理自然保护区的时间最早、数量最多；环境保护部门为了强化自然保护区的监督管理和建设示范型目的地，也建设和管理一批自然保护区；此外，农业、海洋、地矿等部门也根据各自职责管理有关的自然保护区。

自然保护区的科学管理体系一般可以分为四大系统：①行政管理系统，负责政策、法令宣传业务，监督计划、规划的实施等。②科研管理系统，组织综合考察与综合评价，安排科研课题。布设定位观测站和确定观测数目，有条件的可以建立基本资料数据库，种植试验与养殖试验，组织编制短期和中、长期发展规划，奠定自然资源的保护和发展利用方案，提供建立标本室、展览馆、信息资料室等需要的科技资料内容。③生态与景观管理系统,包括保护站与巡逻队、公安局或派出所、农民护林员,负责处理自然保护区内所反映的违法事件和破坏性事件等。④经营管理系统,负责合理研发利用自然资源方案的落实,开展种植业和养殖业、加工业和旅游业、商业,妥善安排群众的生活等。

自然保护区普遍采用的管理办法是分区管理。一般把自然保护区分为核心区、缓冲区和实验区。自然保护区内保存完好的天然状态的生态系统及珍稀、濒危动植物的集中分布地,划分为核心区,禁止任何单位和个人进入;除依法规定经批准外,也不允许进入从事科学研究活动。核心区外围可以划定一定面积的缓冲区,只准进入从事科学研究观测活动。缓冲区外围划为实验区,可以进入从事科学试验、教学实习、参观考察、旅游及驯化、繁殖珍稀、濒危野生动植物等活动。

1.2.7 地质公园

地质公园是以其地质科学意义、珍奇秀丽和独特的地质景观为主,融合自然景观与人文景观的自然公园。1999年4月,联合国教科文组织第156次常务委员会提出了建立地质公园计划(UNESCO Geoparks),目标是在全球建立500个世界地质公园,其中每年拟建20个,并确定中国为建立世界地质公园计划试点国之一。我国地质公园建设工作在有效保护、合理开发和利用地质遗迹资源、推动地方经济发展、普及地质科学知识等方面取得了令人瞩目的成果。至2013年,我国世界地质公园数量已达27家。

自1985年建立第一个国家级地质自然保护区——天津蓟县的中上元古界地层剖面后,我国地质公园的建立得到了较快的发展。国土资源部于2000年8月成立了国家地质公园领导小组及评审委员会,制定了有关申报、评选办法。

知识链接

张家界地质公园

张家界世界地质公园位于湖南省张家界市,占地总面积3 600平方公里,主要地质遗迹类型为砂岩峰林地貌、岩溶洞穴。地质公园分布区内出露泥盆纪(距今3.5亿~4亿年)厚层石英砂岩,由于岩层产状平缓,垂直节理发育,受后期地壳运动抬升、重力崩塌及雨水冲刷等内外地质动力作用的影响,形成了奇特的砂岩峰林地貌景观。在园区内有3 000多座拔地而起的石崖,其中高度超过200米的有1 000多座,金鞭岩竟高达350米,石峰形态各异,优美壮观,是世界上极为罕见的砂岩峰林地貌,有重大科学价值。其他尚有方山、岩墙、天生桥、峡谷等造型地貌及发育在三叠纪石灰岩中的溶洞景观。园内森林茂密,并有银杏、珙桐、红豆杉、鹅掌楸等珍稀植物,为研究生物演化提供了实物例证。

1.2.8 水利风景区

水利风景区,是指以水域(水体)或水利工程为依托,具有一定规模和质量的风景资源与环境条件,可以开展观光、娱乐、休闲、度假或科学、文化、教育活动的区域。水利风景区在维护工程安全、涵养水源、保护生态、改善人居环境、拉动区域经济发展诸方面都有着极其重要的功能作用。加强水利风景区的建设与管理,是落实科学发展观,促进人与自然和谐相处，构建社会主义和谐社会的需要。

为科学合理地开发利用和保护水利风景资源，水利部于2001年7月成立了水利部水利风景区评审委员会。由该组织制定行业标准，通过对国内首批申报的水利风景区进行评审，确定18个水库为首批"国家级水利风景区"。国家级水利风景区是在对各类水库风景资源进行旅游开发后形成的滨水旅游地，由国家水利部统一管理。水利部于2004年5月8日发布、实施《水利风景区管理办法》；并于2004年8月1日发布水利行业标准SL 300—2004《水利风景区评价标准》。伴随"国家级水利风景区"管理工作的推进，各地水利风景区建设与管理工作逐步加强，陆续建立了水利风景区建设规章，基本形成了管理体系，有力地促进了水利风景区的发展。

至2012年年底，国家级水利风景区总数达到518个，加之千余个省级水利风景区，已形成涵盖全国主要江河湖库、重点灌区、水土流失治理区的水利风景区群落。

我国旅游景区除了按照景区的资源特性、经营治理模式可以将景区分为八类之外，还可以按照其质量等级划分为五个级别，即AAAAA级景区、AAAA级景区、AAA级景区、AA级景区，以及A级景区。国家旅游局也曾按照景区建设功能开展生态旅游示范区、旅游扶贫试验区和旅游度假区等三区建设的景区开发建设管理活动。

旅游观察

阜平成为国家旅游扶贫试验区

2013年7月5日，国家旅游局在河北省阜平县天生桥瀑布群景区召开阜平旅游扶贫工作现场会，并举行了阜平"国家旅游扶贫试验区"授牌仪式。

阜平是革命老区，也是太行山深山区，红色旅游和生态旅游资源丰富，目前拥有晋察冀边区革命纪念馆、天生桥瀑布群两个国家AAAA级景区。同时，阜平也是燕山—太行山片区特困地区，全县贫困人口主要集中在自然生态好、适合发展旅游的深山区，按照"宜游则游"的扶贫原则，国家旅游局和国务院扶贫开发领导小组办公室共同确定阜平县为"国家旅游扶贫试验区"。

现场会上，国家旅游局相关部门负责人表示，针对阜平旅游扶贫工作，国家将给予政策支持，并建立相应的旅游扶贫工作机制，重点支持阜平旅游公共服务设施和重点景区的建设；打造龙头景区，支持重点景区的品牌提升和建设；大力发展乡村旅游，充分调动百姓旅游致富的积极性。

(资料来源：赵云龙. 阜平成为国家旅游扶贫试验区. 中国旅游报，2013-07-12(1版).)

1.3 相关概念与理论基础

1.3.1 旅游目的地

旅游目的地泛指各种不同规模、形式和特征的旅游风景区。作为一个概念，旅游目的地有两层基本含义：一是指旅游者游览、观光、访问的目的地，即旅游活动与旅游资源之所在地；二是土地规划利用的一种方式，如同林业用地、城市绿化用地一样，是一种游憩用地，是政府部门规划的供人们进行旅游休闲的地域。我国地理学家郭来喜从有利于开展旅游的角度分析，把旅游目的地定义为具有一定经济和形态的旅游对象的地域组合，包含三层含义：一是具有一定空间范围的地域；二是在这一地域内有一定性质的并且已经开发利用的旅游资源；三是在这个地域内的经济结构主要是旅游业。

据此可以将旅游目的地的概念综合理解为旅游资源、旅游服务设施和机构、旅游交通设施等相互作用而形成的一定地域空间。

旅游目的地往往具有下列四大功能：吸引、休闲、交通与辅助服务。吸引功能是因旅游目的地内的景区或旅游吸引物的存在而产生的一种功能；休闲功能主要体现在旅游目的地能够提供与旅游活动直接相关的住宿、餐饮、娱乐和商业零售等其他配套设施；交通功能主要体现在旅游目的地能够提供方便、快捷的区际、区内交通；辅助服务功能是指提供当地社区服务，如信息查询、银行、邮政、医疗、治安，以及法律援助。

所以，旅游目的地要比景区的功能完善，空间尺度也要大得多，旅游目的地一般是一个较大的地理区域，如一个国家、一个海岛和一座城市等，而景区只是旅游目的地的核心部分。

1.3.2 景区

景区是旅游活动和旅游业的重要组成部分和重要概念，但对景区的研究与认识还不够深入，现有的相关定义与命题尚存在较大的争议，且不被普遍接受。国内外对景区的认识差别较大。在英语中，通常用 visitor attractions，tourist attractions，有时用 places of interests，site 等词，意为"旅游吸引物"、"风景地"等。国内则有风景区、旅游区、旅游景点等不同表达。

苏格兰旅游委员会认为景区是"一个长久性的旅游目的地，其主要目的是让公众得到消遣的机会，做感兴趣的事情，或受到教育，而不仅仅是一个零售点、体育竞赛场地、一场演出或一部电影。游览点在其开放期间，应不需要预订，公众可以随时进入。游览点不仅能够吸引旅游者、一日游客，而且要对当地居民有吸引力。"

梅德尔顿(1988)对景区的定义是，一个指定的、长久性的、由专人管理经营的，为出游者提供享受、消遣、娱乐、受教育机会的地方。

史蒂文斯(1990)认为景区应该是有特色活动的地点、场所或集中地，应该具备以下特点：吸引旅游者和当地居民来游览，并为达到此目的而经营；为顾客提供获得轻松愉快经历的机会和消遣的方式，使他们度过闲暇时间；尽量发挥其潜在能力；按景区的特点进行管理，使顾客满足；按游客的要求、需要和兴趣，提供相应水准的设施和服务；收取或不收取门票费。

从文献分析，英、美大学旅游专业中对景区的相关定义都不是非常严格的，外延也都不清晰，基本上可分为广义和狭义两大类；广义的景区几乎等同于旅游目的地，而狭义景区则是一个吸引游客休闲和游览的经营实体。

中华人民共和国质量技术监督局1999年发布的国家标准GB/T 17775—1999《旅游区(点)质量等级的划分与评定》将景区定义为：经县级以上(含县级)行政管理部门批准成立，有统一管理机构、范围明确，具有参观、游览、度假、康乐、求知等功能，并提供相应旅游服务设施的独立单位。包括旅游风景名胜区、主题公园、度假区、自然保护区、森林公园、动物园、植物园、博物馆、美术馆等。

从各种不同的景区定义分析，我们可以这样阐述景区：景区(visitor attractions)是指具有吸引国内外游客前往游览的明确的区域场所，能够满足游客游览观光、消遣娱乐、康体健身、求知等旅游需求，有统一的管理机构，并提供必要的服务设施的地域空间。

目前我国旅游景区主要以自然类和历史文化类景区为主，占全国各类景区的41.82%，此外还有主题公园、旅游度假区等人造景区。而乡村旅游类和度假休闲类旅游景区异军突起，但科技教育类、工业类旅游等新业态类景区数量偏少。

景区由许多要素构成，这些构成要素，可以分为两大类：一是资源要素；二是非资源要素。资源要素是构成景区的基础，包括旅游吸引物、旅游设施和旅游服务。非资源要素是指存在于景区中，不一定是景区存在所必需但却对景区经营活动起着重要作用与影响的客体要素，包括游客、当地居民以及当地政府等。

知识链接

景区、旅游资源、旅游产品三者的关系

景区、旅游资源与旅游产品三者的关系依是否收费而改变。

第一种情况：对景区进行收费。则三者的关系可以表述为先旅游而客观地存在着的自然或人文资源(旅游资源)在经过开发建设以后成为景区作为旅游产品进行销售。第二种情况：对景区进行免费开放。则在这个过程中，没有存在旅游产品的形式，因其没有进行交换和销售，作为自然或人文资源的旅游资源经过开发建设直接成为景区，供旅游者参观、游览。

景区包括资源依托型旅游产品和资源脱离型旅游产品，景区是旅游产品的一种形式，旅游资源是景区的其中一种依托而已，因景区也可以脱离资源而通过人类的自我创造及模仿而建成，如主题公园、游乐园等人造景点。旅游资源、景区及旅游产品三者之间的关系如图1.1所示。

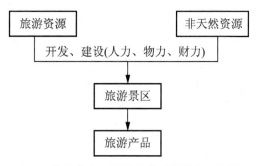

图1.1 旅游资源、旅游景区和旅游产品的关系

1.3.3 景区管理

景区管理是对景区的人、财、物、信息等多种资源进行有效整合,为实现景区的经济效益、社会效益和环境效益最大化,保障景区可持续发展的动态创造性活动。包括景区的社会管理和经营活动。

景区的使命是创造快乐。一切设施与活动,从生态环境、地方文化、居民态度、娱乐项目、旅游纪念品与服务都要围绕为游客创造舒畅的旅游体验这一核心。美国迪士尼乐园成功的法宝只有一句话:"家庭共享、销售快乐"。

景区是一个快乐剧场,游客与居民、员工共同演出一场欢乐剧。开发建设的目的是为游客提供舒畅的旅游体验,实现景区社会、经济与环境的可持续发展。以体验为中心的旅游开发有三个重要特点:①优质——可持续旅游在改善当地居民生活质量、保护环境质量的同时为游客提供高质量的旅游体验;②持续——可持续旅游要保证自然资源的持续与社区文化的持续;③平衡——可持续旅游要平衡旅游业、环境与地方社区的需要,重视游客、社区与目的地的共同目标。

注重三方的协作:在资源质量上要保证资源的多样性、完整性与真实性;在游客体验上,要为游客提供物有所值、舒畅的快乐体验;在企业经营业绩上要保证合理回报与较低风险;在区域贡献方面要为社区提供更多的就业机会、税收,改善基础设施。共赢是景区开发与管理的基本规则,即让游客得到快乐的体验,居民得到收入与就业机会,文化得到传承与发扬,环境得到保护。

景区管理作为社会管理和经营活动的一个单元,既有总目标,又有阶段性目标。具体有保护培育旅游资源,优化景区、培育资源生态环境;消除非常态环境要素,达到既维护资源品位,又能为旅游者提供良好的旅游环境;开展健康有益的文化游览活动,丰富群众精神生活;达到一定的经营目的,获得经济效益。

典型案例

迪士尼的经营理念

华特迪士尼公司(The Walt Disney Company,TWDC)是世界上第二大传媒娱乐企业,1923 年由华特·迪士尼与兄长洛伊·迪士尼创立。华特迪士尼公司旗下的电影发行品牌有华特迪士尼影片(Walt Disney Pictures)、试金石影片(Touchstone Pictures)、好莱坞影片(Hollywood Pictures,已取消)、米拉麦克斯影片(Miramax Films)和帝门影片(Dimension Films)。华特迪士尼、试金石、好莱坞三个品牌与金牌电影制作人杰瑞·布洛克海默有过十余次合作。迪士尼与皮克斯、吉卜力有发行合作。

目前,华特迪士尼公司拥有迪士尼乐园(图 1.2)度假区、华特迪士尼世界,授权经营巴黎迪士尼度假区、东京迪士尼度假区、中国香港迪士尼乐园,以及兴建中的上海迪士尼乐园。迪士尼的经营理念和质量治理模式简明而又实际:营造欢乐氛围,把握游客需求,提高员工素质和完善服务系统。把握和了解它们并不难,难的是把它落实到实际工作之中,成为每一位员工持之以恒的追求目标。享誉全球的"迪士尼乐园"每年接待着数百万计慕名而来的游客。这里,世界建筑荟萃、海底世界珍奇、三维立体电影、地震洪水模拟、高空坠落、探险者之路、民族歌舞、彩车游行、晚间灯火璀璨、礼花绽放,真是人间胜景,美不胜收。游客们惊讶不已,流连忘返。然而,让人们更为称赞的是这里的服务质量,环境清新洁净,氛围高雅欢乐,员工热情友好。

图 1.1　迪士尼乐园一景

事实上,"迪士尼乐园"的成功之处不仅在于其由高科技所提供的娱乐硬件,更重要的在于其服务质量管理的经验和软件,核心部分是迪士尼的经营理念,具体包括:给游客以欢乐;营造欢乐氛围;把握游客需求。

理念之一:给游客以欢乐

迪士尼乐园含魔术王国、迪士尼影城和伊波科中心等若干主题公园,整个乐园拥有大量娱乐设施。一年365天,每天要接待成千上万的游客,夏季高峰时,气温常达36℃以上,确保服务质量的确不是件易事。40多年前,"迪士尼乐园"的奠基人——华特·迪士尼先生首先明确了公司的经营理念,即通过主题公园的娱乐形式,给游客以欢乐。迪士尼乐园一直致力提供高品质、高标准和高质量的娱乐服务。该乐园的生命力在于能否使游客欢乐。由此,给游客以欢乐,成为"迪士尼乐园"始终如一的经营理念。

迪士尼懂得,不能让游客失望,哪怕只有一次。如果游客感到欢乐,他们会再次光顾。能否吸引游客重复游玩,恰是娱乐业经营兴旺的奥秘和魅力所在。员工们提供的每一种服务,都是迪士尼服务圈整体的各个"关键时刻"。游客们在一系列"关键时刻"中体验着服务质量,并会记住其中最好和最差的。因此,公司"给游客以欢乐"的经营理念,必须转化落实到每一名员工的具体工作中,成为员工们的工作理念和服务承诺。为了实现服务承诺,迪士尼公司特别重视对工作表现进行评估和奖励。凡工作表现欠佳者,将重新培训,或将受到纪律处罚。

理念之二:营造欢乐氛围

游客和员工共同营造迪士尼乐园的欢乐氛围。这一理念的正向推论为,园区的欢乐氛围是游客和员工的共同产品和体验,也许双方对欢乐的体验角度有所不同,但经协调是可以统一的。逆向推论为,如果形成园区欢乐祥和的氛围是可控的,那么,游客从中能得到的欢乐也是预先可度量的。在共同营造园区氛围中,员工起着主导作用。主导作用具体表现在对游客的服务行为表示上。这种行为包括微笑、眼神交流、令人愉悦的行为、特定角色的表演,以及与顾客接触的每一细节上。引导游客参与是营造欢乐氛围的另一重要方式。游客们能同艺术家同台舞蹈、参与电影配音、制作小型电视片、通过计算机影像合成成为动画片中的主角、亲身参与升空、跳楼、攀登绝壁等各种绝技的拍摄制作等。在迪士尼乐园中,员工们得到的不仅是一项工作,而且是一种角色。员工们身着的不是制服,而是演出服装。他们仿佛不是为顾客表演,而是在热情招待自己家里的客人。当他们在游客之中,即在"台上";当在员工之中,即在"台后"。在"台上"时,他们表现的不是他们本人,而是一具体的角色。

理念之三:把握游客需求

为了准确把握游客需求,迪士尼致力研究游客学(guestology)。其目的是了解谁是游客,他们的起初需求是什么。在这一理念指导下,迪士尼站在游客的角度,审视自身每一项经营决策。在迪士尼公司的组织构架内,准确把握游客需求动态的工作,由公司内调查统计部、信访部、营销部、工程部、财务部和信息中心等部门,分工合作完成。相关的调查统计部每年要开展200余项市场调查和咨询项目,把研究成果提供给财务部。财务部根据调查中发现的问题和可供选择的方案,找出结论性意见,以确定新的预算和投资。营销部重点研究游客们对未来娱乐项目的期望、游玩热点和兴趣转移。信息中心保存有大量关于游客需求和偏好的信息。具体有人口统计、当前市场策略评估、乐园引力分析、游客支付偏好、价格敏感分析和宏观经济走势等。其中,最重要的信息是游客离园时进行的"价格/价值"随机调查。正如迪士尼先生所强调的,游园时光绝不能虚度,游园必须物有所值。因为,游客只愿为高质量的服务而付钱。信访部每年要收到数以万计的游客来信。信访部的工作是尽快把有关信件送到责任人手中。此外,把游客意见每周汇总,及时报告管理上层,保证顾客投诉得到及时处理。工程部的责任是设计和开发新的游玩项目,并确保园区的技术服务质量。把握游客需求动态的积极意义在于:其一,及时掌握游客的满意度、价值评价要素和及时纠偏;其二,支持迪士尼公司的创新发展。从这一点上说恰是游客的需求偏好的动态变化,促进了迪士尼公司数十年的创新发展。

1.3.4 景区经营

1. 景区经营的定义

景区通过前期策划、规划和建设后,就必然会投入经营,招徕和吸引游客前来进行旅游活动,获取社会、经济和环境效益,这是景区前期开发活动的目的和归宿。

景区经营是在景区内,为使产品设计、游客接待、员工服务、财务监管等各种业务能按照景区经营目标顺利地执行、有效地调整所进行的系列景区发展活动。景区经营过程是景区开发过程的延续并与开发过程交互进行,投入经营一定时期的景区,同样需要再投入、再开发,更新产品,重现活力。

2. 景区管理与景区经营的关系

景区经营是景区持续时间最长、涉及面最广的管理活动,与景区管理共同构成景区运营的两个重要环节,二者联系密切,又有显著不同。

1) 景区管理与景区经营的区别

(1) 二者产生的根源不同。景区经营是旅游市场作用的产物。在计划经济体制下，景区经营活动常常被忽略。在旅游业发展初期，因旅游产品供不应求和供求基本平衡，景区经营的重要性并不显著；唯有进入买方市场的旅游发展时期，旅游市场对景区经营资源的配置发挥着更大的基础性作用，在日益激烈和残酷的景区发展市场竞争中凸现出景区经营的作用，丰富和发展了景区经营的内涵和外延。而景区管理是景区员工团队精神和分工协作的产物，一个员工不需要管理，但凡有工作团队和分工协作便会产生景区管理活动。

(2) 二者的基本内容不同。景区经营按照经营对象不同分为商品经营、资产经营、资本经营。商品经营，即组织旅游商品的生产和流通，具体包括市场调研预测、产品开发设计、市场营销、售后服务等诸多环节，每一个环节都非常重要。资产经营的对象是景区发展要素，既包括有形的发展要素即土地、设施设备、原材料、能源、景观、活动项目、资金、劳动力等，同时也包括无形的发展要素，如服务流程、管理制度、商标、旅游品牌、土地使用权、销售渠道、各种专营许可证与国际认证标准、重要的人力资本、人际关系等。资产经营就是对这些有形和无形的发展要素在景区内外广泛开展合理流动与优化组合，尽可能地提高其利用效率和效益，以满足和促进景区商品经营的要求与发展。资本经营，其对象是产权，即对景区产权进行合理地流动与优化组合，具体包括参股、控股、合并、兼并、拍卖、股份制改造组合、股票上市、产权互换等行为和方式，从而能促进景区商品经营、资产经营更快、更大、更好地发展。景区管理的基本对象是景区内的人、资产、质量、利润等，一般会涉及景区员工、团队、组织结构、管理模式、战略目标、制度体系、质量与服务、资产、成本、利润，以及研发、营销、后勤、领导、激励与约束、价值观念等方面的管理。所有这些管理都可概括为景区的制度管理、机制管理和景区的企业文化管理等。

(3) 二者解决的问题不同。景区经营解决景区发展方向、客源市场、战略目标等问题。景区在旅游市场竞争中做什么、如何做、如何调整、如何发展等均为经营活动，这些经营决策对景区的生存与发展至关重要，战略性的经营决策涉及景区的宏观和全局问题，如果出错会给景区带来灾难性的损失。衡量景区经营的指标是效益。经营属于开源，是挣钱，其目的是让景区的资本不断获得最大的增值机会。景区管理解决景区内部员工的秩序、纪律、工作胜任能力、积极创造性和提高资产利用效率等问题。衡量景区管理的指标是人、财、物的效率，即劳动生产率、资金周转次数（天数）、单位产品能耗与物耗等。向景区管理要效益，则是具体通过提高服务质量、降低成本、提高劳动生产率和资产利用率、加速资金周转、节约物耗等来实现，景区管理的目的是充分调动员工的积极性与创造性，共同为实现景区的经营目标而高质量、高效率地工作。成本、质量、效率则是景区管理永恒的话题。景区管理属于节流，是省钱，是景区的内部和局部问题，是景区生存和发展的保障。

(4) 二者的关键和反映的文化理念不同。景区经营的关键必须以景区客户为中心，以旅游需求为导向，提升市场竞争力；景区经营理念强调以满足游客需求为核心，其重点是积极建设景区品牌，建立游客对景区品牌的信任度及忠诚度，关怀、贴近、服务游客，培养目标客源，进行营销策划与市场开拓，研发并营销适销对路的新产品，进行销售渠道与网络建设，树立良好的景区公共关系与形象，通过资产经营与资本经营加速景区发展等。景区管理的关键和理念文化则是强调以人为本，以景区的员工为中心，尊重和调动景区全体成员的积极性和创造热情，其重点为培养和树立员工敬业创新、团结协作、遵守制度、提高效率、勤俭节约的精神和意识等。

综上所述，首先，景区经营与管理有着本质的区别，不可相互替代，但却有着必然的不可分割的联系。其次，应用系统论的观点把握好经营与管理的联系。

2）景区管理与景区经营的联系

（1）二者的根本目标一致。无论景区经营，还是景区管理，其根本目标都可概括为使游客满意并取得合理利润，从而实现景区价值的最大化，为游客、股东、员工创造出更多的财富和价值。

（2）二者相辅相成。经营与管理是景区齿唇相依的不可或缺的两个重要的不同领域，像人的左脚与右脚，必须交替前行，齐抓共管，既外抓市场经营、又内抓规范管理，相互促进，才能促进景区的健康发展。

（3）二者同为景区发展创新系统中的重要组成部分。在目前激烈竞争的市场经济中，必须认识到，景区发展是一项较为复杂的系统工程：市场是景区的领导，经营是景区的龙头，管理是景区的基础，技术是景区的工具。景区必须以创新的观念促进景区的经营、管理、技术的全面创新；以技术创新促进景区经营、管理的创新；以景区管理服务于景区经营，以景区管理创新服务于景区经营创新。经过景区创新促使景区达到既能满足客源市场需求又能取得合理利润的经营目标，即获得景区资本的最大增值，并能为景区游客、股东和员工创造出更多的财富与价值，使景区得以更好地生存与发展。

知识链接

理解景区实践发展过程中的管理与经营的关系

"经营"在"管理"的外延之中。通常按照企业管理工作的性质，将生产和营销称为"经营"，之外的管理内容称为"管理"。

景区经营与管理是相互渗透的，在实践发展中，也经常把二者放在一起讲。对景区发展实际而言，经营中的科学决策过程就是管理行为的渗透；而景区管理中的经营意识便是管理者情商的具体体现。如果把景区经营和管理严格区分开来将是景区发展的误区，也是务虚的表现。

但是景区经营与管理活动是有严格区别的：景区经营是对外的，追求从景区外部获取发展资源和建立市场影响；而景区管理是对内的，强调对内部管理资源的整合和建立发展秩序；景区经营追求的是经济效益，既要开发保护旅游资源，又要实现资源的经济价值；景区管理追求的是效率，讲究节流的前提下，控制成本；景区经营是扩张性的、积极进取；而景区管理是收敛性的，要谨慎稳妥，科学评估并控制风险。

景区经营与管理又是密不可分的，二者的关系就如自然界的阳与阴，社会中的"他"与"她"，必须共生共存，在相互矛盾中寻求相互统一：光明中必须有阴影，而阴影中必须有光明。同时，景区经营与管理也是相互依赖，密不可分。忽视管理的景区经营是不能持续的；另一方面，忽视经营的景区管理是没有活力的，是僵化的，为了管理而管理，为了控制而控制，只会把景区管死；景区发展必须有规则，有约束，但也必须有动力，有张力，否则就是一潭死水。

景区经营是龙头，景区管理是基础，景区管理必须为景区经营服务。景区要做大做强，必须首先关注经营战略，研究客源市场、游客，并为目标客源市场提供有针对性的游览服务和相应的接待设施。同时，基础管理必须到位，只有如此，景区经营才可能实现持续发展，经营战略目标实现后，又会对景区管理水平提出更高的要求。所以，景区发展的规律就是经营—管理—经营—管理交替前进。

1.3.5　景区发展的理论基础

1. 科学管理理论

科学管理理论是 19 世纪末 20 世纪初在美国形成的，其代表人物是美国古典管理学家弗雷德里克·泰罗。泰罗在他 1911 年的著作《科学管理原理》一书中，全面地叙述了他的管理思想与理论，他首创的科学管理制度对管理思想的发展有着重大的影响，泰罗也因此被称为"科学管理之父"。

科学管理的产生是管理从经验走向理论的标志，也是管理走向现代化、科学化的标志；科学管理对管理理论体系的形成与发展有着巨大的贡献。管理的本质问题，是选择最优方案，达到最佳效果。因此人们为达到预期的管理目标，而采取的措施和方案有成百上千种，具体活动更是五花八门，难以枚举。科学管理要求景区从以下各方面进行优化努力：一是要有选择余地；二是要实行淘汰；三是要敢于打破惯例。科学管理理论较适用于景区服务质量管理、设施和工程管理的标准化和规范化方面。

2. 行为科学理论

行为科学理论产生于 20 世纪 30 年代，是一种人际关系理论，它产生于有名的"霍桑实验"，代表人物是乔治·埃尔顿梅奥（George Elton Mayo）教授。

行为科学理论是一种人际关系理论，包括著名的需要层次理论、双因素理论、X—Y 理论、管理方格理论。它对景区的人力资源开发与管理、员工激励、人文环境的营造，以及游客行为管理等方面的决策将起巨大的作用。

3. 管理科学理论

管理科学理论是继科学管理理论、行为科学理论之后，管理理论与实践发展的结果。这一理论源于运用科学的方法解决生产和作业管理的问题。

管理科学的理论特征有四点：以决策为主要的着眼点，认为管理就是决策，给定各种决策分析模型；以经济效果标准作为评价管理行为的依据，为此建立诸如量、本、利等模型以讨论行为的结果及变化；依靠正规的数学模型，这些模型实际上是以数学形式表达的解决问题的可行办法，为此，建立合适的模型就成为管理行为可行性的前提；依靠计算机运算，以便计算复杂的数学方程式，从而得出定量的结论。

管理科学理论对景区物资管理、财务管理、安全管理等很有帮助。

4. 现代管理理论

20世纪50年代以来，在原有的科学管理、行为科学和管理科学等理论的基础上，又出现了许多新的理论和学说，形成了许多学派，主要代表学派有社会合作系统学派、经验或案例学派、社会技术系统学派、人际关系行为学派、群体行为学派、决策理论学派等。在这些管理理论相互融合渗透的过程中，逐步形成了应用广泛的系统管理理论和权变理论。

现代管理理论实为一个综合性的管理理论体系，它广泛吸收了社会科学和自然科学的最新成果，把组织看作一个系统，进行多方面有效管理；从而有效整合组织资源，达到组织既定目标和应负的责任。

现代管理理论较适用于景区战略管理、规划管理、信息管理与管理系统设计等。

5. 可持续发展理论

可持续发展理论要求满足当代人的发展需求，应该以不损害不掠夺后代的发展需求作为前提，它意味着我们在空间上应遵循互利互补的原则，不能以邻为壑；在时间上遵循合理分配的原则，不能在赤字状态下发展运行；在伦理上应遵守"只有一个地球"、"人与自然平衡"、"平等发展权利"、"互惠互济"和"共建共享"等原则。一个景区的可持续发展水平通常由景区资源的承载能力、供给能力、环境的缓冲能力、开发进程的稳定能力及景区管理的调节能力五个基本要素及其间的复杂关系去衡量。这五个基本要素分别构成区域可持续发展的基础支持系统、供给支持系统、容量支持系统、过程支持系统和智力支持系统。

中国旅游年度主题

1992 中国友好观光年　"游中国、交朋友"

1993 年中国山水风光游　"锦绣河山遍中华，名山圣水任君游"

1994 中国文物古迹游　"五千年的风采，伴你中国之旅"、"游东方文物的圣殿：中国"

1995 中国民俗风情游　"中国：56个民族的家"、"众多的民族，各异的风情"

1996 中国度假休闲游　"96 中国：崭新的度假天地"

1997 中国旅游年　"12亿人喜迎97旅游年"、"游中国：全新的感觉"

1998 中国华夏城乡游　"现代城乡，多彩生活"

1999 中国生态环境游　"返璞归真，怡然自得"

2000 中国神州世纪游　"文明古国，世纪风采"

2001 中国体育健身游　"体育健身游，新世纪的选择"、"遍游山川，强健体魄"等

2002 中国民间艺术游　"民间艺术，华夏瑰宝"、"体验民间艺术，丰富旅游生活"等

2003 中国烹饪王国游　"游历中华胜境，品尝天堂美食"等

2004 中国百姓生活游　"游览名山大川、名胜古迹，体验百姓生活、民风民俗"等

2005 中国旅游年　"2008北京——中国欢迎你"、"红色旅游"等

2006 中国乡村游　"新农村、新旅游、新体验、新风尚"

2007 中国和谐城乡游　"走进乡村，走进城市，促城乡交流"

2008 中国奥运旅游年 "北京奥运,相约中国"
2009 中国生态旅游年 "走进绿色旅游,感受生态文明"
2010 中国乡村游 "回归自然,休闲度假"
2011 中国文化游 "游中华,品文化"、"中国文化,魅力之旅"
2012 中国欢乐健康游"旅游、欢乐、健康"、"欢乐旅游、尽享健康"、"欢乐中国游、健康伴你行"
2013 中国海洋旅游年"美丽中国,海洋之旅"、"体验海洋、游览中国"、"海洋旅游,精彩无限"

1.4 景区在旅游发展中的特殊地位和作用

21世纪以来,景区的开发建设、管理和保护得到了各级政府、旅游协会、旅游企业及旅游学界的重视,取得了重大成就,一大批高质量、高品位、高水平的景区成为旅游业发展的生力军以及区域旅游形象的重要组成部分。

1.4.1 景区是旅游业的核心要素

旅游活动有吃、住、行、游、购、娱六大环节,其中的"游"是核心,而引起其他几个支撑性环节的存在,配合完成了整个"游"的过程。同时,由于旅游资源的垄断性、不可替代性及门票价格的非市场性,旅游业在其他方面(如购物、餐馆、交通等)价格下降的同时,景区门票价格多呈刚性,只升不降,景区的收入规模与收入比重将会越来越大。最为重要的是,景区是旅游吸引力的源泉,是旅游消费的直接刺激因素,成为旅游消费的吸引中心。人们选择旅游目的地,安排旅游行程,首要考虑的是景区的吸引力大小,其次才考虑交通可进入性及其他配套设施的完善程度。从这些意义上讲,景区是旅游业"行、游、住、吃、购、娱"六大要素的核心。

1.4.2 景区可传播地区旅游形象,提高区域知名度

景区往往比单一的地名传播得快,便于人们记忆。在市场经济条件下,一个好的景区就是一张旅游名片,将起到"先声夺人"的效果。例如,黄山—黄山市、香格里拉—香格里拉县、少林寺—登封市等均是以景区为核心诉求点,与旅游目的地达成密切联系,游客的旅游认知将提升客源市场对旅游目的地区域的期望值。景区的这种旅游名片效应,使景区的知名度远远超过其所在地区的知名度,甚至会引起政府的地名更新行为。例如,黄山是国内外知名的景区,其旅游品牌的知名度远远超过了所在地原屯溪县,国务院为了更好地利用黄山景区发展地方经济,已经将屯溪县划为黄山市屯溪区。这一现象还有香格里拉县(原名中甸县)等。此外,景区也是集中展示我国民族风情和灿烂历史文化的窗口和平台,代表了中国的旅游形象,同时也展现着中国的文化形象、民族形象。

1.4.3 景区消费是新的旅游经济增长点

景区作为旅游吸引力的基本来源,是旅游者的终极目的地,其经营管理将是旅游业持

续发展的关键点。目前，国家扶持发展旅游度假区、创意文化产业园区、物质与非物质文化遗产单位，不断满足各类旅游消费需求，并积极利用国家长期国债资金，对景区建设基础设施给予重点支持。2012年以来国家的景区工作重点有：实施全国乡村旅游示范村标准，引导开展全国乡村旅游示范村评定工作；要大力推进度假旅游发展，认真总结国家旅游度假区发展经验，启动度假国家标准实施试点；要大力推进红色旅游发展；抓紧落实"十二五"红色旅游经典景区总体建设方案；开展生态旅游示范区研究试点工作，推出国家生态旅游示范区试点单位，继续推进森林旅游示范区试点工作；加大对中西部地区、少数民族地区和贫困地区旅游基础设施建设的投入。

知识链接

中国主要年份景区收入及其比重

2001年，旅游外汇收入177.92亿美元，其中景区收入（门票）为8.02亿美元，占4.5%；

2002年，旅游外汇总收入203.85亿美元，其中游览收入为14.31亿美元，占7.02%；

2004年，旅游外汇总收入257.39亿美元，其中游览收入为13.07亿美元，占5.1%

2005年，旅游外汇总收入292.96亿美元，其中游览收入为12.27亿美元，占4.12%

2006年，旅游外汇总收入339.49亿美元，其中游览收入为9.86亿美元，占2.9%；

2007年，旅游外汇总收入419.19亿美元，其中游览收入为18亿美元，占4.3%。

1.5 景区经营与管理的主要研究内容

景区管理是以景区为研究对象，对景区开发、经营、管理的各个环节进行宏观和微观研究，促进景区可持续发展的边缘性学科，该学科是管理学、旅游学、区域科学、文化学、经济学等学科的交叉学科。景区是由旅游景点、旅游服务设施、服务和游客组成的人-地相关的地域单元，具有休闲观光、娱乐、度假或者其他专题旅游功能。景区要想在激烈竞争的现代旅游市场上取得竞争优势，必须不断地维护和创新开发旅游景点，提供运行良好的旅游设施和高质量的旅游服务，创新旅游环境，所有这些都需要高水平的景区管理。景区管理的具体研究内容主要有以下几个方面。

1.5.1 基本概念体系、原理和范式

有关景区管理的基本概念是景区管理的基石，这些概念有旅游目的地、景区、风景名胜区、世界遗产、主题公园、旅游规划、旅游投资等。由这些概念延伸的原理和方法，及其形成的学科范式，都是景区管理研究的基础内容。

1.5.2 景区战略管理

景区战略管理主要研究景区发展方向和远景发展战略，并对实施战略的步骤进行确定。

景区经营处在不断变化的市场环境中,区域经济、社会、文化和旅游产业发展、旅游产品供求关系的变化都将影响到景区的生存和发展。识别景区经营管理体制,了解市场竞争态势,把握景区发展方向,建设景区经营治理模式,都是对景区战略管理的具体研究和分析。此外景区的规划管理也是战略管理的重要内容。规划是科学合理的开发资源的基本保障,规划就是资本。景区规划管理是实现景区持续发展的重要途径。有关景区规划的研究内容主要包括景区规划的内容体系、技术体系、规划方案的编制、规划的实施方法与措施等。

1.5.3 景区管理环境

现代景区的竞争在很大程度上取决于环境质量的竞争。景区所处地区的自然环境、社会文化环境都将深刻地影响着景区的经营管理。对一般企业来讲,管理环境主要涉及区域经济体制、市场竞争格局、社会经济增长方式、企业所有制形式及产品供求关系。有关景区这一特殊的企业,也包括这些因素,主要体现在景区所在区域的社会、经济、技术、文化、政策等外部环境因素和景区的资源基础、产品状态、经济运行机制、组织结构等内部环境因素对景区经营管理活动的影响。做好环境管理是创造高品位旅游产品、高质量旅游活动、延长游客逗留时间、增加游客消费的重要手段。

1.5.4 景区的资源管理

资源是景区发展的基础和前提,景区资源管理主要研究景区的资源类型及特征、景区的旅游资源的开发内容和评价方法,以及人力资源的招聘、培训、考核、激励与人事管理。此外景区的金融资源的开发、土地资源的征购等都是景区资源管理的重要内容。

1.5.5 景区游客行为管理

游客管理是景区管理的重要组成部分,通过组织和管理游客的行为活动,通过调控和管理来强化旅游资源和环境的吸引力,在提高游客的满意度和体验质量的同时,实现对景区资源的可持续发展。游客管理是保障景区正常运转的基础,游客管理可以减少游客因不文明行为对景区资源和环境的破坏,倡导文明的社会文化氛围。这不仅可以保护旅游资源,优化游览环境,保证游客心情畅快,还可以提升游客的满意度,促进景区管理目标的实现。

随着近年来我国旅游业快速发展,游客数量的急剧增加,很多景区在旅游旺季都出现了人满为患的现象。大量涌入的游客造成景区旅游资源的保护成为难点,特别是自然资源极易遭到破坏的自然保护区和遗产类景区,游客游览所带来的资源破坏造成的局面制约了景区开发利用及其可持续发展。因此,对景区的游客进行管理是目前所需要实施的,这对我国景区的游客管理对我国旅游业及其自然资源的可持续发展具有重要的现实意义。

1.5.6 景区业务管理

景区管理的一切活动都需要一定的具体业务工作来落实,业务管理实施是景区管理者命令得到有效观测和全面实施的基本活动单元,景区业务工作主要包括景区服务质量管理、景区工程项目管理、景区价格管理、景区信息管理及景区安全管理等内容。

1.5.7 景区市场营销管理

景区的建设与产品开发必须以客源市场为导向。景区产品的开发要在对旅游客源市场调研的基础上研究客源市场的需求特征，进行目标市场细分、选择目标市场和对不同的市场进行功能和区域定位，并根据不同的目标市场开发适销的旅游产品，进行有针对性的促销，使景区与客源市场紧密结合，景区经营能反映客源市场变化的最新趋势和动态需求。因此，市场营销管理是景区管理的重要内容。

1.5.8 景区的标准化管理

标准化管理是企业引导什么是真正的现代化、国际化，而不是盲目地仿效某一规范。实施标准化管理是市场经济内在规律的要求，内在化规律主要体现在市场化运作和市场竞争，而景区要在激烈的变幻莫测的市场竞争中提高，必须遵循市场规律及标准化、规范化。

1.5.9 景区安全与危机管理

安全在景区发展中扮演着极为重要而特殊的角色。首先，安全是旅游活动进行的保障，安全为旅游者的精神愉快、身心放松提供了最大保障，使旅游者能真正融入因景区游览而产生的视觉、触觉、听觉等身心体验之中；其次，安全是景区发展的前提；再次，景区安全问题随旅游业的发展而日益凸显，屡见报端。较早引起广泛关注的当属1994年3月31日发生在浙江千岛湖的特大抢劫纵火杀人案，造成32人（其中24名台胞）死。一般而言，景区的安全管理对象主要有游客行为、旅游设施设备操作技术、景区治安、道路交通设施安全、游乐设施安全、特种旅游项目的安全、自然灾害的预防等。

景区危机是指任何危及景区经营目标的事情和事件，致使景区处于一种不稳定状态，威胁景区目标的实现。景区建设管理要有风险意识，在制定发展战略和管理策略时，要有处理突发事件的心理准备和机制上的能力，即实施危机管理。危机发生后，面对危机对景区的发展已经造成的损失，危机管理的战略重心是全面修复受到危机影响的景区供需结构，同时重新树立景区形象，逐步恢复公众对景区的消费信心与建立信息关系。

本章小结

本章作为开篇，主要阐述了"景区经营与管理"学科的发展活动、基本概念、研究对象及内容等学科范式，并提出了一些看法。同时，对我国景区发展实践中的各种景区类型进行了梳理和概念辨析，对我国景区发展的现状特征进行了分析。最后从系统论和宏观经济学视角对景区在旅游产业发展中的特殊地位和作用进行了阐述。本章的主要目的是建立景区经营与管理的学科范式和背景知识体系，了解景区对旅游发展的重要性，从特征描述中发现与现实管理的联系，构建研究内容和理论框架，为以后章节的学习打下基础。

关键术语

关键术语	定　义
景区	具有吸引国内外游客前往游览的明确的区域场所，能够满足游客游览观光、消遣娱乐、康体健身、求知等旅游需求，有统一的管理机构，并提供必要的服务设施的地域空间
景区管理	对景区的人、财、物、信息等多种资源进行有效整合，为实现景区的经济效益、社会效益和环境效益最大化，保障景区可持续发展的动态创造性活动。包括景区的社会管理和经营活动
景区经营	在景区内，为使产品设计、游客接待、员工服务、财务监管等各种业务，能按照景区经营目标顺利地执行、有效地调整而所进行的系列景区发展活动
旅游目的地	旅游资源、旅游服务设施和机构、旅游交通设施等相互作用而形成的一定地域空间
风景名胜区	具有观赏、文化、科学价值，自然景观、人文景观比较集中，环境优美，具有一定规模和范围，可供人们游览、休息、或进行科学考察、文化活动的区域
主题公园	具有特定的主题，由人创造而成的舞台化的休闲娱乐活动空间，是一种休闲娱乐产业
旅游度假区	一个相对自给自足的目的地，是为满足游客娱乐、放松需求而提供的可以广泛选择的旅游设施与服务

理论思考题

1. 什么是景区，景区有哪些类型？
2. 试分析景区与旅游目的地的区别与联系。
3. 什么是景区管理，其过程如何？
4. 对比分析中国景区与美国国家公园管理的特征。
5. 结合实际，谈谈景区在旅游业中的特殊地位和作用。
6. 景区管理的主要研究内容是什么？

实训辩论题

辩论题：景区管理的学科属性
正反：景区管理是独立的学科。
反方：景区管理不能成为独立学科。
辩论方向：总体方向——景区管理的学科范式是否存在（在学习库恩范式论的基础上辩论）；具体方向——景区管理的学科概念体系是否完善；景区管理的学科研究方法是否独特；景区管理的学科基础理论是否已形成。

拓展阅读

世界优秀旅游目的地城市中心（The World Centre of Excellence for Destinations，CED）于2006年12月诞生，是一个致力于研究和创作工具来帮助全球旅游目的地实现可持续发展的非营利性组织。它研究与评估优秀目的地标准的指标范畴包括资源与环境保护、文化与遗产传承；目的地管理组织与结构、信息管理、目的地安全、营销与销售，文化遗迹与遗产旅游、联合旅游，交通、旅行与游览、住宿、饮食等。它的研究成果和创建的这些世界优秀目的地是被世界旅游组织认可的。CED已对墨西哥、法国、瑞士、葡萄牙、澳大利亚等国家和地区，以及加拿大蒙特利尔市、中国成都等8个旅游目的地进行了评估体系测评。成都是已接受测评的8个目的地城市中唯一一个亚洲城市。

第 2 章　景区的经营环境

学习目标

知识目标	技能目标
1. 掌握景区经营的权力关系、经营制度 2. 掌握决定景区运营的内在决定性因素 3. 掌握景区经营的资源基础与产品状态 4. 熟悉景区经营与环境的关系 5. 熟悉影响景区经营的外部因素 6. 了解景区经营的外部经济效应	1. 能够合理判断景区经营的外部经济效应 2. 能厘清景区经营的权力关系 3. 能客观认识发展实践环境与景区经营间的关系

导入案例

迪士尼乐园——水土不服，法国栽跟头

1992年4月12日，迪士尼乐园登陆欧洲，法国巴黎的"欧洲迪士尼乐园"建成开业。这个主题公园位于巴黎以东约20英里处的马恩河谷镇，占地2 000公顷，投资总额约46亿美元，由迪士尼公司和法国巴黎当地投资联合经营，融资份额分别为49％和51％。迪士尼公司收取欧洲迪士尼乐园10％的门票收入、5％的食品和日用品收入、部分管理收入和49％利润。1993年预计净利润为7 100万英镑，但实际却亏损了约6亿英镑；1993年预计年收入为7.81亿英镑，但实际收入仅有5.6亿英镑。1993年以后的三年内连续亏损，使欧洲迪士尼乐园进入了频败的境地，人们当时预言不久它将会倒闭。迪士尼公司尝试了各种办法拯救它。Prince Walid Talal公司收购其24.6％的股份，并注入5亿美元的资金，同时公司放弃了版税收入，与银行之间达成了有利的债务偿付协议，改乐园名称为巴黎迪士尼乐园，乐园高级管理层本土化、员工管理法国化、主题活动欧洲化、强调巴黎文化、欧洲消费文化，缓解美国式的标准化管理引发的冲突，才使巴黎迪士尼乐园的经营状况有所好转，直至1996年才有所盈利。

（资料来源：邹统钎. 景区开发与经营典型案例［M］. 北京：旅游教育出版社，2003.）

2.1　环境与景区经营的关系

景区是在环境中生存发展的基本单位。环境是景区经营的基本保障，环境与景区经营间存在物质信息及能量的交换。同时，作为在环境中生存和发展的经济组织，景区并非只是简单被动地适应环境，也有能动性发挥作用的可能。一是景区可能在一定范围内对环境因素做出选择，如从事哪些业务经营活动、选择哪些地区和国家作为自己的客源地；二是景区可以在一定范围内创造或者影响环境，如开发建设人造旅游视觉形象、开发涉及人与自然联系的新方式、提高景区所在区域的植被覆盖率、卫生达标程度，改变公众消费理念，开展有益的社区公共关系活动等；三是景区的存在可能会对其他经营单位产生经济影响。二者之间的关系具体表现为以下几方面。

2.1.1　环境是景区经营的基本保障

景区要适应环境，而不可能是环境满足景区开发建设需要，这是景区经营与环境关系的基本点。在一定环境条件下，景区如何选择、如何行动、如何积极有效地开展业务经营活动，是景区经营要解决的课题。特别是在我国市场经济体制建设和完善过程中，市场环境具有变化频繁、偶然性大、难以把握的特点，学习景区的管理环境有着更为重要的现实意义。

景区经营环境最基本问题是战略决策，从基本的竞争战略到多样化经营战略、国际化经营战略，都是景区在市场经营中遇到的基本问题。与此同时景区经营者应该选择适合景区特点的有利于景区稳定发展的基本投资制度和治理结构，并有效地解决景区所有者、管理者、经营者和保护者之间的制衡关系。由于景区经营是在整个盛会经济大熔炉中进行的，基于旅游产业的综合性特征，景区经营的外部关系的协调成为景区经营环境中必不可少的内容。而且景区外部环境的优劣直接影响到景区的健康持续发展，甚至生死存亡。

由此看来，环境对景区经营活动而言是一项重要的基础保障工作。不论是景区经营的内部环境还是外部环境都是不容忽视的问题。这一重要性可以从下面的经营案例中得到反映。

2.1.2　环境与景区间的交换关系

在市场经济条件下，景区与市场环境最基本的关系是交换关系。景区经营管理所需要的各种资源，都需要通过交换才能实现。不论是资金、旅游吸引物、旅游接待设施、人力资源，还是技术、经验、知识、诚信等，都直接或者间接地来自于交换关系。与此同时，景区经营向环境提供各种旅游产品和旅游服务。在这种环境与景区经营活动输入输出的关系中，景区经营和环境互利互惠，共同发展。

在景区经营过程中，需要选择交换的对象、范围和规模，并随环境变化做适当调整，尽可能地优化管理环境。与景区发生交换关系的对象很多，主要有旅游者、旅游投资者、旅游开发建设者、旅游经营管理者、旅游服务人员、旅游代理商、区域政府等。可以将这些交换对象归纳为三大类：客源市场、经营管理制度、行政管理者。

景区经营与环境的交换关系首先表现为景区经营与客源市场的交换战略决策。即景区向旅游者所提供的旅游视觉形象、旅游解说系统、服务范围、旅游活动项目的品位质量，以及景区如何在竞争中获得优势、扩大客源市场占有率等基本问题，都涉及景区经营的基本选择，是景区经营要解决的首要问题。其次，表现为景区的经营管理制度的选择，即景区与资源供给市场的关系，包括景区所有关系、资产构成、收入分配制度、景区的基本性质等基本问题，这些问题在很大程度上受国家基本经济约束和经济体制的制约。再次是景区经营与政府的关系，在市场经济条件下的表现有两方面：一是景区在一定的政治经济体制背景下为了实现经营目标和战略，如何处理和协调与区域政府间的关系；二是景区采用区域化或国际化经营战略，从事区域经营业务或国际经营业务属于道德与该区域或者国家政府的关系。

2.1.3 环境与景区间的竞争关系

在旅游交换市场上，存在旅游供给方的竞争。对景区经营与环境的关系而言，除了景区与环境之间的交换关系之外，还存在景区经营市场上的竞争关系。与竞争对手，尤其是旅游资源较相似、旅游产品与相同属性的景区之间存在激烈的竞争关系。

2.1.4 景区经营活动的外部经济效应

外部经济对景区经营活动的影响（效应）有两种，一是外部经济性效应，二是外部不经济性效应。外部经济性和外部不经济性是外部经济理论的重要构成内容。外部经济性是指由于景区的存在而给其他生产单位获得收益的情况。当景区经营活动存在外部经济性时，景区经营所带来的社会效益大于景区的经营效益，二者之间的差额就是外部环境效益；外部不经济性是指由于景区经营管理活动的存在而使其他生产单位受到损失的情况。当外部不经济性存在时，景区的经营管理活动带来的边际社会成本大于景区边际经营成本，二者之间的差额为外部环境成本。

景区外部不经济产生的原因可追溯到产权界定不清及执行的成本较高。此外，对资源过度开发，造成资源破坏，产生外部不经济；对生态环境造成破坏，增加边际社会成本，造成景区经营的外部不经济性；经营过程中造成环境污染，形成外部环境成本，导致景区经营管理的外部不经济性。

由于景区经营的外部不经济性通常没有纳入景区经营成本之中，而存在于旅游经营和旅游者消费的交易之外，很难利用市场机制进行控制。对景区经营造成的外部不经济性如果不加以控制，则社会的边际成本就会越来越高于景区的边际成本，对整个社会造成的负担和危害会越来越大，必须建立不经济行为的约束机制。控制外部不经济的途径主要有法律法规控制；行政管理控制；经济激励机制；经济因素、可自由支配的收入、实际支付能力、通货膨胀、效用最大化（彭德成，2003）。

2.2 景区经营的宏观环境

景区的宏观环境由一般社会力量构成，可能是全国范围内的，也可能是国际范围内的。社会力量会对景区产生重大的影响，而且这种影响是景区无法左右的。这种社会力量有四个组成部分——政治（political）、经济（economic）、社会（sociol）、技术（technological），对这四个方面所做的研究称为"PEST 分析"。

知识链接

PEST 分析

PEST 分析是指宏观环境的分析通常采用矩阵式的方法,就是在坐标中分成四个象限。如果以政治和经济两方面因素作为坐标,在政治环境和经济环境都好的情况下就应该发展,在政治环境和经济环境都不理想的情况下,就不能发展。环境一个好一个不太好时,就要适当考虑,可以发展也可以不发展。

2.2.1 景区经营的政策与法制环境

1. 政策环境

景区经营管理的相关政策法规具有以下几个特点。

(1) 政策法规的制定部门管理权力有限。从近几年政策和法规的演进过程可以看出,景区经营管理的相关政策基本是由国务院和住建部制定的。而住建部的管辖范围只限于风景名胜区,对其他类型的景区,如森林公园、文化景观、水文景观、地质景观、文物古迹类景区等没有约束力。

政策法规制定部门无法回答"何为景区经营权"、"景区的法律界限"等基本问题。

(2) 政策法规的出台明显滞后于景区开发管理实践:政府出台相关法规基本是"堵漏"式的,哪里出现新问题,就以批示的形式给予一定的建议,政策缺乏先导性。

(3) 国家旅游局制定相关法规不力:国家旅游局作为旅游业的中央行政管理机构,具有统筹管理各类景区的职能,但是到目前为止并没有出台关于景区(点)经营权转让方面的具体规定,所以不能够界定景区经营权转让是否合法或违法。但对于世界遗产、历史古城、森林公园等风景名胜区,其经营权是不允许转让的。

表 2-1 中国旅游发展的早期标志性方针、政策事件一览

年份	标志性方针、政策事件	影响
1978 年	邓小平五次讲话,大方向	奠定了基本思路
1984 年	四个转变、五个"一起上"	决定性作用
1986 年	纳入国民经济计划,每年拨给旅游业 5 亿元资金	正式进入经济发展轨道
1988 年	国务院 101 文件,把旅游宾馆纳入楼馆堂所的范围,并严格控制	很不利的外部政策环境
1990 年	产业政策的提出,重点发展第三产业,旅游局要优惠	促进
1991 年	国务院 8 号文件,旅游行业管理 9 条意见,1992 中国友好观光年	开启国际旅游营销新篇章
1993 年	国务院 75 号文件,发展国内旅游的意见	国内旅游蓬勃发展
1994 年	外汇体改,抽样调查入境游客	国内旅游统计正式启动
1994—1998 年	国家、地方系列政策支持旅游	标准化建设启动

近几年来，围绕建设世界旅游强国、培育新兴支柱产业的旅游发展战略目标，我国在全国范围内做了大量的工作，各地区纷纷提出了建设旅游大省、旅游强省、旅游大市、旅游强市的发展目标，在全国范围内掀起了一个"大干快上"旅游的势头。在这一发展背景下，国家旅游局提出政策主导型的旅游发展模式。从战略发展看，政策主导的倾斜和着力点应当是争取政策的公平，就是要创造公平的竞争环境；在政策基点上，对旅游业的公平应当主要体现在旅游政策体系要与其已经达到的规模、地位、作用相匹配，并能起到进一步推动发展的作用。

1998年，由于我国经济正式告别短缺经济，以扩大内需作为长期发展战略；同时"1997中国旅游年"使旅游的社会影响进一步扩大，旅游产业规模迅速壮大。在此基础上，国家旅游局提出制定旅游产业政策的问题。通过借鉴国际国内经验，深入研究旅游产业政策问题。

知识链接

关于加快旅游业发展的政策措施

《国务院关于进一步加快旅游业发展的通知（国发〔2001〕9号）》

（一）加大对旅游业的支持力度。一是增加对旅游基础设施建设的财政性资金投入。重点是为旅游景区（点）配套的交通设施，环保、卫生设施，供水、供电设施，安全保障设施，自然环境和文化遗产保护设施。"十五"期间国家每年安排一定数量的财政资金，重点支持中西部地区旅游基础设施建设。二是进一步加大对旅游市场开发促销的资金投入，完善旅游发展基金的收缴和使用管理，重点用于国际市场开发。三是对宾馆、饭店实行与一般工商企业同等的用水、用电、用气价格。积极研究实施对涉外旅游企业实行创汇、结汇的奖励办法。四是支持符合条件的旅游企业通过股票发行上市等方式融资。积极探索建立境内外旅游产业基金。

（二）深化改革，鼓励多种经济成分参与旅游业发展，积极培育多元化的旅游市场主体。要加快国有大中型旅游企业建立现代企业制度的步伐，建立健全有效的激励机制和约束机制，进一步增强企业活力。鼓励旅游企业通过资本运营等方式，向集团化、网络化、专业化发展。推进旅游社团机构改革，发挥其咨询服务、行业自律和市场中介作用。

（三）着力改善旅游交通配套条件。强化北京、上海、广州等机场的枢纽功能，新建、改建西部地区支线机场，完善主要国际定期航班机场的设施和服务功能，逐步增加国际和国内支线航线。建立和完善铁路旅客异地预售票系统，增开旅游专列，改善列车、车站服务设施。要加快建设高速公路网，配套建设好沿线休息、餐饮、购物服务区，加强旅游专用公路、旅游区（点）停车场和公共汽车站的建设。

（四）发挥价格杠杆调节作用，进一步培育旅游市场需求。要运用旅游区（点）票价调节旅游淡旺季的游客流量，缓解游客过于集中对生态环境和文化遗产保护的压力。逐步实行民航机票分季节、时段、航线差别定价。

（五）进一步扩大旅游业的对外开放。要适应我国对外开放的新形势，有计划、有步骤地吸引外资和港澳台资参与开发旅游资源、兴办旅行社和为旅游服务的中外合资道路运输企业。中西部地区旅游设施项目要列入《中西部地区外商投资优势产业目录》，鼓励外商进行投资。对有利于促进旅游产业发展的基础设施项目、生态环保项目，鼓励利用国外优惠贷款。积极稳妥地实施"走出去"开放战略，鼓励有实力的企业到海外开办旅行社和其他旅游经营项目，拓展国际市场。

（六）进一步简化旅游者出入境手续，研究实施在主要国际口岸对特定客源地的旅游者实行短期免签证或落地签证政策。

2. 法制环境

市场经济是法制经济、信用经济、规范经济，建设规范的旅游法制体系是旅游管理的基础和重要保障。我国旅游法制建设的总体思路是旅游立法体系化、旅游执法权威化、旅游法规地方化。

国务院在发布的《旅行社管理条例》、《导游人员管理条例》、《中国公民出国旅游管理办法》等单项行政法规的基础上，研究制定《中华人民共和国旅游法》（以下简称《旅游法》）。目前，全国已有27个省、自治区、直辖市和主要的旅游城市出台了综合性的旅游业管理条例，只是缺乏国家综合性法律的约束、引导，水平参差不齐、内容不一。从地方旅游法规看，《南京市旅游市场管理条例》实施效果良好，是经过南京市人民代表大会常务委员会审议通过的，出台实施后，对强化南京市旅游市场管理，促进旅游业的健康发展都有明显的效果，既加强了旅游市场综合性检查力度，又加强了对旅游业和导游员的管理，同时也进一步落实了全国旅游安全工作座谈会精神。

《旅游法》中与景区相关的规定有第十五条（尊重旅游目的地习俗）、第四十二条（景区开放条件）、第四十三条（景区门票管理）、第六十七条（旅游目的地安全风险提示、监测、评估）、第六十九条（景区流量控制）和第九十四条（景区的责任）。

知识链接

目前我国与景区有关的法规如下：

《中华人民共和国旅游法》，2013年10月1日起实施；

国家标准 GB/T 18971—2003《旅游规划通则》，自2003年5月1日起实施；

《风景名胜区条例》，自2006年12月1日起施；

《水利风景区管理办法》，自2004年5月10日起实施；

《中华人民共和国文物保护法》，自2007年12月29日起实施。

2.2.2 景区经营的经济环境

景区经营的经济环境一般可以区分为两种，一是景区客源市场的经济环境，二是景区产品的经济环境。

1. 景区客源市场环境

景区客源市场的经济环境主要包括个人经济环境和社会经济环境。

个人经济环境因素主要有人们愿意花费的可自由支配的收入和闲暇时间。由于人们可自由支配的收入的实际支付能力受需要支付的各种消费项目的价格变化的影响，因此利率和通货膨胀对景区经营的影响是很大的。同时，最终被确认的可自由支配的收入也很重要，因为人们可能有钱，但却不能把钱花掉，而是存起来，以防日后失业，或者需要支付信用贷款。

社会经济环境是景区市场经济环境的集中表现，社会经济环境主要表现在整个社会中个人收入的分布情况，对收入分布产生影响的因素主要包括失业者的数量，享受养老金、社会保险金或者其他待遇的人数，税收政策，相对的工资水平，各行业的工资差别，以及体力劳动者、白领、专业人员、管理人员的工资差别等。

2. 景区产品经济环境

景区产品的开发与经营严重受经济因素的影响。高利率对新产品的开发产生负面影响，经济衰退会导致需求量的下降。此外景区产品的开发与经营还会受通货膨胀和工资水平的影响。

经济环境对景区经营管理而言十分重要，应受到研究领域的重视。尤其是将经济理论应用于景区经营时应特别慎重。例如，简单地将供求规律、利率最大化、定价的方法等运用在景区经营中不一定合理。因为，景区不一定都以盈利为目的，有些景区从管理的角度看只要求收支平衡，有的景区经营者愿意支付景区补贴，有的景区不收门票。也就是说，景区开发经营的目的是广泛的。

2.2.3 景区经营的社会环境

景区经营者最感兴趣的外部社会文化因子是人口的构成及发展趋势，此外还有消费行为、青少年亚文化群、社区文化等对景区的管理都将产生重大影响。

1. 人口构成及发展趋势

人口构成因素包括年龄、社会阶层、家庭结构、家庭教育、接受全日制教育的学生的数量、居住地、少数民族的人口状况，以及家庭生命周期。家庭生命周期包括儿童期、青年期、年轻夫妇期、带孩子的年轻夫妇期、不断增大的家庭及厮守空巢的老年家庭。

2. 消费行为

许多国家的经验表明，当一个国家或地区人均 GDP 达到 3 000 美元时，居民出游意愿显著增强。随着区域经济持续较快增长，居民收入和生活水平逐步提高，全面建设小康社会步伐显著加快，人们对旅游消费项目将会提出更高要求。

3. 青少年亚文化群

青少年亚文化研究的历史可以追溯到 20 世纪 60—70 年代，英国伯明翰大学的学者集体撰写了一部叫《仪式抵抗》的著作，对英国工人阶级青少年的亚文化给予了广泛的关注。研究者认为，青少年中流行的亚文化构成了对体现中产阶级价值观的英国主流文化的反抗，在当时的社会情景下，阶级的对立也表现在文化领域，平民阶层的青少年因无法进入主流文化而自创了一种时尚文化，这一文化富有反抗的象征意味。例如，光头仔的行为表面上是在追求一种粗野剽悍的形象或风格，但在其背后却隐藏着一种意识形态企图。一些亚文化仅仅是在特定的历史时期出现：它们浮出水面，变得可辨认并被贴上标签；它们一度控制公众注意的舞台。迪斯科夜总会、光头党、朋克、嬉皮士、摇滚乐……直至群居、吸毒、同性恋等从文化到生活各个层面，这些一度成为英国、美国20世纪60年代的一道文化景观。青少年就是通过这些活动来创造新的大众文化形式。这种文化价值观对探险性景区、专项旅游项目突出的景区而言，是核心客源。

4. 社区文化

社区文化是一种无形的资本，可以创造出巨大的社区经济价值，比有形的基础设施影响更为深刻、重大。社区文化可以塑造社区形象，是社区发展的"软实力"，为社区发展创造良好的人文环境。而社区文化的发展传承与景区发展一脉相承，相促互补。社区文化的发展为景区游览活动提供支撑与驱动，赋予其新的内涵意义，增强其凝聚力和比较竞争力。

2.2.4 景区经营的技术环境

景区经营受技术因素的影响程度越来越大，主要表现在技术与旅游产品的融合、技术与景区经营的融合及技术创意作为景点的竞争对手。

20世纪80年代，计算机游戏、交互式图像技术、大屏幕影院及博物馆中运用的新的讲解技术（如人造气味）等，在很大程度上改变了景区讲解服务和促销的手段。

20世纪90年代被喻为"虚拟现实"技术的时代，虚拟技术可以使参观者变成参与者，可以刺激感官，其实质是"活动才是主要的旅游吸引物"，所以有人预言虚拟现实技术将给景区经营带来一场革命。

目前旅游业各部门在处理预订、客户档案及IC卡系统调控等方面，都在普遍使用计算机技术。

此外，高新技术的发展也是景区经营不可忽视的一个外部技术环境，如在进行文物或者古建筑维修时常常采用高新技术及特殊材料。例如，乐山大佛的维护由于采用了高新技术而耗费了巨大的成本资金。

典型案例

乐山大佛的"美容"

新中国成立以来，乐山大佛共进行过7次修缮，其中，2001年的修缮规模最大，2001年枯水季节，进行的乐山大佛"平台项目"的维护，实际上是2001年4月乐山大佛维护工程的继续。2001年乐山大佛整个维护工程都是靠世界银行提供的400万美元贷款运作的，维护方案也是国家文物局2000年批下来的。只不过在"平台项目"第一方案出台后，世界银行文物组专家提出了一些细微的修改意见，修改后的"平台项目"方案刚刚获得通过。2001年4月是对大佛头、胸、手等部位进行维护，"平台项目"是对大佛脚下的莲花台等部位进行维护，但必须要等到江水退潮后才能动工。

乐山大佛始建于713年，至今已有1 200多年。它座高71米，是当今世界最大的古代石刻佛像，与55米高的阿富汗巴米扬立佛同为人类珍贵的文化遗产。巴米扬大佛遭受人为破坏后，乐山大佛备受世人关注。

2001年的修缮工作，维修方案由国家文物局联合七所大学、科研部门的专家共同制定。大佛的维修还引起了海内外的强烈反响：联合国教科文组织派来了专家，世界银行提供了贷款,美联环球电视台、《时代》周刊、《纽约时报》等均致电联系到现场采访。这一修缮方案,改变了我国以往修缮古迹的做法。此次维修保护工作和以前相比,科学技术含量增加了许多。以前的维修保护有很多不科学的地方,如采用水泥,这是不科学的原材料。通过对大佛初始材料的分析,维修时基本上确定的主要材料为民间的验方,就是由石灰、炭灰、麻等材料组合起来的一种叫作厩灰的材料。施工用的厩灰板都是经过科技人员十几年、几百次实验淘汰后精选出来的,工人们根据实验结果,把切割好的石灰、炭渣、麻筋搅在一起,捶上三四个小时做成厩灰坯料。为了保证大佛修缮的施工质量,除了对材料要求严外,工艺要求也很高。首先要对大佛进行湿润,湿润过后再刷一层浅浅的浆在上面,然后再把材料表附在上面,还必须不断地压实,压实的过程还有几道工序,通过这几道工序得到自然状态所需要的强度和硬度、色彩的时候才能完工。

图 2.1 乐山大佛

为保证大佛千秋长存,大佛景区已经制定了新举措:在游客量达到专家测定的游客量警戒线时,景区就在大佛周边设立临时防护栏,实行单向流动,景区内增设休息点,分流游客,必要时停止出售门票。景区内已经实施了山、水、路、场、园、厕的综合治理,改善了景区环境。乐山市政府还决定,从今年开始加大大佛周边环境整治、治理景区污染源,景区内的工业企业限期搬迁;加大三江水污染治理及退耕还林力度,启动排污保护工程,改善大佛景区的大气、水的质量,减少酸雨,改变大环境以全面保护大佛。

2.3 景区经营的微观环境

2.3.1 景区运行的内在决定性因素

在社会、经济、政治、文化、技术等众多外部因素的影响下,要使景区经营制度顺利运行,需按照组织目标有效地经营,取决于景区领导、景区分配与激励、景区信息沟通及内部冲突的处理等。

1. 景区领导

领导方式主要体现在:谁拥有领导权,领导权的基础是什么,如何进行领导,如何分配领导权。

景区领导的主体一般可分为资产所有者、景区服务提供者及景区经营管理者。景区领导权的基础是产权关系。现实中景区领导的基础有五种:法定权力、强制权力、奖励权力、专业权力、个人影响权力。

有效运作景区领导方式,应做到以下几点:明确景区组织目标和权力关系;准确把握景区组织管理制度设计原则;选择最适合景区经营的组织结构;坚持员工第一的人文关怀;坚持目标管理与任务管理相结合的原则;明确各岗位的权责与相互关系等。

2. 景区资源配置与激励

资源配置是景区经营的主线,景区淡旺季经营策略的调整依据是物质性资源的最优配置；景区与外部物质、信息、人员及资金的交换也是一种资源配置方式。从经济学角度分析，景区收入分配，特别是工资分配，也影响着景区的健康经营。虽然景区员工是多重身份，但景区的工资政策仅从员工身份出发，把工资看作是一种刺激员工产生旅游服务行为功能的一种工具，即功能型工资结构理论。功能型工资的基本结构要素包括基本工资，职务、职称、岗位等级差工资，浮动工资，以及特种奖励工资等。

景区经营的行为主体是员工，员工的工作绩效与创新是景区成功经营的前提和基础。所以，景区员工激励方式的选择直接影响景区经营。工资是推动员工工作的重要激励方式，但还存在民主管理、榜样效应、感情交流等激励方式，一般情况下，激励方式被称为用其他因素来推动员工工作并提高绩效的方式。景区常用的激励方式有民主管理激励、榜样激励、竞争激励、感情激励、目标激励等。

3. 景区信息沟通

景区经营的信息沟通是指把景区中的个人和群体的意见或指令传递给有关人或群体的过程。一般来讲，信息沟通是由发送者发出，经过沟通渠道，传递到接受者，再由接受者反馈到发送者，以此构成信息沟通回路。在这一回路中有沟通来源、沟通编码、沟通渠道、沟通接受、沟通反馈五个要素。

景区信息准确无误而又迅速流畅沟通的基本要求是：以文字形式表达，口头沟通应有备忘录(memorandum)；明确信息来源，即信息发布者(from)；明确信息接受者(to)；沟通信息的主题(subject)；信息内容(content)的表达要简练、清晰；信息沟通渠道：文件传递；电话传递；会议传递；网络传递；面对面的口头交流。

4. 景区组织内部冲突的处理

景区组织冲突是指景区内部成员之间、成员个人与组织之间、不同部门之间、景区员工与宾客之间由于存在利益上的矛盾或认识上的不一致等，所产生的抵触、争执或攻击现象。景区内部个人之间冲突的表现形式是多种多样的，其原因主要有认识上的正确与错误、落后与先进；价值观的不同，对是非好坏的评价不同；信息沟通不良产生误会；个人本位主义思想；个人心理行为差异，性格内向与外向，性情温和与暴躁；由工作竞争产生的争执。

景区组织冲突一般会经历潜在对立、认识、行为和结果等过程。如果冲突不可避免地发生，就要根据具体情况采取具体办法予以解决。一般可循序采用以下三种处理方法：

协商，即由相互冲突的部门与人员彼此通过协商解决冲突。在协商中，冲突的双方摆出各自观点，使冲突因素明朗化，以便共同寻找解决办法。第三者可以疏导启发，引导双方顾全大局，相互谅解，避免以裁决姿态出现，尽量使当事者通过协商讨论自己得出结论。

仲裁，即由第三者出面调解，进行仲裁，使冲突得到解决。一般在部门之间经过协调仍无法解决冲突时，才使用这一方法。这一方法要求仲裁者具有一定的权威性，最好是冲突双方都比较信任的，否则仲裁可能无效。

权威，在冲突双方既不能通过协调解决冲突，又不服从第三者的仲裁时，可由拥有权力的上级主管部门或仲裁机构做出裁决。这是利用权威的力量，按照下级服从上级、个人服从组织、景区服从经济法的原则，强迫冲突双方执行命令或者进行组织人员调整。运用这种方法，一般只能改变双方表面的行为，无法影响其内在态度的改变，因此不能消除引起冲突的内在原因。

2.3.2 景区权利关系

1. 景区产权

产权是我国景区中存在的最基本权利。产权的归属是景区的基本法律属性。产权或财产权利(property rights)是一系列权利组合。产权专家劳伦斯·贝克(Laurence Becker)引述了著名法学家 A. M. 霍尔(A. M. Honmore)关于某物充分所有权的定义，他把某物的产权细分为 11 项权力：①占有权；②使用权；③管理权；④收益权；⑤对资本的权利；⑥安全的权利；⑦可遗赠的权利；⑧无限期使用权利；⑨禁止有害使用权利；⑩执行法院判决的义务；⑪剩余财产处理权。

产权包含有多种权利，根据不同对象可包含的权利种类不同。胡敏认为，对于我国景区而言，在我国现有的法律框架下，存在着三种主要的权利。这三种权利是影响我国景区经营体制的最主要权利属性，它们分别是占有权、使用权和管理权。

占有权是资源使用的决定权利，排除他人使用的权利，占有权决定了我国景区资源的共有性。这一特征决定了对排他性使用的拒绝选择，从法律定义上体现了景区资源的公共财产属性。另外，旅游业的开发又需要相应的设施设备及正常配套服务，因此在生产上又存在排他性的占有权。但这两种占有权都取决于资源所有者所做出的决策，以达到统一。

使用权包含消费性使用权和生产性使用权。消费性使用权和生产性使用权是我国旅游资源景区目前最容易转变的一种权利，转换方式多样，但这种权利受制于资源的所有者。生产性使用权是排他的，可以用于交换，在资源的所有者代理人手中时表现为控制权，在经营企业手中时表现为经营权。消费性使用权在现实中则体现为风景欣赏权。

管理权决定了怎样使用景区资源的权利，这一权利主要由资源拥有者行使。可以依据景区的不同类型与目标功能，决定如何使用资源，如是否提供风景欣赏权，将控制权让渡给谁，控制权的约束条件怎样等。

2. 所有者代理人与最终所有者的关系

景区资源是共有的，所有者是国家或者集体，表面上看二者是统一的，国家代表全体人民的利益，人人都有权享有风景资源。公共资源只有在确定资源的可消费性后，才会有均等地取得报偿的权利，但资源存在代际性，所以对资源的使用是有限制的。这就说明不可能存在资源的完全共有性和完整经营权。所有权代理人与最终所有者间的关系处在一种不断变化当中。

3. 所有权代理人与经营企业的关系

这二者之间的关系是目前学术界争议最多的焦点。所有权代理人对经营企业是否应该授权、一般为多少、什么程度等都是这两者间关系的体现。景区资源向产品转换的过程中，是需要媒介的，这个媒介就是经营企业。所有权代理人可以通过某种方式将权力"释放"给企业。但在这一环节中有一个权力约束———开发经营权，指"公司"(所有权代理人通过它实施资源管理)约束下的一组权利，包括资源开发经营机构的占有权、使用权、

管理权、转让权等。这时的所有权代理人主要行使三方面的权力：①决定谁有权行使资源的经营权；②决定经营权转让的价格；③制定合同约束条件。

4. 经营企业与旅游者的关系

经营企业通过某种方式获得使用权后，便开始出售其产品。只有通过旅游者支付一定的费用，企业才能获取利润，实现经营目标。而这时，旅游者便成为真正定义上的景区资源的实际占有者。两者之间的权利关系是建立在服务与被服务之上的。但这里有一个问题应注意，即旅游者没有资源消费的转让权，因为它已经被交给了资源代理人——国务院、各级风景名胜管理部门和资源开发经营企业。

除了上述三种主要的权利关系外，景区内还存在另外一种不能完全用法律权力来论述的权利关系。这就是当地居民的合法权利。当地居民是景区的长期居民，在某一景区未设立前就已经居住在此。当景区建立时，他们的基本生活方式便开始发生变化。从法律的角度看，他们是景区的弱势群体，他们的权利不能完全用法律来界定，更多的将涉及社会习惯及历史问题。这是景区经营中最难解决的问题之一。

景区发展实践中的经营权转让

在经营权转让中普遍存在过度资源让利，旅游资源价值低估现象。四川某景区因产权转让闻名全国，景区转让的国有林场 7 000 亩，期限为 50 年，转让价为 350 万元，平均每亩国有林场价值 10 元。景区除景观资源价值外，大部分森林为近熟林的杉木和阔叶林，任意抽一株都超过 10 元，一亩林捡的柴火每年都超过 10 元，更何况森林的自然增值。另外，许多旅游地方围绕景区容易开辟开发区，土地占用过大，许多景点土地长期撂荒。在占地时没有通过征地这一过程，只是随意给农民一点补偿，严重侵占农民利益，从而引起景区经营权与所有权分离之争。

2.3.3 景区组织结构

景区经营与管理是一个相当复杂的系统工程，一个景区的工作任务往往需要许多成员共同完成。建立景区经营与管理组织，设立相应的管理机构和不同的岗位，授权给不同层次的管理人员，委托其进行管理等都涉及景区的组织管理问题。

景区组织结构在景区组织中的具体应用是景区组织的部门化，是指对景区组织框架体系的描述，是帮助景区组织实现其目标的手段。一般而言，景区组织结构是为了协调组织中不同成员活动而形成的一个框架、机制，即部门划分；每个组织都要分设若干管理层次和管理机构，表明景区组织内部各部分的排列顺序、空间位置、聚散状态、联系方式及各要素之间的相互关系。

景区组织划分是按照一定的方式将相关的景区经营管理活动加以细分和组合，形成若干易于管理的组织单位，如组、室、部等，统称为部门。景区部门的划分方式，即为景区组织结构。

目前，我国景区的企业化程度较低，很多景区的所有权和经营权不分离，因而往往形成代表所有权的政府派出组织机构和企业化景区的经营组织机构两套组织系统,或者形成一套人马两块牌子或者多块牌子的具有中国特色的景区经营组织结构。

景区组织内部的分工、上下级关系、工作的性质、分组和管理的层次等几个方面的问题,都将在景区组织结构中得到反映。设计景区组织结构,是通过对景区组织资源(如人力资源)的整合和优化,确立景区某一阶段的最合理的管控模式,实现景区组织资源价值最大化和绩效最大化。狭义地讲,就是在组织资源有限的情况下,通过景区组织结构设计提高景区的执行力和竞争力。如果能实时创建柔性灵活的景区组织,动态地反映景区经营与经营外在环境变化的要求,并在景区发展过程中,有效地积聚新的景区经营与经营资源,同时协调好景区部门与部门之间的关系,人员与任务间的关系,使员工明确自己在景区中应有的权力和应承担的责任,有效地保证景区经营与管理活动的开展。

知识链接

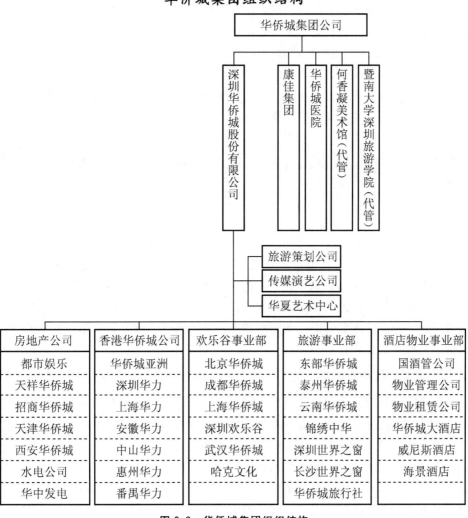

图 2.2 华侨城集团组织结构

2.3.4 景区经营制度

1. 景区经营制度的定义

景区经营制度是指景区经营过程中的一切规定、规则、规程的总和。包括景区组织机构形式，各部门职权与相互关系的规定；服务操作程序；注意事项；人员素质的规定；员工录用的资格要求、员工守则、员工业务技术培训规定等。

2. 我国的景区经营制度

我国的景区经营制度是多元化的，具体表现在以下三个方面。

1）不同性质和类型的景区分别属于不同的行政管理部门

风景名胜区属于国家建设部，森林公园属于国家林业部门，自然保护区属于国家环境保护管理部门，博物馆属于国家文化部门，各级文物保护单位属于国家文物管理部门或者国家宗教管理部门，水库风景区属于国家水利部门，这些不同的行政管理部门对相应的景区既有保护功能，又有组织经营、发展经济、解决区域就业和社区管理的职责。

2）一个景区由多个性质的行政管理部门共同管理

北京市昌平区十三陵特区的银山塔林景区是国家 AAAA 级风景区，总面积有 17 万平方米，景区内的土地资源归多个部门管辖，主要有国土管理部门、文物管理部门、林业管理部门、景区管理处和农民集体等。按照现有法律制度，景区内的非文物土地归国土资源部门管辖，景区内文物周边土地及其地面建筑物归文物部门管辖，山林归国有林场所有，经济林和景区内的耕地归当地农村村民委员会和集体经济组织所有，景区中由银山塔林管理处所控制的仅仅是佛塔周围和办公区及游览步道，所管辖的面积总共不足 1 万平方米。

3）不同的行政管理部门对相应类型的景区实施质量等级管理

国务院发布的《风景名胜区管理条例》中规定，我国的风景名胜区划分为三个等级，即市县级风景名胜区、省级风景名胜区和国家重点风景区，并实施三级管理，由各级人民政府的建设管理部门行使管理职权。根据国家质量监督检验检疫总局发布的国家标准 GB/T 17775—2003《旅游区(点)质量等级的划分与评定》中的规定，旅游区(点)划分为五级，从高到低依次为 AAAAA、AAAA、AAA、AA、A 级旅游景区(点)，由国家旅游局组织制定相应的评定标准。国家水利部水利风景区评审委员会组织行业标准对国内水利风景区进行等级评定。

3. 美国国家公园经营制度

美国商务部国际贸易管理局所属的旅游产业办公室承担旅游政策和旅游调研两项主要任务。该办公室由商业部次部长助理领导，代表美国政府出席与旅游相关的政府间会议和谈判。旅游产业办公室下设两个主要机构——旅游政策协调部和旅游发展部。旅游政策协调部负责协调联邦旅游政策，代表美国政府参加贸易和投资的谈判，并保证旅游企业的利益能得到充分的保证。旅游发展部的主要任务是收集、分析和出版国际旅游的调研信息，包括现有旅游市场的规模和特点，评估旅游需求和模式的变化，提出对潜在国际旅游市场的预测和判断等。

1996年，美国官方的国家旅游局撤销后，成立了美国国家旅游组织（National Tourism Orgnization），隶属于美国商务部，为非营利性的民营组织，主要职责是宣传美国整体形象。

旅游宣传促销活动由美国旅游行业协会（Travel Industry Association of America，TIA）承担。协会创办于1941年，总部设在华盛顿，是一个全国性的非营利性的民间行业组织，代表美国旅游业界的整体促销和推动美国的入境旅游与国内旅游的发展，并从事旅游调查研究、信息咨询、行业交流和编制旅游供给与市场开发计划，其经费主要来源于会员缴纳的会费收入。美国旅游行业协会在联系和协调下列民间旅游组织方面起到了领头作用：全国州旅游理事会、国家旅行信息中心理事联盟、全国区域旅游组织理事会、全国风景区理事会、全国城市组织理事会和国际会议与游客协会等。

美国各州政府均设有旅游管理和促销机构，有的是非营利的民间组织，如夏威夷会议与游客局承担发展与管理旅游的工作。由于美国的联邦体制，各州政府旅游局在促销和宣传本州旅游业方面所发挥的作用相当独立，且资金来源充足。各州旅游局资金的主要来源是州政府公共资金。美国商务部旅游产业办公室下设有内阁级的旅游协调部，由国务卿、内政部、劳工部、交通部、移民局、海关、国家旅游组织、美国商会、国际行业管理、管理与预算办公室的代表组成，负责协调联邦旅游政策。

4. 德国国家公园经营制度

德国政府机构中未专设旅游管理机构，有关旅游的事务分别由联邦经济部、联邦外交部、联邦地区规划、建设与城建部、联邦交通部、联邦内政部等17个部委负责。经济部下设旅游政策处，主要职能是调查研究和制定政策。旅游管理主要由德国旅游协会承担，与总理府和政府相关部门进行对话，协调旅游行业事务。对外旅游宣传促销由半官方的旅游中心承担。联邦议会经济委员会下设旅游委员会，由一名国务秘书负责联络工作。旅游委员会主要负责协调各部委的旅游管理工作，下设旅游驻外办事处14家。旅游管理分为四级，即联邦级、州级、地方级和行业协会级。联邦政府和州政府对旅游业实施行业性宏观调控，负责制定方针政策和法规；地方和行业协会则根据各自的需要制定措施，并负责监督方针政策和法规的贯彻执行。

德国对国家公园实行地方自治，即中央政府只负责政策发布、立法等指导性工作，具体的管理事务交由地方政府负责。各州有权根据科研、保护生态平衡的需要，按不同等级规划不同类型的景区，景区规划一旦得到州议会的批准，就成为法律。州立环境部是国家公园管理的一级机构，下设地区办公室和市县办公室。即德国地方政府在国家公园立法和管理上拥有相当大的自主权。例如，濒临北海的胡苏姆市曾拒绝当时的西柏林政府在胡苏姆海滩建设100套度假住宅的投资计划。当时，胡苏姆市失业率较高，从经济角度看，这项投资计划有助于缓解该市的失业状况，但从另一方面看，这一建筑群无疑会破坏胡苏姆海滩的自然景色。

5. 加拿大国家公园经营制度

加拿大于1995年撤销旅游部，其旅游局隶属于加拿大工业部之内，负责加拿大旅游业的发展、管理和市场营销等事务。加拿大旅游局下设4个机构——政策计划协调处、行政管理处、旅游推销处和旅游发展处，在国外开设了20多个旅游办事处。于1995年组建的加拿大旅游委员会(Canada Tourism Commission，CTC)是一个独特的联邦政府、地方政府与私营部门的协调组织，其执行管理机构是由26位业内成员组成的董事会，主席和总裁由加拿大总理直接任命，其余的24位董事则是来自加拿大公/私营旅游部门的各个领域的专家代表。董事会负责制定旅游委员会的总体市场营销战略，核准审批资金分配计划及商务计划，选举负责实施总体战略的执行委员会主席。旅游委员会下设六个地区委员会（加拿大市场营销、美国市场营销、会议与奖励旅游、拉丁美洲市场营销、欧洲市场营销、亚太市场营销）、市场促销及市场调研委员会、行业与产品开发委员会和技术应用委员会。

加拿大第一座国家公园是1885年建立的，目的是保护新发现的班夫温泉。加拿大国家公园的建立是为了保护加拿大各种各样的自然景色一级海域风光中具有代表性的地点。

加拿大国家公园经营制度有如下特点。

第一，国家公园内的全部土地和资源均归加拿大政府所有。

第二，加拿大公园管理局作为最高管理部门，是联邦机构，其明确任务是保护全国具有加拿大特点和意义的自然地区和历史古迹。

第三，国家公园的土地以租借、特许和许可占用等形式授予有限的使用权；加拿大国家公园管理局鼓励私人部门，包括非政府组织，参加国家公园内经营批准的服务项目和设施。

第四，加拿大每一个国家公园都有一个独立规划。该管理规划经部长批准之后，即成为加拿大公园管理局管理该公园资源及使用办法的依据。

第五，国家公园的管理实行分区制，分为特别保护区、荒野区、自然环境区、室外娱乐区、公园服务区等。

第六，国家公园实行综合管理，既有国家部门的参与，地方政府又有一定自主权，同时私营企业和民间机构的参与相当活跃，同时加拿大政府相当重视民众参与，法律规定每个国家公园在制订管理计划时，应与民众协商。

2.3.5 景区经营的资源基础

景区经营的资源基础包括旅游吸引物、旅游经营资本、景区经营人力资源及景区开发建设所需要的土地资源等方面。这些资源基础都会对景区的管理活动产生重大影响，特别是对旅游吸引物的密度、集散布局、数量、品位、特色、性质等影响更大。

2.3.6 景区的产品状态

一般来讲，景区产品有四层含义：一是一种可用于满足现实或者潜在消费需求的产品；二是一种服务产品，具有目标可见性、不可标准化、生产消费一体性等特点；三是具有季节性、脆弱性、共享性、暂时实用性等；四是其本质是一种体验和经历，其品位取决于资源的旅游价值、设施的维护、员工服务质量、游客的期望值，甚至天气、交通等一系列因素。

从景区产品的可经营管理型分析，存在两种景区产品：一种是可以直接面向客源市场经营管理的相对成熟的品牌性产品；二是须与区域内其他景区或者其他旅游部门产品联合才能进入市场的产品。

华侨城集团的内部机制改革措施诊断

华侨城是 1985 年 11 月经国务院批准成立的经济开发区,1997 年组建成立华侨城集团,现由国务院国有资产监督管理委员会管理。经过 20 年的发展,华侨城集团由原来几家作坊式的"三来一补"企业起家,发展成为一个跨地区的大型国有企业集团,形成了以康佳电子为代表的家电业、以波托菲诺高档小区为代表的房地产业和以"锦绣中华"、"世界之窗"、欢乐谷等主题公园为代表的旅游业三项主营业务。华侨城旅游是华侨城集团的一张名片,它以主题公园为核心,以文化旅游为支柱,从兴建中国第一个主题公园——"锦绣中华"微缩景区起步,相继成功建设了"锦绣中华"、中国民俗文化村、"世界之窗"、欢乐谷四大主题公园,以及深圳湾大酒店、海景酒店、威尼斯水景主题酒店、何香凝美术馆、暨南大学深圳旅游学院、华夏艺术中心、欢乐干线高架单轨车、华侨城生态广场、华侨城高尔夫俱乐部、华侨城雕塑走廊、华侨城盐晗山郊野公园等一批旅游文化项目设施,形成了一个以主题公园为主体,集酒店、文化设施、体育场所、旅游院校、旅行社等旅游服务配套设施于一体的多元化旅游度假区。

华侨城围绕着主题公园产业化的发展主线,提出优化内部机制,构筑发展平台以提升管理问题的微观环境改革措施。

"锦绣中华工程"为华侨城明确了未来发展的战略目标,这个战略目标能否顺利实现,还取决于华侨城集团是否拥有一个良好的内部运行机制,是否能为战略扩张构筑一个坚实的发展平台。实现该战略目标的具体措施如下。

首先,加强在管理水平提升上的投入。2000 年华侨城集团引入美国科尔尼国际管理咨询公司对其进行现代管理制度改革,在科尔尼方案基础上实现了人员配置的优化和组织结构的调整。为保持和强化华侨城集团的凝聚力,制定了《华侨城集团宪章》,对华侨城的价值观、组织观、人才观、发展观等进行详细阐述,实现了企业文化和经营理念的整合,达到了人员思想的高度统一。其次,华侨城的内部机制保持了动态优化和持续发展,先后成立了策划公司、研发中心,并与高等院校专家合作,不断总结、整理、提升华侨城旅游的发展。2002 年草拟了《华侨城旅游规范》和《华侨城旅游服务标准》,并在华侨城的三大景区推广,旨在统一服务标准,系统整合华侨城旅游品牌资源,提升公司品牌。为形成符合产业化发展的人才机制,创办了华侨城旅游发展的"黄埔军校"——华侨城旅游讲习所,此外还在激励机制、创新机制等方面进行进一步改革。第三,建立主题公园产业化发展的操作平台。这一平台必须同时具备拓展能力、实践基地、管理链条延伸等多种功能。2004 年华侨城集团通过增加持股权,把欢乐谷完全整合为控股分公司,并让其成为综合创新基地、人才培养基地。欢乐谷成为华侨城主题公园产业化发展的操作平台。此外,华侨城集团还在全国进行布点,扩大市场规模;将创造独特的经营模式和特色公园产品,构筑参与国际竞争的基础平台。

(资料来源:国家旅游局规划发展与财务司.中国景区发展报告 2005.北京:中国旅游出版社,2005.)

问题诊断：(1) 诊断华侨城集团的经济环境、社会文化环境。
(2) 分析华侨城集团内部运行机制改革措施的可行性和合理性。

本章小结

不同因素对不同类型景区的管理活动的影响程度不同，各种因素对景区经营的重要性也各不相同，因此景区经营的环境是复杂多变的。景区成功管理的关键是要能够预测管理环境中各种因素的变化，并能做出前瞻性的而不是应急性的反响，这要求景区经营者不断地对管理环境进行了解、熟悉和研究。

本章是景区经营发展的重要篇章，主要阐述了环境与景区经营的关系、环境对景区经营的影响，以及影响景区经营的宏观环境和微观环境。同时，通过法国巴黎迪士尼乐园"水土不服"的经营教训，阐明环境对景区经营的重要性。此外，在本章阐述中，主要结合中国景区经营的关键环境因素，运用PEST分析方法构建了景区经营的环境体系。

关键术语

关键术语	定　　义
景区组织结构	按照一定的方式将相关的景区经营管理活动加以细分和组合，形成若干易于管理的组织单位，如组、室、部等景区部门的划分方式
景区经营制度	景区经营过程中的一切规定、规则、规程的总和。包括景区组织机构形式，各部门职权与相互关系的规定、服务操作程序、注意事项、人员素质的规定、员工录用的资格要求、员工守则、员工业务技术培训规定等
景区产品	有四层含义：一是一种可用于满足现实或者潜在消费需求的产品；二是一种服务产品，具有目标可见性、不可标准化、生产消费一体性等；三是具有季节性、脆弱性、共享性、暂时实用性等；四是其本质是一种体验和经历，其品位取决于资源的旅游价值、设施的维护、员工服务质量、游客的期望值，甚至天气，交通等一系列因素

理论思考题

1. 分析景区经营环境的重要意义。
2. 分析景区经营与环境的关系。
3. 如何实现景区经营的外部经济效应？
4. 结合实际，分析我国的景区经营政策环境。
5. 景区经营的微观环境有哪些？
6. 如何理解景区经营制度及其内容结构？

实训讨论题

选择下列景区权利关系的关键问题之一，进行讨论。
问题一：分析景区经营权与所有权相分离的合理性。

问题二：是否允许景区上市经营？阐明理由。

问题三：结合实践，探讨保障景区公益性的方法途径。

实训建议：

本章内容结束后，将讨论题目作为课后作业布置给学生；

将全班分成几个研讨小组，每组4或6人。各小组选出负责人，负责小组成员任务的协调、讨论报告的撰写及PPT制作。

下周课堂汇报各小组研讨成果，建议每组发言代表将汇报时间控制在10～15分钟；要求听取汇报的小组中，每组至少有1人参与提问讨论。

教师对每组的汇报进行点评指导。

要点分析：

问题一：结合景区的含义、属性特征、运营的外部环境及组织治理结构等基础知识点，首先熟悉景区的权力关系；分析景区经营权与所有权相分离的合理性。

问题二：由于景点公司后盈利方式贫乏、资金投向频繁变更、投资方向盲目、管理费用膨胀及政企不分的经营，景区点是否可以上市成为竞争的焦点。

问题三：在景区所有权行使过程中，普遍存在所有者不能享用景区资源的现象，景区内居民不能参与景区开发、经营与管理活动，使得所有权归国家，且具有显著的公共性的景区的"公益性"是否存在，如何保障其公益性成为焦点话题。

拓展阅读

多部门整治方特景区运营环境

2012年3月，芜湖市运管部门、交管部门、方特梦幻王国景区联合组成整治小组，对方特梦幻王国景区周边出租车营运秩序开展为期两个多月的集中整治。

方特梦幻王国位于芜湖市城东新区，随着春季游客增多，少数出租车驾驶员趁机拒载、拼客、挑客，给乘客正常出行造成不便，也损害了城市文明形象。

为确保整治行动取得实效，芜湖市运管处疏堵结合，一是加强出租车市场监管，加大宣传力度，引导出租车驾驶员文明服务、规范营运；二是积极与公交集团协调，开通两条市区到方特梦幻王国的公交线路，缓解了游客高峰期乘车压力；三是在方特梦幻王国停车场设立出租车上下客区，由三方派人监管，从源头上解决乱停乱放、不按秩序载客等问题。芜湖市运管部门还与交警部门采取流动巡查、不定时突击检查、明察暗访等方式，加强重点时段、重点地段的监管。

（资料来源：http：//wuhunews.cn/whnews/daily/2012/03/2012－03－22376229．html．）

第3章 景区经营的资源基础

学习目标

知识目标	技能目标
1. 掌握景区经营的土地资源与景区组织	1. 能够合理判断景区经营的土地资源价值
2. 掌握开发景区经营资源的产业经济理论	2. 能厘清景区经营的旅游税名录
3. 熟悉开发景区经营资源地域分异规律	3. 能客观认识景区经营的超前行政管理理念
4. 熟悉景区经营的资本资源、人力资源	4. 能创新性的利用科技资源经营景区
5. 熟悉影响景区经营的景观资源	5. 能识别适合景区经营的人力资源
6. 了解开发景区经营资源的保障体系	

导入案例

宋城投资杭州的世界休闲博览园——廉价的土地资源

休闲博览园坐落于规划面积为10平方千米的原生态湘湖旅游度假区,总投资35亿元,占地3000多亩。休闲博览园选址是宋城集团1997年获批的杭州乐园,原700亩,扩至3000亩,但土地价格仍沿用1997年的地价标准。

土地资源对景区运营而言是充分条件,是景区运营的必要的场所载体。除土地资源外,景区运营还需其他资源基础吗?其他资源对景区运营有着怎样的价值和意义?本章将围绕景区运营的景观资源、土地资源、人力资源、资本及景区组织等资源基础展开分析开发景区运营资源的理论基础与保障体系。

3.1 景区经营的资源体系

资源是景区经营与管理活动的基础,对于复杂的景区经营与管理活动而言,凡是能为景区发展提供基础作用,被景区经营活动所利用的事物,均可以列为景区经营性资源。在此意义上,我们认为景区经营性资源由景观资源、土地资源、资本、人力资源、景区组织及企业文化等要素构成。

3.1.1 景观资源

按照中华人民共和国国家标准GB/T 18972—2003《旅游资源分类、调查与评价》,景区内的景观资源包括地文景观、遗址遗迹、水域风光、建筑与设施、生物景观、气象与气候景观、旅游商品与人文活动八大类。

1. 地文景观

地文景观是指在地球内、外营力作用下形成的独特的地质体和地表形态。其中具有观赏、体验、科考价值的景观称为地文景观旅游资源，它们是一个地区风景总特征的基础。

景区地文景观资源主要包括综合自然景观、地质地貌景观、沉积与构造景观、自然变动遗迹景观、岛礁景观等类型，每一种地文景观大类又可以分为不同属性的亚类，如表3-1所示。

表3-1 地文景观类型一览

综合自然旅游地	地质地貌过程形迹	沉积与构造旅游资源	自然变动遗迹	岛礁
山丘型旅游地	凸峰、独峰、峰丛、石（土林）	褶曲、节理、断层景观	地震遗迹	岛区和岩礁
谷地型旅游地	峡谷段落、沟壑地	钙华与泉华	火山与熔岩	
沙砾石地型旅游地	堆石洞、岩石洞与岩穴	矿点矿脉与矿石积聚地	冰川侵蚀与堆积遗迹	
滩地型旅游地	丹霞			
垂直自然地带	雅丹			
自然标志地	沙丘地			

2. 遗址遗迹

遗址是从历史、审美、人种学或人类学角度看具有突出的普遍价值的人类工程或自然与人联合工程及考古地址等地方。遗址是指人类活动的遗迹，其特点表现为不完整的残存物，具有一定的区域范围，很多史前遗址、远古遗址多深埋地表以下。

遗迹是古代人类通过各种活动遗留下来的痕迹。包括遗址、墓葬、灰坑、岩画、窖藏及人类活动所遗留下的痕迹等。其中遗址又可细分为城堡废墟、宫殿址、村址、居址、作坊址、寺庙址等，还包括当时的一些经济性的建筑遗存，如山地矿穴、采石坑、窑穴、仓库、水渠、水井、窑址等；防卫性的设施如壕沟、栅栏、围墙、边塞烽燧、长城、界壕及屯戍遗存等也属此类。

遗址遗迹景观是历史的遗物，虽已成为历史，但其得以延续和保留的物质形式却真实地记录了人类各个时期的历史的真实性，游客可以通过此客体了解历史的演变，探索人类进步的脚步，追寻社会文明的真谛。例如，湖北省赤壁市西北38公里长江南岸著名的三国"赤壁之战"遗址，作为原貌的古战场遗址，诠释着它的历史价值。遗址遗迹的古朴美、和谐美展现了特殊的美学魅力，独特的艺术风格，给游客带来精神上和情绪上的冲击和感受。例如，唐城墙遗址是在唐长安城外郭城遗址上构建的开放式唐文化艺术长廊，是集诗歌欣赏、美学体验、生态休闲为一体的唐文化艺术长廊，正通过诗歌、音乐、书法、舞蹈四位一体的审美组合全面展示唐朝时期发达的经济和文化。

3. 水域风光

水域风光主要有风景河段、湖泊、瀑布（图3.1）、海滨等。

图 3.1 瀑布

  风景河段有峡谷风景，人文景观丰富的河段、涧溪等。一般以中下游河段具有较高的旅游价值，因为中上游河段水面狭窄，多同两岸山崖构成山水综合景。而下游河段流经平原谷地、河洲浅滩，视野开阔，两岸田园锦绣。在地理学视角中，一般把两坡陡峻、横剖面呈"V"字形或"U"字形的山谷称为峡谷，这是河流强烈下切的结果，因而呈现出雄伟、险峻、隐蔽、幽深的景观美学特征，如长江三峡。有些河流的人文开发历史悠久，沿河附近留下了众多的名胜古迹、名城古都，体现深厚的历史文化底蕴。我国的长江、黄河、江南运河等都属此类河流。世界上著名的有南美亚马孙河、非洲尼罗河等。涧溪的特点是水随山转，曲折多变，常有急流险滩、瀑布、深潭，水流清澈，是开展乘舟筏观光和急流漂流游的理想河流旅游资源。地下河主要发育于岩溶地区。这些古河道与岩洞相结合，更具旅游价值。目前我国已开辟了部分地下河道旅游项目。

  我国湖泊众多，但在地区分布上很不均匀。总的来说，东部季风区，特别是长江中下游地区，分布着中国最大的淡水湖群；西部以青藏高原湖泊较为集中，多为内陆咸水湖。我国著名的淡水湖有鄱阳湖、洞庭湖、太湖、洪泽湖、巢湖等。内流区域的湖泊大多为内流河的归宿，湖水只能流进，不能流出，又因蒸发旺盛，盐分较多形成咸水湖，也称非排水湖，咸水湖如我国最大的湖泊青海湖及海拔较高的纳木错湖等。我国的湖泊按成因有河迹湖（如湖北境内长江沿岸的湖泊）、海迹湖（即潟湖，如西湖）、溶蚀湖（如云贵高原区石灰岩溶蚀所形成的湖泊）、冰蚀湖（如青藏高原区的一些湖泊）、构造湖（如青海湖、鄱阳湖、洞庭湖、滇池等）、火口湖（如长白山天池）、堰塞湖（如镜泊湖）等。

  瀑布是一种动态水景观，它融形、色、声为一体，具有独特的表现力。其成因有多种，如水流对河床岩石侵蚀的差异、地层的陷落或断层、火山熔岩的阻塞、冰川的切割和堆积等。不同的地势和成因决定了瀑布的形态。由于地形地貌和落差的不同，各地瀑布都有着不同的风格，如庐山瀑布秀丽峭拔；四川九寨沟瀑布绚丽多姿；台湾天祥瀑布刚健坦荡；长白山天池瀑布飘逸高峻；雁荡大龙渊瀑布劲挺矫健；黄果树瀑布豪迈粗犷、雄浑瑰丽。这些不同风格的瀑布又都有共同的审美特征，欣赏时应注意它们的形、势、声，并从总体上体味其神韵。

  海滨是与海邻接的陆地，是渐渐斜下的洋岸、海岸，覆盖着沙子、砾石或稍大的岩石碎片的河岸（通常原先位于水面之上，且不长草木），亦指沿岸沉积的沙子、砾石或岩片的海岸地带。海滨地带水资源、沙滩、阳光资源丰富,是吸引游客的"三 S"资源集聚地,也是游玩、垂钓、休闲和纳凉的好地方。

4. 建筑与设施

建筑与设施类旅游资源是融入旅游的某些基础设施或专门为旅游开发而建设的建筑物和场所等被旅游开发所利用的旅游资源。包括综合人文旅游地、单体活动场馆、景观建筑与附属型建筑、居住地与社区、归葬地、交通建筑、水工建筑等 7 个亚类 49 个基本类型,如表 3-2 所示。

表 3-2 建筑与设施类旅游资源构成

主类	亚类	基本类型
F 建筑与设施	FA 综合人文旅游地	FAA 教学科研实验场所 FAB 康体游乐休闲度假地 FAC 宗教与祭祀活动场所 FAD 园林游憩区域 FAE 文化活动场所 FAF 建设工程与生产地 FAG 社会与商贸活动场所 FAH 动物与植物展示地 FAI 军事观光地 FAJ 边境口岸 FAK 景物观赏点
	FB 单体活动场馆	FBA 聚会接待厅堂(室) FBB 祭拜场馆 FBC 展示演示场馆 FBD 体育健身馆场 FBE 歌舞游乐场馆
	FC 景观建筑与附属型建筑	FCA 佛塔 FCB 塔形建筑物 FCC 楼阁 FCD 石窟 FCE 长城段落 FCF 城(堡) FCG 摩崖字画 FCH 碑碣(林) FCI 广场 FCJ 人工洞穴 FCK 建筑小品
	FD 居住地与社区	FDA 传统与乡土建筑 FDB 特色街巷 FDC 特色社区 FDD 名人故居与历史纪念建筑 FDE 书院 FDF 会馆 FDG 特色店铺 FDH 特色市场
	FE 归葬地	FEA 陵区陵园 FEB 墓(群) FEC 悬棺
	FF 交通建筑	FFA 桥 FFB 车站 FFC 港口渡口与码头 FFD 航空港 FFE 栈道
	FG 水工建筑	FGA 水库观光游憩区段 FGB 水井 FGC 运河与渠道段落 FGD 堤坝段落 FGE 灌区 FGF 提水设施

知识链接

登封古建筑群

联合国教科文组织世界遗产委员会第 34 届大会于 2010 年 8 月 1 日将河南登封"天地之中"历史建筑群列入《世界遗产名录》,使之成为中国的第 39 处世界遗产。登封"天地之中"历史建筑群 8 处 11 项历史建筑包括周公测景台和观星台、少林寺建筑群三处(塔林、初祖庵、常住院)、会善寺、嵩阳书院、中岳庙和东汉三阙(太室阙、少室阙、启母阙)和嵩岳寺塔。创建于东汉时期的太室阙、少室阙和启母阙,是中国最古老的国家级祭祀礼制建筑典范;嵩阳书院作为中国最早的传播儒家理学、祭祀儒家圣贤和举行考试的书院,是已经消失了的书院文化的载体。嵩阳书院位于登封市区北,因地处嵩山之阳,故而得名,它背依嵩山主峰峻极峰,面对流水潺潺的双溪河,两侧峰峦环拱,院内古柏参天,环境古幽,清雅静谧。乾隆皇帝游嵩山时,曾在此留有"嵩阳书院景最清,石幢犹纪故宫铭"的诗句。嵩阳书院是我国古代高等学府，与湖南长沙的岳麓书院、江西庐山的白鹿洞书院和河南商丘的睢阳书院并称为我国古代四大书院。院内有汉封"将军柏"，人称稀世珍宝，门外有大唐碑，素有"嵩山碑王"之称。

嵩岳寺塔、少林寺建筑群和会善寺是不同时期佛教在我国发展的纪念碑，千余年来，它们影响了广大范围内的宗教建筑形制。在我国古老的宇宙观中，中国是位居天地中央之国，而天地中心则在中原，中原的核心则在郑州登封，因而这里成为中国早期王朝建都之地和文化荟萃的中心，中国几大主流文明——儒、佛、道都在这里建立了弘扬传播本流派文化的核心基地，这里也成为人们测天量地的中心，这一历史背景使得这里汇聚和留存了大量珍贵的文化纪念建筑，它们都与中国"天地之中"传统宇宙观发生着直接的、必然的联系。其精华即登封"天地之中"历史建筑群。"天地之中"建筑群建筑类型之多、规格之高、历时之久、内涵之丰富、影响之深远，为世所罕见。它们是我国古代礼制、宗教、科技和教育等建筑类型的杰出代表，是我国古代建筑技术和建筑艺术漫长发展的滥觞，更是我国先民独特宇宙观和审美观最真实、最深刻的反映。登封"天地之中"历史建筑群为已消失的传统文化提供了宝贵的实物见证，是一座东方古代建筑艺术殿堂。它以其古老与博大、凝练与舒展、沧桑与辉煌，向世人展示着中国古代文化、哲学和建筑艺术的瑰丽。

5. 生物景观

生物是地球表面有生命物体的总称，是自然界最具活力的群落。它由动物、植物和微生物组成。作为旅游资源的生物，主要是指由动、植物及其相关生存环境所构成的各种过程与现象。生物旅游资源具有形色美、奇特美、味觉美，以及医疗康体价值、科普教育与文化旅游开发价值。

生物景观包括树木、草原与草地、花卉地和野生动物栖息地等4个亚类11个基本类型。其中，树木包括林地、丛树、独树等；草原与草地包括草地和疏林草地；花卉地包括草场花卉地和林间花卉地；野生动物栖息地包括水生动物栖息地、陆地动物栖息地、鸟类栖息地和蝶类栖息地等。

6. 气象与气候景观

旅游资源既有物质的，也有非物质的，其供给的、观赏的、体验的都与气象密切相关。气象与旅游有着不可分割的关系，是旅游中不可缺少的资源。天象本身就是一道亮丽的风景，蕴含丰富的旅游资源。春日绵绵细雨、秋日黄叶舞风、冬日银装素裹（图3.2），足以让人沉醉其中，令文人墨客赞赏不已。旅游者追求的这种山水胜地、自然之美，都和气象气候条件相关。

气候是指某一地区多年天气特征的综合，它决定一个旅游地的旅游淡旺季。旅游者外出旅游，多数会选择旅游目的地的最佳气候时节，以达到最佳的旅游效果和旅游享受。一般认为，当气温在10～23℃，相对湿度在65%～85%，风速在2米/秒左右，人体感觉舒适，为康乐气候。

特殊的气候环境还能提供特殊的旅游项目，寒冷地带冬季的滑冰、滑雪，山地气候夏季的避暑、休闲、疗养等。由于我国领土面积广大，各地纬度分布、距海远近、地形地势等方面有很大的差异，形成各地不同的气候类型，气候旅游资源丰富多彩。

图 3.2　冬日银装素裹

7. 旅游商品

旅游商品的开发是与旅游业的繁荣相伴而生的。旅游商品是旅游业的重要组成部分。旅游商品行业的主要类别有菜品饮食、农林畜产品与制品、水产品与制品、中草药材及制品、传统手工产品与工艺品、日用工业品与其他物品等。

旅游商品承载了满足旅游者购物需求和传播旅游地形象的双重价值。一件精美的旅游商品能激发旅游者美好回忆，显示旅游者的生活经历。可使旅游者长

图 3.3　旅游商品

期保存或乐于赠送亲友，乐于向周围社会介绍。对旅游地形象的传播是一个很好的渠道，有助于扩大旅游地的知名度。大多数国内外游客真正感兴趣、愿购买的是那些特色鲜明、有一定档次、经济实惠的旅游商品。

8. 人文活动

人文活动类旅游资源是指那些以社会风情为主体，反映社会风貌、人文意识、人文教育等历史的和现代的，可以被旅游开发利用的活动性和过程性旅游资源。它主要强调在人类文化的影响下，人类行为过程及其传承，包括人事记录、艺术、民间习俗和现代节庆等 4 个亚类和 16 个基本类型，其中人事记录包括人物、事件；艺术包括文艺团体、文学艺术作品；民间习俗包括地方风俗与民间礼仪、民间节庆、民间演艺、民间健身活动与赛事、宗教活动、庙会与民间集会、饮食习俗、特色服饰等；现代节庆包括旅游节、文化节、商贸农事节、体育节等。

3.1.2　景区土地资源

1. 早期的景区土地利用

20 世纪 30 年代初，麦克默里的《游憩活动与土地利用的关系》一文的发表，引起旅

游学者对与旅游业发展相关联的土地利用问题的关注。20世纪60—70年代，旅游对土地的利用开始呈现多元化特征。从有关旅游发展和土地利用间的关系来看，国外更多关注旅游地土地利用状况和旅游地基础设施的发展，多关注海滨度假区的土地利用。20世纪90年代以来，旅游对土地利用的影响越来越明显，关于"旅-地"关系，旅游对土地租金、地价的影响，景区各利益相关群体在土地利用中的地位改变与心态的变化，以及旅游对土地利用影响等领域成为景区发展关注的焦点问题。

早期景区土地资源的运营主要有以下特点：首先表现在景区内的土地利用类型从居住、商业、农业及未利用地等向游览、游憩、娱乐等用地流转，其速度取决于当地区域旅游业发展的快慢及本地居民、旅游企业主与地方政府对旅游业的关注程度。随着景区土地利用类型流转的进行，景区土地的线性扩张与内向拓展是其运营空间形态变化的主要表现形式。其次，旅游业发展使当地经济水平得以提高，景区开发的强度加剧了土地资源的稀缺性，由此促使了景区土地价格与租金的上升，而租金与地价的上升则促成了景区游览中心和旅游目的地的形成与发展。再次，景区与土地利用主体之间的关系较为复杂。由于景区发展的活力在于投资商与游客的进入，但这往往与当地社区发生较大冲突。目前，已有景区凸显旅游发展带来的地价与地租升高、不同土地利用主体之间的矛盾、景区规划与区域土地利用规划的冲突等方面的矛盾。最后，典型风景名胜的土地资源在国家刚性土地政策的控制下，其物理特性不显著，农耕用地逐渐减少，林地逐渐增加，城镇化建设用地呈现慢增长。

2. 景区土地发展权

土地发展权（land development right，LDR）这一概念最早始于1947年英国《城乡规划法》（The Town and Country Planning Act 1947），该法规规定，一切私有土地将来的土地发展权转移归国家所有。随后，美国在分区（zoning）制度的基础上，创立了可转让的土地发展权（TDR）制度，美国的土地发展权归属于土地所有者，是一项定量的可转让的财产权。从其内涵看，是对土地在利用上进行再发展的权利，即土地所有权人或土地使用权人改变土地现有用途或者提高土地利用程度的权利。土地发展权构想最初源于采矿权可与土地所有权分离而单独出售和支配。再加以具体化描述，土地发展权就是土地变更为不同性质使用的权利，或对土地原有的使用集约度的提高，是一种可与土地所有权分割而单独处分的财产权。它既可以与土地所有权合为一体，由土地所有者支配，也可由只拥有土地发展权而不拥有土地所用权者支配。虽然目前我国法律上并未设立土地发展权制度，但在土地管理实践中土地发展权却客观存在。

依照《中华人民共和国宪法》、《中华人民共和国土地管理法》、《风景名胜区管理条例》及相关法律法规规定，我国实行土地公有制，包括国家土地所有权和农民集体土地所有权。景区的土地资源在总体上属于国家与集体所有。在利益上，尽管有局部利益服从整体利益，团体利益服从国家利益，但仍然存在诸多利益团体。因此，在土地增值收益分配上，在国家与农民集体之间及农民集体之间都有着鲜明的竞争性和排他性。这种利益的排他性而非共享性要求消除在土地利用和管理中的利益不平衡，这就为创设可转移土地发展权创造了权利基础。通过景区土地发展权的设置在征地中既能实现既定的公共政策目标，又尊重和保护了利益相关者的相关利益。

从制度变迁的角度看，制度变迁是制度主体根据成本效益分析进行权衡的结果。这种权衡包括这三个方面：一是某种制度建立与该制度缺位在成本效益方面的比较；二是将同一制度安排和制度结构的运行效益与运行成本加以比较；三是对可供选择的多种制度的成本进行比较，选择净收益最大的一项制度。景区土地所有权的发展变化说明，土地权利的设置必须随着社会经济的不断发展而有所变化。现代的物权法更重视使用权的地位和作用，从所有权发展变化的一般规律来看，设置土地发展权是可行的。

景区土地发展权设立的目标是通过改变景区土地的用途，从而保障利益相关者正当的土地权益，同时又实现景区土地的集约利用。这样就将景区的土地制度的两大内部对立因素有机地统一。保障利益相关者正当土地权益与保护景区土地资源，实现景区土地集约利用是两个相互矛盾又统一的价值目标。它们的矛盾之处在于景区的土地权益属于局部的权益，而景区土地资源的保护与集约利用带来的是整个国家与社会权益。但二者又是一致的，只有保护正当的景区利益相关者的土地权益，才能够促使土地使用人从考虑自身经济利益最大化出发，自觉地合理、节约利用土地，实现土地的集约化利用。

重事实，加强研究、重于引导，建立和完善旅游要素市场，有效地避免旅游地开发经营使用权的有偿出让转让中的各种弊端和负面作用，引导我国旅游业在市场化运作中获得生机和活力，推动我国旅游业的持续健康快速发展成为当前我国旅游业发展的要务。旅游主管部门和旅游业界、旅游学界有必要联合起来，对旅游地有偿出让转让的法律规范、旅游要素大市场的建立完善、旅游地评估等各个方面进行深入研究和探讨。

3. 景区土地资源的合理利用途径

景区可以通过农用地用途变化、农村土地置换与农村土地整理、农村土地征收及承包经营权的转移等，实现景区土地资源的合理运用。

在解决乡村旅游发展商业用地问题时，旅游发展往往伴随着以资源整合为目的的土地整理，从而实现景区资源规模化，这也符合土地整理的终极目的。与景区旅游发展相配套的土地集中的重要手段就是土地置换。它包含的意义是将农户分散的住宅（宅基地）、耕地，依据占补平衡的原则进行迁移，以置换的方式为其重新配置面积相当的耕地或宅基地，被置换后的农户土地不仅能满足农户生产、生活，由于是为旅游经营要求而配置土地，更有利于旅游投资者介入，并且置换后的居住环境与配套得到改观，集中起来的农民以聚居村落开展旅游接待，发展餐饮、娱乐及旅游商店等，景区内乡村旅游得到规模化发展。土地整理也为旅游发展提供了更多的商业用房。因此通过土地整理而得到的住房就可以合法地使用于旅游业，为旅游发展服务。以成都为例，通过对荒废土地的整理及农民集中建房，根据国家政策除按照规定的标准安置农民住房外，可增加不超过30%的商业用房、居住用房或配套用房面积，并且由农村集体经济组织经营管理，或农民自行经营或政府统一经营，经营收益全部用于解决农民的生活补贴，并且房屋可以出租，但不得转让（参见1994年《成都市国土资源局关于推动城乡一体化有关用地问题的意见（试行）》）。《成都市集体建设用地使用权流转管理办法（试行）》规定成都市集体建设用地只能用于工业、商业、旅游业、服务业等生产、经营用途和建设农民住房，以及按规定面积修建农村集体经济组织租赁性经营房屋。

以市场定价为基础，通过村民和景区管理部门的集体谈判来给土地资源定价，这是实现土地发展权的现实途径。承包经营权的转移也是实现景区土地资源合理运用的有效途径。鉴于景区内农民有不愿意失去土地的传统观念，可以考虑景区周边农民采取土地集体入股方式，由政府统一经营的方式，每亩土地为一股，年底按股分红。这种经营权的转移也在一定程度上实现了景区土地发展权。

4. 景区土地资源评估

在我国，景区的土地资源在总体上属于国家与集体所有。在利益上，尽管有局部利益服从整体利益，团体利益服从国家利益，但仍然存在诸多利益团体。近年来，旅游地开发经营权的变相出让转让和旅游房地产市场化运作的现象在旅游界纷纷出现，已经引起了包括旅游管理机构和旅游学界的关注。从四川省众多旅游地如三星堆、海螺沟、碧峰峡经营权的有偿出让，到山东省"三孔"经营权向深圳华侨城集团的出让，及至湖北省武当山、神农架也拟待价将其旅游开发经营权出售给投资者，出让、转让甚至出售景区经营权似乎已成时尚。随着中国加入WTO、旅游投资和旅游房地产市场、旅行社经营市场逐步放开后，这一现象将会更加普遍。尽管它为我国的旅游开发注入了生机和活力，推动了各地旅游业的发展；但由于缺乏政府的宏观指导和科学的评估体系，却带来了旅游资源价值不清、国家资源价值遭流失和破坏的恶果。

知识链接

湖泊景区旅游用地评价原则、方法、因子

表3-3　湖泊景区旅游用地评价原则、方法与因子

评价原则	评价方法	评价因子
1. 坚持旅游地评估与评价相结合的原则；即在旅游地资源、环境、开发条件、旅游客源市场质量等要素综合评价的基础上，确定出旅游用地的开发权出让、转让、租赁、抵押等价值的货币量。 2. 坚持相关互利原则 3. 统一原则	收益还原法： $$P = a/r \cdot [1 - 1/(1+r)^n]$$ 式中 P 为旅游地地产价格（使用权出让价格）；a 为旅游地年纯收益；r 为还原利率亦即收益率（在这里以银行存款利率来表示）；n 表示旅游地出让年限。其中：旅游湖泊年纯收益＝[年总收益－管理费－维修费－保险费－税金－利息]。	岸线曲折度、湖区生物、湖周地貌、湖面大小、水质等级、湖底基质、水深、人文景点的丰度、民俗、距中心城市的距离、区域景观差异度、环境污染状况、社会治安、交通设施状况。

资料来源：根据程绍文，徐樵利撰写的《湖泊景区旅游地价评价方法探讨——以武汉市东湖风景区为例》（资源科学，2004(1)）一文整理。

3.1.3 景区资本

1. 资本的存在形式

资本最原始的形式——纯物质，如石器时代的石斧和农业经济的种子，它是资本而非金融资本；直到机械工业时代，金融资本才作为经济体系的重要资本形式。

金融资本的主要形式是有价证券。有价证券的形式主要有股票、债券、证券投资基金、国家重点建设债券、基本建设债券、金融债券、财政债券、重点企业债券、地方企业债券、可转换公司债券。

此外，国际证券新品种主要有股票期权、延期支付、虚拟股票、股票增值权、股票奖励、业绩股票、限制性股票、内部人收购等形式。

2. 景区资本的经营

景区资本经营是指以追求最大利润或资本最大增加值为目的，把景区所拥有的一切有形和无形的社会资源、运营要素都视为可以经营的价值资本，通过流通、收购、兼并、重组、参股、控股、交易、转让、租赁等各种调整和优化配置手段，对景区资本进行有效运作，以实现资本增值的一种发展模式。

1) 景区资本经营方式

按照景区资本经营的形态和内容分析，景区资本经营的主要方式有实业资本经营、金融资本经营、产权资本经营、无形资本经营等。

景区实业资本经营是指景区产品形态的经营，即景区产品的开发经营，包括景区产品的设计、营销、优化等基本活动。景区实业资本是将资本直接投放到景区开发经营活动所需要的固定资本和流动资本中，以实现景区固定资产投放和流动资产经营。

景区在从事金融资本经营活动时，自身并没有参与直接的开发经营活动，而是以金融为对象进行的一系列资本经营活动，其中主要是通过对股票、债券、期货、期权等金融资本的买卖行为，来取得有价证券因价格波动带来的手气或其自身以股息、红利等形式带来的收益。同时，景区通过对期货、期权的操作，还可以进行套期保值、削减价格风险。景区金融资本经营最主要的方式有三种：股票交易、债券交易和期货、期权交易。

景区产权资本经营的对象是产权，通过产权交易，使景区的资本得到集中或分散，从而达到优化资本结构、为获得未来收益创造机会的目的。景区产权资本经营是景区资本经营的重点，主要包括股份合作制、购并、资本收购或转让、破产、拍卖、合资、参股与控股、承包经营、租赁经营等形式。

景区无形资本经营是景区通过对拥有的各类无形资产进行运筹和谋划，取得最大收益的活动，主要包括景区无形资本的交易、利用无形资本筹集资金、利用无形资本实现资本扩张等。

2) 景区资本经营原则

为了保证景区经营活动达到预期目标，实现景区资本增值，景区的资本经营一般要遵循以下基本原则。

(1) 资本系统整合原则。在资本经营过程中，必须使加入景区的每个资本要素、每个运转环节共同构成一个完整的资本运行系统，资本经营的思想应贯穿于该系统的每一个部分，使其整体功能得到最优发挥。

(2) 资本最优结构原则。景区的资本结构必须保证使各个资本要素发挥最大作用，只有这样才能使同样数量的预付资本实现更多的产出。

(3) 资本经营的开放原则。资本经营是开放性的，它不只着眼于景区自由的各种资本，还要充分运用宏观资源配置的一切机制和条件，调动景区所能够掌握的各种社会资本，加入到景区的经营系统中，以最小的总预付资本控制和支配更大的资本，推动最大的经营规模，实现收益最大化。

（4）资本周转时间最短原则。资本周转速度的快慢决定了资本增值的快慢。在景区资本的经营过程中，应尽可能地缩短周转周期，提高流动速度，使一定时间内的预付资本能够推动最大的有效资本规模，从而提高景区的资本回报率。

（5）资本的最优化规模原则。景区经营的资本规模不是越大越好，而应保持规模的适度化，使景区既能获得最大的规模效益，又能避免因管理层次的增加所带来的信息成本、监督费用的增加对整体效益产生消极作用，即应该使景区资本规模达到最优。

（6）资本的风险结构最优原则。投资风险的大小与收益大小一般是成正比的，风险越大，收益越大，风险与收益之间应合理搭配：既要有风险大、回报率高的项目，又要有风险小、回报率低的项目；既要保证资本的安全性，又要保证资本的增值速度。

旅游观察

主题公园成景区投资"新贵"

占地1 500亩、总投资约40亿元人民币的"西游记文化主题公园"已于2011年7月正式动工建设，预计两年内建成。广东虎门将打造万亩中国近代史主题公园。浙江省已宣布重磅建设首个HelloKitty家园项目。此外，即将于未来几年内建设的航天主题公园等也在规划中。据2002年北京零点市场调查分析公司《新型娱乐设施市场潜力调查报告》指出，国内主题公园有70%处于亏损状态，20%持平，真正盈利的只有10%左右。一边是不断涌入的热钱，一边是难以为继的经营局面。在收益不佳的背景下，主题公园为何备受投资者的青睐？这是值得深思的问题，也是景区在旅游业发展中逐步趋于企业化、市场化、资本化运营的表现，是景区发展前景的展现。

（资料来源：http：//www.cnta.gov.cn/html/2011－7/2011－7－13－9－4－34416.html.）

3.1.4 景区人力资源

人力资源是一个国家或地区范围内的人口总体所具有的劳动能力的总和，是包含在人体内的、体现在劳动者身上的，并以劳动者数量和质量表示的资源或资本，其总量表现为人口资源的平均数量和平均质量的乘积。人力资源是景区发展中最活跃的能动要素，是景区经济增长中重要的经济资源之一。

从战略角度讲，人力资源是景区的一种长期财富，其价值在于创造景区与众不同的竞争优势。人力资源在景区发展中的贡献越来越突出，景区人力资源从景区的"保护者"、"甄选者"，到景区发展的"决策者"、"创新者"。目前，景区人力资源主要包括景区服务人员、专业技术人员、管理人员、董事会会员、专家顾问等。

景区人力资源的开发是要把提高认识、提高质量、完善制度、完善结构等作为进一步搞好景区人力开发、全面提高景区人力资源素质的指导思想，努力调动地方、企业和高等院校的积极性，全面推进学历教育、成人继续教育及岗位培训。参考国际惯例和一些部门的成功做法，建立景区教育培训专项基金，用市场化的方式筹集、使用和积累。

3.1.5 景区组织

1. 景区组织的概念

景区组织是有效配置景区内部有限资源的活动和机构，是为了实现景区可持续发展的目标而按照一定的规则、程序所构成的一种责权结构安排和人事安排，其目的在于确保以最高的效率，使景区目标得以实现。景区组织包括有形的实体组织和无形的组织活动，实体组织包括组织目标、组织分工与协作、权力与责任制度；组织活动包括组织机构的设计、适度和正确授权、组织文化建设等。

景区无形的组织活动与有形的组织机构之间是一种手段与目的的关系，作为"力量协作系统"存在的无形的景区组织本身并不具有自己的目的，它不过是为了完成景区组织机构的目标而存在，是实现景区组织目标的手段。因此，景区实体组织和无形组织应是组织的两个必不可少的方面。

景区组织应为达到景区的目标而明确责任，授予权力和建立关系。景区组织应包含一系列的项目和内容，见表3－4。

表3－4　景区的实体组织和无形的组织活动

名　称	项　目	主要内容
景区实体组织	组织目标	经济效益、社会效益、环境效益、协调统一和最优化，实现景区的可持续发展、组织系统良性运转
	组织的分工与协作	行政管理、经营管理部门、规划管理部门、环境管理部门，人力资源开发与管理部门，市场营销管理部门，财务管理部门等
	权力与责任制度层次	内部分工、岗位职责、岗位描述
景区无形组织	组织机构的设计	设计组织结构、合理划分专业部门、制定组织的管理层次等
	适度和正确的授权	适度的分权和正确的授权
	人力资源管理	人员的招聘、选择和配备，训练和考核，奖励和惩罚制度等，如员工手册的编写
	组织文化建设	各种兴趣与爱好小组、各种景区企业文化活动

资料来源：赵黎明，黄安民，张立明．旅游景区管理学．天津：南开大学出版社，2008．

2. 景区组织文化

一个景区组织的文化常常反映景区组织创始人的远见使命，因为创始人有着独创性的思想，创始人通过描绘景区组织应该是什么样子的方式来建立景区组织早期的文化。一个景区组织的文化是两个因素相互作用的结果：创始人的倾向性和假设；第一批成员从自己的经验中领悟到的。景区组织文化是现阶段企业员工所普遍认同并自觉遵循的一系列理念和行为方式的总和，表现为景区组织的使命、愿景、价值观、行为准则、道德规范和沿袭的传统与习惯。

景区组织文化是指在一定的社会政治、经济、文化背景条件下，景区组织在生产与工作实践过程中所创造或逐步形成的价值观念、行为准则、作风和团体氛围的总和。具体地说，景区组织文化是指景区组织全体成员共同接受的价值观念、行为准则、团队意识、思维方式、工作作风、心理预期和团体归属感等群体意识的总称。景区组织文化的构成可以分为三个层面：精神文化层，包括景区组织核心价值观、景区组织精神、景区组织哲学、景区组织理念、景区组织道德等；制度文化层，景区组织的各种规章制度及这些规章制度所遵循的理念，包括人力资源理念、营销理念、经营理念等；物质文化层，包括景区组织实体、景区组织标识、文化传播网络。

小思考

辨析景区资源与旅游资源、与景区产品、与景区项目

景区资源是支撑景区发展运营的基本物质和非物质基础，包括景观资源、土地资源、资本、人力资源、景区组织等。

旅游资源是具有旅游吸引力的所有事物和要素的总和，可以是已开发的，也可以是未开发的，在景区内表现为景区景观。

狭义的景区产品是景区经营者凭借一定的旅游资源和旅游设施向游客提供的满足其在旅游过程中综合需求的服务。景区产品的广义含义是 4As 的组合，即旅游资源(attractions)，旅游交通设施和服务(access)，住宿餐饮、娱乐、零售等旅游生活设施和相应服务(tourism amenities)，辅助设施及服务(auxiliary facilities and services)，如旅游咨询中心。

景区项目是借助于景区的旅游资源开发出的，为游客提供休闲、游览服务，具有持续吸引力的，以实现经济、社会、生态环境效益为目标的活动与任务。

3.2 开发景区经营性资源的理论基础

资源作为物质财富的来源，必须经过开发利用，才能发挥相应的功能，产生相应的效益。同样景区资源也只有通过合理有效的开发利用，才能成为景区产品，发挥经济、社会和文化效益，发挥景区的游览功能及相关服务功能。

景区资源开发是指运用规划、法律、经济、技术、行政、教育等手段，以发展景区经济为基础，以客源市场需求为导向，以发挥、改善和提高景区资源对游客的吸引力与对实现景区战略目标的价值为着力点，有组织、有计划地对景区资源加以利用的经济技术系统工程。

为有效开展景区资源开发这一复杂的系统工程，必须遵循一定的客观规律，以科学理论为基础。

3.2.1 地域分异规律

地域分异规律探讨的是空间环境差异，空间环境的差异导致了景区自然景观的差异、土地利用方式的差异、区域文化的差异等，是景区开发资源的必要基础。

地域分异规律是自然地理要素各组成成分及其构成的自然综合体在地表沿一定方向分异或分布的规律性现象，由于自然要素分布的空间差异的存在，会导致人文要素在地表的空间分异。这种分异表现在以下四个方面。

(1) 纬度地带性分异：由于太阳辐射按纬度分布不均匀而引起气候、生物、土壤及整个自然景观大致沿纬线方向延伸分布而呈现出按纬度方向递变的现象，如热带、亚热带、暖温带、温带、寒带等，每一个带均有自己的独立特征。

(2) 海陆地带性的分异：由于海陆相互作用引起的从沿海至大陆中心出现的干湿程度的变化，并引起气候、生物、土壤及整个自然景观从沿海向内地出现变化的现象，往往沿海降水较多，往内陆递减。

(3) 垂直地带性分异：由于山地等海拔高度的变化而导致气温、降水等的变化，从而引起气候、生物、土壤、水文等的相应变化，随高度呈现出不同的景观。例如，"人间四月芳菲尽，山寺桃花始盛开"的诗句，说的就是不同高度的山地旅游景观。

(4) 地方性的分异：由于地形、地面组成物质、地质构造等的影响，随着地势起伏、坡向不同而呈现出不同的景观。俗话说"十里不同天"，说的就是这个意思。

地域分异规律广泛存在于自然地理现象和人文地理现象之中，其表现出的最基本、最普遍的规律性，即地带性和非地带性。景区资源也不例外，从南到北，从东到西，从低到高，呈现出显著的地带性和非地带性规律。地域分异规律的存在导致了不同旅游地区之间的差异性，而旅游者的流动正是在这种区域差异所产生的驱动力下形成的。可见，地域分异规律是旅游活动形成的重要因素。因此，在景区景观资源的开发过程中必须遵循地域分异规律，首先，景区景观资源的开发应该寻求差异，突出本地特色，发挥本地优势，切忌照搬、抄袭。其次，对景区景观资源的区划即应用地域分异规律，寻求相对一致的景观资源区域。只有景观资源区划才能充分地反映出地域分异规律，景区的旅游功能和特色才能明确，这对景区功能分区、开发主题与方向、开发规模、开发方式和管理决策等都具有重要意义。

3.2.2 区位论

区位论是关于人类活动的空间分布及其空间组织优化的理论。景区资源开发是空间上的活动，必然具有空间布局和空间组织优化问题，因此，必须进行区位因子的分析，在区位理论的指导下进行。首先，依据景区资源的区位条件，可以确定景区开发的先后次序；其次，区位理论要求在开发景区资源和进行景区空间布局时发挥景观资源和基础设施的集聚效应，可以提高其利用效益，并起到方便游客的作用；再次，旅游服务设施的选址必须考虑其区位条件。

20世纪40年代，意大利学者A.马里奥蒂(A. Mariotti)提出一个"旅游吸引中心地理论"，他认为"旅游者所喜爱的是把艺术、考古、风俗及保健色彩的各种自然条件和人为的娱乐、旅馆等基础设施有机地结合在一起的地方"。如果把前面的诸条件设为"自然的吸引力"，后面的称为"派生的吸引力"，那么两者的有机融合才构成"旅游吸引力"，其空间所在即成为"旅游中心地"。

集聚经济效益在景区发展中也有显著的影响：首先，景区之间的集聚，可以使旅游产业链上的各相关服务相互依存、相互促进，而形成规模经济；其次，经营相同或相近产品的景区的集聚，有利于形成强吸引力的旅游目的地，能够提高景区基础设施的使用效用，产生集聚经济效益；再次，景区的集聚，将吸引相关产业的空间集聚，促使景区所使用的设施、设备、资金及人才等高度集聚，产生规模经济。

3.2.3 系统论

系统论认为系统是由相互联系的各个部分和要素组成的，具有一定的结构和功能的有机整体。这个整体就是系统，构成整体的各个局部称为子系统。系统论的基本思想就是要把研究和处理的对象都看成一个系统，从整体上考虑问题；同时还特别注意各个子系统之间的有机联系；把系统内部的各个环节、各个部分及系统内部和外部环境等因素都看成是相互联系、相互影响、相互制约的。系统具有整体性、综合性、层次性、动态性、结构性等特性。

在系统论思想的视角下，景区就是一个开放的社会、经济和文化系统，由景观、旅游服务、接待设施设备和游客构成。景区资源系统包括景观资源、土地资源、景区资本、景区组织、景区人力资源等子系统，各子系统又由低一级的子系统或要素组成。系统论不仅为景区运营资源开发提供认识论基础，即景区发展资源是一个系统，具有系统本身的各种性质和功能，应从系统的观点来分析景区发展资源；同时，又为景区发展资源的开发提供了方法论基础。系统的能量来源于景观资源、土地资源、景区资本、景区组织、景区人力资源等景区运营资源，这些景区发展资源体及其相互作用是景区系统获取能量的平台。因此，景区发展资源的开发必须全面考虑景区资源的价值、功能、规模、结构、稀缺性、开发的难易程度、市场竞争状况、资源环境、能量交换方式等因素，合理配置，使之产生最佳综合效益。

3.2.4 产业经济学理论

产业经济学(industrial economics)以"产业"为研究对象，主要包括产业结构、产业组织、产业发展、产业布局和产业政策等，通过研究为国家制定国民经济发展战略、产业政策提供经济理论依据。产业经济是居于宏观经济与微观经济之间的中观经济，是连接宏微观经济的纽带。产业经济学的研究内容主要涉及科技进步、劳动力等要素资源流动、空间发展与经济绩效的学科及产业的动态变动规律；研究经济数据的工具主要有计量经济学工具(用 sas、spss eviews 等软件运算)；主要分析方法有博弈论分析方法、各种力量博弈、均衡与非均衡分析方法。产业经济学试图寻求产业的发展规律性。景区是旅游产业的主导部门之一，是旅游产业链上的重要环节。产业经济学理论对景区运营的资源优化配置具有较强的指导作用。

3.2.5 可持续发展理论

可持续发展理论是人们对发展经济和保护环境的关系进行深刻反思、进一步认识的结果。这一概念的提出，迅速影响到环境、生态、旅游、人口和经济等学科领域。景区发展资源不仅仅是景区经济发展的物质基础，而且其本身也是一种经济资源，对其进行开发利用是需要付出成本的。因此，开发景区发展资源，必须做到同时保障游客和当地居民的利益，以及相关利益群体的利益不受损害。由于可持续发展战略涉及经济可持续、生态可持续和社会发展可持续,因此开发景区资源必须兼顾经济效益、社会效益和环境效益。同时,要实现景区的持续性发展,还必须兼顾局部利益和全局利益,短期利益和长期利益,合理进行资源配置,分期分批开展,不断开发新资源,设计新项目,保持景区吸引力经久不衰。

一个区域可持续发展的水平通常由区域资源的承载能力、生产能力、景区环境的缓冲能力、景区进程的稳定能力、景区管理的调节能力五个基本要素及其间的复杂关系去衡量。这五个基本要素分别构成区域旅游可持续发展的基础支持系统、供给支持系统、容量支持系统、过程支持系统和智力支持系统。

旅游观察

目前中国景区资源开发中存在的问题

在旅游业发展历程中,旅游者、旅游开发者,甚至旅游经营者对旅游资源的破坏行为在景区内十分普遍。"到此一游","摸一摸",与自然、古迹合影留念等刻画现象比比皆是。对地形地貌的破坏现象也十分普遍,如破坏地形与植被的泰山岱顶月观峰索道站,误导自古登泰山的传统。

景区游客接待量的严重超载,与景区的超负荷经营行为,使景区人工化、商业化、城市化,导致景区自然度、美感度和灵感度下降,严重破坏了风景原作,损害了自然遗产、文化遗产的价值(图 3.4 和图 3.5)。

图 3.4　城市化的岱顶,改变了遗产的真实性和完整性

图 3.5　黄山北海景区城市化破坏了核心景区的原生环境

讨论

旅游业发展实践中，许多景区旅游资源被破坏引起的热议，华侨城雄厚资本的支撑、法国迪士尼乐园的组织结构、企业文化的教训，以及世界休闲博览园的廉价土地，给我们带来的启示是什么？

景区发展实践中出现的破坏景观资源及其他景区运营资源对景区运营产生的重大影响均反映了景区资源管理的重要性，即资源是景区经营管理的基础；资源管理是景区有效管理的前提。如果景区资源管理不当，将引起景区经营管理成本的增加。

3.3 开发景区经营性资源的保障体系

3.3.1 完善的法规制度

景区资源管理是否有效，基础在于是否具有完善的法规，在景区资源管理中，必须有切实可行的法律、法规做保障。

景区资源管理的法制手段，主要是通过实施相应的法规，调整游客、旅游开发者、经营者在景区资源开发、利用、管理和保护过程的各种行为。

目前景区资源管理面临的问题，一是景区及旅游业相关法规不健全，关于景区资源管理的法规更少；二是普法宣传教育不足，没有做到家喻户晓，相关条款仅作为一纸空文在政府部门间自上而下地传达；三是执法力度不够，缺乏效率。

知识链接

旅游资源保护暂行办法

为了加强对旅游资源和生态环境的保护，促进旅游业的健康、协调、可持续发展，国家旅游局研究制定并于2007年9月4日发布《旅游资源保护暂行办法》。第二条规定本办法所称旅游资源是指自然界和人类社会凡能对旅游者产生吸引力，可以为旅游业合理利用，并可产生经济效益、社会效益和生态效益的各种事物和因素。第二十条规定严禁任何单位和个人在未经开发的旅游资源区域开展旅游经营活动。以上区域开展科学研究、体育运动、探险等非盈利活动，应提前向所在地旅游行政管理部门报告备案，包括活动目的、人数、停留天数、相应联系方式及预采取的旅游资源保护措施等内容。第二十一条规定，建立旅游资源保护情况通报制度。各级旅游行政管理部门对于本地区发生的重大破坏旅游资源事件应及时报告同级人民政府和上级旅游行政管理部门。经过批准后，及时向社会通报旅游资源破坏事件的相关情况，正确引导舆论，接受社会各界监督。第二十二条规定，对于破坏旅游资源的行为，由资源所在地旅游行政管理部门对行为主体予以教育、批评、责令其停止违法行为，并根据法律、法规，协同有关部门做出相应处罚。以上这些条款均有针对性地规定了各类行为主体在经营管理景区的过程中应承担的职责与相应的奖惩措施。

3.3.2 适度的旅游税

1. 旅游税的定义

国内外学者是在对环境税关注的基础上,提出旅游税(tourist tax or travel tax)这一概念。旅游税是针对在获得旅游高收益的同时,政府感知到旅游活动对当地环境造成一定的影响提出的,世界上一些旅游发达国家已经开始征收旅游税,并且出台了相关的法律法规。但是目前在学术界却没有一个统一、公认的定义。

学术界主要是从征收对象对旅游税的概念进行界定,主要提出了三种观点:①有些学者认为旅游税是对旅游者提出的。邢剑华认为税种设立是以对某类经济主体的某些经济行为征税为特征的,他认为旅游税实际上是一个税种,其概念主要是从纳税人和课税对象出发定义的,具体是指由旅游目的地国家向来访出境旅游的外国旅游者就其在本国的旅游行为所征收的税金。②马衍伟、商庆军在《世界各国旅游税收的理论分析与成功经验》中指出旅游税主要是指由旅游目的地国家向来访的外国旅游者征收的税金。广义上也可以指国家在正常税收之外向旅游企业征收的旅游管理费。他指出旅游税的征收对象从广义上来讲,不单包括旅游者,还包括旅游企业。③第三个派别认为,旅游税只是针对旅游企业而言的。新加坡中华总商会的官方网站上把旅游附加税(cess)简称为旅游税,指由旅游业者,如酒店、餐厅、商店、酒吧等出售应纳税项目而产生的1%的税务,由新加坡旅游局根据《新加坡旅游(旅游税)法》收取。新加坡国内税务局代表新加坡旅游局执行及收取旅游税。

旅游税的征收主体是旅游者,但也应该包括旅游企业。旅游税是指由旅游目的地向来访旅游的外来旅游者就其在当地的旅游行为所征收的税金及旅游企业在国家正常税收范围之外为维护旅游的持续发展所交纳的旅游附加税。因为旅游税征收的目的主要是为了促进旅游协调有序的发展,实现资源的永续利用。旅游环境与旅游企业和旅游者之间的关系是同等重要的,所以是要实现这个目标,单从旅游者方面考虑是远远不够的。

国家旅游局运用价格、税收、补贴、罚款等经济杠杆和价值工具,调整各方面的经济利益关系,把景区的局部利益同社会的整体利益有机结合起来,达到资源的合理和持续利用。

2. 旅游税的类型

目前,我国已经开始征收旅游营业税、旅游资源税和环境资源税。

1) 旅游营业税

旅游营业税是指以酒店及酒店同类行业、健身室、桑拿浴室、按摩院及卡拉OK等服务机构提供的应税服务为征税对象而征收的一种税。旅游营业税是按单一行业征收的一种税,其适用的行业是酒店及酒店同类行业、健身室、桑拿浴室、按摩院、卡拉OK等提供旅游、消遣、娱乐的服务行业。旅游税税率单一,不分类别地统一适用5%的税率,其税额并不包含在服务价格之内。

> 知识链接

澳门旅游营业税的历史沿革

澳门特别行政区旅游营业税的做法起源于澳葡政府1944年10月7日第859号立法条例所指的特别税。1980年11月22日,澳葡政府立法通过了第15/80/M号法律,设立专门的旅游税以代替1944年以来的特别税。到了1996年,澳葡政府又立法通过了第19/96/M号法律,核准旅游营业税规章,并废止了第15/80/M号法律。该规章一直适用至今,未再做出大的修改。

澳门旅游营业税的纳税对象是酒店、公寓式酒店、旅游综合体(度假村)、餐厅、舞厅、酒吧、健身室、桑拿浴室、按摩院、卡拉OK等场所提供的服务。但是,以下两项被排除在课税对象之外:上述场所在通信及洗衣方面所提供的辅助性服务;上述场所所收取的10%以内的服务费。旅游营业税适用单一的税率,为5%。旅游税税额不作任何税收附加。

旅游营业税是一种价外税,其税额并未包含在服务价格之内,其计税价格系服务价格,因而,其应纳税额的计算公式为

$$应纳税额 = 服务价格 \times 5\%$$

举例如下。

某游客于澳门特别行政区旅游,住甲酒店3天,离开时共付费用3 600(含旅游税)澳门元,其中包括300元通信费、250元洗衣费及200元服务费。对该项应税服务,酒店需缴纳多少旅游税?

解:设Z=计算依据=服务价格,则

$$Z \times (1-5\%) + 300 + 250 + 200 = 3\ 600(澳门元)$$
$$Z = 2\ 850/(1-5\%) = 3\ 000(澳门元)$$
$$应纳税额 = 3\ 000 \times 5\% = 150(澳门元)$$

2) 旅游资源税

我国内地于1984年开始征收旅游资源税。征收旅游资源税可以体现国有旅游资源的有偿使用原则,并调节因开发旅游资源的单位资源结构和开发条件的差异而形成的资源级差收入。因此,旅游资源税是调节由于旅游资源特色差异而形成的旅游资源级差收入而征收的一种税。

3) 环境资源税

环境资源税也称绿色税,是国家为了保护环境资源、促进可持续发展而对一切开发、利用环境资源的单位和个人,按照其开发、利用自然资源的程度或污染、破坏环境资源的程度征收的一种税。

3.3.3 超前的行政管理理念

景区运营需依靠各级政府机关或景区行政组织的权威,采取各种行政手段,如下命令、发指标、定指标等方法,对景区运营资源实行行政系统管理。由于决策的前瞻性与景

区客源偏好的多变性是客观存在的,因此各级行政管理者对景区的运营管理应超前于景区的实践运营,才能更好地引导景区运营资源的优化配置。

本章小结

资源是企业经营的前提和基础,贯彻企业化经营理念的景区,应重视其经营的资源基础。本章基于资源论与产业经济学理论,对景区经营过程中所必需的资源进行阐述。本章在分析开发景区经营性资源的地域分异规律、区位论、系统论、产业经济学理论、可持续发展理论等理论基础的基础上,重点梳理了景区经营的五项核心资源,即景观资源、土地资源、资本、人力资源和景区组织。同时,针对景区经营所必需资源的特征,剖析相应的开发利用案例,提炼开发利用景区经营性资源的保障体系。

关键术语

关键术语	定义
景区经营性资源	景区经营活动的基础,能为景区发展提供基础作用、被景区经营活动所利用的事物,由景观资源、土地资源、资本、人力资源、景区组织及企业文化等要素构成
景区资本经营	以追求最大利润或资本最大增加值为目的,把景区所拥有的一切有形和无形的社会资源、运营要素都视为可以经营的价值资本,通过流通、收购、兼并、重组、参股、控股、交易、转让、租赁等各种调整和优化配置手段,对景区资本进行有效运作,以实现资本的增值的一种发展模式
景区组织	有效配置景区内部有限资源的活动和机构,为了实现景区可持续发展的目标而按照一定的规则、程序所构成的一种责权结构安排和人事安排,其目的在于确保以最高的效率使景区目标得以实现
地域分异规律	自然地理要素各组成成分及其构成的自然综合体在地表沿一定方向分异或分布的规律性现象,由于自然要素分布的空间差异的存在,会导致人文要素在地表的空间分异

理论思考题

1. 简述景区运营资源体系。
2. 如何理解地域分异规律及其对景区景观资源开发的指导意义?
3. 如何利用产业经济学理论运营景区资本?
4. 简述景区运营的可持续性。
5. 试分析景区运营资源开发的保障体系。

实训模拟题

实训选题要求:
选择以下景区经营的资源纠纷之一,根据相应基础知识和基本原理,结合景区经营实际情况，设计场景，模拟景区经营的资源纠纷产生的原因、关键及解决方案。

① 景区经营的景观资源纠纷
② 景区经营的土地资源纠纷
③ 景区经营的资本纠纷
④ 景区经营的人力资源纠纷
⑤ 景区经营的组织纠纷

实训建议：

本章内容结束后，将讨论题目作为课后作业布置给学生。

将全班分成几个实训模拟小组，每组 4 或 6 人，各小组选出负责人，负责小组成员任务的协调、实训模拟方案的撰写、模拟角色的设计及演示。

下周课堂展示各小组实训模拟成果，建议每组汇报展演控制在 10~15 分钟；要求观看展演的小组中，每组至少有 1 人参与提问讨论。

教师对每组的展演效果进行点评指导。

拓展阅读

土耳其积极开展滑雪运动

土耳其 2012 年年初的多雪天气成为滑雪运动爱好者的福音。滑雪这项冬季运动在土耳其越来越受欢迎，各式各样的滑雪胜地、滑雪学校都在不断推陈出新。

土耳其平均海拔 1 100 多米，多山的地理特征提供了丰富的冬季运动及旅游资源，非常适合冬季滑雪运动。土耳其滑雪协会会员、西部乌鲁达大学体育系讲师奥坎·居尔泰金教授说："之前人们来滑雪胜地一般都是烧烤，而现在大部分人都开始滑雪。另外，滑雪器材的降价和普及使这项冬季运动越来越受百姓欢迎。黑海和阿纳多卢东部地区滑雪胜地的开发让更多滑雪爱好者能够体验滑雪的乐趣。"

土耳其东北埃尔祖鲁姆市平均海拔 2 000 米，这里大雪的厚度经常能够达到两三米。位于埃尔祖鲁姆的帕兰多肯滑雪场是土耳其最著名的滑雪胜地之一，由三大片紧挨着的场地组成，雪道长度为 14 千米，位居世界前列。那里的缆车系统共 3 200 米长，拥有 140 个可搭载 4 人的吊箱，雪道海拔为 2 000~3 176 米。

在土耳其，滑雪已成为最受欢迎的冬季运动之一。土耳其世界冬季大学生运动会 2011 年在埃尔祖鲁姆举行后，当地普通民众对滑雪运动喜爱日益提高。

第4章　景区服务性经营

学习目标

知识目标	技能目标
1. 掌握景区经营业务类型 2. 掌握解说服务的内涵与类型 3. 掌握景区商品营销 4. 熟悉景区门票管理 5. 熟悉景区经营方向 6. 了解景区设施的开发与经营	1. 能够合理确定某一新景区的经营业务类型 2. 能恰当处理景区游客投诉与抱怨 3. 能准确把握游客购物心理

导入案例

景区接待服务精细化，让云台山成为游客的美好回忆

　　云台山在开展全国文明风景旅游区创建工作中，在景区服务方面，着重树立了"三个理念"。一是树立"不让一个游客受委屈"的服务理念，通过不断提高从业人员素质，引进专业人才，规范旅游市场，打击不法商贩，切实将游客的利益放在了第一位。2001 年以来，景区未发生一起重大投诉事件，游客投诉率连续 4 年低于 0.05‰，2004 年仅为 0.026‰；二是树立"人人都是旅游环境"的服务理念。持续开展了"文明单位、文明商户、青年文明号"等创建活动。从班子成员到一般员工，从小处入手，见垃圾就捡，见不文明行为及时纠正，使"人人都是旅游形象，处处都是旅游环境"的理念深入人心，成为自上而下的自觉行动；三是树立"突出人性化"的服务理念。实行了安全责任制，通过采取不断完善旅游防护设施、设立救援电话、成立急救小分队、配备医疗救护车、在道路拐弯处设置信号灯和反光镜、充实人性化的引导和警示标识等措施，为游客创造了一个安全舒心的旅游环境。针对残疾人、老年人等特殊人群，专门设置了残疾人停车位和无障碍通道，对 70 岁以上老年人实行免票、60～70 岁老年人平时半票、重阳节免费等门票服务管理政策。近年来，云台山以优美的山水和突出人性化的精细服务，赢得了广大游客的赞誉。

　　（资料来源：国家旅游局规划发展与财务司. 中国景区发展报告 2005. 北京：中国旅游出版社，2005.）

　　云台山是我国景区经营的成功案例，曾连续五个"黄金周"的旅游接待和旅游总收入位居河南省首位，超过了世界遗产龙门石窟和嵩山少林寺。2004 年 2 月 13 日，云台山被联合国教科文组织评选为全球首批世界地质公园。同时，云台山景区还荣获了多项世界级和国家级荣誉，并被国家工商行政管理总局认定为中国驰名商标，被国家旅游局确定为学

习实践科学发展观联系点。目前，云台山在经营治理模式上已经成为我国景区治理的政府主导典型代表，在较短的时间内获得了巨大的成功，尤其在创造游客、服务游客方面十分出色。

旅游是一种独特体验，也是游客对某地的美好回忆。无论是记忆还是体验，其中都有情感和感受。"金杯、银杯，不如游客的口碑；金奖、银奖，不如游客的夸奖"，这也正是云台山的成功经验之一。"文明、规范、有序"既是景区游客游览的基本行为准则，也是景区经营者需要通过接待服务管理激励引导和维持的状态。只有景区经营者和游客精诚合作，才能保证游客的安全、良好的旅游体验和景区资源安全。因此，如何针对不同类型的景区，灵活运用"服务游客才能创造游客"的经营理念，才是景区成功经营之道。

从经营角度分析，景区经营的目标应是如何满足游客需求、获取市场美誉度。根据这一目标，景区经营应以景区接待、景区解说、景区娱乐项目设计、景区商品销售等日常活动的正常开展和运行为前提。本章将围绕这些问题展开景区经营分析。

4.1 景区经营业务

景区经营属于经济学的概念范畴，是在景区内，为使产品设计、游客接待、员工服务、财务监管等各种业务能按照景区经营目标顺利地执行、有效地调整而所进行的系列景区发展活动。

经营业务是景区发展过程中需要处理的日常事务，但通常偏向指景区销售的相关事务，因为任何景区最终均以销售景区产品、景区服务、景区景观为主。而经营业务的最终的目的就是"售出产品，换取利润"。景区经营业务是一种渠道，即景区与客源市场之间的关系是通过这些经营业务而建立起来的。景区经营业务泛指景区内可以"销售"的，为景区创造经济利润的所有活动，如景区内的接待、解说、演艺、特色餐饮等。

4.1.1 景区的经营内容

景区经营的内容很广泛，但是因为景区经营是围绕着游客服务质量而开展进行的，所以概括地讲，景区内的经营内容主要涉及景区服务经营、景区资产经营、景区发展资本经营等。

景区服务经营，即景区旅游服务的设计、组织和实施，具体包括景区接待服务、景区解说服务、景区购物服务、景区服务设施经营等诸多环节，每一个环节都非常重要。

景区资产经营的对象是景区发展要素，既包括有形的发展要素即土地、设施设备、原材料、能源、景观、活动项目、资金、劳动力等，同时也包括无形的发展要素，如景区服务流程、管理制度、商标、旅游品牌、土地使用权、销售渠道、各种专营许可证与国际认证标准、重要的人力资本、人际关系等。

景区发展资本经营的对象是景区产权，即对景区产权进行合理的流动与优化组合，具体包括参股、控股、合并、兼并、拍卖、股份制改造组合、股票上市、产权互换等行为和方式，从而能促进景区旅游商品经营与景区资产经营更快、更好地发展。

典型案例

迪士尼冰激凌的故事

卡问·瑞费拉一家在迪士尼神奇王国有一次难忘的经历。当他们一家四口来到太空山前时，家里的小女儿格洛丽因为手上拿着冰激凌，无法搭乘这项游乐设施。当时全家很为难，不知如何是好，小格洛丽急出了眼泪。这时现场工作人员墨菲先生出现了，他告诉小格洛丽，他愿意在她游玩的时候帮她拿着冰激凌。小格洛丽把冰激凌交给了墨菲，因而有了一次快乐的太空山游乐之旅。当一家人走出时，发现她的"新朋友"正拿着冰激凌在等她。而在加利福尼亚州的夏天，冰激凌最多只能放置20分钟。其实，就在一家人出来的30秒之前，墨菲从附近的商店买了一支新的冰激凌送来，当然，小格洛丽并不知道。

工作人员在不经意间解决了游客面临的难题，体现了一种关怀和温情。而这正是景区精细服务、全面管理的结果。

4.1.2 景区经营业务类型

景区经营业务按所开发的产品类型可分为单一业务经营和多样化业务经营两种基本类型。

单一业务经营的优点是高度专业化带来管理上的方便，经营方向集中、明确，经济效果易于评价，便于集中使用整个景区的力量和资源，有利于了解有关市场、潜在客源和竞争税收等各方面的情况。其缺点是由于全部力量和资源都投入于一种旅游产品或一种服务，当这种旅游产品或服务因旅游消费方式变化和游客需求调整，并发生客源市场需求下降时，旅游景区将受到严重冲击。

景区多样化经营是指同时提供两种以上旅游项目或服务的经营方式。其优点是有利于分散经营风险，当旅游景区所经营的某一种旅游项目处于困境中时，可以从其他项目得以弥补。而其缺点是增加了管理上的复杂程度，当经营规模较大时往往无力同时兼顾多方面。

知识链接

景区经营队伍的基本要求

景区的业务执行最终都要体现在景区经营人员队伍上，因此对景区经营队伍有以下要求。

职业道德素质要求：具备高尚的人生观、价值观和正确的世界观；遵守法规、忠于职守；工作态度好。

业务素质和管理技能要求：具备履行职业要求的业务水平和服务技能；具备适应游客要求和旅游区发展的经营技能；特别要求每一位管理人员要具备一定的特殊技能，如文物保护、规划、市场分析等。

文化素质要求：具备较强的文化修养和较高的知识层次，特别是对旅游产业及本景区有较强的知识把握。

服务意识和服务技能要求：具有服务意识和服务技能。意识决定服务态度，技能保证态度的合理体现。

不论是单一业务经营的景区，还是多样化业务经营的景区，其基本的经营活动都包括解说系统的开发建设、接待服务及相应设施的经营、景区购物经营等。

4.2 景区解说

解说是能够帮助人们更多地了解自身与环境的一种交流方法。由于旅游消费特殊的时空特性，游客必须要依赖解说系统才能完成景区游览活动。景区解说具有娱乐和教育作用，能够帮助景区达到游客管理目标，有效的教育和解说是资源管理的一个重要部分，是景区生物多样性保护与旅游经济和谐发展的关键；景区解说能够提升旅游体验质量。解说具有服务和教育两大基本功能，是一种重要的遗产保护策略，能够通过影响游客的知识重组和行为意图，帮助达到旅游可持续发展和遗产资源有效保护的双赢目标。

4.2.1 景区解说的起源与含义

根据莱斯特万（Lstvan）的"人—解说者—解说对象"的概念性框架，旅游解说功能的有效发挥，必须关注解说信息的接收者—旅游者，即关注游客对解说的需求。马可卢斯基（Makruski）对解说的定义也强调解说要针对游客的兴趣。在解说内容需求上，迈克尔·勒克（Michael Luck）的研究发现，除了定点解说以外，游客还愿意接受更多的信息。

景区解说服务起源于美国国家公园服务中心（visitor center）的解说事业，二战后，发展成为在那些科学价值高的景区或者公园内的专门服务。美国国家公园管理局在每个公园内部规划设计了功能完备的国家公园解说和教育系统，每一个公园都要向旅游者提供良好的解说和服务设施。景区解说服务的直接目的在于教育旅游者，通过景区的解说让旅游者更好地了解景区自身的自然和文化特性，深化旅游者的旅游活动。现代景区一般都有自己的景区解说服务系统。1997年，世界旅游组织认为，景区解说系统是景区诸要素中十分重要的组成部分，是景区的教育功能、服务功能、使用功能得以发挥的必要基础。

景区解说服务是运用标牌、视听、书面材料等媒介，将景区的信息视觉化和听觉化，以便强化和规范旅游者在景区内的行为活动，同时提高景区的文化品位，其目的在于通过介绍让旅游者认识到景区的重要吸引物的深层文化内涵，景区所蕴含知识的重要性、意义、内容及主要特征。

景区解说是运用某种媒体和表达方式，使特定信息传播并到达信息接受者中间，帮助信息接受者了解相关事物的性质和特点，并达到服务和教育的基本功能。景区旅游解说包括三个基本构成要素：认识对象（信息源）、使用者（接受者）、旅游解说（沟通媒介）。认识对象、使用者通过旅游解说相互沟通，以达到景区在使用、教育、保护等功能上提升互动的目的。旅游解说（沟通媒介）主要可分为人员解说服务系统和非人员解说服务系统两大部分。一个有效的解说系统被认为应具备基本的环境教育功能，不仅应改变参与者的环境知识，而且应影响其对于环境的态度和价值观念，以此获得对环境更大的欣赏，从而潜在地影响游客的行为。目前，景区解说服务能够向游客提供景区的基本信息和导向服务。好的景区解说服务能够提高景区的经营管理水平。每一个景区景点，无论是自然类还是人文类，都有自己独特的自然和文化价值，这些旅游资源价值可以通过景区的解说服务有效地传递给旅游者，促进旅游资源的保护，促使旅游者感受获得更高的旅游价值。

知识链接

景区导游词如何匠心独具

我们这个世界简单来说只存在两样东西：物质与心灵。当人类经历了沉迷物质消费的年代后，情感和精神产品的时代扑面而来。放眼世界，你会发现"看电影、旅游胜过饮食和睡眠；个性、格调、品位较钱财更受人尊重；画面、符号、形象取代了文字、内容、意义；品牌、创意、设计远比原料、技术、设备值钱；物质产品天天跌价，文化产品年年增值……"于是，各路商家纷纷把握"心"脉搏，抓住"心"契机，花尽巧"心"思，用尽浑身解数与消费者做价值观沟通。一个"心"的时代，已然来临。

导游词作为景区与游客沟通的直接桥梁，更应顺应"心"趋势，改变以往仅描述景区资源本身的平铺直叙，采用价值观沟通的"心"打法。

(1) 察言观色，三"心"二意

导游词往往要面对不同身份的游客完成整个导游过程，需要根据旅游者的年龄、身份、职业、修养、地区等不同而变换侧重点，提供旅游者需要的知识与信息，这样才能做到有的放矢。如此，既满足游客了解景区的需求，又能让景区品牌能够更好地被识别、回想和牢记。

(2) 情景交融，拨动"心"弦

导游词除了生动表现游客眼中精彩的美景外，也应该承担一定的社会责任，让游客在社会性与个体性的联结中，自发地感受自然，主动投入到当地自然及人文环境中去。因此，导游词在创作时尽可能寻找、发掘景物中所隐含的深层文化及其引申意义；在介绍景物时，更要做到情景交融，拨动游客的"心"思，引起联想。

(3) 真情流露，匠"心"独具

对于游客来说，导游词不仅是增长知识、引发思考的小贴士，更是调节气氛、陶冶情操的兴奋剂，是对完美理想人生与现实生活的勾勒与向往。所以说，导游词的创作既要有一定的架构性与规范性，更要有想象力与趣味性，给游客勾勒出一幅幅立体的图画，构成生动的视觉形象，把游客引入一种特定的理想意境，从而达到与其价值观的高度一致，并最终完成传播偏向与旅游依赖。

导游词虽然只是景区营销中的一个微小环节，但却是导游人员引导游客观光游览时的讲解词，是导游员同游客交流思想、向游客传播文化知识的重要工具，也是景区品牌的核心承载物之一，因此景区若能在创作中对人性尽情地捕捉中，必然能为品牌建设添砖加瓦，发挥出独特的"心"意与魅力！

（资料来源：李木子．浅谈以价值观为导向进行导游词创作[N]．北京：中国旅游报，2012-03-05(6版).）

4.2.2 景区解说的类型

按照解说形式,景区解说服务可分为向导式解说服务(personal or attended service)和自导式解说服务(non-personal or unattended service)两类。

1. 向导式解说服务

向导式解说服务是一种综合性、灵活性较强的工作,以具备能动性的专门导游讲解员,向旅游者进行动态的信息表达。游客在景区的游览过程中,导游员是集引路员、解说员、安全维护员等于一体的服务综合体。这种服务模式是双向性沟通,可为旅游者提供个性化的服务。这种解说服务对景区和讲解员都提出了较高的要求。对于硬件要求而言,涉外的景区要具备多种语言语种的讲解员,能够完成景区涉外语种的讲解任务。对于讲解员而言,要求语言表达能力强,身体健康,性格开朗,具有丰富的旅游相关知识及较高的个人修养。向导式解说服务质量的高低,很大一部分由景区讲解员的个人素养而决定,景区的可控制性较弱。

2. 自导式解说服务

自导式解说服务是由书面材料、标准公共信息图形符号、语言等,向旅游者提供静态的、被动的信息服务。通过这种方式,旅游者可以凭借自己的爱好、兴趣和体力自由决定获取景区相关信息的时间和方式。随着科技的发展,自导式解说服务的内容越来越多,景区可以构成自导式解说系统。此种系统深受散客旅游者的喜爱。自导式解说服务的形式多种多样,主要有牌示、宣传资料和电子导游三类。

图 4.1 介绍牌

牌示是最主要的表达方式,有介绍牌(图 4.1)、警示牌、引导牌、公共信息牌和说明牌这几类,它们布局在景区的各个景点、路口等,是旅游者最常见的。

景区宣传资料的种类也比较多,大体上分类有静态和动态的宣传资料两种。静态宣传资料包括导游图、景区交通图、解说手册、景区服务指南、景区风光图片、书籍、画册等,一些有关景区新开发的旅游产品、专项旅游活动的宣传品、广告等,具有保留时间长、阅读范围广等特点。这是景区宣传的主要手段。动态类的宣传资料主要包括电影、光盘等音像制品,形式多样,内容直观且生动活泼。

随着科技的发展,电子导游已经进入景区解说系统,旅游者有了更多的选择。它是一种利用数码语音技术制作的自助式服务设备,可以让旅游者在参观游览的过程中,通过自行操作选择聆听景物或者展品的介绍。目前,电子导游的形式很多,有无线接收式、MP3 播放式、数码播放式等,最先进的是无线智能电子导游系统。另外,计算机触摸屏解说系统也慢慢成为自导式解说服务的一种形式,其充分利用多媒体技术,声像信息丰富,实用性、可视性兼备。这种解说系统为旅游者提供景区的整体介绍、重要景点的声像资料、旅游线路的选择、往返景区的交通、景区内的服务设施说明等信息，旅游者可以比较全面地了解景区的信息，甚至是在其没有到达景区的时候。

4.2.3 我国景区解说管理的重点

为了让游客在旅游活动的短时间内获得对景区的良好体验，增强旅游者对景区自身的满意程度，景区必然需要提供全面的解说服务。国外在景区解说服务方面的研究起步较早，越来越"以人为本"，体现景区解说系统的人性化设置。我国对景区解说服务系统的研究尚处在起步阶段，解说服务体系目前还不能引起整体景区的重视，所以我国景区解说服务管理还有很多需要做的地方，具体来说主要有以下几个重点。

1. 将景区解说服务管理纳入景区的质量管理体系

将景区解说服务管理纳入景区的质量管理体系中，可以提高景区有关部门和人员对解说服务重要性的认识，解决观念问题并建立专门机构进行设计、监督和协调。再好的景区也需要得到游客的赏识，解说服务是景区与游客进行交流沟通的一种最有效的方式。

2. 构建完善的景区解说设施

投入更多的人力、财力挖掘景区文化和资源价值，以某种游客容易接受的方式进行解说服务，将我国景区中厚重的内涵展现出来，避免出现"外行看热闹"的现象。景区内的一些知识具有专业性，很多景区的设计者都是旅游研究的"圈内人"，设计者觉得设计得非常有文化内涵，非常具有深意，可能游客却不以为意。这主要是因为景区文化设计者与旅游者之间的知识体现不对称。挖掘景区的内涵，以及以旅游者能够接受的方式表达文化内涵，是景区解说服务管理的重点。

3. 培养高素质的景区讲解员

虽然现在自导式解说服务系统越来越受到旅游者的欢迎，但是景区讲解员依然是必不可少的。自导式解说服务并不能取缔景区讲解员，相反，它对景区讲解员提出了更高的要求。景区讲解员要在短时间内了解旅游者的旅游需求，以他们愿意接受的方式传达景区的相关知识，做到真正的"人性化"解说服务。

知识链接

对景区解说员培训管理的主要内容

一是语言运用技能的培训，讲解应正确、清楚、生动、灵活，做到言之有物、言之有据、言之有情、言之有趣等。

二是讲解技能的培训，包括分段讲解、突出重点、虚实结合、触景生情、问答讲解、制造悬念等。不同的景区不同的时段可以运用不同的讲解方法。

三是心理服务技能的培训，景区讲解员要尊重旅游者，保持服务热情，多用语气亲切、语调柔和的柔性语言。景区解说员要在短时间内让旅游者接受自己，进行旅游讲解服务，发现满足游客的旅游心理需求。

4.3 景区接待

景区业务质量管理是对景区自身的监督控制，因为最能体现景区业务质量的就是景区的服务质量，所以景区业务质量管理也可以理解为景区服务质量管理。

景区服务质量管理是指对景区服务所能达到的效果和所能满足游客需要的能力及程度的判断、提高、监控、改善的过程。包括服务项目质量、服务环境质量及游客评价结果等。

景区的接待业务是景区中难度最大的一项服务工作，是相对较难控制和管理的业务之一。从旅游者开始进入景区，景区提供咨询，为游客安排导游，导游进行服务，直到送旅游者离开景区，整个接待过程中，景区的工作都是要直面旅游者。旅游者的第一印象和最后印象都是由景区的接待服务形成，其作用就类似于饭店中最重要的前厅服务。景区接待服务管理的工作内容主要包括景区票务服务管理、景区入门接待服务管理和景区投诉与抱怨管理。

4.3.1 景区票务服务管理

票务业务是景区实现收入的直接环节，虽然工作相对比较单调，但是职责重大，一旦发生差错，对景区、工作人员和游客都会产生消极影响。目前我国的景区大部分还是依赖于"门票经济"。对于如此重要的业务，景区必须制定严密的工作程序，提高相关人员的工作要求。虽然目前景区门票的种类越来越多，甚至出现"隐形门票"，但是票务工作的主要内容和工作程序还是没有什么变化。票务业务的工作程序包括售票前准备、售票和交款统计。

1. 售票前准备

1) 准时上(下)班，按规定要求签到(签退)，着统一工作服装，佩戴景区工卡，遵守景区的工作纪律。

2) 查看票房的门窗、保险柜是否正常。

3) 做好票房内及售票窗外的清洁工作。

4) 开园前挂出当日门票的价格牌。

5) 领班根据当日票房门票的结余数量及当日游客的预计量填写门票领审表，到财务处票库领取当日所需各种门票，票种、数量清点无误后领出门票，并分发给各售票员。

6) 根据需要到财务处兑换所需要的零钞。

2. 售票

售票的工作内容比较单一，主要包括售票、退票等票房需要处理的事情。工作内容重点是尊重游客，对于游客关于门票的咨询耐心解答服务，提供耐心的售票服务。售票过程中要注意的是避免自己收到假钞，避免算错票款。对一般景区制定的门票退票及优惠票的相关措施，要在游客容易看到的地方挂出告示。现在的售票窗口有封闭式和开放式两种。

3. 交款统计

一般景区票房的工作时间是 8：00—18：00，这其中要有交接班。每次交接班的时候，工作人员要做好交接班的票务核实工作和票款统计工作，类似于酒店前台的交接班。景区一天的营业结束的时候，最后的票房工作人员要做好一天的票款、票务统计并上交到景区财务处。

4. 票务服务管理中的难点及管理对策

景区票务服务常遇到的管理难点及管理对策有以下几点。

1）假钞问题

售票工作中很容易收到假钞。售票员收到假钞，按照景区的相关工作规定处理；景区售票员有时候也会与旅游者为钞票的真伪而发生争执，弄得双方都不愉快。所以，对于景区票房的工作人员而言，要具备一定的货币真伪鉴别知识和技术，以避免收到假钞。对于景区而言，应该对票房的工作人员进行货币真伪鉴别知识和技术的培训，以及购置功能齐全、准确的验钞设备。票房工作人员值得注意的事情是，在收款的时候最好不要当着旅游者的面，一张张查看钞票，容易让旅游者不舒服，而产生不信任的感觉。所以，景区一般要求售票员娴熟掌握比较、自然的方法快捷地鉴别钞票真伪。售票员在收取票款和验钞的过程中要注意钞票不应该离开旅游者的视线。如果发现有问题的钞票，应该与旅游者礼貌协商，请其换一张，找补后请旅游者自己验证。

2）优惠票之争

一般景区都会对不同的人群实行差别定价，最常见的是对儿童的优惠，对学生、老年人、残疾人、军人的优惠。因为各个景区的制定标准不一样，旅游者的个人情况不一样，票房经常会因为优惠票与游客产生争执。对于这样的情况，票房应该将本景区的各项优惠规定明细以告示的方式放在旅游者能够看到的地方，尽量避免优惠票的争执。对于不礼貌的游客，票房人员要礼貌、耐心地向游客解说门票优惠政策，争取游客的理解。除了按照规定制度优惠以外，票房有时候也需要灵活的处理，具体问题具体对待，尽量维持票房安静、和谐的售票工作。

另外，随着科技的发展，景区的门票类型及出售方式越来越多，网上订票、手机订票逐渐成为一种时尚。很多售票工作会在网络上进行。这给景区的验票服务提供了一定的难度，景区的验票工作要提升技术含量，配备一定的计算机网络设施，景区的票房服务系统也要跟上时代科技进步，进行更新配备，提高票房工作人员的工作能力。

知识链接

我国景区首台自动售票机在九寨沟启用

2007 年"十一"国庆黄金周期间，四川九寨沟景区自行研发的自动售票机开始启动，这是我国景区第一台自动售票机。

据介绍，该自动售票机 24 小时运行，保证游客来九寨沟景区能 24 小时全天候购票，它不仅节约了景区的人力，更节约了游客购票时间，为游客提供了极大的方便。目前，该自动售票机仅限售全价套票(门票和车票)，而游客购买 1～4 张门票只需 30 秒。将来，导游可凭相关证件在机器上直接取票。

东湖风景区在全国景区中率先推出网络售票

2010年中国武汉东湖梅花节期间，为了方便游客赏梅，武汉东湖风景区在全国景区中率先推出网上售票。登录东湖风景区网站，进入梅花节页面，游客即可购买电子版梅园门票。购票程序为输入手机号码和电子邮箱→选择想采用的支付方式→单击"开始订票"按钮，生成相应订单→确认订单信息后，单击"在线支付"按钮，转入相应支付页面→支付成功后，景区将把电子门票以彩信和邮件的形式分别发送到购票者的手机和邮箱，此次网上订票完成。游客凭手机彩信通过梅园电子终端认证后，即可入园赏梅。

4.3.2 景区入门接待服务管理

入门接待服务是景区的"门面"活动，很多旅游者的第一印象都是在这个过程中形成的。设计合理的入门接待服务，会给旅游者在进入景区前带来美好的旅游心情。入门接待服务主要包括验票服务、入口导入服务和咨询服务。

1. 验票服务

验票服务也可以称为检票服务。检票的过程主要是防止无票及持假票人员进入景区，造成景区的经济损失。检票要求游客人手一票，检票的过程要快（一般每位游客不超过5秒）。对于享受优惠票的游客，要认真核实其个人优惠信息。检票人员是景区的第一道窗口，景区检票人员在工作过程中要尊重游客，公平公正对待持优惠票的游客，对于需要帮助的游客及时提供服务。

2. 入口导入服务

景区的入口导入是指景区为了让游客愉悦、顺畅地进入景区而采取的必要的设施和管理手段。景区入口是游客进入景区的第一印象区，关系到景区的形象。因为旅游的季节性，景区在旺季的时候往往入口堵塞，造成游客长时间排队等候。景区内的一些流行游乐项目也容易出现长时间的排队情况。如果分流措施不力，造成游客长时间的等待，会降低游客的满意度，损害景区的声誉。

入口导入服务的一个非常重要的环节就是排队服务。不同的景区和景区的不同区域可以根据游客的规律采取不同的队形和接待方式。目前常用的队形有传统单列队形、多列队形、主题或综合队形等四种形式，如图4.2—图4.6所示。

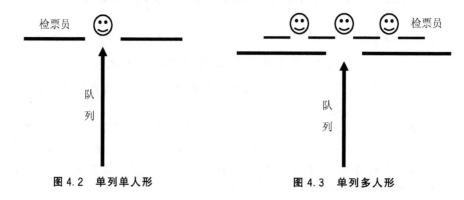

图4.2 单列单人形　　　　　　图4.3 单列多人形

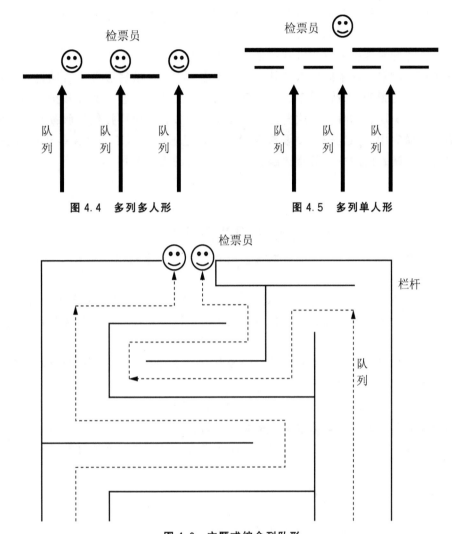

图 4.4 多列多人形　　图 4.5 多列单人形

图 4.6 主题或综合列队形

总之,愉快、顺畅,加上闸门附近一定的主题设计是景区排队管理的基本思路。目前很多景区充分利用游客排队等候入园的时间来提高游客的旅游体验。入口导入服务的主要目的是让游客提前感知景区氛围,消除游客等待的烦恼感。景区还可以在游客等待的时间里采取合理的手段展开对游客的教育,对游客在景区内的注意事项进行提醒,为景区内的游客管理创造良好的条件。

另外,景区可以采取旺季旅游团队预约入园时间(错开高峰期)、通过媒体发布景区入园游客饱和程度信息、实行淡旺季差别票价等手段避免景区入口出现人满为患、过度拥挤的现象。

3. 咨询服务

向旅游者提供咨询服务是每个景区员工应尽的职责,不少景区还尝试"首问制",即要求景区工作人员对询问对象绝不说"不知道"、"不清楚",而是尽力帮助,对确实不能解释的，说明原因，解释到位，主动联系能够满足旅游者询问需要的部门或员工。景区内游客最常问的问题是卫生间的位置、景区线路等，所以景区工作人员要对景区的基本布局非常熟悉，能够准确地引导旅游者到达他们想去的地方。

现在大部分的景区在景区的入口处建有游客服务中心。游客服务中心向游客提供导游服务、咨询、失物招领、投诉受理、免费寄存物品、婴儿车出租、医疗救护、电子触摸查询、放映厅、展览厅、咖啡厅、旅游纪念品售卖等服务。当然所提供的服务与景区的规模和级别有关。游客中心的工作人员要按照景区的规定做好本职工作，在接受游客咨询时，尽量提供旅游者满意的服务，尊重旅游者，体现景区的人文关怀。

知识链接

游客服务中心制度

（1）接待游客"六个一"：一脸微笑，一声问候，一个请坐，一杯热茶，一份关切，一声再见。

（2）接待工作"五个不"：不能对游客说"不知道"或"不是我事我不管"；不能与游客争吵；不能收受游客的礼品、回扣；不能虚情假意、避重就轻；不能做任何有损于景区形象和声誉的事情。

（3）接待工作实行首问负责制。接应游客要求一办到底，不能没有回应，不能半途而废，不能不做任何努力而予以回绝。

（4）坚持24小时值班制度，值班人员要处理好值班期间的一切事务，做好值班记录。保障室内安全，秩序良好，公共财物不受损坏、丢失。

（5）导游上下山实行签到制，导游员要上下山有记录，导游员不得私自更改服务质量意见反馈表。

（6）建立个人工作日志，实行个人填报。

（7）注重游客要求，合理安排好游客的进餐、住宿、娱乐。

（8）服从景区统一安排，任劳任怨，做好工作。

（9）做好市场部发来的传真存档工作。

（10）做好与其他部门的沟通、协调，做好信息反馈工作。

（11）做好拓展培训基地的维护、培训器材的保养、物料出入的登记等工作。

4.3.3 景区投诉与抱怨管理

投诉和抱怨是服务行业运行中经常发生的现象，景区也不例外。景区接待服务中投诉和抱怨的主要区别在于：投诉是游客正式提出，需要正式答复的问题；抱怨一般由景区主动收集，一般不需要正式答复。根据有关专家的研究，每一个不满意的旅游者至少将告诉十个人他的不满。这将损害景区的声誉，形成关于景区不好的口碑效应。所以，为了维护景区的顾客群，培养景区良好的口碑效应，投诉与抱怨管理是景区管理中的重要内容之一。良好的投诉与抱怨处理方法会消除旅游者对景区的不满，甚至会让旅游者有意外的惊喜，从而提高景区在旅游者中的美誉度。

在景区日常的工作和实践积累中，景区的接待服务部门要对游客产生投诉与抱怨的原因进行分析，总结处理游客投诉与抱怨的方法方式，完善景区游客投诉与抱怨处理制度。

1. 游客投诉与抱怨的形成原因分析

1）对景区人员服务的投诉与抱怨

游客对景区人员服务的投诉与抱怨一般由于景区服务人员素质不高、服务意识和服务态度差等问题而产生的。这个原因据统计占景区投诉量的绝大多数。具体包括服务态度问题，如不回答游客询问，或者回答不耐烦、不认真，服务动作粗鲁，服务语言不当；服务技能问题，如服务工作程序混乱，效率低下，寄放物品遗失等。

2）对景区服务产品的投诉与抱怨

景区服务产品比较多，主要有对景区价格的不满意，认为景区收费过高，收费项目过多，景区出售的产品质量和价格不匹配；对景区餐饮质量的不满意；对景区提供的旅游项目不满意，认为与景区的宣传不相符，名不副实。

3）对景区硬件及环境的投诉和抱怨

这种投诉与抱怨主要包括景区卫生设施差，景区安全措施差，游客没有安全感，旅游氛围太差，景区交通混乱，随意摆放车辆等。

对这些原因进行分析分类，能够帮助景区在日常工作中进行预防性管理，重视可能会让游客不满意的环节和部门，有助于提高景区的服务和环境质量，将正式投诉的可能性降到最低程度，维持景区良好的美誉度。

2. 游客的投诉心理分析

投诉是一种正式的表达对景区不满意的方式，需要花费旅游者的时间和精力。我们可以通过对旅游者的投诉心理分析，了解旅游者的投诉心理诉求，为良好地解决投诉提供方法。虽然引起旅游者投诉的客观原因很多，但旅游者进行投诉的主观心理原因一般有以下三种。

1）求尊重心理

从马斯洛的需求层次理论出发分析，旅游是一个人比较高级的需求，尊重同样也是，这两种需求很容易融合在一起，事实证明，旅游者求尊重的心理存在于其游览的整个过程中。因而，在景区服务中尊重旅游者显得尤为重要。旅游者在游览的过程中受到怠慢或者不尊重的时候，投诉就是为了找回尊严。旅游者在投诉后都希望他人认为他（她）的投诉是对的、是合理的，希望得到他人的同情、尊敬，希望有关部门能够重视他们的意见，向他们表示歉意，并采取相应的措施，让旅游者感觉找回了应得的尊重。

2）求平衡心理

旅游者在景区内遇到让他们感到烦恼的事情后，容易感到心理不平衡，觉得窝火，认为自己受到了不公平的待遇。所以他们可能会找到景区有关管理部门，以投诉的方式发泄心中的怨气，以求得心理上的平衡。人在遇到心理挫折后有三种主要的心理补救措施：心理补偿、寻求合理解释而得到安慰、宣泄不愉快的心情。

3）求补偿心理

在景区的服务过程中，确实因为服务人员不当的职务行为，景区本身设施安全存在隐患或者景区未能履行某方面的合同、兑现承诺，会给旅游者造成物质上的损失或精神上的损害。例如，门票中包含的表演项目被取消、游乐设施被关闭、旅游者的意外伤害、没有提供该有的景区服务等。这时，旅游者可能通过投诉的方式要求景区给予其物质上的补偿，找回自己多花的"冤枉钱"，这也是一种正常的、普遍的心理现象。

3. 游客投诉和抱怨的处理方法

游客投诉的类型包括现场投诉、信函投诉、电话投诉、网络投诉等。抱怨包括旅游者的埋怨、诉说、游客问卷调查或访谈时游客的建议及不满等。前者是旅游者与景区之间的一种正式的积极沟通，后者是旅游者与景区之间的一种非正式的沟通。投诉的处理难度和迫切度高于抱怨，也是景区管理者要特别注意的问题。但是，景区对抱怨的处理也不可忽视，因为游客抱怨的内容可能就是他人产生投诉的原因，也代表景区某些方面的管理制度还不健全。

1）游客投诉的处理

游客的投诉处理要在秉着真心实意解决问题、不可与游客争辩、维护景区利益不受损害的基本原则下进行，尽量满足游客合理的心理需求。根据实践积累，下面是处理游客投诉的步骤。第一，给游客发泄的机会。当游客对景区不满意时，而且是到了投诉的环节，这位游客一定是心烦意乱，更有甚者可能失去理智。这个时候投诉处理人员要做到两件事：一是让游客把自己的不满说出来；二是希望他的问题得以解决。游客只有把自己的不满发泄完后，才会听进去别人说的话，这在心理学上称为"心理净化"。这时候投诉处理员一是要保持沉默，二是要让游客意识到处理人员在听他们说。沉默是为了避免与游客争执，在这个过程中投诉处理员要注意技巧，确保自己与游客的交流有实在的效果。第二，充分道歉并表示安慰和同情。游客在景区觉得不愉快，不管是不是由于景区的责任，游客在投诉时，投诉处理人员都要表达自己的歉意，想方法安慰游客，平缓游客的情绪。投诉处理员要站在游客的角度上对游客的经历和遭遇表示同情，并让游客感受到处理人员的真心，这样才能打动游客，进行接下来的工作。第三，收集相关的信息。待游客充分发泄、情绪稳定后，投诉处理人员基本也已经可以了解旅游者投诉的问题及原因。如果投诉的接待员还不是很清楚的话可以通过适当的提问来收集投诉的信息。在这个过程中，投诉接待员需要填写"游客投诉处理单"（表4-1）。第四步，处理投诉。核实以上信息的真实性，被投诉者所在部门应该在一定的时间（一般是一周）内将核查情况、初步的处理意见书面报告给投诉处理部门。交给游客及归档的书面答复的主要内容至少应包括被投诉的理由、调查核实的过程、基本事实与依据、责任与处理意见等部分。投诉的等级不一样，处理的类型也不一样。对于一般投诉，由投诉处理人员直接处理、反馈，并报有关部门备案。重大投诉，由景区责任管理人处理并呈报总经理（或景区管理办公室），处理结果由总办公室反馈给投诉游客。涉及礼节礼貌方面的投诉，应随时随地进行解决；正式的投诉，应在自受理后规定的时间内处理完毕并反馈给投诉游客。

表 4-1 景区游客投诉处理单(范例)

游客姓名		投诉日期	
投诉形式		记录人	
联络方式			

投诉内容：

拟办意见：

部门调查结果情况及处理结果：

　　　　　　　　　　　　　　　　　　　　　　　　　　部门经理签字：

备注		日期：	

2) 对愤怒型游客投诉的处理技巧

由于旅游者在景区中的地位是"弱者"，受同情的总是游客。有效地处理愤怒游客的投诉要求，保持景区的荣誉和管理者自身的名誉就显得很重要。根据游客在投诉时表现出来的特征，可以将愤怒型游客划分为三种类型：利己型、主宰型和歇斯底里型。

利己型游客的主要特征是认为"我第一"，"我最先"，"只有我"；认为自己的事情总是急事；利用各种机会威胁景区一线工作人员。应对利己型游客的主要对策有不要将他(她)的过激言词看做是个人攻击，而应当看做是针对景区的不满，从而保持良好的心态，避免发生冲突；不要急于忙自己手头的工作而让他感觉不受尊敬；记住并运用他(她)的名字和职务并适当"恭维"，如承认他(她)很忙，反映问题是对景区的关心；表达自己对这个问题的看法和准备采取的行动；不要向他(她)宣讲制度规定，因为他(她)自认为比规定高明，因而不会接受；可以向他(她)说明制度允许做的事情。

主宰型游客的主要特征是知道工作人员该如何干自己的工作；向他人发出警告、威胁、设定人为期限；如果解决问题的方案不成功，就会指责工作人员不称职。应对主宰型游客的主要对策有友善、礼貌，并尽量满足他们的要求；如果确实不能按照他(她)提出的要求办，必须解释清楚；保持规定上的一致性，不能因为他(她)要求就破坏制度规定而做出让步。

歇斯底里型游客的主要特征是大喊大叫；只要他们的要求或计划有任何的偏移就会大发雷霆。应对歇斯底里型游客的主要对策有尽量让他们发泄情绪；让他(她)感觉到自己的心情被理解和认可，不至于产生抵触情绪；将他(她)带离人多的现场并安慰其冷静下来。

3) 游客抱怨的处理

相比于游客投诉处理，游客抱怨的处理简单得多。只要严格按照既定的程序执行，就能有效处理抱怨。但是游客的抱怨是与景区沟通的消极方式，很多游客不愿意当时把自己的不满意发泄出来，可是回到自己家的时候总会利用机会表达自己的抱怨，其隐形作用更明显。尤其是现在网络比较发达，很多旅游者会在网上发布他们的不满，这些形成的消极影响可能比投诉的范围更广。所以，在现代景区服务管理中，景区也要开始重视对游客抱怨的处理。

景区抱怨处理一般有以下要点：第一，景区现场工作人员负责收集游客抱怨，并予以记录。第二，景区工作人员将收集到的游客抱怨进行分类、分析和整理，然后通过口头或工作报表的形式送报部门负责人。对于时效性很强的抱怨，接受者应及时逐级报至部门经理。第三，景区市场部门应该每年组织一两次综合调查问卷和专题性问卷调查，每季度进行一次团队问卷调查。对调查中出现的游客不满或建议指定专人汇总、统计和分析，之后报到相关办公室。游客问卷调查中对服务质量方面的书面建议或不满，由总经理办公室（或景区管理办公室）根据管理者代表的批示，制定相关改进方案，形成相应的服务质量管理制度。

另外，现在网络比较发达，游客也习惯在网上发表对于景区的意见，景区的负责人应该在特定的时间段在网上搜集与自身景区相关的抱怨信息，汇总和整理后报到相关部门，纳入景区的质量管理制度。景区接待服务非常的重要。随着景区硬件设施的越来越完善，服务这些"软件"是提升景区品质的保证。硬件设施很容易模仿，可是服务特色越来越成为景区的核心吸引力之一。

知识链接

景区服务质量

（1）景区服务质量的意义

服务质量决定景区的可进入性：这里的可进入性主要指的是景区游客的可进入性。它由景区的硬件设施、人文环境及游客行为决定，是游客的感知，最终由游客决定。游客对一个景区的感觉感知主要是由景区内的服务质量构成的。所以景区优秀的服务质量决定景区的可进入性。

服务质量是景区发展的保障：如果把景区作为旅游服务的提供者，那么景区提供的服务质量是判断其是否是合格提供者的"产品"。好的产品是一个企业正常发展的保障，好的服务质量是景区发展的保障。

服务质量是景区的一个标志：游客回到家后记住的是景区的美景，体验到的是景区的服务质量。迪士尼乐园的成功是因为有不断更新的项目和良好的服务。云台山景区将三流的资源打造成为一流的景区依赖的也是景区服务质量，"不让一位游客在云台山受委屈"。服务质量逐渐成为景区的"软件"标志。

（2）景区经营服务质量体系的建立

为了保证景区的服务质量，景区应该建立一套自己的服务质量体系。

服务质量体系是一个动态的管理机制，通过循环往复地运行，提高服务质量。为了促使服务质量体系有效运作，企业应建立发行、运输、投递、监督的服务质量环节，使服务质量保证体系得到良性循环。从确保服务质量入手，企业应积极完善各项管理制度，加强服务管理，建立起自上而下的服务质量监督检查体系，形成了严格的服务考核机制。打造景区的服务质量体系可以采用以下措施：

建立服务管理保证体系。提供优质旅游服务，需要通过景区的各个部门高效协调，因此景区从管理层开始贯彻全程控制理念，在管理层中设置专人负责服务管理，定期召开服务工作会议，按指标核查管理保证体系的工作进程。

树立旅游服务理念。在景区内部树立服务理念，让服务观念深入每个员工的思想，做到人人为游客服务。一线员工为游客服务，其他景区员工为一线员工服务。以这种服务链理念为支撑，从根本上提高景区的服务质量，让一线员工将发自内心的真诚服务奉献给游客。

建立完善的服务质量标准。在服务理念的指导下，景区应建立一套完善的内部质量控制标准和服务流程体系，通过内部控制标准和服务流程使服务工作形成一个完整的链条，各个环节之间紧密配合、相互支撑，形成景区内部服务体系，提高景区整体服务质量，提高服务层次。

建立服务质量监督部门。建立服务质量监督部门的目的是从机构上将服务提高到一个重要的位置，通过该部门监督企业内部的一切服务工作，保障景区的服务流程畅通。

景区服务质量体系的建立可以帮助景区围绕旅游服务进行工作的安排、项目的制定和旅游活动的开展，也便于景区进行有效监控，促进景区的良好发展。

典型案例

风景名胜区接待服务示范工程

案例一：泰山风景名胜区接待服务管理示范工程

服务管理指导思想：按照"游客需求服从生态保护，景区管理服从游客需求"的宗旨，以游客管理为中心，提高景区管理水平和管理人员素质，加强示范区内的服务管理；以完善的设施、通畅的交通、优美的环境满足游客的基本需求；以优质的服务满足游客的期望要求；以创造性的服务满足游客的超值需求，充分发挥景区的三大效益。具体措施包括：①实施泰山管理的机构改革，完成定岗、定员、定责，明确各岗位的职能和责任；对管委会内部的工资分配制度实施改革，使管理机构分配机制适应项目的要求；②制定管理人员的服务道德标准，建立相应的规章制度，把内部管理引向制度化、标准化；③实施骨干管理人员的培训，编写教材，编制培训计划，搞好培训；④建立管理人员的激励和约束机制，以保障项目有效实施；⑤设定项目评估标准，对项目成果进行定量定性评价。

服务管理任务目标：牢固树立"游客第一"的观念，使广大员工在消化、吸收国外管理方面的先进意识和方法上有一个大的提高，在适应新的管理上有充分的思想准备和智力培训，在管理方式、服务意识和信息展示等方面更加得心应手。在培训和实践中建立起懂管理、善管理、作风硬、事业心强的干部职工队伍。在完成基本服务、期望服务向高质服务的跨越中，充分发挥聪明才智，创造性地开展工作，在完成项目目标的同时，促进各项素质有质的飞跃，打牢景区发展的基础。

客户服务：客户服务宗旨——创国际一流，与世界接轨。

客户服务质量目标——以文明礼貌、耐心周到的服务，按照标准程序，为客户提供专业化的高质量服务。即每一个员工要用自己希望得到的对待方式来对待客户和用户。

服务质量承诺——我们会尊重每一位游客，使您得到礼貌周到的服务；我们的环境和设施是安全、清洁、方便的；我们会珍惜您的宝贵时间，为您提供及时的服务；我们将以敬业、协作的精神，共同为您提供最佳服务；我们将推行"首问责任制"，以专业化的服务，为您留下美好的回忆。

客户服务考核指标——礼貌、安全、清洁、方便、及时、专业、首问责任制。

服务设施和服务项目的改善——"三点一线"的泰山南路示范工程：为实施泰山客户服务项目，泰安市人民政府于2000年投资2.8亿元人民币，进行了十大工程，优化了旅游环境，提高了泰山旅游的品位，取得了良好的效果。这项工程包括文物修复工程、景点包装工程、绿化美化工程、信息展示工程、交通网络工程、通信设施工程、电力供应工程、环境治理工程、拆迁安置工程、广场建设工程。十大工程的建设，使泰山焕发了生机。

可以预见，泰山客户服务项目的建设，可以进一步增强公众对泰山的认知度，使泰山在管理和服务上与国际接轨的同时，为全国提供了一个成功的范例。

案例二：千岛湖景区实行"过失通知单"制度

千岛湖景区对以下过失行为的直接责任人签发"过失通知单"：违反《旅游管理人员行为规范》的；引发服务单位、其他部门和游客投诉并查实的；办事拖拉、影响全局工作的；工作推诿、扯皮并引发不良后果的；办事吃、拿、卡、要，造成不良影响的；处事不得力，管理不到位，造成工作重大失误或严重影响管理形象的；利用职务之便或者在工作时间从事第二职业的；违反财务财产管理制度、采购管理办法等规定的；其他违纪违规行为。

员工每接到"过失通知单"一次，记过失一次。中层干部过失一次给予减免，两次给予免职处理；员工过失一次给予警告，扣发3个月奖金，过失两次待岗，两年内过失三次限期调离或者辞退。

4.4 景区购物

从我国景区的发展模式来看，目前我们国家景区的经济收入主要依赖于门票。景区内旅游商品的经营与管理一直也是各个景区的薄弱环节。按照旅游心理分析，旅游者来到一个陌生的地方，在自己的能力范围内总会希望带一些留作纪念或者送人的物品。可是目前国内景区内旅游商品的经营收入在景区的总体收入中所占的比例很少，景区商品的开发和设计也有很多的问题。当然这里所指的旅游商品是指在景区出售的能够让旅游者带回家的物品，也可以称为旅游纪念品。

4.4.1 景区商品设计

从购物心理分析，旅游者想要购买某件商品的时候首先要被景区所提供的旅游商品所吸引。在合适的购物环境和支付能力下，游客才可能会愿意花钱买景区的东西。让旅游者在景区愉悦地消费，而且愿意多消费应该是景区不懈的追求。

1. 我国景区旅游商品购物现状

1）游客购物欲望低

据有关数据统计，我国国内旅游购物花费仅占人们旅游花费的20%左右，而旅游发达国家的旅游购物花费占人们旅游花费的40%～60%，这之间有很大的差距。北京市旅游委日前发布的《北京旅游发展报告2013》显示，2012年，北京旅游市场购物消费占到32%，旅游商品资源需求旺盛。再加上近些年来旅游行业不规范，旅游购物陷阱被曝光的很多，对旅游者购物形成很严重的影响。为了防止自己上当受骗，游客在景区的购物欲望很低，往往是景区人很多，但是买东西的人很少。

2）缺乏旅游购物服务规范

景区的旅游购物服务规范不健全，有些景区甚至没有。很多景区的旅游商品经营都是承包给个人经营，这时候购物服务就完全由商品经营者的服务意识决定。

3）诚信服务意识薄弱，购物陷阱多

因为旅游是异地性、暂时性的活动，很多景区商品经营者认为游客一生来同一个景区的次数有限，大部分是"一次性"买卖。为了让游客购买自己的旅游商品，商品经营者往往会费尽心思设计购物陷阱，最常见的是凭借"老乡"忽悠，给导游回扣，以假当真、以次充好等。随着现在媒体曝光旅游购物陷阱越来越多，旅游者的戒备心越来越强。

4）景区旅游商品雷同，缺乏自己特色

景区旅游商品雷同是目前我国景区旅游商品开发面临的常见问题。在这个景区有的旅游商品，在其他景区也有，或者在其他城市也有。大部分游客认为景区内的商品都会比外面的贵，既然在其他地方能够买到，很多游客就选择不在景区内购买。没有景区特色的旅游商品对游客的吸引力也不大。

这些原因综合在一起，导致目前景区内的旅游商品销售低迷，旅游者的旅游购物花费不多，不能有效地刺激景区经济收入的增加。

2. 景区旅游商品设计的重要性

景区旅游商品销售不力，很大一部分是因为景区旅游商品的设计没有到位，满足不了旅游者的购物心理需求，吸引不了旅游者的"眼球"。所以景区应该加大旅游商品的设计开发力度，好的旅游商品是景区非常有效的广告，能够形成良好的口碑，推广景区的旅游形象。

3. 景区旅游商品设计的原则

1）特色性原则

每个景区都有自身的特点，景区旅游商品的开发也要紧紧围绕"特色"进行。旅游者外出旅游具有求新、求奇、求特的心理。在旅游的过程中，游客们自然也希望能够买到反映景区自身特色的物品带回家。因为旅游产品的生产和消费具有不可分离性，景区和服务旅游者是无法带回去的，只能留在自己的脑海中，而只有旅游商品是旅游者可以带走的实物。

2）便于携带原则

旅游活动是异地性、暂时性的活动。旅游者在游览的过程中购买一些自己喜欢的旅游商品留作纪念或带给亲朋好友。不方便携带的东西，游客就算是喜欢，因为路途的原因大部分也会选择放弃。旅游商品要可"望"也要可"即"，还要可带。虽然现在的物流很方便，但是因为手续比较麻烦，风险存在，游客极少选择。

3）多样化原则

因为不同消费阶层的消费能力不一样，旅游商品可以设计高中低档次的旅游商品，满足不同旅游支付能力的旅游者。因为游客的类型不同，旅游商品也可以为儿童、女性、男性等不同群体设计针对性的旅游商品。这样可以拓展旅游商品的市场覆盖面。

4）难以复制原则

旅游商品在设计开发的时候要提高它自身的技术含量，让竞争对手难以模仿。这样可以防止景区辛苦设计开发的旅游商品很快就在旅游市场上"蔓延"。有条件的景区甚至可以申请专利保护自己的旅游商品开发成果。

4.4.2 游客购物心理分析

游客外出旅游是自身的旅游动机激发而形成的。旅游动机是一种心理驱动力，在合适的条件（如时间、可支配收入）配合下，游客选择外出旅游。心理因素是造成一个人形成某种行为的内在驱动力。同样，在旅游购物的过程中，游客也有旅游购物需求，形成一定的旅游购物心理。景区在旅游商品的经营中，一方面要注重商品的研究开发，另一方面也要求尽量了解游客的购物心理，将旅游商品的供需特征结合在一起，增加旅游商品的销售额，提高景区的经营收入。

总的来说，游客购物心理主要有以下几种。

1）求实心理

存在这种心理的游客追求的是旅游商品的实用价值。游客对商品的外观并不是很重视，吸引游客的主要是实用、实惠。中低收入阶层的游客，在购买旅游商品的过程中，特别注意商品的质量和用途，尽量达到商品经济实惠、经久耐用、实用方便。

2）求名心理

存在这种心理的游客追求的是旅游商品的附加价值即旅游商品代表的身份、地位等。游客希望自己购买的商品是优质的、具有纪念意义的、符合自己身份地位的。这类游客往往对商品的价格并不是那么关注，对于自己特别满意的商品，容易在感情冲动时做出购买决定，这类商品具有代表性的有工艺纪念品、古董复制品、旅游纪念品等。购买这些商品的游客，一方面是自己留作纪念，以便日后回忆自己的旅游经历；另一方面是带回去馈赠亲友，并以此提高自己的声望和社会地位。

3）求美心理

存在这种心理的游客追求的是旅游商品的艺术欣赏价值。对于游客来讲，到一个陌生的地方旅游，不仅希望看到漂亮美丽的风景，同时也希望能够购买到一些富有美感的旅游商品。这类旅游者往往重视旅游商品的款式、包装及一些衬托性质的装饰。

4）求新心理

存在这种心理的游客追求的是旅游商品的新颖、奇特、时尚。在旅游购物过程中，游客见到一些自己没有见过的商品，会具有一定的好奇心。新的颜色、款式、质量等类型的旅游商品，容易给游客日常单调、烦闷、枯燥的的生活带来新意。游客喜欢购买一些平时不常见的物品，如各地的土特产、景区内的特色商品等。

5）求廉心理

存在这种心理的游客追求的是旅游商品的价格问题。游客对景区的商品标价普遍存在不信任感，购物时喜欢讨价还价获取较低的购买价格。这类游客关注的是旅游商品的价格低廉，经济实惠。

6）求趣心理

存在这种心理的游客追求的是旅游商品符合自己的兴趣爱好。在旅游过程中，他们一般只购买与自己的兴趣爱好相符合的东西。

7) 求知心理

存在这种心理的游客希望自己购买旅游商品能够获得某种知识。有些游客特别喜欢景区的服务人员介绍有关旅游商品的特色、制作工程、有关的奇闻逸事及鉴别商品质量优劣的知识等。这类游客希望在旅游的过程中除了欣赏旅游美景外，还能获得相关的知识，所以他们也喜欢购买与景区有关的书籍、光盘等资料。

8) 求尊重心理

这种心理是游客在购物过程中共有的心理需要。游客希望自己在购买商品的过程中服务人员能够热情地回答问题，能够任意挑选商品，希望景区服务人员彬彬有礼，尊重其爱好、习俗、习惯等。

以上八种是游客基本的购物心理，景区应该以此为基础，做好有关旅游商品的设计和生产。

4.4.3 景区购物推销技巧

景区经营者不仅要关注景区旅游商品本身的种类、购物环境、购物布局等这些硬性的条件，也要关注景区购物服务区服务员的推销技巧等软性的条件。和在普通商店一样，好的商品同样也需要好的推销员。为了激发游客的购买欲望，服务工作人员要做好购物推销工作。

1. 推销的含义

推销可以理解为推广销路。自改革开放以来，推销带着模糊的概念在我国企业中得不到充分的理解和发挥重要的作用。在众多的企业竞争中获胜，除了要有一个好的经营者决策策划以外，实施执行营销方案的还是直接与客户打交道的业务人员。商品经济发达的国家认为推销工作是"经营的命脉"、"熟悉经济环境及应付市场变化的好手"和"新产品的建议者和开发者"。

随着经济不断发展和信息交流不断发达，"酒香不怕巷子深"已经不再符合时代要求，商品质量不仅要得到消费者的认可，名气同样也要得到消费者的认可。生活处处充满推销。从街市里沿途叫卖的小贩，到街头色彩艳丽的路牌广告，推销无处不在。从广义上理解，不同职业的人也可理解成各类型的推销员。例如，演员向观众推销艺术，政治家推销其政见，传教士推销其教义，这些都是生活中推销的表现形式。人只要生活在世上就要和各种各样的人发生种种联系，产生各种交往。要取得成功，就要不断推销自己，用推销技巧博得他人的理解、好感、友谊、爱情，以及事业上的合作，才能取得优异的成果。综上所述，推销可以定义为使自己的意图和观念获得对方认可的行为。简言之，推销就是使自己获得他人理解的行为。就企业而言，以推销为基础形成了营销的推广理念，即针对目标市场，设计开发吸引顾客的产品，培养忠诚的顾客，创造企业的利润。

2. 景区旅游商品的推销

与一般企业一样，景区也需要管理经营。景区的建设开发往往要投入大量的资金，目前我国景区收回成本主要依赖于景区的门票收入，景区的购物收入占很少的一部分。景区应该考虑如何增加景区的购物收入。一方面景区要对自己的旅游商品供应进行管理，另一方面要对商品销售服务人员进行推销技巧培训，以激发旅游者的购物需求。

3. 景区旅游商品推销的技巧

推销技巧的核心是在诚信的基础上发掘游客的购物需求，进而满足其购物心理，卖出景区的旅游产品。推销技巧有以下几种。

1）善于接触客人

景区商品销售服务人员除了注意自己的着装和仪容仪表外，更要善于与客人沟通。一般来说，游客刚一进店，服务人员不可过早同游客打招呼。因为过早接近游客并提出询问，可能会使游客产生戒心，而过迟则往往使游客觉得服务人员缺乏主动和热情，使游客失去购买兴趣。接待游客的最佳时机，是在游客认知与喜欢商品之间：①当游客长时间凝视某一种商品的时候；②当游客从注意的商品上抬起头来时；③当游客突然止住脚步盯着某一商品时；④当客人用手触摸商品时；⑤当客人像是在寻找什么的时候；⑥当客人的目光和自己的目光相遇的时候。

服务人员一旦捕捉到这样的机会，应马上微笑着向客人打招呼。另外，景区商品销售服务人员要善于察言观色，通过对游客的言行、年龄、穿着、神态表情等外部现象的观察，揣摩游客的心理，分析游客类型与购物偏好，有针对性地为游客服务。

2）展示旅游商品特征，激发游客购买兴趣

销售人员接近游客后的工作就是要向游客展示旅游商品，让游客观看、触摸、鉴赏，目的是使游客看清楚商品的特征，产生对商品质量的信任，引起其购买欲望，加快成交速度。展示商品是一项技术性较高的工作，需要服务人员具有丰富的商品知识和熟练的展示技术。在展示时，动作要敏捷、稳当，拿递、摆放、操作示范等动作不可粗鲁、草率。否则会显得服务人员对工作不负责任，对商品不爱惜，对游客不尊重。

3）从游客需求的角度出发，热情介绍旅游商品，增进游客信任

当游客对某一商品产生喜欢情绪并对商品进行比较、评价的时候，服务人员应适时地介绍商品知识，如名称、种类、价格、特性、产地、厂牌、原料、式样、颜色、大小、使用方法、流行性等。所谓适时介绍，就是在分析游客心理的基础上，有重点地说明商品，以"投其所好"。事实表明，服务人员从游客的需求出发，积极热情、实事求是地介绍，不仅可以满足游客的购物需求，还可以创造游客的购物需求。服务人员向游客介绍旅游商品的标准如下：

（1）介绍旅游商品要注意严格遵守商业职业道德规范，维护旅游者利益，实事求是地介绍商品，不夸大商品的优点，也不隐瞒商品的缺点。

（2）不张冠李戴，不为了迎合游客购买心理，以次充好。

（3）尊重游客的习惯、兴趣、爱好，有针对性地介绍商品，不盲目介绍或过分纠缠，给人以强买强卖的感觉。

（4）语言简明扼要，语调语气要体现出必要的热情、诚恳和礼貌，也不可过分热情，应留给游客独自思考、选择的空间。

案例分析

青秀山风景区购物服务网点承包工作顺利完成

12月12日9：00，青秀山风景区公司副总经理、景区商业服务网点承包招标领导小

组组长李济东在公司会议室主持召开了景区商业服务网点招投标工作会。据悉,参加本次招投标的商家要求是公司的正式职工,各商业网点的承包期限也由2年改为3年,更利于承包商稳定经营。

各竞标商家经过一上午时间的激烈竞价,最终出价最高的商家如愿以偿地得到了心仪已久的商业网点的承包权。所有11个商业网点的年承包金额总计109.5万元,比上期增长了29.2%。其中,大部分网点都拍出了历史最高价,如大门区商店、环山秀坪烧烤场和观音禅寺商店的年承包金额均超20万元,天池商店和鱼饲料经营店的年承包金额均超10万元。

景区商业网点年承包金额拍出历史最高价,从侧面反映了风景区近几年的建设发展提升了景区的综合环境,得到了广大市民游客的肯定,同时也拉动了入园游客量和游客消费双增长,更使商业网点得到商家的青睐。

问题分析:(1)谈谈你对青秀山景区商业业务管理的新措施的看法。

(2)思考景区商业服务区可以采用的经营治理模式。

4.5 景区娱乐

游客进入景区后,希望进入一个与日常生活明显不同的小世界,娱乐氛围的营建是景区娱乐服务经营的重要内容。国内外景区精心挖掘、提炼、包装了许多真正能体现当地文化特色的文娱表演服务,吸引对异质文化怀有兴趣的游客,展示本地的文化特色,借以带动景区发展,产生了良好的综合性效益,同时也很好地宣传了景区,提升了景区的知名度。

4.5.1 景区娱乐类型

世界各地的景区文娱表演形式多样、特色突出。常见的有民俗表演(如歌舞和工艺品制作等)、杂技马术、竞技体育、动物表演等内容,形式上有各景区舞台、演绎场馆的相对固定的表演形式,也有每年或若干年一届的极富风情和有相当规模的节日,如西班牙的斗牛节、意大利的柑橘节、南欧的土豆节、德国的啤酒节、巴西等地的狂欢节,还有轮流在世界各地召开的各类博览会等,都用高质量、极具民族风采的表演,吸引来大批外来观光客。

景区娱乐服务主要是借助景区工作人员和景区活动设施,为游客提供表演欣赏和参与性活动,使游客得到视觉及身心的愉悦的旅游服务活动。目前,以景区演绎为主的"文艺娱乐热"愈来愈热,其经济效益和社会效益愈来愈好,吸引着更多的景区策划或筹建文艺娱乐演出服务项目。其按场地可以分为舞台类、广场类、村寨类、街头类、流动类(如吉卜赛大篷车歌舞)及特有类(如枪战场、滑翔基地),按活动规模和提供频率可以分为小型常规娱乐和大型主题娱乐。

典型案例

九寨沟娱乐项目

松潘骑马游因《Lonely Planet》(被誉为"背包客圣经"的自助手册)对其详尽的宣传

及介绍,名声早已蜚声国外,但在国内却鲜为人知。通常情况下马队导游和客人间是一对一的服务,导游为游客提供一匹马,自己骑一匹马,马背上驮着食品和帐篷、毡子等宿营装备,为防寒还为客人准备了藏袍和雨衣。游客只需要骑马观赏风景即可,扎营、做饭、喂马等工作都由导游完成。

《藏谜》是一台藏族风格的大型歌舞乐表演舞台剧,其剧情以藏族老阿妈在虔诚的朝圣路途中的所见所闻为主线,表现了藏民生活、民间民俗、宗教仪式的场景。所有歌舞都保持原生态,原汁原味地表现了藏族文化色彩。演出时间为每天19:30~21:30。演出地点为九寨沟沟口藏迷大剧院。

1. 小型常规娱乐服务

小型常规娱乐是指景区长期性提供的娱乐设施及活动,占用员工较少,因而规模小,游客每次得到的娱乐时间也不长。其形式可分为三大类、若干小类(表4-2)。在表4-2列举的三大类别中,游戏游艺型是一种过渡形式,一些比较简单的、对人数限制不大的舞蹈往往在演示过程中,邀请游客模仿参与,成为一种很能活跃气氛的大众性游戏。

表4-2 景区小型常见娱乐形式一览

大类	细分类型		特征及举例
表演演示型	地方艺术		法国"驯蟒舞女"、日本"茶道"、"花道"、吉卜赛歌舞
	古代艺术		唐乐舞、祭天乐阵、楚国编钟乐器演奏
	风俗民情		绣楼招亲、对歌相亲
	动物活动		赛马、斗牛、斗鸡、斗蟋蟀、动物算题
游戏游艺型	游戏类		节日街头(广场)舞蹈、苗族摆手舞、秧歌、竹竿舞
	游艺类		匹特博枪战、踩气球、单足赛跑、猜谜语、卡拉OK
参与健身型	人与机械	人机一体	操纵式:滑翔、射击、赛车、热气球
			受控式:过山车、疯狂老鼠、拖曳伞、摩天轮
		人机分离	亲和式:翻斗乐
			对抗式:八卦冲霄楼
	人与动植物	健身型	钓虾、钓鱼、骑马
		体验型	观光茶园、观光果园、狩猎
	人与自然	亲和型	滑水、滑草、游泳、温泉疗养、潜水
		征服型	攀岩、原木劳动、迷宫、滑雪
	人与人	健身型	高尔夫球、网球、桑拿
		娱乐型	烧烤、手工艺品制作

资料来源:陈南江. 从"百艺盛会"、"欧洲之夜"谈旅游景区娱乐走向[J]. 旅游学刊,1997(2):44—47.

2. 大型主题娱乐服务

大型主题娱乐是景区经过精心筹划组织、动用大量员工和设备推出的大型娱乐活动，是景区小型娱乐基础上的点睛之作，一般在推出前进行较高频率的广告宣传，用心营造特定氛围，掀起游客接待量新高潮，如歌舞"欧洲之夜"与"印象·刘三姐"即属此类，按娱乐服务经营场所可以分为三种类型，即豪华舞台型、荟萃队列型、实景场所型，各有自身特色及要求。

1）豪华舞台型

豪华舞台型景区娱乐服务以"世界之窗"每晚在"世界广场"推出的大型晚会为代表，一般采用最先进的舞台灯光技术，采用氢气球、秋千、声控模型、鸽子等占据多维空间，并施放焰火、礼炮配合舞台演出。在舞台表演中，服饰强调彩衣华服、夸张怪诞，节目强调时代感与快节奏，集杂技、小品、歌舞、哑剧、服饰表演、游戏娱乐于一台，淡化艺术属性中的教育性、审美性和知识性，极其强调娱乐性，以新、奇、乐取悦观众。

自1998年深圳"世界之窗"推出的大型音乐舞蹈史诗《创世纪》以来，豪华舞台型景区娱乐服务以精彩纷呈、波澜壮阔的"旅游演艺"项目为载体创新了景区娱乐服务的经营方式。随后，旅游演艺市场的"火"越烧越旺，如杭州宋城的大型歌舞《宋城千古情》、横店影视城的大型歌舞《梦幻太极》、西安大唐芙蓉园大型歌舞《梦回大唐》等。

2）荟萃队列型

荟萃队列型以迪士尼乐园的"大巡游"为代表，是一种行进式队列舞蹈、服饰、彩车、人物表演，一般与节庆相结合，在广场或景区内街道进行，有的以民族民俗为主题，有的以传统神话为主题，有的以童话传说为主题，音响热烈，喧闹喜庆，服饰夸张怪诞，娱乐性强。开封清明文化节的游行队列汇集了"皇家马队"、"包公巡按"、高跷、秧歌、旱船、威风盘鼓、宫廷美女等宫廷与民间文化游戏和游艺；而"世界之窗"的大游行则汇集了皇家马队、扑克方阵、典礼仪仗、文化彩车等异国文化风情。

3）分散场所型

分散场所型是以一定的节庆会展为契机，围绕一定主题，在景区多处同时推出众多小型表演型或参与型娱乐活动，从而共同形成一个大型主题娱乐活动，如中国民俗文化村1996年春节推出的以学跳民族舞为主题的迎新春系列活动、"世界之窗"在8万平方米的欧风街范围内于"欧洲之夜"期间同时推出的诸多活动等。

豪华舞台型旅游演艺的成功经营，使得众多景区开始推出的实景场所型旅游演艺的景区娱乐服务经营模式也备受关注。特别是2004年，广西桂林阳朔成功推出的歌舞《印象·刘三姐》，将壮族歌仙刘三姐的山歌、广西少数民族风情、漓江渔火等多种元素创新组合，融入桂林山水之中，诠释了人和自然的和谐关系。之后，杭州西湖的《印象·西湖》、登封少林寺的《禅宗少林·音乐大典》、丽江古城的《印象·丽江》、开封清明上河园的《东京梦华》等也受到游客的欢迎。

目前，大型主题娱乐服务经营方式呈现出豪华舞台型、荟萃队列型和实景场所型三种类型的交互交叉经营或三位一体的经营模式，并大量运用声、光、电等高科技手段，使景区娱乐服务经营内容更为丰富、更为热烈、更为精彩纷呈。

知识链接

一只老鼠颠覆一座城市

1964年人们开始筹建一座更大规模的游乐公园,这就是奥兰多的"迪士尼世界"。经过7年营造,迪士尼世界终于1971年10月向公众开放。它耗资7.66亿美元,总面积达124平方千米。迪士尼世界无疑是奥兰多主题乐园王国中无可争议的霸主,甚至都可以说,是迪士尼世界造就了今天的奥兰多,奥兰多就是迪士尼,迪士尼就是奥兰多。

奥兰多迪士尼世界拥有4座超大型主题乐园——神奇王国、动物王国、未来世界、好莱坞影城;两座水上乐园——台风湖礁、暴风雪海滩;1个购物中心——迪士尼购物中心和32家度假饭店(其中22家由迪士尼世界经营)及784个露营地。所以说,奥兰多的迪士尼世界已经不仅仅是一个乐园。产业链的横向扩张,为迪士尼世界带来更多的收益,紧紧地粘住游客。

毫不夸张地说,是迪士尼世界撑起了奥兰多主题乐园的城市形象,游客们不是因为奥兰多这三个字而来,而是因为迪士尼世界在奥兰多。奥兰多创造了一种新的旅游城市品牌的模式,不是以传统的自然风景为依托,打造的城市品牌形象,而是完全人为的景点、人造的设施。一个主题乐园,就令游客纷至沓来。

4.5.2 景区娱乐服务经营模式

娱乐,向来是一件很简单的事。不同的人对娱乐的理解不同。德国哲学家康德认为:"欢乐即是我们的欲望得到满足。"而早在中国,人生四大乐事就被概括为"久旱逢甘霖,他乡遇故知。洞房花烛夜,金榜题名时"。

如今的欢乐还是如此容易吗?随着生活节奏的加快和压力的增大,娱乐成为很多人无暇顾及的向往。牙牙学语的孩子已经背起承重的书包,慢慢地远离欢乐;而每天两点一线的白领也正徘徊于房贷、车贷和生活开支之间,欢乐的车尾灯似乎永远无法看到……景区娱乐服务,满足了广大游客快节奏、强压力生活中的娱乐欲望。目前,国内外典型的景区娱乐服务经营模式,主要有快乐剧场、欢乐之城、LITO等模式。

1. 快乐剧场

快乐剧场是以迪士尼娱乐服务经营为代表的、最常见的、市场规模最大的景区娱乐服务经营模式,常见于主题公园。主题公园是满足旅游者多样化休闲娱乐需求的非日常的舞台化世界,提供的是一种典型的体验型产品,其硬件设施只是满足游客基本生活需求的基础,更重要的是游客与员工之间"面对面"的互动关系。这种互动关系以娱乐体验度、服务满意度、游客娱乐期望值为基础,其中以员工服务的满意度为关键因素。迪士尼视员工为公园的"主人",承担不同的角色扮演,在制造快乐的基础上传递快乐,为旅游者"客人"提供相应的互动服务,这种互动服务被迪士尼视为保证并提高游客娱乐体验度的关键因素。为客人带来幸福感,是迪士尼对员工、演员的基本要求,也是快乐剧场经营模式的核心所在。

1) 迪士尼标准的"SCSE"服务体系

迪士尼主题公园的服务理念可以用四个词语来概括：安全（safety）、礼貌（courtesy）、表演（show）和效率（efficiency）。这是迪士尼核心服务理念的总结，也是每个新职员工都要学习和遵守的服务行为首要原则。他们相互影响和关联，共同构造成独具迪士尼特殊的服务体系。

（1）安全被迪士尼视为游客在主题公园服务中的第一位。这种服务意识是指游客在公园中享受体验服务，首先要使游客在乐园玩耍过程中，不必担心因选择娱乐设施不安全而存在受伤害的危险，使游客可以在公园中大胆随意选择娱乐项目，接受并享受娱乐体验。这需要迪士尼在设置游戏设施或项目时，充分考虑其安全性，保证顾客的安全。例如，迪士尼在魔幻王国设置的各种乘骑设施，都会通过各种实验和电脑控制，来保证游客的身体安全。规定卡通角色的扮演者在公众场合不得说话或卸下戏装，避免破坏角色在孩子们心目中的形象，避免带来不必要的精神性伤害。

（2）礼貌是指对迪士尼要求其公园内的演员对顾客友好，面带笑容，说话文明，行为有礼，并尽量满足顾客的要求，让他感受到城堡"主人"给予"客人"的一种尊重和重视，让游客感受到物有所值的消费体验。

迪士尼始终保持着"顾客至上"的理念，给公园演员输入"顾客就是上帝"的概念，使其学会礼貌地和顾客沟通、愉快地与顾客交流，帮助顾客解决问题。但迪士尼此时指的"上帝"，并不是指地位上下级关系的"上帝"，而是以"合作伙伴"来看待，公园演员和游客之间是平等的"主宾"关系，要让"客人"乘兴而来，满意而归。例如，当游客有事情问公园演员时，迪士尼规定，演员需要及时回答游客的问题，即使手中有事情要做时，也要先和游客沟通情况，迅速将自己手中的工作交由其他公园演员来做，再及时解决游客的问题。迪士尼不允许"主人"怠慢"客人"的情况出现。

图 4.7　迪士尼卡通形象

（3）表演是迪士尼员工区别于其他企业或其竞争对手员工的最明显的特征。它是指迪士尼公园的员工不仅是一名普通的公园工作人员，每个人都是能给游客带来欢声笑语的表演者。每一位员工都有自己具体负责的角色扮演，都会有相应的服装、语言、举止、情景等定位。

（4）效率是指迪士尼公园每一位演员都能及时有效地帮助顾客解决问题。具体主要表现在帮助顾客尽可能多地享受到乐园的娱乐设施。游客专程来乐园，就是为了娱乐，如果只让其玩了几项娱乐设施就离开，那主题公园就失去了其存在的意义。例如，世界各地迪士尼乐园为顾客设置的快捷通道（fast pass）就是合理分配客流、节省顾客时间的最好证明。

最终，"SCSE"服务体系的核心还是顾客，一切随顾客变化而变化。迪士尼公园的任何设置都是以"游客需求"为前提的，服务也是利用特定的手段和办法来调动员工的积极性和主动性，用来更好地服务于顾客。从心理学来讲，与公园演员的积极互动，不但满足了顾客社交的基本心理需求，并通过表演氛围的带动和参与，给予其情感的享受，提高和深刻其娱乐体验程度。

2) 细节管理决定成败

老子曾说："天下难事，必做于易；天下大事，必做于细。"现代社会，在产品和服务内容严重同质化的情况下，细节更是决定成败的关键。迪士尼主题公园能够成功，成为世界娱乐业的巨头，成为最受顾客好评的公司，与其对细节管理方面的重视有着密不可分的关系。细节管理，让顾客对产品或服务超出本来的预期，赢得忠实顾客的欢迎和喜爱。迪士尼公园对细节极其重视，使其避免可能存在的对公司的损害，赢得大批忠实的迪士尼粉丝。

（1）人性化服务主要体现在公园员工对游客的人文尊重上。例如，迪士尼乐园的大门处，总会听到"欢迎来到迪士尼乐园，祝您有一个奇妙的旅程"的愉快的声音。每一位刚刚进入公园的游客都能听到来自公园演员的问候，还有专门为孩子发送的礼物。

（2）细致化的经营。服务的人性化可以让顾客感到贴心，经营的细致化可以让顾客消费得舒心。迪士尼根据游客需求，在公园内开发经营了许多方便游客，又给自己带来创收的项目，如向游客出租存放物品的柜子、供儿童代步的童车、供老年人及不适于行走者代步的电动车等。这些不仅为顾客带来了极大的方便，也为公园带来不少的收益。

细致化经营和人性化服务的完美结合，就会很贴切地满足顾客内心微妙的潜在需求，让游客出乎意料地满意。这种服务在当代市场中具有致命的竞争力。

2. 欢乐之城

1)"欢乐之城"的内涵

欢乐之城首先要给人以欢乐之感。旅游业算是最能够冠以"欢乐"之名的产业，而在我国的城市旅游产业之中，绝大部分都属于风景及历史遗迹等旅游发展路线，其"欢乐"的定位并不那么突出。因此，以主推娱乐产业来区隔城市形象，如游乐园和影视城，都属于比较恰当的选择。其次，在讨论"欢乐之城"定位所需要具备的条件时，最重要的一点是要符合城市已有的气质。对于一些历史人文气息十分浓厚或者非常具有文化底蕴的城市而言都不太适合以"欢乐"定位，而"欢乐"一词又仿佛与生俱来伴随着年轻和活力，所以我们认为，在确定"欢乐之城"的定位时，年轻和具有活力的城市形象相较于文化古都而言更加契合。

"欢乐之城"的解读除了以上提到的与城市既有形象的相关性，还包括对城市形象的潜力挖掘，进而灌输"欢乐"之感。城市在发展旅游业时，除了要关注硬件的开发，更应该注重在对外方面的形象传播。

一个必须承认的事实就是"欢乐"作为一个情感性的词汇，仅存在于人的头脑、内心的感觉中。"欢乐之城"带给游客的不应当仅仅是在景区中须臾的欢乐，这些欢乐还应当被延续、被带走，并在不断磨合中与游客融为一体。景区的印象对于游客来说是一个未知数,记忆深刻的仅限于游乐场里引进的旋转木马、摩天轮、碰碰船等深度体验活动。景区娱乐形象建设也因此随着游客的离去戛然而止,余下无尽的重复与一次性消费。而景区娱乐文化的厚度则丝毫未变。景区娱乐形象传播,难道仅限于此吗?显然答案是否。"欢乐之城"的经营就是建立在景区娱乐形象持续传播的基础之上的,无论一个景区能够给游客带来多少欢乐,如果景区的记忆在游客的心中十分模糊,那这样一个娱乐景区的定位必定是十分失败的。

2) 欢乐之城的形成原因

(1) 娱乐经济(recreation economy)是"欢乐之城"形成的时代经济背景。娱乐经济是社会发展到一定阶段而产生的一种经济形式,它伴随着后工业时代的到来而进入人们的视线。一般认为,市场上的产品和服务会相应地提供娱乐功能或与娱乐活动相结合,形成娱乐经济。也就是说,娱乐经济包括纯娱乐经济和准娱乐经济(娱乐带动的经济)。

娱乐经济建筑于一个高度发展的社会,其产生与发展拥有"三大基石":其一是有众多的消费群体及其物质条件,此为"物质基础";其二则是人与人之间的和谐关系,也就是所谓的"独乐乐不如众乐乐";其三乃是电子信息技术的广泛应用,这是娱乐经济的"科技基础"。

在我们所熟知的娱乐经济体系中,有两个很重要的分支:电影和网络。然而电影总有谢幕的时候,网络游戏也会令人厌倦,走出家门,人们自然也期盼着户外的娱乐。旅游业充实了人们的户外娱乐,而主题乐园作为旅游产业中重要的分支,如今也越来越显现出规模。最早的主题游乐园是从华特·迪士尼的动画电影中衍生出来的,如今由知名系列电影产生的主题公园已经屡见不鲜,如哈利·波特主题公园、迪士尼好莱坞影城;而随着动漫产业和游戏产业的迅速发展,也有相当一部分的主题乐园由此诞生,如口袋妖怪主题乐园。在这些乐园中不仅能够享受到比一般游乐园更加惊险刺激的游乐设施,还能够接触到更多与该主题相关的周边。虽然这些主题往往来自于电影业或者游戏业等其他产业,但是通过这些主题乐园,进一步促进了品牌的二次传播,同时以更加亲民的方式提升了自我的品牌形象,在沟通线上和线下、真实和虚拟之间起到桥梁作用的同时,也谋得了大量的经济效益。

(2) 娱乐型消费的规模增长是"欢乐之城"形成的动力之源。追求开心愉悦的消费心理可以说是催生娱乐经济的根源。众所周知,经济活动的最终目的是满足人的需求或欲望,孟德斯鸠也曾经说过"幸福和快乐是满足人欲望最好的药剂",娱乐产品的特性更是符合现代经济活动的目的。

从产业的角度而言,由于如今旅游业的大浪潮席卷而来,中国各地的旅游业发展称得上是如火如荼。但是随着这股浪潮逐渐普及,各个城市的旅游产品趋于同质化,山水风景、历史古城、文化遗址等成为了主流。但是倘若对旅游的消费心理加以分析,我们不难看到,追求开心和愉快是旅游产品中最重要的一个诉求点。而"欢乐之城"则是在快餐文化下最能满足"开心"和"愉快"之需求的产品,而同时其诉求点相较于其他旅游城市来说更加集中,定位也更加明确,能够在消费者心目中形成最为稳定的形象。

娱乐型景区是因为人们需要欢乐而兴起,在娱乐型景区中,人的消费欲望也会被进一步激发。前面提到不少的主题公园都是以颇具奇幻色彩的电影及动画游戏作品作为主题的,这样的游乐园往往是借原品牌的知名度而促成二次传播并获取经济利益。对于大部分消费者来说,更多的则是出于对品牌的热爱及进一步了解的需求。例如,每年都有数以千万计的粉丝涌入位于日本爱知县的"口袋妖怪"主题乐园,与世界上最为知名的卡通形象之一——"皮卡丘"进行亲密接触。而在这种消费行为的背后,则表现出了广大粉丝的爱好及娱乐型景区对他们需求的满足。

3) 欢乐之城模式的典型案例分析

(1) 好莱坞——传播文化、愉悦灵魂

欢乐之城经营模式,在景区服务过程中传递给游客的不仅仅是欢乐,而是经过精心包装后的景区娱乐形象与景区性格。显然单纯的欢乐不足以达成这种传播目的。以好莱坞为例,作为美国乃至世界的电影中心,好莱坞给观众带来许多欢声笑语,电影《雨中曲》、《小鬼当家》等都给世界留下了不可磨灭的印象,然而好莱坞在我们的印象中绝不仅仅是简单的笑声。好莱坞的自由精神,才是真正荡涤人们心灵、抚慰悲伤的灵药。快乐在这些精神的催化下也变得神圣、高贵起来。同时好莱坞也在游客的心中永远驻扎下来,每当回想起来,这种感觉令周围的空气也瞬间甜蜜起来。这种欢乐,值得永远珍藏,也可以以宁静而致远、以厚积而薄发。

好莱坞的旅游娱乐服务与电影生产完美组成了一个良性循环的童话世界,令无数游客或心驰神往,或流连忘返。好莱坞旅游服务的成功经营,使得其文化传播更为久远。目前,好莱坞俨然已成为美国的一个精神符号。"Hollywood"有其能指、所指与意指内涵,三者之间必然有一种必然联系而自成一体,吸引着国内外游客的目光。好莱坞利用这种娱乐文化将人类的情感、欲望,即梦想的成分,变成了最具价值的商品。好莱坞娱乐文化的精髓在于它的宽容与公允,向世人打开其大门,许多大牌的明星和导演都是来自海外。同时,好莱坞欢乐之旅产品常变常新,它的每一次改变都是一次蜕变,一次涅槃,令好莱坞重获新生,充实着游客对世界电影娱乐创新的强烈欲望和见证能力。

(2) 华侨城——永不落幕的"欢乐之城"

成立于1985年的华侨城集团是中央企业中少数以文化产业为主营业务的企业,其文化产业的发展始于1989年创建中国第一个文化主题公园"锦绣中华",此后相继成功建设了中国民俗文化村、"世界之窗"、欢乐谷(连锁)、深圳东部华侨城等著名主题公园,建成了华夏艺术中心、何香凝美术馆、华侨城创意文化园等文化设施,旗下还拥有华侨城国际传媒演艺公司、深圳歌舞团演艺公司、华侨城文化旅游科技公司等文化企业。

"世界之窗"在2000年总结"经营观"时列了一个公式:项目+活动+表演+节日=市场。而就在这一年,华侨城集团正式启动了华侨城主题公园和城区联动的"整体营销"战略,并提出了"华侨城欢乐之旅"的概念,成功举办了第一届华侨城旅游狂欢节。此后,连续举办的华侨城旅游狂欢节已经成为全国性的年度最大规模的旅游活动。

常变常新的主题活动,使华侨城集团总以一种创新、创想、新鲜、有活力的形象屹立于中国主题公园之首。以深圳欢乐谷为例,自1998年运营至今,10多年的成长生涯亦是主题活动日臻完善的一段历程,现在的欢乐谷已经俨然成为创意和时尚文化主题活动的聚集地。每年暑假,欢乐谷都会举办"玛雅狂欢节",它是华侨城旅游狂欢节的一个重要组成部分。其他的主题公园也在整个旅游狂欢节的基础上,连载性、系列性、跨区域性地展示着主题的魅力、上演着主题的活动。"世界之窗"每年定期举办"国际啤酒节"、"日本樱花节"、"埃及文化周"、"印第安文化周"等主题活动。中国民俗文化村则通过连年不断的"火把节"、"泼水节"等各种民俗节庆活动来反映中国丰富多彩的民俗文化,强化公园的民俗主题色彩,增强游客民俗生活、民族风情的体验。每天晚上在中国民俗文化村、"世界之窗"和欢乐谷的舞台分别上演《东方霓裳》、《龙凤舞中华》、《创世纪》、《跨世纪》、《天地浪漫》、《欢乐无极》等大型的歌舞晚会,既增加了游客在主题公园的停留时间和总体消费,又提升了华侨城城市夜间活动的丰富性和主题性,使华侨城在主题活动的渲染下,成为主题城、欢乐不夜城。

旅游观察

横店——影视为表,娱乐文化为魂

浙江横店影视城位于浙江东部东阳市横店镇境内,是国家旅游局首批 AAAA 级旅游区、全球规模最大的影视拍摄基地、中国唯一的"国家级影视产业实验区",被美国《好莱坞报道》杂志称为"中国好莱坞"。浙江横店影视产业实验区正式成立于 2004 年 4 月 2 日,规划总面积 365 平方公里,是国家广电总局批准设立的第一个国家级影视产业实验区。

横店影视城本着"影视为表、旅游为里、文化为魂"的原则,以影视为牵引机、旅游为载重机、文化为核动力,形成影视和旅游各自产业链的延伸发展及影视与旅游交融互动的经营特色。随着横店影视城影视文化旅游资源的不断整合,旅游产品的不断升级开发,横店影视城正在从单一经营"影视基地"旅游向打造影视主题旅游公园的战略转变,旅游产品也由观光型向休闲体验型转变,游客可深度体验影视拍摄、享受度假休闲乐趣。目前,横店影视城已形成占地面积 5 260 亩的由 7 个景点(表 4-3)组成的国家 AAAAA 级景区。

表 4-3 横店影视城各景区占地、建筑面积情况

景区名称	占地面积(亩)	建筑面积(万平方米)
明清宫苑景区	1 500	16
秦王宫景区	800	11
清明上河图景区	800	10
广州街香港街景区	420	4.8
江南水乡景区	140	3.7
大智禅寺景区	280	2
屏岩洞府景区	523	0.15
总面积	5 260	50

资料来源:聂艳梅,等. 娱乐经济,欢乐之城——娱乐型景区与城市旅游形象传播策略研究[J]. 广告大观(综合版),2012(2).

与迪士尼乐园和环球影城以西方文化为主导的旅游理念不同,横店影视城立足于中国本土,以中国传统历史文化为核心,以本民族的文化为根,注重以文化的差异性吸引游客。精心挖掘和推广中华民族的文化精华,是横店影视城将文化产业做大的亮点,也是支撑横店影视城的灵魂理念。自2002年开始,横店影视城先后推出各类壮观、奇特、惊险、有趣的演艺节目100多个,由于中国游客普遍对中国历史人物、故事或民间传说、地方风俗民情感兴趣,对中国古老传统文化怀有很深的感情,这些节目由中国人演,服装道具都是中国特色的,剧情涉及的内容大多都是中国老百姓耳熟能详的,因此,节目推出来后,深受中国甚至外国游客欢迎。这些取材于中国传统历史文化的各种娱乐节目,丰富和充实了各景区的文化内涵,向游客传递了影视文化信息,更为重要的是也向游客传递了快乐理念,吸引了越来越多的游客来到横店,体验中国民族文化的无穷魅力,收到了"你来了,所以你快乐"的旅游效果,是横店影视城娱乐服务的"欢乐之城"经营模式的基础保障。

3. LITO 模式

悉尼海湾 Harbour Jet、Oz Jet Boating、Jet Cruiser 等六家从事海上游乐项目营运的喷射艇公司,在营运地点(location)、公司形象设计(corporate identity)、营运策略(operation strategy)、技术创新(technology innovation)等方面具有明显的共性,形成了这一类娱乐刺激项目特定的"LITO"经营模式,从而使得参与这一项目的游客规模不断扩大,对悉尼旅游市场的影响力不断提高,对悉尼海湾喷射艇旅游市场的健康发展与成长起到了积极的推进作用。

1) 营运地点

六家公司的营运码头均处在悉尼海湾既是旅游景点最为集中同时也是游客密度最高的核心钻石地带——达令港(Darling Harbour)和环形码头(Circular Quay)。营运地点的高度集中实际上产生了一种"聚集效应",越来越多的同类公司集中使得"商多成市"现象出现,对公司促销和吸引游客都极为有利。

图 4.8　悉尼海湾

2) 公司形象设计

以上每一家公司均有鲜明的、容易辨识的 Logo 图案,其色彩和形象各具特色和个性。例如 Harbour Jet、Thunder Jet Boat 和 Downunder Jet 的 Logo 设计均体现了速度与刺激的感性特征,颜色给人以震撼力;而 Oz Jet Boating、Jet Cruiser 与 Sydney Jet 的 Logo 则显得较为简洁、个性张力大,尤其是 Oz Jet Boating 设计的可怕拟人的鲨鱼模样的图案向游客显示出一种超强的火焰般的魔力,对寻求异样刺激惊险的玩家来说无疑具有极大的挑战心理。

总之,对于经营超高速喷射艇娱乐项目这类刺激性强、张扬冒险猎奇色彩的公司而言,必须在感官上先声夺人,把产品中含有的一种逼人乃至夸张的气势展现给游客,形成强烈的视觉冲击力和诱惑力,从心理上给消费者烙下深刻印象。

3) 营运策略

喷射艇项目的营运策略一定程度上对悉尼海湾海上旅游市场能否实现成功经营也起到决定性的作用。以上六家公司在航线、氛围营造及产品组合方面形成了一些共同的经营方略,主要表现为以下两方面。

(1) 航线设计的多样化:多种航线加以组合更容易获取更多的游客参与,因此避免了单一航线造成的产品无差异性。航程的时间安排有长有短,从30分钟到45分钟、55分钟不等甚至按需安排,这有利于吸引更多的游客。

(2) 娱乐氛围的刺激性:置身于悉尼海湾优美的旅游环境氛围,必须营造与喷射艇带来的刺激性符合的环境。

4) 技术创新

每家公司均采用了不同程度的技术创新。

(1) Harbour Jet:利用船体营造另类氛围,如船艇的摇晃、旋转动作配合以震撼力强的音响系统,最适合追求惊险刺激感受的游客要求,能留下难以磨灭的体验。

(2) 旅游内容的丰富性:在特定的航程内,游客希望获得更丰富的旅游经历,通过包装设计将海湾沿岸具有代表性的著名景观串联组合成特定产品,再与有关的餐饮、旅游纪念品等旅游消费内容结合起来进行促销,或是针对家庭团体、公司团体和私人团队设计促销方案,都能有效地扩大销售,创造更好的业绩。

图 4.9 悉尼海湾码头

4.5.3 景区娱乐发展思路

1. 转变娱乐服务项目策划理念

目前,景区游览需求逐渐从观光转向娱乐休闲,这一发展趋势要求景区娱乐服务经营方式不断转变,以适应市场需求变化。例如,作为景区娱乐服务经营的必经阶段,集锦、微缩型的静态陈列观光景区,以"锦绣中华"为代表,曾备受游客欢迎,大获成功。但时至今日,停留在这一层面策划的娱乐服务已经不能满足游客对景区娱乐休闲的需要。传统的片面追求最大、最高、最长、最多的娱乐服务策划理念,使景区变成了一个又一个雕塑、蜡像、图腾柱、碑刻的大型静态"博物馆",而缺乏娱乐功能,开园后难以形成客流高峰,即使形成也相当短暂。因此,今后的景区娱乐服务策划,应转变理念,努力策划深度体验型、主体参与型、寓教于乐型景区娱乐服务,使景区向乐园转化。

2. 文化、技术、效益应成为景区娱乐服务经营的基准点

旅游产品与工业产品一样存在着更新换代的迅速替代性,机械游乐园所提供的某些参与性设施或服务已不再具有吸引力,正是因为其技术已经落伍。台湾机械游乐园1980年后已趋衰落,但1989年,仙乐园与剑湖山游乐园引入高科技的设施,重新开创了机械娱乐的新局面,就是一个成功的转型经营案例。北京九龙游乐园运用了计算机控制技术,给游客以不同寻常的感受,因此在北京打开了市场。同时必须注意的是,高科技之所以能吸引游客,是因为其能给游客带来全新的视觉感受和心理感受,故对技术的具体运用要求应当保持在较低层面上,如果一般游客需要很长时间才能掌握要领,这项技术就难以运用于大众化景区,只适于开设专门培训班的逗留型景区。

3. 景区娱乐服务形象创新与功能拓展

旅游需求的不断变化,要求景区娱乐服务经营不断再造。应当认识到,每个景区均有其生命周期,当景区进入衰退期时,更新部分项目(包括大型娱乐项目)往往不能起死回生,此时唯有进行景区娱乐服务经营流程再造,方能使之满足客源市场需求。这一经营流程再造的常见形式是景区娱乐服务形象创新和功能拓展。例如,将"景区"通过卡通化改造向"乐园"转化是一种形象创新,把"景区"改造为文化娱乐氛围浓郁的度假村乃至俱乐部则是功能的拓展转换。从景区娱乐服务经营的现状考虑,要实现形象的根本变化及功能的更高拓展,可以以休闲、度假、娱乐为发展方向,即以系列节事会展为契机,对原有娱乐服务形式、服务场所进行工程改造,发展成具有丰富多彩游戏游艺服务、积淀深厚的历史文化展示平台及浓郁民俗风情的娱乐休闲度假地,以延长游客逗留时间,使游客的景区游览行为由周游型向逗留型转化。

4. 坚持自主研发娱乐服务项目

景区娱乐服务经营具有常变常新的特征,而且客源市场需求也是常变常新,所以景区娱乐项目的更新频率相对比较大。例如,迪士尼乐园的一个著名的口号是"永远建不完的迪士尼",它多年长期坚持采用"三三制",即每年都要新建1/3的新概念项目,不断补充更新娱乐内容,不断给游客新鲜感。"满足顾客需要"是迪士尼乐园创新产品的原动力。为了准确把握游客需求的动态,公司内部专门设置了调查统计部、信访部、信息中心,它们每年要开展数百项市场调查和咨询项目来分析游客需求动态变化,并把研究成果提供给其他各职能部门。华特·迪士尼曾讲过:"把握游客需求动态的积极意义在于:及时掌握游客的满意度、价值评价要素和及时纠偏;从中找到迪士尼创新发展的关键点。"公司根据对相关信息的分析来把握游客需求的动态变化,自主研发创新产品、更新娱乐服务。同时,与其他旅游演艺节目的制作团队不同,横店影视城的旅游演艺坚持走自主研发的道

路，使得旅游演艺产品兼具"地气"和"人气"，契合了旅游演艺产品的市场需求，又极大地锻炼和培养了一支具有较高素质和研发能力的年轻团队，可以根据客源市场需求的变化做出及时的产品创新。

5. 实施重游优惠与俱乐部经营体制

在组织经营上，无论是历史文化、节庆会展，还是民俗风情，景区都应致力于营建游客的品牌忠诚，以获得较高的重游率。除了对重游游客实行价格优惠外，比较重要的手段之一是向半会员制俱乐部发展，尤其是新建的康体休闲型景区或度假村。如果使景区员工与游客之间的主客关系淡化，建立家庭成员式的氛围和情谊，景区娱乐活动的参与规模与参与效果就能更上一层楼，景区娱乐服务的生命力就会更旺盛、更持久。

4.6 景区服务设施

4.6.1 景区购物设施

为了增加景区的购物收入，一方面要了解游客的购物心理，设计开发合适的旅游商品；另一方面也要对景区的购物设施进行管理，提供优良的购物环境，保证游客购物顺畅。景区购物设施的管理有以下几点措施。

（1）科学合理地布局景区商业服务设施。景区内的一切项目设施都要科学合理地布局，目的是让景区更加符合人们旅游的心理，符合旅游者的购物习惯，提高游客的旅游体验。如果商业购物区布局在景区的入口处，游客刚进入景区，对景区还没有什么了解就面对着大片的旅游商品购物区，容易引起旅游者反感；如果布置在景区的出口处，旅游者急着赶去下一个景区景点，匆匆而去，也不容易购买到自己满意的旅游商品。所以景区在布置商业服务设施的时候要请有关专业人士合理布局，最好能够达到在游客最想买东西的时候有商业服务区出现的效果。当然这样的要求不容易达到，需要充分的市场调查，但它应该是景区在经营管理中要时常考虑的问题。

（2）建立景区商业设施开发建设规范。规范的景区商业服务设施容易增加游客的信任感，也便于给游客留下景区的旅游形象。例如，统一设计景区购物点的位置、外观形象，使之既符合旅游者的购物习惯也符合景区的文脉主题；统一景区服务人员的服装，佩戴工卡；景区商业设施的经营统一由景区进货、统一价格，将景区内的购物点作为一个展示景区管理服务的一个窗口。

（3）设立旅游消费告示牌，公布投诉电话，提高旅游者的自我保护意识。为了让游客放心购物，在景区的商业设施设立旅游消费告示牌，公告投诉电话，这样一方面能够提高游客的自我保护意识，另一方面也能够警示一些不规范的行为。

（4）对景区的流动摊点应限制数量，严格管理并控制其流动空间范围。景区内流动摊位可以方便游客购买一些小的艺术品、食品等，灵活性比较强，也是景区人性化服务的体现。特色化的流动摊位还能够给游客的旅游过程增添情趣，如开封清明上河园里的挑货郎、武大郎烧饼摊等。不过这些流动摊位的数量及活动空间要与景区游览人数和游览空间进行合理搭配，并严格管理。

（5）适时进行旅游商业服务设施安全检查与维护，特别是娱乐设施。出门旅游，不管游客追求的是什么，景区经营都要时刻关注安全问题，维护旅游者的安全。对于一些有安全隐患的商业服务设施要及时清除、改造，定期检查。特别是景区的娱乐设施，因为使用频繁，容易出现潜在的危险，所以要及时检查，将安全隐患消灭在萌芽状态，保证景区商业设施的正常运营。

4.6.2 景区娱乐设施

1. 景区娱乐设施设备

关于游乐设施设备的解释主要有以下几种：①《游乐园管理规定》中所指的游艺机和游乐设施是采用沿轨道运动、回转运动、吊挂回转、场地（水上）运动、室内定置式运动等方式，承载游人游乐的机械设备组合。②《游乐设施安全技术监察规程（试行）》所涉及的"游乐设施"是指用于经营目的，在封闭的区域内运行，承载游客游乐的设施。③《游艺机和游乐设施安全监督管理规定》从安全使用和安全管理的角度考虑，规定凡是以运动、娱乐为目的，产生高空、高速及可能危及人身安全的游艺装置和设备，都称为游艺机和游乐设施。④《特种设备安全监察条例》则将"大型游乐设施"归为特种设备之一。大型游乐设施是用于经营目的，承载乘客游乐的设施，其范围规定为设计最大运行线速度大于或者等于2米/秒，或者运行高度距离地面高于或等于2米的载人设施。景区内的娱乐设施多为大型游乐设施。此外，广义的景区游览设施还包括游艺机、电子游戏机及为游乐而设置的构筑物等用于游乐的设备和设施。

2. 景区娱乐设施的主要类型

景区娱乐设施是通过游戏活动的组合和创新，使游客在分析问题、解决问题、应对挑战的过程中，达到娱乐身心、放松休闲的目的，适应了游客完善人格、提高素质和回归自然的心理需要，因此使成千上万的游客纷至沓来，成为景区娱乐休闲的新时尚。景区娱乐设施主要有娱乐器械、水上娱乐设施、场地娱乐设施等。娱乐器械主要包括过山车、摩天轮、碰碰船、有轨电车、吊环桥、独木桥、双人蹬力器、仰卧起坐器、防晕船、硫酸池、荡木桥、雷区取水、脚吊环桥、毕业墙、模拟电网、罐头鞋、梅花桩等。水上娱乐设施主要有快艇、游轮、竹筏、滑水道、气垫船、橡皮船、运动障碍设施、悬空渡河、平衡过桥等。场地娱乐设施主要有表演舞台、飞轮溜索、游戏场地及相关设施等。

如果按照景区娱乐设施在三维空间中的运动方式或运动状态进行分类，主要有沿轨道运动的游艺机、回转运动的游艺机、吊挂回转的游艺机、场地（水上）运动的游艺机、室内定置式游艺机、水上游艺机、大型游乐设施等。

沿轨道运动的游艺机主要有沿架空轨道的游艺机，如单轨空中列车、双轨滑行车；沿垂直于地面的轨道的游艺机，如太空梭、观光塔；沿地面轨道的游艺机，如小火车；沿水面轨道的游艺机，如游龙戏水、海盗船等。回转运动的游艺机主要有沿垂直轴回转的游艺机，如自控飞机；沿水平轴回转的游艺机，如完美风暴；回转盘，如旋转木马、登月火箭、双人飞天、欢乐风火轮等。吊挂回转的游艺机包括绕性件吊挂，如空中转椅；刚性件吊挂，如太空梭。场地上运动的游艺机主要有碰碰车、电瓶车、小赛车等。室内定置式游艺机主要是电子类、机械类的，如各种电子游戏机、光电打靶、守门将、摇摆汽车、升降小动物等。水上娱乐运动设施种类十分丰富，如碰碰船、快艇、水上自行车、游船、水滑梯等。

大型游乐设施是娱乐型景区的常见游乐设施，多种多样，一般都是按照其规模等级进行分类，见表4-4。

表4-4 大型游乐设施分级

类别	主要运动特点	车型	主要参数		
			A级	B级	C级
观览车类	绕水平轴转动或摆动	观览车系列	高度≥50米	50米>高度≥30米	其他
		海盗船系列	单侧摆角≥90°或乘客≥40人	90°>单侧摆角≥45°，且乘客<40人	
		观览车类其他型式	回转直径≥20米或乘客≥40人	单侧摆角≥45°，且回转直径<20米，且乘客<40人	
滑行车类	沿架空轨道运行或提升后惯性滑行	滑道系列	滑道长度≥800米	滑道长度<800米	无
		滑行车类其他型式	速度≥50千米/时或轨道高度≥10米	50千米/时>速度≥20千米/时，且10米>轨道高度≥3米	其他
架空游览车类		全部型式	轨道高度≥10米，或单车(列)乘客≥40人	10米>轨道高度≥3米，且单车(列)乘客<40人	其他
陀螺类	绕可变倾角轴旋转	全部型式	倾角≥70°或回转直径≥12米	70°>倾角≥45°，且12米>回转直径≥8米	其他
飞行塔类	用挠性件悬吊并绕垂直轴旋转、升降	全部型式	运行高度≥30米或乘客≥40人	30米>运行高度≥3米，且乘客<40人	其他
转马类	绕垂直轴旋转、升降	全部型式	回转直径≥14米或乘客≥40人	14米>回转直径≥10米，且运行高度≥3米，且乘客<40人	其他
自控飞机类					
水上游乐设施	在特定水域运行或滑行	全部型式	无	高度≥5米或速度≥30千米/时	其他
无动力游乐设施	弹射或提升后自由坠落（摆动）	滑索系列	滑索长度≥360米	滑索长度<360米	无
		无动力类其他型式	运行高度≥20米	20米>运行高度≥10米	其他

续表

类　　别	主要运动特点	车　　型	主要参数		
			A级	B级	C级
赛车类、小火车类、碰碰车类等	在地面上运行	全部型式	无	无	全部

注：表中分级参数的含义如下。

乘客：设备额定满载运行过程中同时乘坐游客的最大数量。对单车(列)乘客是指相连的一列车同时容纳的乘客数量。

高度：对观览车系列，指转盘(或运行中座舱)最高点距主立柱安装基面的垂直距离(不计算避雷针高度；以上所得数值取最大值)。对水上游乐设施，指乘客约束物支承面(如滑道面)距安装基面的最大竖直距离。

轨道高度：车轮与轨道接触面最高点距轨道支架安装基面最低点之间垂直距离。

运行高度：乘客约束物支承面(如座位面)距安装基面运动过程中的最大垂直距离。对无动力类游乐设施，指乘客约束物支承面(如滑道面、吊篮底面、充气式游乐设施乘客站立面)距安装基面的最大竖直距离，其中高空跳跃蹦极的运行高度是指起跳处至下落最低的水面或地面。

单侧摆角：绕水平轴摆动的摆臂偏离铅垂线的角度(最大180°)。

回转直径：对绕水平轴摆动或旋转的设备，指其乘客约束物支承面(如座位面)绕水平轴的旋转直径。对陀螺类设备，指主运动做旋转运动，其乘客约束物支承面(如座位面)最外沿的旋转直径。对绕垂直轴旋转的设备，指其静止时座椅或乘客约束物最外侧绕垂直轴为中心所得圆的直径。

滑道长度：滑道下滑段和提升段的总长度。

滑索长度：承载索固定点之间的斜长距离。

倾角：主运动(即转盘或座舱旋转)绕可变倾角轴做旋转运动的设备，其主运动旋转轴与铅垂方向的最大夹角。

速度：设备运行过程中座舱达到的最大线速度，水上游乐设施指乘客达到的最大线速度。

(数据来源：中国游乐设施安全网，http://www.chinaridesafety.cn)

知识链接

大型游乐设施急救常识

游乐设施是在特定区域内运行、承载游客游乐的载体，一般为机械、电气、液压等系统的组合体，同所有机电产品一样都可能产生故障，产生故障时会造成游客恐慌、受困及其他危险事故。

游乐设施常见故障有突然停机、机械断裂、高空坠落等。产生这些故障的原因大多是由维修保养不当或不及时造成。因此，故障的预防重在加强日常的维护保养，并定期进行检验检测。

在游乐过程中，为避免因故障而受到伤害，游客应做到以下几点：①在游玩过程中出现身体不适、感到难以承受时应及时大声提醒工作人员停机；②出现非正常情况停机时，千万不要轻易乱动和自己解除安全装置，应保持镇静，听从工作人员指挥，等待救援；③出现意外伤亡等紧急情况时，切忌恐慌、起哄、拥挤，应及时组织人员疏散。

旅游观察

景区游乐设施的观察

大明湖景区游乐设备升级改造,新增十多个大型游乐。大明湖景区的游乐设备改造已开工,景区已撤除除过山车以外的一切游乐设备,腾出空位来装置新项目。大明湖景区工作人员这样说道,景区原有的游乐设备日益老化,市民游客游玩的热心不高。此次改造,将对游乐场进行从头计划,建造一座高科技的大型现代游乐场,新上十多个大型游乐设备,总投资约 3 800 万元。海底国际项目上一年 10 月发动,工程将在原有区域基础上进行改造晋升,添加海水参观地道、人鲨共舞、水母展现、海洋动物扮演等展览和扮演内容,总投资约 1 700 万元。

上海欢乐谷的"镇园之宝"绝顶雄风过山车在最高点发生故障,将 25 名游客滞留于 60 米空中。据欢乐谷工作人员介绍,此次故障系雨雪低温引发传感器故障所致。致公党上海市委日前提交提案,建议监管部门为大型游乐设施"定制"强制性的定期体检机制。他们还在相关的调研中发现,目前对大型游乐设施的折旧、报废没有任何强制性规定;这意味着,有不少大型游乐设施可能正在"超期服役"。

据介绍,近年来,给人带来惊险、刺激感觉的滑道式、悬挂式大型游乐设施纷纷现身,受到年轻人追捧。目前上海的大型游乐设施已经超过 300 台(套),分布在全市 60 余家公园和专业的游乐场所内,涉及的运营单位有 60 余家之多。但令人惊讶的是,对于汽车等加工类机械,一般生产厂商尚会给出使用周期方面的约定,而大型游乐设备在这方面却是空白。

目前国家层面尚未对游乐设施的折旧与报废年限做出明确规定。在上海,尽管市园林管理局和市质量技术监督局在 2000 年发文要求对游艺机和游乐设施实行报废制度,但迄今为止没有出台强制性折旧报废年限规定的实施细则。上海市质监局在 2010 年 10 月 1 日制定的《上海市大型游乐设施运营安全管理办法》中,虽然明确提出大型游乐设施应在监管部门注册登记,登记人就是责任主体等要求,但也未对游乐设施折旧报废年限做出刚性规定。

3. 景区娱乐设施运营要求

一般情况下,景区在经营过程中,会根据景区娱乐场所的需求,配备相应的专项娱乐设施,如游艺机、水上娱乐设施等。所有配备的游乐设施都应符合 GB 8408—2008 中第 4—8 章关于游乐安全的基本要求。

景区娱乐设施的具体运营要求如下:①设施的运营应保证不污染周边的环境卫生,不破坏景区景观资源;②设施的运营应符合 GB 8408—2008 中 9.1 的具体要求;③景区娱乐场所提供的娱乐服务项目,应明码标价;④所有娱乐设施应在明显位置配备使用说明标识牌,并在提供服务之前以广播形式介绍使用安全注意事项;⑤应在每日使用前进行例行检查,并做记录,特种设备应进行试运行;⑥具有危险隐患的设施周围应设置安全栅栏,安全栅栏尺寸规格应符合 GB 8408—2008 中 7.8.1 的规定;⑦设施设备操作、管理和维修人员应经过考试合格后持证上岗;⑧当天气恶劣、设施发生故障或停电等紧急情况或有可能发生上述情况时,应停止运营。

旅游观察

GB 8408—2008 对娱乐设施运营与安全栅栏的基本要求

GB 8408—2008 对娱乐设施使用的基本要求（GB 8408—2008 中 9.1）：第一，使用单位选购大型游乐设施时，必须提供当地的气象、供电、地震和地质数据，供设计和生产单位校验；第二，游乐园（场）安全和服务质量应符合 GB/T 16767 的规定；第三，使用单位应按各种不同的游乐设施，分别制定有关操作运行和定期检查维护的详细规章制度。建立管理和维修人员的岗位责任制。选择经培训考试合格后的管理、操作和维修人员进行管理操作；第四，使用单位对各种游乐设施必须在每天运行前进行必要的检查，经检查无问题并试运转后方能正式运营，并应做好运营记录；第五，使用单位对各种游乐设施应每半年进行一次较全面的检查维护，检查情况、检修内容及处理结果应记录存档；第六，在游乐设施明显处应公布乘客须知。操作服务人员应随时向乘客宣传注意事项，制止乘客的危险行为；第七，使用单位对操作、管理和维修人员应定期进行业务培训和安全教育，经考试合格后发上岗证；第八，使用单位对非专供儿童乘坐的游乐设施，应根据不同机种及运行特点等，对儿童乘坐在年龄和身高上应有所规定；第九，当天气恶劣、设备发生故障及停电等紧急情况或有可能发生上述情况时，使用单位必须采取应急措施和停止运营；第十，使用单位应遵守定期检验制度，按有关规定及时申报。

GB 8408—2008 对安全栅栏的具体要求（GB 8408—2008 中 7.8.1）：游乐设施周围及高出地面 500mm 以上的站台上，应设置安全栅栏或其他有效的隔离设施。室外安全栅栏高度不低于 1 100mm，室内儿童娱乐项目，安全栅栏高度不低于 650mm。栅栏的间隙和距离地面的间隙不大于 120mm。应为竖向栅栏，不宜使用横向或斜向的结构。

旅游观察

横店影视城的娱乐设施开发

1995 年前后，著名导演谢晋打算拍摄电影《鸦片战争》来纪念香港回归。远在浙江的横店领头人徐文荣听说谢晋正在找一个拍摄基地，主动邀请他到横店来拍摄。经过 4 个月的紧张施工后，占地 319 亩、总建筑面积 6 万多平方米的拍摄基地终于完成。整个基地包括五大景区、15 座各式各样的建筑，真实地再现了一个百年前的广州城。从此，谢晋对这个小镇散发的潜力很有好感，此后多部影片都搬来横店拍摄。也因此，横店第一个影视基地——广州街景区正式建成了。之后，著名导演陈凯歌又要拍摄历史巨片《荆轲刺秦王》。横店再次大兴土木，日夜加工，时隔 8 个月之后，一座 2000 年前的辉煌宫殿矗立在了人们眼前，横店的第二大影视基地——秦王宫景区也建成了。横店设施一步步完善，《汉武大帝》《英雄》《雍正王朝》等很多剧组相继慕名而来，横店的知名度与日俱增，从此远播海内外。1999 年，江南水乡景区也竣工了，被美国影视界最权威的专业杂志《好莱坞报道》称誉为"中国好莱坞"。

从 1996 年开始，以徐文荣为创始人的横店集团共投入了 30 多亿元人民币扩大、完善横店影视城。2001年，横店集团属下所有影视拍摄基地、星级宾馆和影视拍摄、旅游接待服务相关的20多家企业被整合为横店集团浙江影视旅业有限公司。1996—2008年，横店影视城已接待了500多个电影、电视剧摄制组，国内1/3的古装电视剧都在这里拍摄，横店影视城成为中国首个"国家级影视产业实验区"，已有包括华谊兄弟传媒集团在内的200多家境内外影视机构相继落户于此，横店影视城真正意义上成为"中国好莱坞"。横店影视城本着"影视为表、旅游为里、文化为魂"的原则，以影视为牵引机、旅游为载重机、文化为核动力，形成影视和旅游各自产业链的延伸发展及影视与旅游交融互动的经营特色。随着横店影视城影视文化旅游资源的不断整合，旅游产品的不断升级开发，横店影视城正在从单一经营"影视基地"旅游向打造影视主题旅游公园的战略转变，旅游产品也由观光型向休闲体验型转变，游客可深度体验影视拍摄、享受度假休闲乐趣。

4.6.3 景区接待设施常用指标

1. 游客用水指标

景区游客综合用水指标采用国家标准GB 50298—1999《风景名胜区规划规范》中规定的散客的用水量10～30升/人·天，山地景区游客用水可采用山泉水，由给水工程供给部分游客的综合用水指标应采用下限。

2. 旅馆用水指标

《风景名胜区规划规范》中给出的旅馆用水定额由于采用20世纪90年代的采样数据，当时为我国粗放型用水模式时期，用水指标偏高，因此通过参考分析国家标准，结合景区特点给出的指标范围见表4-5。

表4-5 景区停留过夜人(旅馆用水)用水定额　　　　　　单位：升/人·天

旅馆级别	用 水 量		
	一区	二区	三区
简易宿点	60～120	50～100	40～80
一般旅馆	120～170	100～150	80～130
中级旅馆	170～270	150～250	130～230
高级旅馆	270～400	250～380	230～360
豪华旅馆	400	380～400	360～400

注：景区未预见用水量：按总用水量的5%～15%计。

3. 电力指标

景区电力负荷计算采用不同性质用地分类用电负荷密度指标法进行预测，具体指标见表4-6。

表4-6 景区电力负荷指标

类别	用电指标(w/m²)	同时系数
居住	10～40	0.8
旅馆、商业	45～55	0.8
主要景区	10～20	0.8
其他景区	5～10	0.8
未预见	取总负荷的5%	

注：其他景区是指以室外活动为主，电力负荷较低的景区。

4. 电信指标

景区电信指标见表4-7。

表4-7 电信指标

类 别	电信指标(线对数/万 m²)
居住	100～200
旅馆、商业	50～100
主要景区	10～20
其他景区	5～10
未预见	取总线对数的5%

5. 耗热指标

景区燃气负荷根据耗热定额确定，由于确定居民生活耗热定额影响的因素很多，因此各个城市或各个地区的居民耗热定额不尽相同。桑浦山龙岩泉景区燃气规划参照《汕头市主城区燃气专项规划(2003—2020)》为例，其考虑规划区鼓励提倡采用太阳能热水器，分散的小用户采用电力能源代替燃气能源，餐饮业以经营斋菜为主等因素确定耗热指标。具体耗热指标见表4-8。

表4-8 耗热指标

类 别	单 位	汕头市主城区燃气专项规划耗热指标	桑浦山龙岩泉景区燃气规划耗热指标	备 注
居民	MJ(万大卡)/人·年	3 140(75)	2 930(70)	鼓励使用太阳能热水器
高级宾馆	MJ(万大卡)/床·年	20 934(500)	16 748(400)	鼓励使用太阳能热水器
一般宾馆	MJ(万大卡)/床·年	9 211(220)	8 374(200)	鼓励使用太阳能热水器
餐饮业	MJ(万大卡)/座·年	9 211(220)	8 375(200)	以经营斋菜为主

注：未预见用气量按总用气量的按5%计。参照汕头市居民人均日产垃圾量指标，参考国内相似景区游客人均日产垃圾量指标，确定游客人均日产垃圾量为0.5kg。

4.6.4 景区环境卫生设施

景区环境卫生设施管理是景区管理中的重要问题，但在景区管理中往往被轻视。为了避免这一点，在景区项目设计的时候就要考虑到公共卫生设施的优化。景区内应该有足够的与游客容量及场地规模相适应的环境卫生设施，主要包括旅游厕所和废物箱的建设。

景区环境卫生设施是在公共场所服务于社会大众的设备或物件，它是景区的重要组成部分，起着协调人与旅游环境关系的作用，是景区形象及管理质量、生活质量的重要体现。随着人们生活质量的提高，公共设施正朝着多元化的方向发展。设计师如何才能创造出符合现代生活需求的公共设施，使之与景区协调发展，使景区内游客的生活、出行及旅游更加完善与便捷，是时代发展对景区设施经营提出的新要求和新的课题。

在各种景区环境卫生设施中，公用卫生设施的设计与建设历来是景区与设计师煞费苦心的事情，"难选址、难设计、难建设、难维护"这"四难"一直困扰着环境卫生设施的建设步伐。尤其是在现代旅游服务业快速发展的形势下，各景点纷纷争创各级各类的特色景区，而包括环境卫生设施在内的各种旅游配套服务设施是旅游主管部门检查的重点之一，也是广大游客非常关心的基本服务配套设施。因此，本着"服务游客"和"以人为本"的设计理念，环境卫生设施的建设标准及水平日渐提高。

知识链接

西湖景区建立厕所规模的定量分析

假定西湖环湖景区一天开放12小时，游客在景区游玩平均上厕所次数为3次。为计算方便，将计算中的时间单位设定为分钟（min）。以下来计算 K 的值，在网上查到某年"十一"期间平均每小时前往西湖环湖景区的人数为 6 368，则一天有游客（6 368×12）人次，根据假设，游客一天上厕所的总次数为（6 368×12×3）人次，那么由于景区男女游客的比例为 1∶1，所以平均每分钟男性上厕所的人数为 $\frac{6\,368\times12\times3}{2\times12\times60}=159.2$（人次/min），则 K=159.2 人次/min。

而已假设一个男厕所的坑位为5个，又已知每个男生上厕所的平均时间是1分钟，且厕所总是满的，所以我们认为每分钟一个男厕所的平均服务5人次。所以 L=5 人次/min。对于 T，根据西湖是旅游胜地，游客不能花很多的时间来等待上厕所，所以取 T=1min。下面，将数值代入

$$\frac{\left(\frac{\lambda}{\mu}\right)^c}{(c-1)!\,\mu\left(c-\frac{\lambda}{\mu}\right)^2}\left[\sum_{h=1}^{c-1}\frac{1}{h!}\left(\frac{\lambda}{\mu}\right)^h+\left(\frac{\lambda}{\mu}\right)^c\frac{1}{\left(c-\frac{\lambda}{\mu}\right)(c-1)!}\right]^{-1}\leqslant T$$

中，其中 K=159.2，L=5，T=1，则 $\frac{\lambda}{\mu}=\frac{159.2}{5}=31.84$，那么

$$\frac{31.84^c}{(c-1)!\,(c-31.84)^2}5\left[\sum_{h=0}^{c-1}\frac{1}{h!}31.84^h+31.84^c\frac{1}{(c-31.84)(c-1)!}\right]^{-1}\leqslant 1$$

又因为 $\rho=\dfrac{\lambda}{c\mu}<1$，所以有 $c>31.84$，而 c 为正整数，所以 $c\geqslant 32$。再者，注意到当厕所个数越大时，等待时间的期望值当然也就越小。所以不等式左边是随 c 的增大而减少的，因此采用将 c 的值从 32 开始代入不等式，取 c 等于满足不等式的最小值即可。

采用 Excel 电子表格的计算功能计算了当 $c=32$ 时的值：

n	$n!$	$31.84^n/n!$
0	1	1
1	1	31.84
2	2	506.892 8
3	6	5379.822 251
…	…	…
29	8.841 76E+30	4.361 94E+12
30	2.652 53E+32	4.629 47E+12
31	8.222 84E+33	4.754 92E+12

等式中括号中的左边一项为表格第三列的和 3.282 09E+13，右边一项为 9.462 29E+14，两者相加为 9.790 5E+14，而中括号外边的一项为 1.182 79E+15，两者相除得到不等式左边的值为 1.208 095 93>1，所以 $c\neq 32$。同理可以计算当 $c=33$ 时，不等式左边的值为 0.133 740 187<1，所以 $c=33$。

这样，得到需要建造 33 个男厕所，而男女厕所的比例为 1∶3，所以总共需要建造 33 个有 5 个坑位的男厕所和相同规格的女厕所 99 个，也可以建造有 15 个坑位的女厕所共 33 个，当然按照现在公厕的普遍样子，可得以下结论：在西湖环湖景区共建造 33 个公厕，每个公厕有 5 个坑位的男厕所和 15 个坑位的女厕所。

本章小结

景区服务是景区产品的的核心内容，而在日常景区运营中，人们常常只关注景区服务行为的管理，而忽略作为景区产品核心的景区服务的经营问题，这应该是景区改革的重点之一。本章从景区经营内容及其经营业务类型入手，指出景区服务经营的内容十分丰富，涉及面非常宽泛。本章重点介绍和阐述了景区解说、景区接待、景区购物、景区娱乐、景区服务设施等景区服务性经营战略、特征、流程及常见问题。同时，探讨了中国景区服务性经营中存在的问题与发展方向。

关键术语

关键术语	定　义
景区单一业务经营	提供一种旅游项目或服务的经营方式
景区多样化业务经营	同时提供两种以上旅游项目或服务的经营方式
景区解说服务	运用标牌、视听、书面材料等媒介，将景区的信息视觉化和听觉化，以便强化和规范旅游者在景区内的行为活动，同时提高景区的文化品位，其目的在于通过介绍让旅游者认识到景区的重要吸引物的深层文化内涵、景区所蕴含知识的重要性、意义、内容及主要特征
自导式解说服务	由书面材料、标准公共信息图形符号、语言等，向旅游者提供静态的、被动的信息服务
景区娱乐服务	借助景区工作人员和景区活动设施，给游客提供表演欣赏和参与性活动，使游客得到视觉及身心的愉悦的旅游服务活动

理论思考题

1. 景区的主要服务内容包括哪些？
2. 简述景区管理人员的基本素质要求。
3. 票务服务管理的难点及管理对策是什么？
4. 讨论中国景区服务管理发展趋势。

实训调研题

实训一：分组调查景区景点的购物服务现状、存在的问题，并提出解决办法。

作业要求：（1）分组调查手段方法及具体内容。采用问卷方式的应有问卷及结果，采用访谈方式的应有访谈记录，采用会议交流方式的应有记录。

（2）组员分工。

（3）调查资料整理及原件。

（4）调查结果。

（5）评价及建议。

以调查报告形式，每组上交一份作业，调查报告应包含上述内容。

实训二：分组学习《旅游景区游客中心设置与服务规范》和《旅游景区讲解服务规范》。

作业要求：（1）分组学习讨论，并形成知识抢答题。

（2）各组负责人共同制定抢答规则及知识抢答实训方案。

（3）组织景区服务法规知识抢答赛。

以评分员打分方式，鉴定每组学生学习效果，并进行奖惩。

拓展阅读

河南省旅游景区服务规范(节选)

由河南省旅游局规划发展处、河南省质量技术监督局标准化处联合编写的《河南省景区服务规范》,是为了规范河南省景区服务,提高质量和水平,创建优质服务景区。本标准规定了景区服务的术语和定义、基本要求、交通服务、票务服务、信息服务、解说服务、配套服务、环境服务、卫生服务、安全服务、投诉处理、服务人员要求及实施与监督等各项服务要求。标准适用于河南省辖区内的各种类型景区。

旅游景区应符合以下基本要求:

(1) 以人为本,诚信服务。

(2) 法定许可手续完备,通过相关部门的审验。

(3) 组织具备接待游客的旅游吸引物及相关旅游服务设施。

(4) A级景区的服务管理应符合国家标准 GB/T 17775—2003《旅游区(点)质量等级的划分与评定》中相应等级的规定。

(5) 管理体制健全,规章制度有效;旅游质量、旅游安全、旅游统计、投诉受理等各项经营管理制度与管理规范完备健全,认真落实,定期监督检查,并有完整的书面记录和总结。

(6) 有完善的服务程序、服务规范、服务监督、员工手册等服务管理规章制度;并根据岗位要求对员工进行基本素质、岗位职责、专业技能和安全方面的培训和演练,塑造良好、文明的旅游服务形象。

(7) 合理利用景区资源,开展健康、有益的游览和文化娱乐活动,普及文化科学知识。

(8) 建立和完善以质量为核心的企业服务标准体系,并按照 ISO 9001、ISO14000 等标准进行管理体系建设与认证。

第 5 章 景区游客体验管理

学习目标

知识目标	技能目标
1. 掌握游客体验特征 2. 掌握游客体验的塑造与强化 3. 熟悉游客体验理论 4. 熟悉游客体验经营方法 5. 了解体验经济时代背景下的景区游客体验经营	1. 能够在旅游高峰期合理引导景区游客游览体验 2. 能把握游客的景区体验需求，开发体验型景区产品 3. 能预测旺季景区客流量并合理调控

导入案例

迪士尼乐园——体验快乐

这是一个自由的时代，一个个性化张扬的时代，也是一个产生共鸣的时代。这个时代的旅游者，无论是先行后知，还是先知后行；无论是徒步行走，还是肆意放飞，旅游者都付出了时间、精力和金钱，所想得到的都是同一样东西——"快乐体验"。

以迪士尼乐园为代表的主题公园吸引着越来越多的旅游者，包括各类嘉年华游乐项目在我国盛行，都验证一个事实：游客体验经营对景区的管理至关重要。我国旅游主题公园近80%已倒闭，给中国旅游业已造成3 000多亿元的损失。其中的代表是亚洲投资最大（10多亿元）的科幻公园福禄贝尔乐园于1998年1月宣布破产清资，投资上亿的通什海南中华民族文化村开业不到8个月就倒闭。武陵源为了保住"世界自然遗产"这一金牌，不得不拆除违规建筑，耗资3.45亿元，相当于1990—2001年年底武陵源所有门票收入的总和。忽视游客体验是造成这一问题的根源。

（资料来源：邹统钎. 体验经济时代的景区治理模式[J]. 商业经济与管理，2003(11).）

这种经营失败的教训，同样证明了游客体验管理对景区健康持续发展的重要性。游客体验是指旅游者在认识、购买、消费和评估旅游产品全过程中所反映出来的心理过程、心理特征和体验表现，简言之就是游客进行旅游活动全过程的心理和体验。游客体验研究属于消费者体验的范畴，与一般的消费者体验一样，游客体验也受文化、社会、个人和心理四大因素的影响。

5.1 景区游客体验理论

5.1.1 旅游体验理论

1. 旅游发展的体验化趋势

旅游的本质是一种体验或经历，是旅游者离开居住地去异地旅行时所获得的一种丰富的经历和感受，既包括通过原有知识对客观事物进行分析和观察所获得的心灵共鸣及愉悦感觉，也包括通过直接参与活动而得到的舒畅感，同时旅游者在旅行中通过接触陌生事物而进行学习的过程也是体验的一部分。在体验经济时代，体验经济又赋予了旅游活动新含义。

首先，从旅游的本质来看，体验是旅游的核心属性之一。有学者认为，旅游根本上是一种主要以获得心理快感为目的的审美过程和自娱过程，其本质在于审美和愉悦，旅游的基本出发点、整个过程和最终效应都是以获得精神享受为指向。旅游最终将会在一种文化和环境的差异中获得永生，旅游不仅仅源于这种差异性，而且是对这种差异性的经历或者体验。文化和环境在此是一种较为泛化的概念，文化是对人类在"物质—行为制度—心理精神"三层面观念形态的一个动态表述，而环境则是对分布在特定时间、地域上的自然生态状况、社会物质生活等实体形态的一种静态描绘。旅游就是在时间和地域的跨越中，从对那种与自己习惯的文化和环境存在差异的别样文化和环境的体验中，寻求审美和愉悦等精神享受的活动，而诸如美食、康体、探险等特种旅游，其实也是一种差异化体验，体验的结果也许是生理或心理的满足，但当离开那种特定时间和地域之后，留下的最终还是一种精神上的享受。所以，旅游的本质属性就在于差异化体验中的精神享受。

其次，从体验的内容来看，旅游是体验的大舞台。体验是一种参与经历，它能为参与者提供身心享受，留下难以忘怀的印象。它包括娱乐（entertainment）、教育（education）、逃避（escape）和审美（estheticism）四个领域，简称"4E"。娱乐体验是通过主动的感觉经历而得到愉悦；教育体验是客人在积极参与的同时，吸收在他面前展开的事件，让他有所得，有价值满足感；逃避体验就像积极参与到一种浸入式的、与现实习惯不同的环境中，得到一种逃脱束缚后的轻逸感觉；而审美体验者在进行旅游体验时，就像在景物意境中，像在自然或人工营造的一致的、甚至融合于一体的场景中，通过旅游体验充分展示自身价值。有学者更进一步指出：在未来以"经济和文化为圆心"所构成的"椭圆的时代"，在进入包括娱乐消费、旅游消费在内的"体验消费"时期，旅游所给人带来的，主要是以精神愉悦为主要特征的心理满足，因此，为旅游者服务的旅游业，顺理成章地成为体验经济的大舞台。旅游本身就是体验的一种主要方式，包含了体验经济的诸多精神要点，两者在同一快车道上发展，但作为体验展示的主要舞台，旅游应领先于其他体验舞台而走在体验经济的最前方。在这里，作为旅游核心的旅游产品无疑是充分展示体验经济魅力的最佳场所之一。旅游的这种领先地位也集中体现在旅游产品体验化创新的进程上。

再次，从核心理念上来看，旅游业与体验经济是紧紧联系在一起的。在发展和繁荣旅游业的时候，以顾客的体验需求为出发点，将满足这种需求作为旅游业开展业务、开发项目的基础，往往能够收到事半功倍的效果。从事旅游开发与经营的企业，向旅游者提供满足他们体验需求的环境、条件，而旅游公司则往往扮演这种旅游体验的组织者与引导者的角色，为旅游者寻找他们渴望体验到的那种生活内容与生活方式，找到旅游者可以进入角色的"规定情境"。体验经济时代的经济生活更加人本化和人文化。人们在经济生活中无论是创造还是享受，都十分强调"体验"的满足程度。这种认识给旅游业的启示在于：用一种全新的理念来运作经营全过程，在提供优质的食宿条件之外，更要着眼于充分满足旅游者多种多样的、健康的体验需求。这里有一个根本的转变，即旅游者从一般意义上住、行、观光的被服务者转化为一种特殊生活、一次特殊仪式、一些特殊经历、一回有保障的冒险的参与者与体验者。因此，对于旅游业来说，体验经济的引入，是经营理念上的完全创新。它可以引导旅游业的管理者，以更明确的意识来开发旅游新产品。

2. 游客体验需求

以德赖弗（Driver）和布朗（Brown）为代表的北美体验派（experience-based management）学者较早认识到游客体验才是旅游休闲管理的最终产品，这些体验包括享受自然、逃避精神压力、学习、价值共享与创造等。这个学派继承了北美室外娱乐传统（outdoor recreation tradition），重要概念是娱乐机会谱（recreation opportunity spectrum），指出旅游开发的核心是为游客设计独特的旅游体验。

游客究竟需要什么体验呢？过去的游客是向往大自然的、缺乏经验的大众消费者。标准化的旅游产品就能够满足它们的要求。

1）体验经济时代游客需求变化

社会经济发展是旅游业结构演变的主要动因，伴随社会经济的发展必将带来旅游产业发展的深刻变化。随着人类社会从服务经济转向体验经济，旅游将趋向体验化，特别是体验经济时代的旅游者寻求个性化的服务、灵活性、更多的冒险与多种选择。游客希望得到的体验是旅游活动产生的快乐。他们追求真实与差异，从逃避走向自我实现，因此产生一些特殊需求趋势，如更愿选择散客而非团队、选择个性化定制的旅游产品而非标准化产品、不是购买整体产品而是购买旅游要素自己组建、从"走马看花"式的巡游到"下马赏花"式的游览、从"旁观"到"参与"、从"领受"到"奉献"、从只重视"到此一游"的结果到同时重视"结果"与"过程"。概括地讲，体验经济引起的旅游需求变化主要体现在三个方面。

（1）旅游需求量增加。旅游需求量的大小与社会发展水平、社会富足程度成正比例关系。体验经济时代的到来，也意味着人类跨越了农业经济、工业经济、服务经济而进入人类经济生活发展的更高阶段。一方面生产技术的提高，使人们有更多的闲暇时间从事旅游活动；另一方面，由于信息传递可以超越国界，人们的视野更加开阔，了解自然、文化及历史的兴趣大大增强，同时也希望有更多的机会与外界进行更深入的交流，或者获得更多的受教育的机会。因而，在这一阶段，旅游需求量是增加的。

（2）旅游需求质的提升。随着消费经验日趋丰富，旅游者对旅游产品更加挑剔，必然要求享有更高层次的旅游消费。首先，全球生态环境的恶化引起人类社会对环境质量的普遍关注和对传统大众旅游方式的反思。旅游者变得具有环保意识，他们会主动避开过于商业化及遭受污染的目的地。其次，旅游者对大众旅游产品感到厌倦，开始追求一种回归自然、自我参与式的旅游活动。喜欢知性之旅，即在旅游过程中继续接受知识和文化的洗礼，在大自然的怀抱中陶冶情操、放松身心、增长知识、开阔视野。

（3）旅游需求多样化。随着旅游业不断发展繁荣，人们在选择旅游地、旅游方式、旅游等级、旅游时间和旅游活动类型等方面开始产生显著差异性。例如，旅游活动类型由过去的单一观光、娱乐等形式向休闲、度假和特种旅游变迁。

2）体验经济时代的基本需求——快乐"三感"

游客的旅游终极目标是追求快乐的体验。快乐是由新鲜感、亲切感与自豪感三要素构成的。

① 新鲜感来自于差异，亲切感来自于交流，自豪感来自于赞美。新鲜感，即新奇与鲜活。

② 亲切感是从接触中，特别是人与人接触中得到的一种满足感，它的主要功能是消除孤独，只有那些欢迎、关心与理解的接触才能够产生亲切感。

③ 自豪感是对自己价值的肯定，是一种对自己满足的感觉；觉得自己是个有价值的人，值得尊重的人，值得自己也值得别人爱的人。一个成功的景区应该通过各种场景设施与服务来明确游客的这三种感受。

3）最优体验需求标准——畅

什么是最优体验呢？心理学家席克珍特米哈依（Csikszentmihalyi）在其名著《畅：最佳体验的心理学》中提出了最优的体验标准是"畅"（flow），即"具有适当的挑战性而能让一个人深深沉浸于其中，以至忘记了时间的流逝、意识不到自己的存在"。这些思想将对现行的景区开发理论产生深远影响。"适当的"挑战指活动的难度与一个人所掌握的技能相适应，太难的活动会让人感到紧张和焦虑，而太容易的活动则会让人感到厌烦，都不能让人获得快乐体验。

畅体验是如何形成的？其形成受很多因素的影响。具体来讲，畅体验的形成过程表现为 5-2-3 模型，如图 5.1 所示。

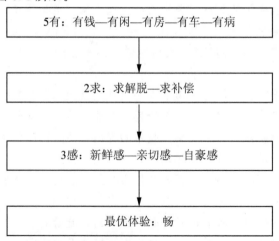

图 5.1　畅体验形成的 5-2-3 模型示意

该模型认为体验经济时代旅游主体主要由"5 有"人群构成,当"5 有"人群开始两追求,即求补偿和求解脱时,他们便会选择旅游并寻找快乐"3 感",而检验他们这一选择效用大小、满意程度高低的标准是"畅"。

其中"5 有"是旅游的前提条件和出游动机,日常生活不能完全满足快乐追求时,人们通过休闲旅游的方式来实现,通过旅游休闲来补偿工作的疲劳并从日常琐事中解脱。求补偿是寻求与自己的快乐标准相比而缺乏的东西。求解脱是摆脱与自己的快乐标准相比自己日常生活中多余的东西。其实,不管旅游心理如何变化,旅游是人类追求快乐的重要方法。由于现代社会物质的极大丰富,从需求上看,游客更多关注心理满足而非生理满足,这也要求在服务中更多的要求心理服务。因此,一个景区的使命便是培养游客的"3 感"并满足"2 求",而使游客获得快乐的最高境界——"畅"。

3. 游客体验理论模型

德国学者 Poon 于 1994 年提出来"新型旅游"概念,认为"新型旅游"是灵活性、细分化和更加真实的旅游体验。当今的旅游正在不断地发生变化,大众化、非人性化的旅游转为高科技、亲密接触、更多的人性关怀、关注和保护自然环境的旅游体验。"新型旅游"概念的产生是由于一系列的因素造成的,如信息技术在旅游业中的广泛作用、对民航业和金融业解除政府管制、环境压力、大众旅游对目的地的负面影响。传统旅游与新型旅游的对比如图 5.2 所示。

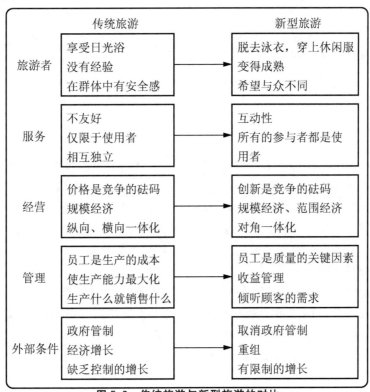

图 5.2 传统旅游与新型旅游的对比

资料来源:Aulinna Poon. The 'New Tourism' Rebolution[J]. Tourism Management,1994,15(2).

图 5.2 列出了传统旅游和新型旅游在旅游者、旅游服务、旅游经营、旅游管理和外部发展条件几个方面的不同，由此可以看出，新型旅游与传统旅游最大的区别在于，新型旅游关注的焦点是游客的需求，而传统旅游关注的是旅游经营者的利益。游客也较大众旅游时代的游客更具有主动性，更愿意暂时离开自己的群体而参与到其他群体中，以期获得不同的体验。这些都反映了新型旅游的体验本质，所以我们认为 Poon 所指的新型旅游就是体验旅游。

20 世纪后半期，欧美学者开始把对旅游吸引物管理研究的重点放在游客管理上，强调对游客体验的调查应建立在游客亲身描述的基础之上。Printice 和 Witt 在《旅游体验》一文中综合多家观点归纳出研究旅游体验的五种模型。

1）层级式体验模型

层级式体验(hierarchical models of experience)模型是在德赖弗和布郎为代表的北美体验派研究的基础上衍生而来的。北美体验学派秉承北美室外娱乐传统，以目标为指向，一个重要的应用概念是娱乐机会谱。与之前的活动学派相比，体验派认为：休闲管理的最终产品是人们所得到的体验，而不是提供的活动机会。在娱乐机会谱之后，出现了利益管理，并在此基础上发展而成受益因果关系链，受益因果关系链按照一定的顺序将活动、布局、体验、受益联系起来，认为在一定的环境布局下所采取的行动是为了获得某种体验，而这种体验就被视为一种受益。

2）"畅"理论模型

该理论的代表人物席克珍特米哈依认为畅是一种全身心投入状态，它使人忘记了时间的流逝，意识不到自己的存在，全神贯注地参与并超越自我。这种"畅"的标准也成为体验经济时代衡量旅游者满意度的标准。在大众旅游时代，游客的满意度是期望与实际感知之间的函数。如果期望值大于实际感知，游客就会不满意；反之，游客就会感到满意。而在体验经济时代，期望与实际感知之间的差别已经不再起主导作用，游客是否满意取决于他在游览过程中是否达到了"畅"的境界。

3）目的行为模型

目的行为(planned behavior)模型主要是从消费者行为学角度剖析促使旅游者对诸如是否旅游、到何处旅游及何时旅游、怎样旅游等问题做出决策。该模型从行为理念(behavioral beliefs)、规范理念(normative beliefs)和支配理念(control beliefs)这三个方面来预知有目的行为。行为理念被认为是影响人对某一行为所持的态度；规范理念被认为是主观行为规范的基础；支配理念则是为感知行为控制力提供基础。

4）类型学理论模型

类型学理论(typological)模型最初主要是用来说明旅游者不都是同一类型的人，主要是用于客源市场细分。1979 年，科恩(Cohen)提出根据旅游者所获得的体验进行游客分类，可以把游客体验分为五大类：消遣(recreational)、转移注意力(diversionary)、获取经验(experiential)、试验(experimental)、存在(existential)。不同的体验代表不同的旅游消费方式。

5）局内人-局外人模型

局内人-局外人(insider-outsider)模型早期认为目的地的居民是局内人，而旅游者作为局外人是无法理解或意识到代表当地文化的象征符号的。后来，随着社会关系的淡化，旅游者和当地居民的距离缩短。1996年，Prentice认为局内人和局外人的差别既是指空间上的又是心理上的，并将那些试图深入了解目的地的旅游者称为有洞察力的局外人。

5.1.2 景区游客体验类型

1. 娱乐体验

娱乐是人们最早使用的愉悦身心的方法之一，也是最主要的旅游体验之一。游客通过观看各类演出或参与各种娱乐活动使自己在工作中的紧张神经得以松弛，让会心微笑或开怀大笑抚慰心灵的种种不快，从而达到愉悦身心、放松自我的目的。娱乐体验渗透到游客体验的整体过程中，无论是景区动物一个滑稽的动作还是一处美丽景观带给人的视觉冲击，都会起到娱乐身心的作用。

2. 教育体验

教育体验式消费者主动参与、吸收信息的访问参观、户外教学、感性旅行等，是以获取知识、技术为目的的体验方式。旅游者在旅游中见所未见、闻所未闻，每一次旅游都会有新的收获。无论是自然风光的旖旎，还是人文类景点的底蕴，总会令旅游者耳目一新，通过学习而融入旅游的全过程。

3. 超脱现实（逃避）体验

在工作、日常生活等繁重的压力下，许多人希望通过旅游活动暂时摆脱自己在生活中扮演的各种角色。或在优美、轻松、异于日常生活的旅游环境中获得一份宁静、温馨的体验，寻找生活中另一个摆脱压力的真实自我；或在冒险、刺激的旅游中挖掘自身潜能，通过不断挑战自我、不断超越目标获得极大的心理满足，在活动的过程中体验舒畅的、愉悦的、忘我的感觉。这样的旅游者往往更主动参与、更能融入情境。例如，农村人观光大都市，乘快车、吃快餐、登高塔、眺全景，现代都市节奏、现代都市的脉搏冲击着他的感官。城里人游览小山村，过小桥、蹚溪水、坐牛车、看炊烟，山村的节奏、乡野的风貌便流过他的肌肤，并定格在他的记忆深处。

4. 审美体验

对美的体验贯穿于旅游者的整个活动中，美好的事物可以令人心情舒畅、精神愉悦，使美的感受者获得从身体到精神的放松、通畅和忘我。旅游者在旅游活动中的审美体验首先是耳目愉悦，景区的资源和环境如繁花、绿地、溪水、瀑布、林木、鸟鸣、动物、蓝天等给人带来极大的视觉、听觉及嗅觉愉悦。同时，在与自然的亲密接触中，由于精神的不设防，使人可以把对美的体验发挥得淋漓尽致，从而达到悦心悦意的境界。在审美体验中，旅游者虽主动参与少，但因深度融入情境，个性的感受却很多。

5. 移情体验

移情体验（empathize experience）是指旅游者将自己内在的某种情感外射或迁移到他人或他物身上，在移情过程中体验旅游的快乐。游客在旅游中可以暂时摆脱日常生活中自己所扮演的诸多角色，如父亲、儿子、职员等，把工作中的种种压力、人际交往中的各种冲突、生活中的琐碎事情抛到脑后，在陌生的旅游环境中扮演另一个自我。追寻"理想的自我"，逃离"现实的自我"，从而逃离现实，获得感情的补偿。旅游活动中旅游者的角色扮演就是典型的移情体验，如坐老爷车、穿绅士服、住古城堡、扮演新郎新娘等。电影《甲方乙方》中，"好梦成真一日游"公司为游客提供美梦成真的服务就是一种典型的移情体验。旅游业的繁荣与发展，是一种体验经济的繁荣。

5.1.3 景区游客行为特征

知识链接

《中国公民国内旅游文明行为公约》

为提高公民文明素质，塑造中国公民良好国际形象，中央文明办、国家旅游局联合发布了《中国公民出境旅游文明行为指南》、《中国公民国内旅游文明行为公约》。

以下为《中国公民国内旅游文明行为公约》全文。

营造文明、和谐的旅游环境，关系到每位游客的切身利益。做文明游客是我们大家的义务，请遵守以下公约：

（1）维护环境卫生。不随地吐痰和口香糖，不乱扔废弃物，不在禁烟场所吸烟。

（2）遵守公共秩序。不喧哗吵闹，排队遵守秩序，不并行挡道，不在公众场所高声交谈。

（3）保护生态环境。不踩踏绿地，不摘折花木和果实，不追捉、投打、乱喂动物。

（4）保护文物古迹。不在文物古迹上涂刻，不攀爬触摸文物，拍照摄像遵守规定。

（5）爱惜公共设施。不污损客房用品，不损坏公用设施，不贪占小便宜，节约用水用电，用餐不浪费。

（6）尊重别人权利。不强行和外宾合影，不对着别人打喷嚏，不长期占用公共设施，尊重服务人员的劳动，尊重各民族宗教习俗。

（7）讲究以礼待人。衣着整洁得体，不在公共场所袒胸赤膊；礼让老幼病残，礼让女士；不讲粗话。

（8）提倡健康娱乐。抵制封建迷信活动，拒绝黄、赌、毒。

游客的游览行为首先体现为游客的心理活动，一定的旅游行为是内在心理活动驱动的结果。而游客借助交通工具，从各个游客集散中心或常住社区，前往景区进行观赏、休闲、娱乐等活动，在景区内部和外部系统之间形成一定强度的旅游客流，体现为景区游客的空间特征。因人们的闲暇时间的不同，会产生不同时期的出游行为，而形成的旅游淡旺季表现为景区旅游客流的时间特征。

1. 游客的游览需求特征

人们的日常旅游活动包含两方面含义：一是旅，即当游客离开居住地，通过交通等旅游媒介，到达旅游目的地的过程就产生了旅，旅是实现整个旅游者移动过程的必备因素。

二是游,并非所有的"旅"都包含"游"的过程,二者有一定的重叠性,但也有较大差异。"旅"可以因为任何的原因而成行,但"游"不同,"游"具有较强的休闲性、游憩性、享受性,可以使游客获得一系列的审美享受、科学知识、心灵美感,使身心得到莫大放松。游是建立在一定的经济基础之上的、具有较强的享受性的外出旅行活动。旅游活动所表现出来的游客在旅游目的地进行的具有欣赏性、参与性、知识性较强的旅游体验,就是游客的游览活动。

游客的游览需求是旅游需求的核心,包含有观光、娱乐、休闲、度假、运动、会议、探亲访友、宗教朝拜等,这些游览需求的实现需要景区游览接待设施的完善,并随游览服务质量、景区客流量及游览情绪的变化而发生变化。

2. 景区客流的时空特征

当旅游者从自己的常住地出发,到不同的旅游目的地去观光游览、娱乐消遣,便构成了具有一定流向、流量特性的游客群体,这一游客群体就称为旅游流。旅游客流包括流量和流向两个要素。流量和流向的变化表现为景区客流的时空行为变化。

1) 景区客流的时间变化

流量大小的变化,即为景区游客时间特征的表现。流量的大小在一年中的分布不均衡。由于人们出游高峰的变化而存在时间纬度的变化。景区客流在不同的季节会存在淡旺季差异,表现出较强的季节性;淡季游客较少,大量设施设备闲置;旺季人满为患,景区资源环境承受较大压力。一天中,景区客流强度也不均衡,表现出明显的时段性,高峰时段会出现游客排队等候现象,低谷时段则游客稀疏。在景区内游客的空间位移呈现出线性多向流动与节点汇集的空间特征,即游客进入景区内,大多数人均会沿景区标示所引导的旅游路线而呈线性分布特征。

游客流的日变化特征是变化尺度最小的单元,旅游景区的日变化特征通常呈锯齿状波动,但高峰值的出现时刻因为景区性质的不同会产生一定的差异。一般说来,景区的经营时间是9:00—18:00,在这段时间内入园游客量在时段分布上就具有明显的规律性,可能有两个高峰值,形成了驼峰现象,即从9:00景区开园起就有游客开始入园,入园游客量随着时间的推移而不断增加,11:00左右入园游客量达到上午的高峰,15:00左右入园游客量达到当日的高峰值,然后游客量开始下降,到17:00游客基本停止入园。

一般而言,旅游景区的游客流呈逐年增长趋势,但时间分布波动性较大。因此,分析旅游景区的游客流应与旅游景区的生命周期理论结合起来,除衰退期外,处于导入期、成长期、成熟期的旅游景区游客流一般都逐年上升。

知识链接

游客流随时间波动的影响因素

(1) 政策和经济方面的因素:休假制度、节假日制度、市场发育程度等社会方面的政策性安排;客源地经济发展水平、社会消费平均水平、交通运输业发达程度等经济方面的因素;旅游景区所在地的综合实力及对局部地区的集聚效应和扩散效应。这些因素决定了游客出行的可能性及对旅游景区的选择概率。

(2) 游客方面的因素：可自由支配的收入、可自由支配的闲暇时间、游客的旅游动机、游客的选择偏好、客源地与景区的距离及交通方式。这些因素决定游客出行旅游的选择偏好、出游频率、旅游时间长度。

(3) 产品方面的因素：产品的娱乐功能体系、产品的供给能力系统、产品的市场品牌形象、产品特性对游客需求的响应程度等。这些因素决定了旅游景区的市场认同度、商业感召力和游客的消费行为规律。

(4) 气候方面的因素：季节性的气候条件，决定了游客流的月际、季度之间的变化；短时期内的天气条件，决定了某天、某周及某月游客流的变化。

(5) 突发事件的因素：旅游业是敏感性行业，自然灾害、金融危机、疾病、战争等都是对客源地、目的地及旅途等环节造成影响的因素，都能引起旅游景区游客流在时间维度的波动性变化。

2）景区客流的空间变化

游客进入景区内后，团队游客和散客体验特征存在较大差异。团队游客往往按照既定的游览路线统一行动，行程大都比较紧凑、可变性差。而散客是人们突破传统团队约束、追求个性化体验的表现，具有决策自主性、内容随机性和活动分散型的特点。所以，一般来讲，景区内的游客空间特征呈现出线性多向流动和节点汇聚的空间特征。

(1) 线性多向流动。一般而言，景区多有一个或者多个出入口，进入景区后，游客在导游的带领下，在导游图或路标系统的导引下，会沿着一定的线路或景区游道进行游览。游客从进入景区到离开景区的空间位移过程是高度流动和发散的。以一日游景区为例，旅游者要经过到达—泊车—买票—验票进入—游览—出口—取车—离开景区等完整的移动过程。在这个过程中，游客的空间位移过程是线性的、连续的。从流动节奏看，有时快有时慢，有时甚至是静止的，如静静欣赏某个景物时、观看节目时等都是静止的。从流向看，由于景区内部游道布局、游道宽窄不同，游客对出入口、游览线路选择不同，游览速度就不同。游客的流向有单向的，也有双向的，有时是复合的。例如，张家界的"一线天"景点，两边山石夹道，仅容一人，游客只能单向线性流动；而云南石林景区游览主道上，常常是电瓶车与游客交汇，会产生双向客流。

(2) 节点汇聚。在景区内部游客空间移动过程中，景区出入口、高级别的吸引物、主要游览设施、表演场所、购物场所、就餐地点、游道的交汇处等节点会形成人流汇聚。特别是在旅游旺季的高峰期，这些节点会承受游客超负荷的压力，对景观资源、旅游环境、接待设施会产生较大的影响，会出现游客排队、等待，容易产生各种事故。客流汇聚超过游客的心理容量，会降低游客的体验质量。例如，在张家界国家公园，从公园大门口门票站和水绕四门进入金鞭溪游道的两股客流，每天10：00—12：00在"紫草潭"和"千里相会"等景点汇聚，在这一时段的游道上人满为患，十分拥挤。

案例分析

泰山游程实录

2003年夏，首届中韩国际旅游学术大会期间，作为会议东道主的山东大学组织参会的部分韩国旅游学者到山东泰安和曲阜两地游览。活动委托山东某著名国际旅行社按"一日游"方式组织，徐老师以游客身份参加了全过程。以下是对旅行团当天游程和主要活动内容记录的摘要。

- 7：30 启程。导游取站姿，一路讲解，车内笑声四起。
- 9：00 车到泰安某酒店，导游组织换乘中巴车，沿桃花源索道进入景区。
- 9：20 车到桃花源索道站，团友换乘索道登山。
- 9：40 到达索道站终点。步行上山。导游只在"天街"作简单介绍，便放任团友自由活动。客人均是首次登泰山，不得要领，只能走马观花。
- 11：00 登顶玉皇庙。众团友已四散不见。
- 11：10 出玉皇庙。遇导游，催促团友尽快下山，约定11：30索道站碰头。
- 11：40 乘索道返回桃花源。
- 12：20 返回换车点酒店，用午餐。导游单独用餐。
- 13：30 换乘原车上路，向曲阜进发。开车后导游取坐姿，兴致已不高。
- 14：40 车到曲阜。直接停靠孔庙东门外。导游买票后引领自东门进入孔庙。只游成化碑、杏坛、大成殿，随后导游便一再催促，看过鲁壁，自东门出。游览孔庙用时不足40分钟。
- 15：40 入孔府。进展更快，导游只讲解大堂景点，20分钟后贯通孔府全境，由后花园出。
- 16：10 乘车径直到孔林。导游依旧一路催赶，众团友在孔子墓前留影，即沿小路折回，用时不过30分钟。
- 16：40 踏上归程。开车后导游告知安排有购物内容，团友默然。
- 17：50 车返回泰安，停靠一旅游商店。多数团友两手空空。导游此时兴致又高，两边帮忙，可惜效果一般。
- 18：30 重踏归程。导游再无声息。车内一路沉默。
- 19：50 返回酒店，道别分手。"泰山、曲阜一日游"游程结束。

基本评价：

　　从总体看，该旅游产品设计选题合理、内涵丰富，有较高市场吸引力，但产品实际执行效果不够理想。首先，游程时间分配不够合理。整个游程持续约12小时，但其中实际用于景区游览时间尚不足4小时(据称通常还可压缩在2小时以内)，旅、游时间比例严重失衡。其次，景区旅游路线设计不合理。旅行团在两地都没有走常规路线(主路)，而是选择了从侧路直接进入核心景区；游程中导游也没有对景区情况做系统介绍，致使游客在景区里有"不识庐山真面目"之感。再次，产品内容安排也不够合理。表面上看，游客游览了两地，但由于活动区域仅限于核心景区，对景区的总体风貌仍知之甚少，加之景区和导游都缺乏有针对性的资料介绍，致使游客对两大景区旅游特色和文化内涵的认识仍失之于简单和片面。总之，该项旅游产品实际执行与产品创意设计之间存在较大落差，执行过程中有明显的重量轻质的问题。

5.2 景区游客体验管理方法与措施

景区游客体验经营主要是在组织和安排游客游览、规范游客行为、保障游客安全、引导游客保护景区景观资源等方面实施管理。在实施景区游客体验经营的过程中,不能仅仅实施引导规范,还应通过服务、激励或控制等方法实现管理目标。

知识链接

游客管理

作为一种管理理念,游客管理已为发达国家旅游目的地广泛应用。从20世纪60年代起,通过理论研究和实践探索,在西方国家先后形成了一系列游客管理理论:游憩承载力(RCC)、游憩机会序列(ROS)、可接受的改变极限(LAC)、游客体验与资源保护(VERP)、游客风险管理(VRM)等。除此之外,美国、加拿大、澳大利亚等国的一些游客管理方法和模型,如游客影响管理(VIM)、游客活动管理程序(VAMP)、最优化旅游管理模型(TOMN)等至今仍指导着世界上众多同类型的旅游目的地的游客管理。它们都建立了反映游客体验质量和资源条件的指标体系,并且确立了最低可以接受的标准,以及为保证相应区域的状态满足上述标准而应当采取的管理手段和监测技术。

游客管理是指旅游管理部门或机构通过运用科技、教育、经济、行政、法律等各种手段组织和管理游客的行为过程。通过对游客容量、行为、体验、安全等的调控和管理来强化旅游资源和环境的吸引力,提高游客体验质量,实现旅游资源的永续利用和旅游目的地经济效益的最大化。旅游景区由于其产品的特殊性,在游客体验和旅游活动对环境的影响方面都需要对游客进行直接或间接的管理。长期以来,旅游景区游客管理没有得到与游客服务一样的重视,被包含在旅游环境影响及其管理研究和旅游环境容量理论中。

旅游业属典型的服务业,其产品主要是为游客提供无形服务。旅游景区在旅游产业链中处于核心环节,因此长期以来旅游景区一直强调旅游服务质量。在20世纪60年代,西方国家步入大众化旅游阶段,游客人数迅速增多,公园等旅游地旅游活动对环境的负面影响逐渐增大。因此,旅游景区对旅游活动的管理是非常必要的,而游客管理则是其中的重要组成部分。由此产生的公众关注促进了游客管理概念的形成。

5.2.1 服务性管理方法

服务性管理法是基于游客都有公德心、责任心、羞耻心等人性中善的考虑,通过引导游客行为来实现管理目标。服务游客的过程中,更多地加入人情味,表现出对游客的爱心,而这种爱心则需要通过关心、理解和尊重来体现。让游客意识到自己绝不仅仅是被约束、监督甚至惩罚的对象,更是被尊重、理解和关心的对象。同时,让游客意识到自己的不文明行为是不对的,出于对资源的保护及管理的公正和顺利实施,必须被约束甚至惩罚。美国旅行代理商协会在充分了解游客行为的基础上,制定了生态旅游的十条戒律,使得景区对游客行为的规范更合理和人性化。

景区对游客的管理不局限于对游客行为的约束、监督甚至惩罚,应该给游客更多的尊重、理解与关心。景区在制定管理规范时应充分了解游客行为的特点，采用更为合理和人性化的方式向游客传达信息。

案例分析

景区加强服务避免游客违章

桂林两江四湖景区解放桥六匹马码头，游船服务人员在核验游客船票时，发现某游客小孩超高，告之其小孩需要补票后才能登船，游客不但不补票，还出手向服务人员脸上打去。幸亏警察及时赶到，防止了事态扩大。游客虽然赔礼道歉，还赔了300元医药费，可心理的阴影却一直伴随着那位服务员。

评析

从游客角度来讲，出门旅游图的是放松情绪、缓解压力、强身健体，大家都希望有一个和谐、文明的环境。尤其是在游人如织的旺季，风景旅游区往往摩肩接踵，人与人之间接触机会大大增加，难免发生碰撞。人多拥挤时，许多人容易烦躁不安，比较敏感，往往会因为一点点小事发生口角，使矛盾扩大、激化，有的甚至发展到拳脚相向的地步，给本应愉快的假期留下阴影。在这种情况下，除了需要每一位游客自觉遵纪守法、礼让他人、多一分理解、多一分宽容，旅游景区更要认真做好接待工作，努力加强和改善服务，积极避免和化解矛盾，营造和谐氛围。

知识链接

美国旅行商协会的十条戒律

（1）要尊重地球的脆弱性，认识到，只有所有的人都愿意帮助和保护地球，独特而美丽的风景才会被后代享有。

（2）只留下脚印，只带走照片，不折树枝，不乱扔杂物。

（3）充分了解你所参观的地方的地理、习俗、礼仪和文化。

（4）尊重别人的隐私和自尊，拍照时要征得别人的同意。

（5）不要购买用濒危动植物制成的产品。

（6）要沿着画定的路线走，不打扰动物，不侵犯其自然栖息地，不破坏植物。

（7）了解并支持环境保护规划。

（8）只要可能，就步行或使用对环境无害的交通工具，机动车在停车时尽量关闭发动机。

（9）以实际行动支持景区内部那些致力于节约能源和环境保护的企业。

（10）熟读有关旅行指南。

5.2.2 控制性管理方法

仅靠服务性经营法无法实现对游客的威慑力，必要的控制性经营有助于管理更好地实施。景区应制定必要的管理规章制度，并配备必要的人员保证规章制度实施。控制性管理的特点是严格。游客对管理规则提出的要求必须遵守，而不是可有可无的。管理人员在操作过程中，必须坚持对的就是对的，错的就是错的，而不能盲目迎合游客。

> 旅游观察

八达岭长城原貌区严控登城

为保证游览活动不对长城本体及其景观造成破坏,北京市出台了一个规划,在冬季的旅游景点地区采取分级控制的方式对游人活动进行控制,未来有条件还应按照以下原则委托专业机构制定游客管理规划:

一级控制:土边长城、上关城、烽燧等原貌展示的地区,严格控制游人的登城活动,以城市观光为主要游览方式,并对每日游人数量进行控制。

二级控制:残长城、南长城等对城墙进行保护和局部修复的地区,允许采取局部登城的方式进行游览,但应严格限制登城地点,并严格限制每日登城游客数量,未采取保护措施地区仅对科学考察者开放。

三级控制:八达岭长城、水关长城、居庸关长城等进行了全面修复的长城开放段,以登城游览为主要游览方式。但在节假日高峰期应采取措施限制游客登城,避免对城墙造成破坏,提高游览质量。

四级控制:水峪村、岔道城村、长城博物馆等在条件允许的情况下,可积极开展游览活动,原则上不限制游客数量。

> 旅游观察

入乡随俗是旅游者的基本行为规范

据英国《每日电讯报》报道,意大利罗马市政厅近日通过一项法律,禁止在罗马市中心历史名胜附近吃比萨饼、三明治及其他小零食,违者最高罚款500欧元。罗马市政厅颁布的声明称,该法律旨在切实保护著名历史景点。

在世界许多国家发展旅游的过程中,历史文物往往是最重要、最具吸引力的文化旅游资源,对一个历史文化名城来说,更是如此。在世界旅游发展的过程中,对历史文化旅游资源的保护和利用一直是一对矛盾,进入大众旅游发展时代,这一矛盾则更加突出,或者说资源的保护任务更为艰巨,因为,这些资源除遭受大自然的侵蚀之外,还面临了游人集聚造成破坏的压力。更广泛地说,这还涉及对旅游城市或目的地的社会环境的尊重与保护。

人为破坏是多方面的。有的是出于好奇,旅游者每到一个地方,见到好奇、好玩的东西,忍不住要动手摸一摸,感受一下;有的则是出于喜欢,难免会挡不住诱惑"顺手牵羊",弄回点东西作为永久的纪念;还有的人情感甚笃,动了感情、手痒痒,会在游览之处写上甚至刻上"到此一游"或"××我爱你一辈子"的心里话。诸如此类,林林总总。

对于这些常见的问题,一般城市或景区都有明文禁止,甚至有法可依。然而,游客对旅游景区或文物的损伤、损害是多种多样的,有的是有意的,有的则是无意的,发生在不经意间,但无论如何,其结果都是不好的。于是,不同的地方会做出不同的规定,甚至宣布罚则来提醒、警示或教育。例如,乱扔垃圾、随地吐痰,这是被普遍禁止的;对某些物体的拍照,尤其是使用闪光灯对文物进行拍照,很多地方是禁止的。在新加坡不准卖口香糖,对在公共场所吃口香糖有明确的罚款规定,第一次被发现罚款1 000新币,第二次罚款2 000新币,第三次或更多次违反条例者,则将面对最高5 000新币的罚款,这可不是个小数目。

当然,这些禁令和惩罚并非完全针对文物或景区保护的,更多的是针对人类健康和社会秩序。对于一个国家和城市而言,这些禁令是为了保护公共利益而制定的,没有合理与不合理而言,必须遵守。作为外来的旅游者,更要入乡随俗,尊重当地的规定,不要试图觅寻为自己开脱的理由,更不能以身试法。遵守旅游地的法律法规,尊重当地人的风俗习惯,这是旅游者的基本行为准则,也是一个人自身文明的体现。

(资料来源:张广瑞. 入乡随俗是旅游者的基本行为规范[J]. 中国旅游报,2012-11-30(02))

5.2.3 激发性管理方法

激发性管理是指景区通过激发游客的自我控制意识而保证其按照社会基本行为准则和景区游客行为规范行事。其典型的方法有教育、示范和引导。其管理途径如图5.3所示。

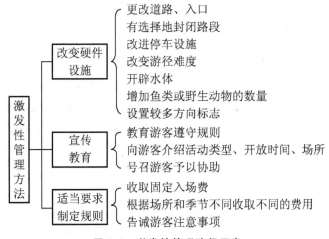

图5.3 激发性管理路径示意

5.2.4 满足游客体验需求的措施

亨利·阿塞尔(Henry Assael)认为,当商品的实际消费效果达到消费者的预期时,就导致了满意,否则,则会导致顾客不满意。在旅游活动过程中,游客出游后达不到预期导致对旅行社的产品不满意,因此,旅行社应设法满足游客的期望,这样既有利于维护旅行社的形象,体现旅行社的特殊性和专门性,又有利于将消费者的期望与实际感受之间的差距降到最小的幅度。

1. 市场沟通是前提

市场沟通因素是影响游客期望的最重要的因素之一,也是旅行社比较能够直接控制的。因此,游客的期望管理应以市场沟通管理为前提。市场沟通因素包括旅行社的宣传广告、公共关系及促销活动等。一方面,旅行社在对外宣传中必须实事求是,保证对游客的承诺为自身能力所及,不要片面夸大;另一方面,也要充分考虑潜在外因对于承诺兑现影响程度,制订必要的预案,以保证承诺切实履行。

2. 产品弹性是重点

不同层次的游客对旅游产品需求的档次不同,期望也各异。当把单一层次的产品展现在需求层次不同的游客面前时,势必会引发一部分游客与先前期望的差异,特别是针对游客选择较多的旅游目的地,存在强制性自费项目是否包含在团费之中的问题,不清楚情况的游客很容易在这一环节引发争议。一般情况下,服务人员会进行相应解释,但仍有大部分游客会提出这样一个问题:整个行程到底要花多少钱?这也反映出目前产品层次的设置没有帮助游客建立起全面的、正确的旅游认知期望。因此,不同档次产品的设计可以帮助游客对整个旅游过程有较准确的认知,同时也适合不同消费心理的游客选择,建立合理的心理期望值。旅行社应在原有产品设计基础上,增设不同的自费套餐,将清晰的产品价目表公布于众,这样,在清晰的产品价目表面前,服务人员无须"含糊其辞"地解释,游客也能通过对比了解旅游服务项目和价位,树立正确合理的消费期望,并选择适合自己的旅游产品。

3. 产品个性是核心

个性化、高层次的旅游需求成为发展趋势。旅游者强调个性的充分张扬,已不再满足于被动接受旅行社推出的固定服务和旅游产品,而要求直接或间接地参与到旅游产品创意和设计中来。他们要求个性化的旅游路线、经历、纪念品。传统旅行社的组团产品逐渐无人问津。信息化时代网络的出现又为个性化旅游的实现创造了条件。旅游者可以通过网络,查询自己感兴趣的旅游产品要素信息,并自行组合设计适合自己的旅游产品。因此,旅行社要与时俱进,提升自身的组织协调和技术能力,依靠网络优势将个性需求进行整合,打造个性服务品牌优势。同时,依据这些宝贵信息资料,把握市场需求层次和需求动态,及时调整产品设计和企业发展战略。目前不少旅行社正在做打造个性旅游市场的尝试,打造旅游网络平台,为游客提供动态信息,游客可自行组合产品并直接通过网络递交到旅游信息中心,旅行社视情况进行整合并派专人跟踪,以满足不同游客多样化的期望与需求。

4. 讲解员素质是关键

讲解工作是一项劳动密集型和感情密集型的服务工作。游客对期望形成评价一般经历四个阶段。

第一,接受服务信息,即通过广告了解旅行社所能提供的服务项目和质量承诺。

第二,形成服务期望,即根据社会公众提供的外部营销信息,形成对旅行社产品和服务的心理感知预期。

第三,感受旅行社服务,即游客亲自随团消费,接受导游员提供的服务,形成对服务的现场感受。

第四,形成服务评价,即游客对比心理预期与对服务的实际感受所产生的差距进行综合评估,决定满意与否。由此不难发现导游的服务质量是满足游客期望的关键因素。因此，讲解人员素质就成了游客预期实现的关键，这就决定了旅行社必须对讲解员进行全面有效的培训教育，以提高其综合能力和整体素质。但我国大多数旅行社的培训工作开展情况不尽如人意，主要表现在对培训的重要性认识不足或者是投入不足，这也是游客预期难以实现的深层原因。

5. 讲解监管是保障

对提高讲解人员素质而言，培训教育属于自律范畴，还必须加强他律，这是由讲解人员常年在外独立工作的特点所决定的，景区应采取措施强化对讲解人员的监督管理。在这方面以新加坡、以色列为代表的国家采用了严格的管理制度；以英国、德国为代表的发达国家采用宽松型的讲解管理制度；而我国的讲解管理制度则尚未实行社会化专业管理、分等定级制度。鉴于此，景区要加强对讲解员的选用和管理。一要严格选用讲解员。首先要熟悉本景区讲解人员的基本素质、知识水平、性格类别和业务能力等特点，进行分类；其次要全面了解每个旅行团的性别组成、年龄组成、文化背景等方面的情况特征，将旅行团分类；第三，注意相关旅行社的地接人员的素质把关及服务质量监督。二要契约管理讲解人员。景区在与讲解员签订合同时，要明确通过优质服务达到满足游客预期的程度，以此进一步规范其服务质量。三要规范讲解佣金。回扣问题一直是旅游管理领域的敏感问题。在对讲解人员的管理教育的基础上，应在充分考虑到合法权益的条件下，推行公开合法的佣金制度。

6. 实施产业合作

现代旅游业的突出特征是跨越空间地域、综合性强及产业内部高度关联。表现在产品开发上，就要求旅游企业必须走出封闭和自主化的经营趋势，重视对旅游产品一体化与产业合作发展模式的研究。旅游目的地相关旅游企业总是按照一定的服务流程（服务链）和市场分工规律组合而成，并形成了特定的链式产品（或产业）结构。旅游产业链内部各企业之间合作程度与关联能力的高低不仅决定着相关产品的质量水准与盈利能力，而且对该旅游目的地形象和旅游产业发展水平也有着决定性影响。因而，旅游企业要从根本上提升自身的持续发展能力，就不能局限于只关注产品内部的要素手段，而要树立产业合作开发意识，积极探索如何加强同一产业链内部各企业间的产品合作效率问题。

5.3 体验经济时代的景区游客体验管理模式
——创造"快乐剧场"

旅游的过程是一个求新、求异、求美、求知、求乐的过程。这一过程也就是游客体验的过程。旅游发展的趋势是体验化，为使旅游者获得最佳的旅游体验效果，景区应突出体验主题，同时在旅游产品、旅游服务、旅游服务设施和旅游纪念品等方面来加深旅游者的感官刺激。进行游客体验的塑造与强化之前，必须分析游客在景区的体验点。这些体验点主要来自于景区内复杂多样的产品和服务。景区所有的产品和服务都是游客的体验点，包括游览点、游乐设施、旅游项目、服务设施、旅游秩序、旅游环境、服务意识、服务态度、服务时效、服务可信度、服务人员的仪容仪表与基本素质等。按照其在游客体验过程中的不同角色,可以将游客的体验点划分为核心体验点和基本体验点。

其中,游览点、游乐设施和旅游项目属于核心体验点,其他则属于基本体验点。基本体验点属于游客体验的保障因素,核心体验点属于游客体验的生成因素。前者决定了游客是否满意,后者决定了游客是否兴奋。在我国景区经营管理过程中,一方面要全面提升管理水平,保障游客基本体验点的塑造;另一方面应该以文化挖掘为基础、以独特创意为突破口,提升景区的核心体验点。

成功的景区必须要为游客生产快乐的体验,同时要实现景区的资源、环境与文化的完整统一。正如地中海俱乐部提出的经营信条那样:"我们的工作就是创造快乐!"地中海俱乐部的"完全无忧无虑的度假、全包的假期与一次性付费"经营理念就是要让游客真正享受快乐。从本质上说,景区就是一个快乐剧场,游客与居民、员工共同演出一场欢乐剧。

5.3.1 创意景区体验主题

体验是景区的灵魂,没有主题的景区只是散乱的景物堆积,游客游后无法记忆难忘的经历。体验主题定位成功的关键在于景区中什么是真正令人瞩目和兴奋的。一般而言,创意好的景区体验主题有五个特点。

(1) 主题具有诱惑力,可以调整人们的现实感受。人们到某一景区游览,是为了放松自己或者寻求平常生活中缺乏的特殊体验。景区体验必须提供或是强化人们所欠缺的现实感受。迪士尼乐园的观光人数之所以如此众多,可以说人们就是被"发现快乐和知识的地方"这样一个简单而美妙的主题所吸引过来的。

(2) 景区的主题是具有特色的。景区主题能通过影响游客对空间、时间和事物的体验,彻底改变游客对现实的感觉。例如,美国的"荒野体验"融真(动物)、假(人造树林)、虚(电影特技)于一体,创造了"在广阔的户外漫步"的后现代旋律。而无锡的三国水浒景区,通过人造景观静态展示与影视剧情节模拟动态表演相结合,生动再现旧时风貌和市井风俗,使游客仿佛置身古代传奇之中,获得了极大的成功。

(3) 体验主题是集空间、时间和事物于相互协调的现实整体之中。游客的体验是完整的,包含了空间、时间和事物的整合,因此要做到让游客"在适当的地方、适当的时间做适当的事"。因此,任何一个景区体验主题必须根据景区的特性,寻找关联的主题,并根据不同时间游客的心理氛围来推出,才能真正有吸引力。生搬硬套的活动对景区是没有什么帮助的,好的主题必须符合景区本身的特性。

(4) 景区体验主题应该能够在景区内进行多景点布局。景区是一个立体的景点的集合,推出的景区体验主题,要能够让游客对景区进行立体的体验。美国"荒野体验"的五个生物群落区,从红松林、高山、沙漠、海滨到山谷的风景变化,囊括了影视中的故事,调动了游人的积极性。西安大唐芙蓉园通过多景点布局和各类表演让游客体验盛唐文化。全园12个景观区分别演绎着12个文化主题,同时通过视觉、听觉、嗅觉、触觉和味觉五感体验,以及梦回大唐水幕电影、皇苑盛装巡游等活动增强游客体验。

(5) 主题能符合景区本身的特色。推出的体验活动,只有与景区本身拥有的自然、人文、历史资源相吻合,才能强化游客体验。景区主题的设计要素和体验事件要统一风格,只有这样,体验主题才能牢牢地吸引游客光临。

5.3.2 贯彻景区管理的游客体验原则

1. 总体管理

景区要长期规划、总体控制；实行从家门到景区大门的全程空间管理。政府方面要鼓励公众参与规划，严格监管企业开发行为，制定行业规范，评估与监控旅游影响。对游客进行教育与沟通，培养负责任的旅游者。推行"天然林保护"、"退耕还林"、"以粮代赈"等政策。

2. 资源的梯度开发或循环利用，"减"人数"增"植被

资源与环境的多样性是独特游客体验的必要条件，也是新鲜感的基础。没有了生态多样性，自然就不能给游客带来新鲜感。生态环境成为了景区的重要吸引物。在满足经济、社会和审美需要的同时，保证文化统一、基本的生态进程、生物多样性和生命支持系统，对文物保护施行"有效保护、合理利用、加强管理"的指导方针，以及采用因地制宜、分区、容量控制、轮休等方法保证资源与环境的可持续利用，防止"吃祖宗饭、造子孙孽"的恶性开发。

景区资源采用梯度开发模式或循环利用模式。例如，在温泉度假区，50～63℃温泉水用于供热采暖；37～50℃的水用于洗浴；30～35℃的水用于养殖（鱼、虾、蛇）与景观用水；20～25℃的水用于农业（浸种、育秧、种菜、养花）、泳池用水；10～20℃的水用于农田灌溉。

典型案例

珠江三角洲地区的桑基鱼塘休闲度假村

珠江三角洲地区的桑基鱼塘休闲度假村的基本循环是塘基植桑，塘内养鱼，桑叶喂蚕，蚕桑废弃物和蚕蛹喂猪，蚕沙喂鱼，鱼池中的塘泥肥桑，蚕茧加工后销售市场。猪肉、鱼、蚕等可供游客食用、垂钓，或作为旅游商品购买。基塘之间一环扣一环，它们相互制约，相互促进，正是"桑茂蚕壮猪肥鱼大，塘肥基好茧多丝优"。保护生态可以做"加法"。例如，碧峰峡风景区有意塑造红、黄、绿、蓝等五彩的森林景观，种植一批红叶，精心营造良好的生态旅游环境，同时配套种植黄芪、虫草、贝母、当归等特产药材，以及沙棘、蔷薇、花椒、红豆杉等经济植物，变单一林种为综合资源。

另一种资源管理方式是做"减法"，就是对开发的限制措施。世界遗产管理中常见的减法包括限制总体游客数量，不让游客数量超过承载力；暂时的景点关闭；提供复制品对顾客开放，而将真品保护起来；实行分区：在重点文物区与游览区之间设立缓冲区，减少游客对珍稀文物的破坏；设置固定参观路线；价格限制：对有些景点免费，而有些易受破坏的景点采用高价限流；移走人工制品；对一些易风化的文物，如摩崖石刻采用搬迁的方法在博物馆中保存起来，而不暴露在外。

在我国的敦煌和九寨沟已经实行了定时定量方法来限制旅游人数，莫高窟每日限定数百游客进窟参观，九寨沟每日限定 2 000 名游客进区旅游，对国外游客如日本游客实行预约参观。黄山则实行轮休制度。苏州开始通过政策杠杆与价值杠杆来达到保护园林的目的。在碧峰峡风景区，为保证统一规划，万贯集团斥资 1 000 多万元搬迁了景区内的数十家农户，其房屋除一部分改作竹制别墅外，其余部分全部拆除，恢复自然状态。

3. 社区参与和旅游扶贫

社区是塑造游客体验的重要道具，社区参与的原因主要有两个：一是社区居民对景区开发的影响感受最深；二是社区居民本身是构成游客体验中"友好气氛"的必要成分。促进社区发展实质上是保护了文化的多样性。社区为游客产生新鲜感及亲切感提供必要的基础。景区开发将带动社区发展，增加地方就业，提高社会收入与人民生活水平。在老少边穷地区，旅游扶贫是中国特色的景区开发的必要使命。2000 年 8 月，六盘山旅游扶贫试验区开工，这是我国第一个国家级旅游扶贫试验区。广东、贵州与海南纷纷仿效并且在通过旅游带动贫困地区经济发展中获得巨大成功。

4. 景区服务：亲切感的源泉

员工服务是游客亲切感与自豪感的重要来源。在地中海俱乐部，导游是灵魂。他们像朋友一样与游客同吃同住同娱乐，与游客打成一片；又像一个节目主持人，风趣幽默、恭谦勤快，对游客有求必应。在共同营造景区氛围中，员工起着主导作用。这表现在对游客的服务行为上，包括微笑、眼神交流、令人愉悦的行为、特定角色的表演，以及与游客接触的每一细节。现在的服务业特别重视服务情景中的员工与游客面对面接触的真实时刻管理，这一切都是为了带给游客一次快乐体验。

5.3.3 淘汰消极印象

景区要创造游客对景区的深刻整体印象，仅有体验主题的塑造与强化是不够的，景区还应删除负面因素，消除可能会使游客产生消极印象的内容和环节，如景区超容量接待造成的拥挤和视觉污染、景区项目设计与景区主题不符而造成游客体验的不真实、游客因长时间等待产生的焦虑、游客因错过某一游览项目而产生的懊悔、游客因景区产品价格过高难以支付而导致的尴尬等。为此，美国马萨诸塞州的普利茅斯殖民村有让员工停留在角色里的规定，以避免员工工作出现与自身所扮演角色不符的行为。

典型案例

基于游客需求布局景区服务设施，淘汰游客对景区的消极印象

迪士尼乐园的大型刺激项目大多设有快速通行服务，游客可以凭门票免费领取，先游玩其他景点，在指定的时间返回游乐项目，以缩短等候时间。迪士尼乐园的向导设施也十分完善，各个项目均有超大型的标识牌，各分区的连接处也设有介绍牌，避免了游客多走弯路。同时，迪士尼乐园还设有多种语言长达 16 页的导游图，详细介绍、标注了景区各

景点、机构、设施的位置及注意事项，满足了各国游客的需求，使他们可以快速找到想去的地方，消除了游客对景区和项目的不安全感。迪士尼乐园园区的物品运送都用手推车，车内物品均用罩子罩着，避免了对环境的污染。有待维修的项目都用与其本色基本相同的帆布罩着，让人不觉得突兀。

5.3.4 不断满足游客期望

亨利·阿塞尔认为，当商品的实际消费效果达到消费者的预期时，就导致了满意，否则，则会导致顾客不满意。在旅游活动过程中，游客出游后达不到预期导致对旅行社的产品不满意，因此，旅行社应设法满足游客的期望，这样既有利于维护旅行社的形象，体现旅行社的特殊性和专门性，又有利于将消费者的期望与实际感受之间的差距降到最小的幅度。满足游客期望有以下几种途径。

1. 强化市场沟通

市场沟通因素是影响游客期望的最重要的因素之一，也是旅行社比较能够直接控制的。因此，游客的期望管理应以市场沟通管理为前提。市场沟通因素包括旅行社的宣传广告、公共关系及促销活动等。一方面，旅行社在对外宣传中必须实事求是，保证对客的承诺为自身能力所及，不要片面夸大；另一方面，也要充分考虑潜在外因对于承诺兑现影响程度，制订必要的预案，以保证承诺切实履行。

2. 强化产品弹性

不同层次的游客对旅游产品需求的档次不同，期望也各异。当把单一层次的产品展现在需求层次不同的游客面前时，势必会引发一部分游客与先前期望的差异，特别是针对游客选择较多的旅游目的地，存在强制性自费项目是否包含在团费之中的问题，不清楚情况的游客很容易在这一环节引发争议。一般情况下，服务人员会进行相应解释，但仍有大部分游客会提出这样一个问题：整个行程到底要花多少钱？这也反映出目前产品层次的设置没有帮助游客建立起全面的、正确的旅游认知期望。因此，不同档次产品的设计可以帮助游客对整个旅游过程有较准确的认知，同时也适合不同消费心理的游客选择，建立合理的心理期望值。旅行社应在原有产品设计基础上，增设不同的自费套餐，将清晰的产品价目表公布于众，这样，在清晰的产品价目表面前，服务人员无须"含糊其辞"地解释，游客也能通过对比了解旅游服务项目和价位，树立正确合理的消费期望，并选择适合自己的旅游产品。

3. 挖掘景区产品个性

个性化、高层次的旅游需求成为发展趋势。旅游者强调个性的充分张扬，已不再满足于被动接受旅行社推出的固定服务和旅游产品，而要求直接或间接地参与到旅游产品创意和设计中来。他们要求个性化的旅游路线、经历、纪念品。传统旅行社的组团产品逐渐无人问津。信息化时代网络的出现又为个性化旅游的实现创造了条件。旅游者可以通过网络，查询自己感兴趣的旅游产品要素信息，并自行组合设计适合自己的旅游产品。因此，旅行社要与时俱进，提升自身的组织协调和技术能力，依靠网络优势将个性需求进行整合，打造个性服务品牌优势。同时，依据这些宝贵信息资料，把握市场需求层次和需求动态，及时调整产品设计和企业发展战略。目前不少旅行社正在做打造个性旅游市场的尝试，打造旅游网络平台，为游客提供动态信息，游客可自行组合产品并直接通过网络递交到旅游信息中心，旅行社视情况进行整合并派专人跟踪，以满足不同游客多样化的期望与需求。

知识链接

威尼斯的旅游智能卡

游客在出游之前可以通过国际互联网订购"威尼斯旅游智能卡"，在订购过程中互联网会将威尼斯的最新旅游动态信息传递给游客，如景区内游客数量、游客密度、旅游接待设施使用情况、旅游活动建议等，帮助游客进行出游时间决策。这在很大程度上分流了一部分旅游旺季的客流。"威尼斯旅游智能卡"的另一个重要功能是在便利游客消费的同时，可以有效地掌握客流流量。游客申请到这种智能卡后，就可以得到一系列在威尼斯的旅游优惠，最贵的金卡是为计划在威尼斯游玩7天的游客制定的，价格50美元，包括参观威尼斯城内的博物馆、纪念馆的门票，机场到市区、市区内的公共交通费用，还包括去威尼斯公共厕所的费用。为了有效控制游客数量，智能卡的发行数量由威尼斯城市中心的旅游承载力决定。如果游客数量接近了当地旅游环境承载力的阈值，主管部门就会停止发行智能卡以抑制客流流量的增加。威尼斯通过"威尼斯旅游智能卡"这一旅游预订系统的方式不仅有效地调控了客流流量，缓解了旅游旺季巨大的客流给城市带来的压力，而且给游客带来了高质量的旅游体验。

4. 提升导游素质

导游工作是一项劳动密集型和感情密集型的服务工作。游客对期望形成评价一般经历四个阶段：①接受服务信息，即通过广告了解旅行社所能提供的服务项目和质量承诺；②形成服务期望，即根据社会公众提供的外部营销信息，形成对旅行社产品和服务的心理感知预期；③感受旅行社服务，即游客亲自随团消费，接受导游员提供的服务，形成对服务的现场感受；④形成服务评价，即游客对比心理预期与对服务的实际感受所产生的差距进行综合评估，决定满意与否。由此不难发现导游的服务质量是满足游客期望的关键因素。因此，导游人员素质就成了游客预期实现的关键，这就决定了旅行社必须对导游员进行全面有效的培训教育，以提高其综合能力和整体素质。但我国大多数旅行社的培训工作开展情况不尽如人意，主要表现在对培训的重要性认识不足或者是投入不足，这也是游客预期难以实现的深层原因。

5. 动态管理是良方

如何使消费者的期望与实际感受之间的差距缩小到最小的幅度？调研显示，对导游人员采用分级动态管理的办法是目前一些旅行社的良方。分级动态管理是指通过对导游服务表现的全面评价订立不同级别，并进行阶段性修正，再根据级别对导游工作进行最终考核的一种管理制度。这样，导游的等级随着服务质量和水平有升有降，并与其职称、荣誉和经济利益直接挂钩,从而达到提高服务质量的目的。通过游客意见反馈表、员工交叉打分、管理人员考核与自行评分相结合,对导游服务态度、业务能力、执行纪律、职业道德等各项进行综合评定,采用每周检查、每月总结、半年初评、年终总评的方式进行考核,最终确定不同的服务质量等级。对突出贡献者,实行精神和物质奖励。

5.3.5 完善旅游公共服务、营造诚信安全的旅游环境

旅游公共服务是景区接待的基础,创造快乐剧场的前提。景区服务以游览服务为主,但游客的快乐体验还需基本的生活服务和其它娱乐服务,因此景区应提供相对完善的旅游公共服务,如旅游公共服务总标识,用于旅游公共服务设施设备、印刷品、网站等;旅游安全保障标识,用于旅游安全设施设备、警示标牌、印刷品、网站等;旅游紧急救援标识,用于旅游紧急救援设施设备等;旅游集散中心标识,用于旅游集散中心、集散点。同时,还应优化旅游公共服务系列标识的设计,其基本要求有:突出旅游、公益性、公共服务等主题及有关旅游公共服务的特点,体现"以人为本、服务游客"的理念;简洁明快,色彩协调,创意新颖,寓意深刻,表达准确,通俗易懂,特征明显;具有鲜明的时代特色、丰富的艺术表现力、强烈的视觉冲击力和直观的整体美感;易于被国际、国内游客广泛认同;便于制作,适用于各种场合(如电视、动画、平面宣传品、网页、设施设备等),适合宣传、引导等用途。

以诚待人,以诚取信,良好的信誉是一种无形资产。在《旅游法》实施之际,整顿和规范景区供给服务市场秩序,优化旅游接待环境,应是景区创造快乐剧场的重要举措之一。特别是在旅游旺季,提高景区服务质量,为游客提供诚信安全的旅游环境,是增强景区竞争力的重要因素之一。营造安全诚信的旅游环境可以从以下几方面进行:①建立游客投诉的绿色通道;②建立景区游览质量投诉诚信档案;③旅游行政主管部门定期发布景区诚信经营信息,及时公示景区失信行为并通报受处罚结果;④发动游客对景区诚信经营进行监督;⑤完善景区公共突发事件应急预案及强化防控。

旅游观察

处罚不文明行为景区应有执法权

一些游客在北京颐和园十七孔桥附近绿地小便引外国游客摇头拍照的事被媒体曝光后,引发公众的热议。

如果景区里没有厕所或厕所不足,难免把人逼得随地大小便,这的确是景区管理者应该解决的问题。然而,景区有了足够的厕所就能根治如此不雅行为吗?恐怕并不尽然。尽管颐和园有一定数量的洁净厕位,但是随地大小便的事情仍然发生。可见,建造景区厕所易,改变人们的陋习却不容易。

颐和园管理处回应此事,认为这属于不文明行为。其实,随地大小便不仅是不文明行为,还是违法行为。国务院发布的《城市市容和环境卫生管理条例》规定,对于随地便溺的人,市容环境卫生行政主管部门或者其委托的单位除责令其纠正违法行为、采取补救措

施外，可以并处警告、罚款。对此，北京设立的罚款标准是20～50元，深圳是50～200元，其他城市也有相应实施细则。

还有更严厉的规定。一般说来，随地大小便同时也是在公共场所故意裸露身体的行为，依据《中华人民共和国治安管理处罚法》规定，"在公共场所故意裸露身体，情节恶劣的，处五日以上十日以下拘留。"重庆市云阳县一位司机就曾因闹市小便，被处以治安拘留7天。

但是，这些法律在大多数情况下，都处于休眠状态，因为随地大小便得到应有的法律惩罚还属罕见。如此执法现状造成人们误以为随地大小便只不过是不道德、不文明，而非违法行为。

相关法律落实不到位，最主要原因也许在于执法部门"鞭长莫及"，而景区又无执法权。其实，《中华人民共和国行政处罚法》规定，行政机关依照法律、法规或者规章的规定，可以在其法定权限内委托依法成立的管理公共事务的事业组织实施行政处罚。将随地便溺行为进行罚款的执法权委托给地铁和景区管理者，早有先例。当违法行为特别严重，可能构成治安拘留的，景区也应转交公安机关处理。

因此，充足的公厕、明确的标示一个也不能少。但更重要的还是，让法律重归其位，让执法者承担起应有责任，合理有效地将执法权进行依法委托，实现违法必究，才能使法律照进现实。

（资料来源：苏润.处罚不文明行为景区应有执法权[N].中国旅游报，2013-7-5(02).)

本章小结

本章主要阐述了游客体验类型、体验需求特征及景区客流时空特征，分析了旅游体验理论指导下的游客体验管理方法与措施，以及在体验经济时代背景下，景区应如何引导游客，共同创造"快乐剧场"。因为不同职业、性别、文化背景、知识结构和年龄的游客对景区体验的要求不同，所以景区经营成功与否的关键是能否把握住目标客源市场的体验需求，根据目标群体的体验要求开发景区产品。这一问题的把握需要求结合景区开发理论，对游客进行深入调查和分析。

关键术语

关键术语	定　　义
畅	具有适当的挑战性而能让一个人深深沉浸于其中，以至忘记了时间的流逝、意识不到自己存在的状态
目的行为模型	主要是从消费者行为学角度剖析促使旅游者对诸如是否旅游、到何处旅游以及何时旅游、怎样旅游等问题做出决策的旅游体验模型

续表

关键术语	定　义
层级体验模型	在娱乐机会谱之后，出现了利益管理，并在此基础上发展而成受益因果关系链，受益因果关系链按照一定的顺序将活动、布局、体验、受益联系起来，认为在一定的环境布局下所采取的行动而获得旅游体验，而这种体验就被视为一种受益
旅游客流	当旅游者从自己的常住地出发，到不同的旅游目的地去观光游览、娱乐消遣，便构成了具有一定流向、流量特性的游客群体，这一游客群体就称为旅游客流

理论思考题

1. 什么是体验旅游，其与传统旅游活动的区别和联系是什么？
2. 简述游客在景区内的时空行为特征。
3. 游客体验模型有哪些？
4. 如何理解畅体验形成的5－2－3模型？
5. 结合实际，谈谈塑造游客体验的方法途径。
6. 试述体验经济时代的景区游客体验管理措施。

实训模拟题

角色扮演：做一天游客，抒"畅"游心情。

实操要求：学生分成小组，每组选择一个景区体验类型，设计好体验过程及相应角色；每人扮演一个体验角色，每组在10分钟内完成表演。

拓展阅读

西班牙景区游客管理经验

2005年，西班牙入境游客达5 560万人次，大大超过本国人口（4 200万人），创汇378亿欧元，外国游客数量和旅游收入均居世界第二位。西班牙之所以能够成为世界旅游大国，除了拥有丰富的旅游资源外，文明的旅游氛围和管理井然的旅游景点也起了很大的作用。

西班牙所有的旅游景点都不准开饭馆和咖啡馆，也不准兜售食品、水和纪念品，更不准乱停车。沿街叫卖的小商小贩在景点是绝对禁止的，违者严惩不贷。西班牙旅游景点内不准吃东西，游客吃饭、喝水必须到城里的饭馆、咖啡馆，买纪念品必须到附近出售纪念品的商店。旅游景点里厕所全部免费，厕所布点合理，非常干净，洗手池、洗手液、手纸和烘干机等一应俱全，因此不可能发生随地大小便之类的不文明行为。

坐落在市中心的马德里土言和布拉沃古典绘画博物馆大门没有任何人维持秩序，但是有两排弯曲的白色栏杆引导人们前进，使游客有秩序地进入。在这样的文明环境里，人们会自觉地约束自己的行为，任何不文明的行为都会让人觉得是一件十分丢人、极其难堪的

事情。马德里大街小巷到处都能在路边看到体积不大的垃圾桶,相间 20～30 米就有一个,方便行人将垃圾扔进垃圾桶。西班牙有关部门对个别不文明行为采取两种措施:一种是不严重的事件,用文明的劝说方式加以制止;另一种是对于个别严重的不文明事件予以报警,由警方出面处理。

(资料来源:张文,李娜. 国外游客管理经验及启示[J]. 商业时代,2007(27).)

第6章 景区容量与可持续发展

旅游容量,首先在欧洲一些国家的新兴旅游活动中,得到了成功运用,如生态旅游的开发,从而证明了旅游容量在旅游开发实践中的潜在价值。由于发达国家和发展中国家旅游发展历程不同,现有经济和社会发展水平也存在差异,发展中国家在旅游开发中遇到的旅游饱和、超载,以及旅游污染问题远比发达国家严重。

学习目标

知识目标	技能目标
1. 掌握各类旅游容量的概念 2. 掌握测量旅游容量的模型与方法 3. 掌握景区可持续发展评价标准 4. 熟悉旅游容量测量基本空间标准 5. 了解景区可持续发展目标 6. 了解景区可持续发展战略	1. 能够准确判断景区控制客流的适宜性环境容量指标 2. 能科学确定景区合理旅游容量 3. 能判断景区可持续发展水平

导入案例

黄山跻身全球可持续旅游委员会核心管理层

近年来,黄山恪守"保护当头、发展为上、管理创新、和谐立山"的职责和使命,顺应时代发展潮流,确立了"环境影响最小化、经济产出最大化、社会效益最优化、游览体验最佳化"四位一体的理念和愿景,先后得到了世界旅游组织的充分肯定和世界自然保护联盟的宣传推广。2011年4月,黄山风景区管理委员会提出的"善行旅游"(Good Tourism)理念与内涵,先后被亚太旅游协会及联合国教科文组织借鉴吸收和创新发展。"善行旅游"以可持续旅游为指导思想,更加强调多元化价值、更加强调高效能运作,以及"传承历史与创造未来"更加紧密结合。这也是黄山"四位一体"的理念和愿景的成功实践。

图6.1 黄山

由联合国基金会(UNF)、联合国环境署(UNEP)、世界旅游组织等国际机构于2010年8月发起成立的全球可持续旅游委员会(GSTC),始终致力于通过促进可持续旅游实践方面知识的增长、理解、适用与需求的满足,黄山风景区管委会(HSAC)暨黄山旅游集团公司、黄山旅游股份公司,一直致力于目的地可持续发展;鉴于黄山风景区的可持续旅游发展的成功实践,黄山的主要要职能之一是制定与宣传推广"全球可持续旅游标准"。GSTC主席凯莉(Kelly-Bricker)及GSTC执行理事艾瑞卡(Erika-Harms)发来贺信指出:许继伟先生所领导的黄山风景区管委会成为GSTC理事会的一员,对于我们这个富有活力与能力的群体而言,这是非常重要的。

黄山成为全球可持续旅游标准实验区是一份荣誉更是一份责任,身为中国旅游业的"旗帜"、风景名胜区的"标杆"、世界遗产保护的"典范"、中国旅游企业的"名牌"的黄山,将多年来探索、积累的经验毫无保留地融入全球可持续旅游标准,并将全球可持续旅游标准在黄山的工作实践中进行检验。黄山参与该项目不仅仅表明黄山在国际旅游目的地发展舞台中具有发言权,也表明黄山将承担众多繁重、细致的可持续旅游发展工作,并将按照全球可持续旅游委员会的要求,分阶段、按步骤地实现景区可持续发展。

6.1 旅游容量的概念体系

对世界上部分有名的度假旅游地而言,不仅旅游者对其环境污染越来越感到忧虑,而且环境污染导致旅游收入减少的案例也不断增多。在地中海地区,由于度假区开发过多,加上管理不善,一些传统度假地的知名度已经今非昔比;酸雨的影响使德国黑森林的吸引力降低;意大利亚德里亚海滨海藻泛滥,使游客几乎无法进行水上运动。由于环境污染的影响,旅游地的经济和品牌效益损失是巨大的,而且旅游者也开始回避那些环境保护方面名声不佳的旅游地。

综合分析,旅游容量的使用价值集中体现在两个方面:一是在旅游地规划和开发时,作为一个科学依据,预测旅游地的合理承载力;在理论上,保证旅游地不超载、不受污染。二是旅游容量作为一种管理工具,可帮助控制旅游地的旅游接待量;在实践上,保证旅游地不超载、保证优质旅游经历。在实际操作中,旅游容量由于涉及资源、区域经济、社会环境、旅游者,以及自然生态环境等方面,而且要求有大量的经验数据作为依据,因此测量精确的旅游容量值难度较大。而在理论上,目前世界上还没有公认的旅游容量定义,也缺乏系统的概念解释和实证研究。只是在实际运用旅游容量时,可以在附加条件的情况下,限定旅游容量特指具体地域的某一容量值,如在甲地测量运用生态容量值,而在乙地则可用感知容量值,这种特指后的旅游容量有实际可比意义,并可作为规划和管理的目标。如果在没有具体限定的情况下,不加区别地采用旅游容量这一概念,则会误导旅游接待量的控制。

6.1.1 基本容量

1. 旅游资源容量

旅游资源容量是在保持旅游资源质量的前提下,一定时间内旅游资源所能容纳的旅游活动量的最大值。

2. 旅游心理感知容量

旅游心理感知容量是从旅游者的角度来分析，旅游者在某一地域从事旅游活动时，在不降低活动质量的条件下，或者旅游者感觉不适的临界状态时，旅游区所能容纳的旅游活动量的最大值。旅游心理感知容量受旅游者的价值观念、旅游活动类型、接待地区的自然和社会经济等因素的影响和制约。

3. 旅游生态容量

旅游生态容量是指一定时间内旅游地域的自然生态环境不至于退化的前提下，旅游场所能容纳的旅游活动量的最大值。

4. 旅游经济发展容量

旅游经济发展容量是指一定时间一定地域范围内，经济发展程度所决定的旅游活动量的最大值，包括五个方面的因素。

（1）设施容量：基础设施与旅游专用设施容纳旅游者的能力。

（2）投资容量：投资和接受投资用于旅游开发（含基础设施）的能力。

（3）旅游地产业中与旅游相关的产业能满足旅游需求的程度，以及区域外调入的可能性和可行性。

（4）如果发展旅游，也不可避免地要使某些产业萎缩甚至完全终止，旅游业与这些产业之间的比较利益如何。

（5）区域所能投入旅游业的人力资源的供给情况。

一般情况下，人力资源的供给问题不大，因为旅游业的支柱产业地位和投资开发能力可以很快适应需求，同时旅游业的比较利益也具有明显优势。因此，设施容量就成为经济发展容量中的主要方面，多数景区都采用这一容量。现代旅游是经济和社会发展到一定阶段的产物，同时旅游接待能力受经济和社会发展水平的限制，较发达的区域易于适应游客的增长，而欠发达区域对快速增长的旅游需求适应能力相对较低，在旅游资源潜力近似的情况下，经济发达的区域旅游容量较大。

5. 旅游地域社会容量

旅游地域社会容量是指旅游接待区的人口构成、宗教信仰、民族风俗、生活方式和社会文明程度所决定的当地居民可以承受的旅游者的最大数量。一般情况下，地域社会容量方面的问题并不突出，但一些落后地区，在旅游开发初期，会产生这一问题。夏威夷在发展旅游业初期，有许多当地居民对旅游者的大量涌入严重不满；地中海沿岸中、北部一些国家的旅游地，也曾经出现过当地居民攻击旅游者的现象。

在发达国家，大部分新开发的旅游地的旅游开发初期，也会发生居民与旅游者的心理冲突。例如，在法国沿海旅游地，当夏季来临时，游客蜂拥而至，当地居民对游客有明显排斥，有些居民甚至担心外来游客会改变他们的生活方式，对旅游者怀有严重的对立情绪。

6. 基本容量间的关联

（1）旅游心理感知容量与旅游地方面的资源容量、生态容量、经济发展容量、旅游地社会容量之间都有一定程度的正相关关系；而反过来，旅游地的各种容量，不受旅游心理感知容量的影响。

（2）对于自然景观区，一般来讲，旅游资源容量越大，旅游生态容量也越大；反之则不一定成立。

（3）经济发展容量大，说明旅游地的经济发展水平较高，或者旅游地开发时间较长，公众对于旅游者的行为方式已经习惯，旅游地社会容量就越大；反过来，同样成立。

（4）一个旅游地能够接待的旅游者数量，决定于五个基本容量中的最小值。

6.1.2 非基本容量

1. 旅游极限容量和旅游合理容量

这是从管理和规划的角度提出来的。旅游极限容量同前面所述的基本容量概念一致，是指旅游地的最大旅游承受能力。旅游地的接待容量达到极限容量时，称为饱和。旅游极限容量很重要，它是影响旅游地功能分区、设施分级、管理和保护合理的关键因素。但在许多实践操作中，并不以极限容量为标准，而是以成功经营的旅游地获得的经验容量（"合理容量"）作为规划和接待的指标，旅游合理容量也称旅游最适容量，是旅游规划的基本工具。这主要是因为很难确切地测定基本容量，并不是否定旅游基本容量值的存在意义，只是目前旅游界对旅游基本容量的研究，还远未达到为旅游地接待经营提供一整套合理容量值的地步。因此，目前在实际操作中普遍运用的旅游合理容量值是来自于已经开发成功的旅游地接待旅游者数量的经验归纳，而不是通过基本容量值测算出来的。

2. 既有容量和期望容量

从实践意义上分析旅游容量，有既有容量和期望容量之分。既有容量，是旅游地的现有接待量，又称实际容量或已开发容量。期望容量，是旅游地在未来某一时间段内可能达到的容纳旅游活动的能力，也称规划容量。既有容量和期望容量可以指基本容量的任何一种。

3. 旅游活动的空间尺度容量

从空间概念分析旅游活动容量，可以按空间尺度的大小划分不同的容量，如景点容量、景区容量、旅游地容量等。景点容量是旅游资源基本容量的具体体现。景区容量是景点与景点之间的旅游路线容量之和。旅游地容量是景区与景区之间的旅游路线容量之和。

无论是基本容量，还是非基本容量，都会随时间变化而变化，其中经济发展容量和旅游地社会容量变化最快。因而旅游容量值是相对稳定的，即每一种旅游容量值都表现为一个伸展不宽的值域。此外，非基本容量随基本容量的变化而变化。

6.2 旅游容量的量测

6.2.1 基本空间标准

旅游容量的量测，基点在于有一个同旅游地承载力相对应的基本空间标准，即单位利用者（一般是人或人群，也可以是旅游者使用的载体，如车、船）所需占用的空间规模或设施量。显然，基本空间标准的倒数，即单位旅游空间或单位设施容纳旅游活动量的能力，可以称为单位空间容量或单位设施容量。

在表征基本空间标准时，不同类型的旅游容量采用不同的空间指标。

(1) 旅游资源容量，即人均占有旅游景区的面积数（或者旅游路线的长度），单位有平方米/人、米/人。

(2) 旅游设施容量，即人均占有的设施量，或每设施占有的空间面积，单位有设施量/人、平方米/设施量。

(3) 旅游生态容量，即一定空间规模上的生态环境能吸收和净化的旅游污染物量，单位有吨/平方米、个/平方米、分贝/平方米。

(4) 旅游心理容量，即人均占有旅游景区面积，单位是平方米/人。

(5) 旅游地域社会容量，即旅游地居民人均能够承受的旅游者数量。

此外，根据场所或设施的空间特性，还常用长度等其他指标获得基本空间标准。一般的基本空间标准值都是长期经验积累或专项研究的结果（表6-1和表6-2）。旅游活动类型是决定旅游地基本空间标准的基本因素。旅游活动类型对旅游地的资源容量、生态容量影响最为突出，有些旅游活动类型人均占地面积较大、每完成一次需要的时间也长，与那些人均占地少、用时短的旅游活动相比，在同样空间规模的旅游地资源容量就小得多。

表6-1 旅游设施基本空间标准（欧美）

项 目	旅游设施类型	单位容量标准
住宿设施	旅馆	10～35平方米/人
建筑面积	山区旅馆	19平方米/人
	海滨假日旅馆	15平方米/人
饮食	超过500床位，旅馆外餐用地	24平方米/人
娱乐	海滨胜地	0.1平方米/人
	山区滑雪旅游地	0.25平方米/人
	夜间俱乐部	最多1 000人/处
开敞空间	海滨或乡村旅游地	20～24平方米/人
	滑雪旅游地	5～15平方米/床
行政和中心	集中服务（洗衣或食物处理等）	最少0.3平方米/床
服务	行政、健康与卫生服务	0.2平方米/床

表6-2 旅游场所容量的基本空间标准

场 所	基本空间标准	案 例
动物园	25平方米/人	上野动物园
植物园	300平方米/人	神代植物园
高尔夫球场	2 000～3 000平方米/人	

续表

场　　所	基本空间标准	案　　例
滑雪场	200平方米/人	
溜冰场	20平方米/人	
码头：小型游艇（汽艇）	25 000～30 000平方米/只	
海水浴场	20平方米/人	
划船池	250平方米/人	上野公园
野外比赛场	25平方米/人	
射箭场	230平方米/人	富士自然修养林
骑自行车场	30平方米/人	
钓鱼场	80平方米/人	
狩猎场	32 000平方米/人	
旅游牧场果园	100平方米/人	葡萄园
徒步旅游	400米/团	
郊游乐园	40～50平方米/人	
游园地	10平方米/人	
一般露营场	150平方米/人	
汽车露营场	650平方米/人	

6.2.2　旅游容量的量测方法

1. 旅游资源容量的量测

旅游资源容量是人均占地面积或者人均占有旅游路线长度。比较而言，线路资源容量比面积资源容量确切。旅游资源容量值的量测公式如下：

$$C = T/T_0 \times A/A_0$$

式中，C——日极限容量；

T——景区每日开放时间；

T_0——景区内完成一次旅游活动所利用的时间；

A——旅游景区的空间规模，可以是景区面积，也可以是旅游路线长；

A_0——基本空间标准；

A/A_0——瞬时容量。

以南岳衡山绝顶的祝融峰景点为例，祝融峰每天开放12小时，每批游客在此停留15分钟，绝顶面积为477平方米，采用每人5平方米的基本空间容量标准。其瞬时旅游容量为95人，极限日容量为4 560人次。但事实上，在7—10月旅游高峰期，这里最高纪录每天竟高达3.1万人次，游览时游客所占用的空间只有0.73平方米，景点严重超载，造成严重的环境破坏。

2. 旅游心理容量的量测

一般来讲，旅游心理容量比旅游资源容量低。根据环境心理学原理，个人在从事活动时，对环绕在身体周围的空间有一定的要求，任何外人的进入，都会使个人感受到侵犯、压抑、拥挤，导致心情不快、情绪不稳，这种空间称为个人空间。个人空间是旅游容量的基本空间标准。个人空间的大小受三个方面因素的影响：一是旅游活动性质和旅游地特性；二是年龄、性别、种族、社会经济地位与文化教育程度等个人因素；三是人与人之间的喜欢和熟悉程度等交际因素。其中旅游活动性质和旅游者个人因素对个人空间大小的影响最直接、最显著(表6-3)。由于影响旅游者个人空间的因素复杂多样，多数情况下，难以有一个使所有旅游者都满意的基本空间标准。因此把旅游者平均满足程度达到最大时的个人空间值，作为旅游心理容量计算时的基本空间标准。其量测公式为

$$C_r = T/T_0 \times A/K$$

式中，C_r——日容量；

T——景区每天开放时间；

T_0——人均每次利用时间；

A——景区空间规模；

K——心理容量基本空间标准。

表6-3 旅游者对环境的基本要求

旅游者类型	对环境的基本要求
荒野爱好者	不希望有商业设施；寻求自然随意的环境，看到的人要少；期望宁静、清新、与世隔绝的气氛
运动爱好者	希望有基本活动设施；追求自然气氛，与他人冲突较大；期望有好的运动条件和较宁静的环境
野营爱好者	一般以家庭或者亲朋好友为活动团体；寻求自然的气氛，要求较大的活动空间，愿意看到周围有一些同类型的旅游者；要求有基本的服务设施
海浴爱好者	一般是小群体活动，希望看到较多的同类旅游者；追求略为热闹的气氛；要求有完善的服务设施
自然景观观光者	希望充分体验自然美景，不愿意看到很多人，破坏宁静气氛

(资料来源：保继刚，旅游地理学，第152页)

还以南岳衡山绝顶的祝融峰景点为例。祝融峰峰顶总面积为447平方米，一天开放12小时，每个游人游览时间为15分钟。一般山岳型景区的心理容量基本空间标准为8平方米/人，那么祝融峰每天最多可接纳的游客数量计算如下：

$$C_r = T/T_0 \times A/K = 12 \times 60/15 \times 447/8 = 2\,682(人次)$$

因此，祝融峰的旅游心理容量的日容量为2 682人次。

3. 旅游生态容量的量测

并非所有类型的旅游地都存在生态容量，人造的规模吸引物或者文物古迹，本身就没有自然生态的组分，也就没有生态容量问题。只有那些以自然为基础的旅游地才存在旅游

生态容量,其量测公式为

$$F_0 = \sum_{i=1}^{n} S_i T_i / \sum_{i=1}^{n} P_i$$

式中,F_0——旅游生态日容量;

P_i——每位旅游者一天内产生的第 i 种污染物的量;

T_i——第 i 种污染物的自然净化时间;

S_i——自然生态环境净化吸收第 i 种污染物的数量;

n——旅游污染物种类。

旅游者产生的主要污染物的数量见表 6-4。

表 6-4 旅游者产生的主要污染物的数量

污染物类型	日产量
悬浮固体	60 克/人
氨氮	7 克/人
BOD	40 克/人
粪便	400 克/人

4. 旅游经济发展容量的量测

影响经济发展容量的因素很多,如旅游设施、基础设施、相关产业等,归结起来有两类,即旅游内部因素和旅游外部经济因素。一般来讲,只要旅游资源丰富、吸引力强,旅游外部的基础设施和相关产业等因素能够很快地满足旅游发展的需求。关键是对旅游产业内部的食宿需求要有科学合理的量测,才能真正地把握旅游的经济发展容量。由饮食决定的旅游经济发展容量的计算公式如下:

$$C_e = \sum_{i=1}^{n} D_i / \sum_{i=1}^{n} E_i$$

式中,C_e——主副供应能力所决定的旅游日容量;

D_i——第 i 种食物的日供应能力;

E_i——每人每日对 i 种食物的需要;

n——旅游者所消耗的食物的种类数。

由住宿决定的旅游经济发展容量测量公式为

$$C_b = \sum_{j=1}^{n} B_j$$

式中,C_b——住宿床位所决定的日容量;

B_j——第 j 类住宿设施的床位数;

n——旅游者所使用住宿设施的类型数量。

5. 旅游地容量的量测

一个旅游地的接待能力有多大,取决于旅游资源、生态环境、旅游设施和基础设施,以及旅游地居民心理承受能力等多种因素。旅游地在某一时期的容量，是旅游地的资源容量、生态容量、设施容量、设施容量中的某两个或者一个决定的。经验性的旅游地容量是由资源容量和设施容量决定的。其测量公式如下：

$$T = \sum_{i=1}^{n} D_i + \sum_{i=1}^{m} R_i + C$$

式中，T——旅游地容量；
$\quad\quad D_i$——第 i 景区的容量；
$\quad\quad R_i$——第 i 景区的道路容量；
$\quad\quad C$——非旅游游览活动区接待的旅游者的数量。

其中，

$$D_i = \sum_{j=1}^{n} S_{ij}（S_{ij} \text{表示第} i \text{个景区中第} j \text{个景点的容量}）$$

式中，旅游景点、旅游景区和道路容量的测量方法，运用前述旅游资源容量和旅游设施容量的量测公式测算，容量值取资源容量和设施容量中的最低值。

6.3 景区可持续发展

6.3.1 景区可持续发展概述

1. 景区可持续发展的定义

彭德成（2003）认为，在确保旅游资源、生态环境和社会文化得到有效保护的前提下，通过对景区资源的合理利用，既满足当代人对景区产品的需要，又不损害后代人对景区旅游资源利用的需要。

邹统钎（2004）认为，景区在维持文化完整、保持生态环境的同时，满足人们对经济、社会和审美的要求，既能为现代旅游开发者和游客提供生计，又能保护和增进后代人的利益并为其提供同样的发展机会。

郭亚军（2006）认为，景区可持续发展是在保持景区资源原真性和文化完整性的前提下，使得景区资源既满足当代利益相关者的需求，又能满足后代人发展的需要，保持景区资源、环境、旅游和谐、统一地发展。

2. 景区可持续发展的内涵

1）有效保护与合理利用

景区的可持续发展，不是完全地保护，而是在保护的前提下允许合理地开发和利用。保护强调对旅游资源、生态环境和社会文化的有效保护，避免造成不可挽救的损失，发展强调对旅游资源的合理开发，并争取实现资源利用的最优化，"保护"和"发展"是相辅相成的，过分强调开发或过分注重保护，都不符合可持续发展的要求。

2）正确规划与有效管理

景区的可持续发展，要以正确的规划和有效的管理为前提，在规划中明确哪些资源必须保护及如何保护；哪些资源可以开发，开发到何种程度；在管理中制约破坏景区资源和环境的行为，对旅游者和社区采用不同的管理方法，在规划和管理中，追求景区的可持续发展。景区的发展不可以无限制地开发资源，景区经营业务也不能无限制地扩展，必须做好景区相关规划和管理，使景区走上集约化发展的道路。

3) 体现人与自然的和谐统一及人对历史的尊重

景区的可持续发展必须以正确的产品导向为基础，在设计和提供景区产品时，尽量满足旅游者追求新、奇、异的旅游需求，并引导旅游者热爱自然、保护环境、文明消费，反对景区产品的过分商业化和庸俗化，提倡绿色消费、低碳旅游，对景区内产品的位置、文化内涵等方面的要求与景区的文化主题相适应，避免不协调景观的出现，提倡布局科学化、造型景观化、色调自然化、设施生态化、管理人本化，创造一个自然、和谐、清洁、有序的景区环境。

4) 系统优化和综合管理

景区的可持续发展，需要把景区的内部要素和外部环境统一起来。例如，一个景区的良好运营，必须建立在与当地居民关系融洽的基础上，如果出现当地居民排斥或抵触旅游者的情况，那景区的可持续发展就无从谈起。所以，景区的发展必须要有良好的社区关系，景区的发展必须兼顾当地居民的发展需要。同时，景区的发展必须考虑未来发展的需要，为未来的发展留下空间和余地。景区的持续吸引力是景区发展的动力，同时，景区的发展要照顾到旅游者的体验质量，做好社区服务。

5) 科技手段和管理者素质

景区的可持续发展应引进先进的科学技术，建立先进的景区解说系统、景区预警系统及管理信息系统等，并且运用科学技术丰富旅游产品，运用先进的环保技术保护和修复景区的环境等。可以说，先进的科学技术是景区可持续发展的后盾。同时，景区也应有优秀的、高素质的管理人员，景区管理水平的高低，取决于管理者水平的高低，管理者需要有超前的管理意识和环保意识，有长远的发展目光。

3. 景区可持续发展的系统构成

时至今日，对于可持续发展问题的研究已进入初步成熟阶段，可持续旅游也已经变成未来世界各国发展旅游业的最优选择。然而，要把景区可持续发展由概念变为系统化的理论，就要把可持续发展落实到具体的景区上来研究。由于在一个景区内影响可持续发展的要素庞杂、层次众多、功能不一，研究中就有必要引入"系统"的概念。景区可持续发展系统是由人口、资源、经济、科教、社会、环境六个子系统构成的，如图6.2所示。

人口子系统是景区可持续发展系统的主体，对系统起调控作用。游客、当地居民及景区经营管理者等人的因素，是整个系统的主体和核心，是系统中最积极、最活跃的因素，其数量和质量直接关系到景区发展的可持续程度。

资源子系统是景区可持续发展的物质基础，合理开发和利用自然资源是景区经济可持续发展的前提。在一定时期内，景区内的自然资源是有限的，不合理利用景区资源会造成资源短缺和环境污染，进而影响到当地社区的生活、经济发展及社会的进步。

环境子系统是景区可持续发展系统运行的依托，具有缓冲能力。景区环境在一定的承

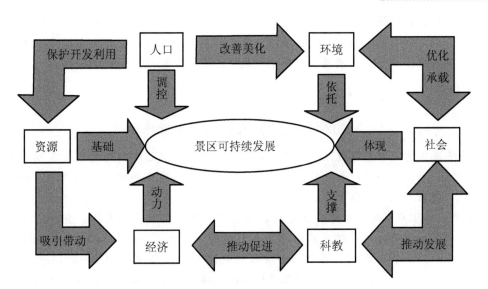

图 6.2　景区可持续发展系统结构

资料来源：邹统钎．景区开发与管理［M］．北京：清华大学出版社，2004．

载力范围内可以消融某些不恰当的旅游开发行为。但如果景区环境质量恶化，则一方面会降低社区生活质量，另一方面会妨碍旅游资源的持续利用，从而影响景区经济的发展。因此，景区环境质量的好坏是景区可持续发展与非可持续发展的重要区别点。

经济子系统是景区可持续发展系统的核心部分，它可以为景区发展提供动力支持。景区可持续发展首先强调的是发展，只有景区经济发展才能促进当地社区经济的进一步发展，而且景区经济发展又是解决资源和环境问题的根本手段。景区经济发展既可为环境保护和资源开发提供资金和技术，又是社区可持续发展的根本前提。

科教子系统对景区可持续发展起支撑作用，使人们从认识到行动、决策及创新能力适应总体发展水平。科教可以影响到系统的其他因子，如可以通过科学技术的发展改进工艺设计水平，更好地利用资源，促进景区产品的创新发展，推进景区向可持续发展方向前进。

社会子系统是景区可持续发展的最高目标，其质量是人口、资源、环境、经济、科教等因子协调发展的关键，合理的政治体质、良好的社会伦理道德和历史文化积淀及稳定的社会环境因素均是实现景区可持续发展的支撑条件。

构成景区可持续发展系统的各个子系统间是相互联系、相互依存、相互制约、客观存在的统一整体。其中，资源和环境是景区可持续发展的物质基础，环境是支持游客活动的基本原材料和各种投入的来源，是吸纳旅游经济活动废弃物的储存库和净化库，资源和环境均有不可取代的支持功能。资源作为环境要素中能被利用的部分，其外延和内涵随科技的进步逐渐扩大和深化，环境和资源的界限是经常变动的。经济发展是景区发展的核心，景区经济的发展促进了当地社区人们的消费水平、文化教育、科技事业、生活质量、环境等方面的提高和改善，景区旅游经济的发展是社区经济、旅游环境等要素优化、协调的动因和基础。

景区可持续发展的各个子系统间的相互作用，在特定阶段内，会使子系统能够达到更高层次的有序状态，以促成景区可持续发展系统的有序协调，达到平衡与优化状态。各子系统的平衡包括景区开发的各个环节之间的平衡；旅游活动与景区环境承载力的平衡；旅游活动促进景区自然系统恢复平衡，或避免整个自然系统失衡。优化是在综合平衡的基础上，使得景区可持续发展系统某项指标达到最优或者多个指标实现共同择优。

2020年桂林建成国际旅游胜地

经国务院同意，国家发展改革委已正式批复《桂林国际旅游胜地建设发展规划纲要》。《纲要》提出，到2020年，要将桂林打造成为世界级旅游城市和国际旅游胜地，全面提升城市功能，提高人民生活水平。

《纲要》从空间布局、生态文明建设、旅游业发展、相关产业发展、支撑条件、保障措施等方面对桂林国际旅游胜地建设做出具体安排。《纲要》规划从2012年至2020年，建设美丽桂林的当前、近期、远期三个阶段性发展目标。其中，2012—2015年，初步建成在全国具有先进示范作用的旅游管理体制和公共服务体系，旅游总收入占地区生产总值比重超过20%，接待入境游客量继续保持全国领先。2016—2020年，桂林国际旅游胜地基本建成，成为世界一流山水观光休闲度假旅游目的地、国际旅游合作和文化交流的重要平台。城市文化特色突出，城乡生态环境达到国际优良水准。旅游总收入占地区生产总值比重超过1/4，服务业增加值比重达到50%以上。旅游公共服务体系和综合服务功能完备，形成一批有影响力的旅游、会展、文化品牌。

《纲要》还明确了建设桂林国际旅游胜地的战略定位，即要把桂林建设成为全国生态文明建设示范区、全国旅游创新发展先行区、区域性文化旅游中心和国际交流的重要平台，实现城市功能提升、城乡协调发展、旅游龙头带动、产业全面振兴、以城带乡、产业融合、生态环保的发展格局。

（资料来源：邝伟楠.2020年桂林建成国际旅游胜地[N].中国旅游报，2012-12-05(01).）

请思考：桂林建设国际旅游胜地对其各景区实现旅游可持续发展有哪些影响？

6.3.2 景区可持续发展的目标

1. 整体目标

景区可持续发展目标应该包括相互联系的四个方面：①经济目标，通过旅游开发满足地方经济发展的需要，在现实和长远目标中提高旅游目的地居民的生活标准和质量，并保持和提高旅游业的竞争力和生命力。②环境目标，考虑旅游对自然资源、自然环境和生物多样性的影响，把景区发展建立在生态环境的承受能力的基础上，维护作为旅游发展之基本的吸引要素及其环境资源的质量。③社会目标，满足日益增长的旅游需求，为旅游者提供高质量的旅游感受，维护社会公平，促进社会稳定，提高居民素质。④文化目标，考虑旅游活动对当地文化遗产、文化传统的影响，提高居民的文化水平，形成良好的社区形象。

2. 目标形态：低碳景区

低碳景区的创建是一个系统工程，由于其系统性催生了新的景区发展规则。在诸如怎样将低碳的衡量指标融入到现有的景区评价体系、怎样在低碳运营模式中改革现有景区的治理模式、怎样实现由新能源和新技术替代传统能源、生态文化综合效益能否最大化等方面都需要制定规则予以引导。景区在低碳的建设与改造中，不可避免地将低碳的发展理念向其他产业和区域全面渗透，有利于激活区域优势资源，构建整合互动机制，推进产业转型升级，最终实现区域其他产业的低碳进程，构建"互惠共赢"的区域发展模式。在低碳景区的游客无论在饮食、住宿、交通、通讯等各个方面都能亲身体验到低碳生活的方式，并且通过景区低碳知识的宣传、碳补偿等活动深入了解低碳的意义，教育他们节约资源，主动保护生态环境，在旅游活动结束后继续坚持低碳生活，逐渐形成生态文明时代的生活方式。

知识链接

低碳景区的内涵

景区可持续发展的核心是在旅游开发的过程中，尽可能地保护资源、保护生态环境，尽可能地在对环境产生最小的不经济影响下，获得最大的发展效益；其终极目标是保持景区资源、环境、旅游和谐统一的发展，我们将这一目标归结为传统意义上的生态旅游。在全球经济发展追求低排放高效益的背景下，低碳旅游丰富了生态旅游的内涵，并在一定程度上促使旅游活动生态化，使生态旅游更加丰富和多样，并最终实现景区的可持续发展。

低碳旅游就是基于生态文明理念，对发展低碳经济的一种响应模式，即在旅游吸引物的构建、旅游设施的建设、旅游体验环境的培育、旅游消费方式的引导中，运用低碳技术、推行碳汇机制和倡导低碳旅游消费方式，来实现旅游的低碳化发展目标(张坤民，潘家华，崔大鹏，2008)，促进旅游产业生态化发展。低碳旅游是在低碳经济的大背景下产生的一种新的旅游形式，它是旅游业持续发展的目标。低碳旅游的核心理念是以更少的旅游发展碳排放量来获得更大的旅游经济、社会、环境效益。低碳旅游让旅游者认识到在旅游过程中不仅是要享受健康的环境，也有义务创造健康的环境，只有发展低碳旅游才可以实现多赢(成克武，2008)。

以低碳旅游理念引领景区旅游发展，便可产生低碳景区。所谓的低碳型景区即以旅游吸引物为依托，采用低碳化的建设和经营方式，以满足旅游者参观游览、休闲度假、健身科考等需求的独立空间区域。低碳型景区是在传统的(杨占东，2012)景区基础上，在建设、改造与经营中加入低碳经济理论与低碳化的发展理念，利用各种新能源、新技术与新管理体制转变景区的发展模式，使景区从传统景区向低碳景区转变，从而实现景区的可持续发展。与普通景区相比，低碳景区是以节能低碳为核心设计理念；以对景区环境的负面影响最小为管理核心；景区的能源和资源尽量自给自足；景区尽量少排放废弃物；旅游消费活动符合低碳、环保、可持续要求；景区肩负培养游客低碳环保的理念和低碳的生活方式。

6.3.3 景区可持续发展的评价标准

景区的可持续发展是将旅游业的经济属性、生态环境保护和社会发展三者结合起来，将景区发展作为发展旅游业的主要目标，将旅游环境保护作为景区发展的基本条件，达到社会、经济和环境的共同发展，所以应从以下几方面评价景区的可持续发展。

（1）社会发展标准主要包括以下指标：景区能否保证开发成本和收益的公平分配，当地居民能否从景区发展中获得经济利益和就业机会；当地居民能否参与景区发展决策；景区发展是否可以增进对当地优良文化传统的保护与传播。

（2）旅游经济标准包括以下指标：景区的经济能否实现持续增长，能否不断为地方经济注入新的发展资金；在景区发展过程中，能否重视经济利益机制问题，形成一个和谐共建的格局，政府、开发商、景区、社区和游客能否构成一个和平共享的格局；景区产品更新能否满足不断变化的市场需求。

（3）环境保护标准包括以下指标：景区能否对自然环境的保护和管理给予资金支持，促进对自然和文化资源的保护；景区发展能否促使旅游者和当地居民对自然环境保护持支持态度；能否以保护的深层次的动力机制作为利益格局的核心，在景区发展过程中，探索一个合理的利益格局，形成保护和利用的统一。

（4）可持续的伦理标准。可持续发展伦理观是学术界研究可持续发展和环境伦理学过程中形成的一种新型环境伦理理论，强调在人与自然和谐统一的基础上，承认人类对自然的保护作用和道德代理人的责任，以及对一定社会中人类行为的环境道德规范研究。贝蒂（Beatley）和马宁（Manning）于1997年归纳了一套新的可持续地区的伦理标准（表6-5）。景区的可持续应遵循新的伦理观，以坚持未来导向的、相互依赖的、谦卑并谨慎的人与生物界的和谐关系。

表6-5 可持续地区的伦理标准

现有伦理	可持续地区的伦理
个人主义、自私	互相依赖、群体
目光短浅、现状导向的伦理规范	目光长远、未来导向的伦理标准
贪婪、商品导向	利他主义
区域性的、狭隘的乡土观念	超本土
物质性的、消费导向	非物质性的、社区导向
傲慢、自大	谦卑、谨慎
以人类为中心	人与生物界的和谐关系

资料来源：郭亚军.景区管理[M].北京：高等教育出版社，2006.

6.3.4 景区可持续发展战略

典型案例

<h3 style="text-align:center">休养生息保生态，黄山景点实行"轮休制"</h3>

"生态承载能力是有限的，景区疲劳，景物生命力就会下降。这和人疲劳过度会生病

是同样的道理。"受到"海洋休渔期"和"封山育林"的启发，黄山管理者和资源保护专家们提出了景区"轮休"的大胆设想。始信峰是首批进入"轮休"的景点。"封闭轮休"成了黄山风景区"严格保护、统一管理、合理开发、永续利用"工作方针的一大创举。

安徽省人民代表大会常务委员会第十二次会议通过的《黄山风景名胜区管理条例》将轮休正式赋予法律效力，第十三条明确规定：管委会应根据保护环境和恢复生态的需要，对重要景区、景点实施定期封闭轮休。

"轮休"实施既要保护景区生态效益，又要维护游客的合法权益。

黄山实行景区轮休制已经坚持20年，一大批景区、景点实行3~5年轮休后得到恢复，珍稀植物和野生动物开始在一些景区出现。

2003年年初，始信峰在连续开放近14年后，部分区域的环境与植被出现退化迹象，当年3月份开始，黄山对始信峰景区的始信岭及卧云岭等进行封闭轮休。经过5年轮休，始信岭自然生态全面恢复，古树名木长势良好，景区园林局还对部分游道及观景台进行了修整及栏杆更换。

黄山对景区实行轮休的做法正在我国众多景区推广开来。九寨沟、敦煌莫高窟、山西悬空寺等知名景区，目前都在自发实行景区控制游客量和轮体制等措施。安徽的九华山和四川九寨沟、黄龙等也分别在景区的总体规划和保护条例上规定，将对一些核心保护区实行封闭轮休制度，限制游客数量。

[案例讨论]景区轮休制给我们带来哪些启示？

1. 加强旅游景区的环境保护管理

能否保护好环境是关系到旅游景区前途命运的大事，旅游景区的管理应慎重处理保护和开发利用之间的矛盾，尤其是自然风景和文化古迹为主的旅游景区，要从观念、管理手段、管理人员素质上及法制上全方位着手，处理好保护和开发的矛盾，使旅游景区可持续的发展。

2. 加强旅游景区的人力资源管理

人的问题是最根本的问题。如果不把人的积极性调动起来，景区的环境保护只是空谈，良好的设施设备也发挥不了作用。科学合理地安置员工，挖掘员工的潜力，对旅游景区的可持续发展有重要意义。

3. 严格控制旅游景区的容量

旅游景区必须认识饱和与超载的危害性，应随时掌握旅游景区的客流量，关注可能引起饱和及超载情况的发展，设法采取措施将游客数量控制在合理的范围内。

4. 加强促销力度，提高景区的知名度

旅游景区的促销是指向潜在的旅游者传播旅游景区产品和服务的内容和价值，使旅游景区的产品和服务被大众所知晓，以建立潜在旅游者对景区形象的认知。旅游景区产品促销要突出产品特点，强化竞争优势，树立品牌优势以便刺激旅游的需求，以引导旅游的消费为目的。

5. 树立危机意识，加强景区危机管理

危机管理意识是现代企业管理走向成熟的重要标志。景区发展危机可能是由景区出现重大安全事件引起的，也可能是由景区以外的大环境引起的。建立景区危机预警系统，才能随时处理可能出现的问题。

6. 正确处理与当地居民的关系

按照旅游可持续发展的思想，旅游收益分配应当有公平性。景区当地居民应从旅游发展中获得合理利益。文化是旅游可持续发展的源泉，景区内的自然景观和人文景观散发的文化气息自不必说，而景区及其周围的整体文化氛围对众多游客特别是国外游客更具吸引力，当地的风土人情给人留下的印象往往更加深刻。风土人情的保持与当地居民息息相关。随着旅游者文化品位的提高，调动景区当地居民的积极性，形成大旅游观念，是旅游景区可持续发展的必然要求。

7. 旅游业发展坚持走循环经济发展的道路

在旅游开发、设计和经营过程中，都要走循环经济的道路，合理组织旅游产业，进行旅游开发，并注意对环境的保护，从而探索出一条新的旅游经济发展之路。

8. 景区规划战略

景区的规划作为城市与区域规划的一项重要内容，需要广泛的知识面和灵活的规划技巧。由于廉价组团旅游出现，参加旅游的人数越来越多，出游的距离越来越远，而且旅游产业的快速发展，使经济、社会和环境的平衡关系被打破，因此，有关旅游规划的需求也日益强烈。

9. 提升公众参与意识

景区可持续发展的目标和行动方案，必须依靠区域内公众及社会团体最大限度的认同、支持与参与。公众、团体和组织的参与方式和参与程度，将决定区域旅游可持续发展目标实现的进程。公众与团体不但要参与有关区域旅游资源开发、旅游设施建设、旅游环境保护和旅游业发展的决策（特别是那些可能影响到他们既得利益的决策），而且更需要参与决策过程和对决策执行过程的监督。如果没有区域内公众和团体的广泛参与，很多与区域旅游可持续发展有关的问题就很难得到他们的理解、认同和支持，区域旅游可持续发展目标和行动就很难得到落实，至少是很难得到顺利落实。

本章小结

本章对旅游容量的基本类型、概念、构成体系进行了较为详尽的解释，结合数据与图表，对各基本容量和总容量的测算方法和公式，进行了定量分析，并提供了测定景区容量的基本计算方法。饱和、超载和污染现象对景区环境的破坏现象时有发生，这势必会影响景区的可持续发展和游客体验质量。根据旅游容量阈值，可以合理调控景区客流量，以达到保护景观资源，确保景区产品质量，实现景区可持续发展。因此，本章进一步阐述了景区可持续发展的目标、评价标准及发展战略。

关键术语

关键术语	定 义
旅游资源容量	在保持旅游资源质量的前提下，一定时间内旅游资源所能容纳的旅游活动量的最大值
旅游心理容量	从旅游者的角度来分析，旅游者在某一地域从事旅游活动时，在不降低活动质量的条件下，或者旅游者感觉不适的临界状态时，旅游区所能容纳的旅游活动量的最大值
旅游生态容量	一定时间内旅游地域的自然生态环境不至于退化的前提下，旅游场所能容纳的旅游活动量的最大值
旅游经济发展容量	一定时间一定地域范围内，经济发展程度所决定的旅游活动量的最大值
旅游地域社会容量	旅游接待区的人口构成、宗教信仰、民族风俗、生活方式和社会文明程度所决定的，当地居民可以承受的旅游者的最大数量
景区可持续发展	在保持景区资源原真性和文化完整性的前提下，使得景区资源既满足当代利益相关者的需求，又能满足后代人发展的需要，保持景区资源、环境、旅游和谐、统一地发展

理论思考题

1. 简述旅游容量的构成体系。
2. 简述景区的基本容量的内涵。
3. 结合案例，谈谈景区旅游容量的基本量测方法。
4. 评价景区可持续发展的标准有哪些？
5. 结合实际，谈谈景区可持续发展战略。

实训辩论题

讨论题：景区实现可持续发展的关键路径。

讨论方向提示：长期出让景区开发权，使旅游资源保护与旅游开发商的长期发展利益衔接；

观测生态旅游发展理念以及环境可持续发展理念；

景区容量测量与游客接待规模控制；

对旅游者实施低碳行为与生态旅游教育；

鼓励当地居民参与景区发展，发展社区旅游，实现景区发展与当地经济发展一体化。

拓展阅读

从 2013 年 7 月 1 日起，张家界核心景区开始实行参观预约制度，成为湖南首家实行参观预约制度的景区。为了"最大限度保证游客旅游安全、保护景区生态环境、减少游客

等候时间、提升旅游服务质量",从7月1日起,凡进入张家界武陵源核心景区的所有游客,需提前在网上预约,预约成功后凭有效证件,按网上预约时间在售票窗口办理参观手续。此举也将逐步推广到天门山、黄龙洞、宝峰湖、大峡谷等张家界其他景区。从2012年"十一旅游黄金周"全国各景区旅游接待情况看,张家界、黄山、故宫等全国知名景区旅游接待量,不仅数倍于最佳游客接待量,还远远超过了游客接待极限值,这给景区管理和游客安全带来了巨大挑战和隐患。

实行参观预约制度,发挥信息技术在旅游管理领域的作用,对于张家界核心景区来说,一是可以有效解决旅游信息不对称的问题,让游客更加便捷地了解景区的游客接待状况,减少消费者旅游观光的盲目性;二是有利于环境保护和可持续发展,可以减轻因游客过于集中给生态环境带来的破坏和压力;三是利用信息技术对游客进行合理分流、错峰,有利于促进景区的可持续发展。

第 7 章 景区项目管理

学习目标

知识目标	技能目标
1. 掌握景区项目管理的内容与方法 2. 掌握景区项目价格定位方法 3. 掌握景区项目设计的内容与程序 4. 熟悉景区项目价格政策 5. 了解景区项目价格的演变	1. 能够根据区域旅游发展情况，合理选择适合区域旅游发展旅游项目 2. 能撰写景区旅游项目设计方案 3. 能判断景区项目价格的合理性

导入案例

"刘三姐"盘活桂林山水

1961年，电影《刘三姐》诞生了，该影片是在桂林拍摄的，影片中美丽的桂林山水、美丽的刘三姐、动听的山歌迅速风靡了全国及整个东南亚。小学语文课文《桂林山水》又使"桂林山水甲天下"的概念深入人心。很快桂林成为全国最早的几个旅游热点城市之一。但是，从20世纪90年代中期以来，桂林旅游业发展进入了"低谷"期。

1997年，广西壮族自治区文化厅开始筹划一个把广西的民族文化同广西旅游结合起来的好项目。文化厅把这件事情交给了梅帅元负责，梅帅元找到中国著名导演张艺谋，1998年张艺谋带了班子在桂林选点，最后选择了漓江与田家河的交汇处作为刘三姐歌圩，而此处正是当年电影《刘三姐》的主要拍摄之地。2003年3月20日，大型桂林山水实景演出《印象·刘三姐》终于正式公演，也在国内外引起轰动。

美国项目管理专业资质认证委员会主席保罗·格雷斯(Paul Grace)曾指出"在当今社会中，一切都是项目，一切也将成为项目"。目前，景区内各类文化演绎项目、节庆节事项目及会议展览项目等成为景区市场竞争的抓手。

7.1 景区项目管理的内容与方法

7.1.1 项目管理与旅游项目

1. 项目管理的内涵与特点

"项目管理"一词有两种不同的含义，其一是一种管理活动，其二是一种管理学科，即项目管理是以项目管理活动为研究对象的一门学科,是探求项目活动科学组织管理的理论与方法的。前者是一种客观实践活动,后者是前者的理论总结;前者以后者为指导,后者以前者为基础,究其本质,两者是统一的。

所以我们这样定义项目管理:项目管理是以项目及其资源为对象,运用系统的理论和方法对项目进行高效率的计划、组织、实施和控制,以实现项目目标的管理方法体系。

我们可以从以下几个方面理解项目管理的内涵,即项目管理的体制是一种基于团队管理的个人负责制;项目管理的要点是创造和保持一种使项目顺利进行的环境;项目管理的职能由计划、组织、协调和控制组成,项目管理的职能由项目经理执行,其设置意义在于实现项目目标;项目管理的任务是对项目及其资源进行计划、组织、协调和控制;项目管理的方式即为目标管理。

与其他管理活动相比,项目管理具有创造性、复杂性、不确定性等特征,并需要专门的组织和团队,项目经理是成败的关键。由于项目经理是在有限的资源和时间约束下,运用系统观点、科学合理的方法对与项目相关的所有工作进行有效的管理,因此项目经理对项目成败起着关键作用。

对于景区而言,景区的开发建设是一项很复杂的项目工程,景区内的旅游项目管理就显得尤为重要,它决定着景区最终的成败,因此我们必须要了解景区项目管理的对象、内容和方法。

项目管理是市场经济条件下优化资源配置、降低交易成本、提高效率的有效手段。人类历史上不乏项目管理的典范,如我国的长城、京杭大运河、故宫及埃及的金字塔等不朽的伟大工程,都是人类运行大型复杂项目的范例。从历史的角度来说,传统的项目管理起源于建筑业,现代项目管理开始于大型国防工业。最后国际项目管理学术组织的出现标志着项目管理走向了科学。目前国际上主要的两大项目管理研究体系分别是成立于1960年,以欧洲为首的国际项目管理协会(IPMA)和成立于1969年,以美国为首的美国项目管理协会(PMA)。在我国,项目管理是作为管理科学的一个分支在20世纪80年代引进来的,经过改革开放后30年的发展,项目管理已经广泛地运用于各行业。

当代项目管理是扩展了的广义概念,更加面向市场和竞争,注重人的因素,注重顾客,注重柔性管理。当代项目管理已经发展成为一门学科,如广泛开展项目管理知识体系的研究;一个专业、一种职业,如职业项目经理、项目管理专业资质认证。

2. 旅游项目的定义

景区项目一般情况下由一个人负责全面管理。这个人可能就是将来景区的总经理,提前得到任命来监督项目的施工。大型项目一般聘用专门的项目管理人员,即项目经理进行管理,景区项目投入使用后就离开。由此可见项目管理的项目管理者就是景区的项目经理,那么景区项目管理的被管理者及对象呢?

现在被大家广泛接受的景区项目管理的对象是"旅游项目"(Tourism Product)。在旅游规划和开发中我们常常会用到这个概念。对旅游项目概念的认识,我国学者中有代表性的观点有资源组合说(黄郁成,2002)、吸引物说(马勇,2004)、体验说、旅游休闲活动说等观点。虽然他们的表述各不相同,但总结他们的共同点可以看出:旅游项目是具有足够的吸引力、旅游者可以身临其境感受或参与的、经过系统管理和经营并能够创造价值的资源集合体。

对"旅游项目"我们可以从广义和狭义的两个角度来理解。广义的旅游项目外延很大，涉及吃、住、行、游、购、娱等整个旅游活动过程中的所有要素，如景区中大型游乐项目、餐饮项目、旅游交通项目、旅游购物项目、景区建设项目等。所有与旅游相关，或者为旅游发展而服务建设的项目都可以称为广义上的旅游项目。狭义的旅游项目是指景区景点中实际存在的、可以触摸和感觉的设施设备和服务活动，是经过改造和设计的，能够将旅游资源独特魅力突显出来的旅游开发形式。

知识链接

美国《国家地理》杂志的编辑和调查员花了半年时间到世界各地亲身尝试最惊险的活动，选出全球精彩的探险旅游项目。具体如下。

中国：沿长江划筏顺流而下。

澳大利亚：沙漠上骑骆驼走400公里。

秘鲁：乘小船到亚马逊盆地探险。

不丹：畅游山区王国的古代村落。

蒙古国：与游牧民一起打猎。

埃及：黎明前攀登西奈山。

法属波利尼西亚：穿梭浪漫的岛屿。

智利：沿富塔莱乌富河河畔步行。

意大利：在东北部攀陡峭的多洛米蒂山。

印度尼西亚：在热带森林寻找失踪部族。

墨西哥：在拥有全球最大水底洞的诺霍那茨乐园潜水。

摩洛哥：在阿特拉斯山脉和村落旅游。

新西兰：前往南岛多个全球最优美的捕蝶区及20条偏僻溪流。

博茨瓦纳：骑象遨游奥卡万龙三角洲和卡拉哈里沙漠边缘。

加拿大：在卑诗省乘直升机到雪峰历险。

加拿大：在鲁纳惠特乘潜水艇到地球最北面接近加拿大的北极沉船地带。

加拿大：在育空地区乘小筏或小艇沿塔茶希尼河这条偏远河流顺流而下。

伊朗：一天时间穿过多座古堡和厄尔布尔士山脉，前往大海。

俄罗斯：在莫斯科郊外的星际城市太空人训练营接受胆量训练。

格鲁吉亚：到黑海南部偏远岛屿寻幽。

坦桑尼亚：与大象、长颈鹿等野生动物和其他猎食动物一起在马萨伊草原步行。

巴拿马：在圣布拉斯群岛划小艇，品尝龙虾和水果，并睡在帐篷内。

厄瓜多尔：在科隆群岛跟随前人达尔文的足迹探索这个名为进化实验室的群岛。

（资料来源：全球最具特色的探险旅游项目，光明日报，2001－12－14，B03）

7.1.2 景区项目管理的内容

罗杰斯和斯林的项目管理四阶段论

1993年罗杰斯（Rogers）和斯林（Slinn）曾提出过景区项目开发管理包括以下管理活动：规划——物资的预算；时间和成本的估计；协作施工安排进度——提供资源；安排活动控制——监督；修改计划和目标实施和经营。

景区项目管理对象——旅游项目——比较复杂，主要涉及资源、时间和质量三个方面，但三者又是由错综复杂的相互关系联系起来的，所以景区项目管理的内容十分庞大。但总结起来，可以列举出如表7-1所示的九种内容。

表7-1 景区项目管理内容一览

景区项目管理内容	主要内容
组织管理	为确保旅游项目各工作组织能够有机地协调和配合所展开的综合性和全局性的项目管理工作和过程。它包括包括组织的规划、团队的建设、人员的选聘和项目的班子建设等一系列工作内容
资源管理	为了保证所有旅游项目关系人的能力和积极性都得到最有效的发挥和利用所做的一系列管理措施。它包括旅游项目中人、财、物等资源的合理有效调配
沟通管理	为了确保旅游项目的信息的合理收集和传输所需要实施的一系列措施，它包括沟通规划、信息传输和进度报告等
质量管理	为了确保旅游项目达到投资者所规定的质量要求所实施的一系列管理过程。它包括质量规划、质量控制和质量保证等
成本管理	为了保证完成旅游项目的实际成本、费用不超过预算成本、费用的管理过程。它包括资源的配置，成本、费用的预算及费用的控制等项工作
时间管理	为了确保旅游项目最终按时完成的一系列管理过程。它包括具体活动界定、活动排序、时间估计、进度安排及时间控制等项工作。将时间管理引入工作中，大幅提高工作效率
范围管理	为了实现旅游项目的目标，对项目的工作内容进行控制的管理过程。它包括范围的界定、范围的规划、范围的调整等
采购管理	为了从旅游项目实施组织之外获得所需资源或服务所采取的一系列管理措施。它包括采购计划、采购与征购、资源的选择及合同的管理等项目工作
风险管理	涉及的旅游项目可能遇到各种不确定因素。它包括风险识别、风险量化、制定对策和风险控制等

7.1.3 景区项目管理方法

景区项目管理常用方法有三种：关键路径法、程序评估与审核法和线性规划法。

1. 关键路径法

这种方法最早产生于1956的美国，最初也是运用于项目管理。它是一种基于数学计算的项目计划管理方法，是网络图计划方法的一种，属于肯定型的网络图。关键路径法将项目分解成为多个独立的活动并确定每个活动的工期，然后用逻辑关系（结束—开始、结束—结束、开始—开始和开始—结束）将活动连接，从而能够计算项目的工期、各个活动时间特点（最早最晚时间、时差）等。关键路径法是景区项目管理最常用的方法。

在关键路径法的活动上加载资源后，还能够对项目的资源需求和分配进行分析。关键路径法是现代项目管理中最重要的一种分析工具。

根据绘制方法的不同，关键路径法可以分为两种，即箭线图（ADM）和前导图（PDM）。

箭线图法又称为双代号网络图法，它是以横线表示活动而以带编号的节点连接活动，活动间可以有一种逻辑关系——结束—开始型逻辑关系。在箭线图中，有一些实际的逻辑关系无法表示，所以在箭线图中需要引入虚工作的概念。

图7.1就是关键路径法的箭线图。箭线图可表示一个项目计划，其清晰的逻辑关系和良好的可读性非常重要。除了箭线图本身具有正确的逻辑性，良好的绘图习惯也是必要的。因此在绘图时遵守相应规则十分重要。另外，在绘图时，一般尽量使用直线和折线，在不可避免的情况下可以使用斜线，但是要注意逻辑方向的清晰性。

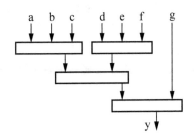

图7.1 箭线图示意

前导图法又称为单代号网络图法，它是以节点表示活动而以节点间的连线表示活动间的逻辑关系，活动间可以有四种逻辑关系：结束—开始、结束—结束、开始—开始和开始—结束。

2. 程序评估与审核法

程序评估与审核法和关键路径法不同，这种方法是把建设项目分成若干项工作和任务，然后根据完成每个任务所需时间进行评估分析，得出完成整个项目所需的最长、最可能、最短的三种可能时间。这样景观的投资者可以以此作为一项参考依据来估算可能完工的日期，进而确定安排项目完成后景区开业的时间。

3. 线性规划法

线性规划是运筹学中研究较早、发展较快、应用广泛、方法较成熟的一个重要分支。它是以数学的方法帮助景区项目经理如何合理有效地使用诸如人、材、物等资源的方法，操作的时候可能涉及多种变量同时进行运算，最后会得到多种选择来完成景区项目的建设。

7.2 景区项目的选择

旅游项目选择关系到组织的生死存亡,很多景区的兴盛源于正确的旅游项目选择,亦有不少景区的破产或陷入困境是由于旅游项目选择错误所导致的,世界上成功的旅游项目选择不乏其例,如迪士尼乐园、方特梦幻王国、非洲野生动物园等主题公园,同时,旅游项目选择的重大失误也并不罕见。

因此景区内的旅游项目是景区吸引力的载体,但是并不是所有的旅游项目都能够在景区中设计建设,我们要考虑到景区旅游项目选择的重要性,摸索旅游项目选择的基本原则、程序和一些要注意的问题。

知识链接

旅游项目与旅游运营

景区管理过程中有组织的活动可分为两种类型,即旅游项目和旅游运营。

景区要实现其长远的战略目标,首先必须设定组织使命,并将组织使命细化为一个个具体的方向或目标,再通过一个个不同的一次性任务,即旅游项目,来实现。

一个景区最初通过旅游项目使景区形成提供旅游产品或旅游服务的能力,并在此基础上重复运营,经过一段时间后,又需要通过调整旅游项目、改扩建旅游项目、新开发旅游项目、组织变革旅游项目等,使景区恢复原有发展能力或上升到一个新的运营平台。

景区发展是如此不断地重复着旅游项目与运营的交替过程,运营使景区发生量变,旅游项目使景区出现质变,所以旅游项目是景区实现其战略目标的基本活动,也是推动景区发展的直接动力。

7.2.1 景区项目选择的基本原则

旅游项目选择的基本原则有以下几点。

1. 符合景区旅游发展战略

每一个旅游项目都应和景区的发展战略有明确的联系,将所有旅游项目和景区的战略方向联系起来是景区成功的关键,项目的选择必须围绕景区的发展战略展开,这样才可以保证每个旅游项目都能对景区的发展战略做出贡献。

2. 考虑景区经营性资源的约束

旅游项目建议来源于各种需求的变化和解决世界现存问题的动机。很多景区都有超过可利用资源所允许数量的旅游项目建议。景区日常运作、经营性资源的需求、可用资源的改变,以及项目建设的时间资源消耗等均为约束景区经营性资源的因素。

3. 优化旅游项目组合

旅游项目选择是对一个复杂的系统进行综合分析与判断的决策过程,其影响因素很多。在选择旅游项目时,应综合考虑各个旅游项目的收益、风险、景区战略目标和可用资源等多种因素,选择最适合的旅游项目组合,使旅游项目组合的整体绩效和价值最大化。

7.2.2 景区项目选择的基本程序

由于受资源的限制，选择合适的旅游项目配置是困难的。大多数景区可能犯的一个共性的致命错误，就是选择了只对景区长期发展起很小（甚至不起）作用的旅游项目。广泛的数据显示，即使在发达国家，很多企业都没有明确地将项目选择和战略计划联系起来的程序。

景区必须有能力避免启动那些对景区长期发展并不重要、未与景区发展战略有效整合的旅游项目，以避免有限资源的浪费。主要的避免方法就是建立一套将旅游项目选择与景区战略有机地联系起来，使旅游项目选择与优先级密切关联，从而保障战略计划与旅游项目整合成功的选择程序与方法。景区项目选择的基本程序如图 7.2 所示。

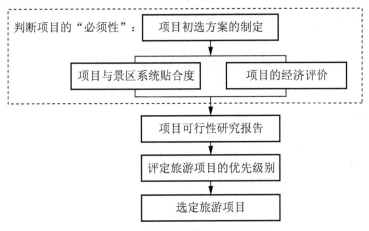

图 7.2　景区项目选择的基本程序

1. 判断旅游项目的必须性

在一些特殊的条件下，有些项目"必须"被选中，否则，景区会失败或遭受严重的后果，如政府规定必须实施的环保项目、消除重大隐患的安全项目等。如果99％的旅游项目评价者认为某一项目必须被实施，则要将该旅游项目置于"必须"的类别。对"必须"类项目也需要研究。所以，首先应提出若干种可选择的方案，然后根据各方案与景区系统的贴合度及其经济评价结果，从各备选方案中选择最优方案。

2. 研究旅游项目的可行性

对于非"必须"类旅游项目需要进行可行性研究，主要包括技术、资金、社会环境等相关方面的研究。只有通过可行性研究的旅游项目才能够在景区进行设计开发建设。

3. 评定旅游项目的优先级别

旅游企业中总是存在经可行性研究合格，但又超过可用资源所允许数量的旅游项目建议，因此，旅游企业需从众多旅游项目中精选项目，以识别出哪些旅游项目具有最大的附加值，进而将稀缺资源分配到比其他替代项目贡献更多价值的那些项目上，这就是需要一种结构化的项目选择过程，以便将项目和旅游企业战略联系起来，控制稀缺资源使用并平衡风险。景区的结构化项目选择过程如下：首先，对景区各项目的特征进行定性或是定量分析，按照加权进行计算和比价；然后，进行景区项目的财务分析，常用的方法有净现值法、内部收益率法和投资回收期法，以确定各项目的期望货币值；第三，抽取的各项目特征值和加权系数并根据组织的战略目标判断其优先级别；第四，优化各项目的建设时间结构并设计资源最大化利用方案；第五，确定在特定时间段并符合市场稀缺资源配置的结构化景区项目。

4. 选定旅游项目

景区管理层和相关专家综合考虑各个旅游项目被评价的优先级、景区可用资源、旅游项目风险、旅游项目之间的依赖性等因素，决定景区将接受或拒绝哪些旅游项目建议。在资源严重受限，旅游项目建议的权重排序彼此类似的少有情况中，应谨慎选对资源要求少的项目，应对每个被选中的项目进行排序，并公布结果，以便保证每个人保持对景区组织目标的关注，提供有效分配稀缺性资源的依据。

7.3 景区项目设计

7.3.1 景区项目设计的原则

景区项目设计的出发点和最终目的是景区的旅游项目成为景区可持续发展的原动力和吸引核心。那么景区项目设计的成功与否事关重大。目前旅游界多年的实践经验积累后形成了景区项目设计的原则、内容及程序，这些对实践有指导性意义。

1. 差异创新性原则

差异性、独特性及创新性是旅游项目设计的灵魂。通常我们将旅游项目的核心设计理念概括为"人无我有"、"人有我新"、"人新我特"。这表明旅游项目必须富有特色，富有创新，体现其自身的差异性。随着经济的发展，人们的需求越来越变化多端，个性化的旅游项目可以满足目标市场的旅游需求，也是推动现代景区发展的源泉。例如，我国开办最早的深圳"锦绣中华"主题公园的成功，迪士尼乐园的长盛不衰，很大程度上是因为景区项目设计的差异创新性。总的来说，景区旅游项目可以从三个途径突出差异创新性：第一，突出景区主题，将景区的核心特色融入到设计思路中，体现鲜明特色。第二，注入文化内涵，旅游是一项文化活动，地区文脉的挖掘和提炼能够延续景区项目的生命力。文化的特色鲜明，且能和项目很好地融合，注重细节过程，不能只停留在文化的表层。第三，

图 7.3

塑造品牌，品牌的导向性能够为旅游者营造一种精神境界和心理享受的氛围，触动旅游者的内心。这一原则要求在旅游项目设计过程中，以挖掘当地特有的旅游资源为出发点，尽可能地突出旅游资源特色，增强旅游项目的吸引力。

2. 真实体验性原则

现代旅游业的发展已经越来越往体验性的旅游业靠拢。人们已经不仅仅满足于参观游览，更多的旅游者想参与到旅游活动中。这些就要求我们在设计景区旅游项目时遵循真实体验性原则。真实体验性要求在旅游项目设计过程中创造更多的空间和机会，给旅游者充分发表自己的见解、满足其好奇心的机会。旅游者普遍喜爱的景区，基本上都是真实性体验性很强的地方。自助游的火热也说明现在越来越多人想亲身体验、深度体验旅游内涵。

图 7.4

3. 市场适应性原则

市场的肯定是对旅游项目设计的肯定。市场适应性原则要求景区项目的设计要准确把握目标客源市场的需求，在设计之前要进行市场调查和市场预测，包括需求的内容、目前能满足的程度、发展的趋势、潜在的需求状况等。只有适应市场的旅游项目才能赢得旅游者的青睐，至于什么样的旅游项目才算是遵循市场适应性的原则不能一概而论。旅游客源市场是发展变化的，旅游者的兴趣爱好也是发展变化，所以这就要求在设计旅游项目时要从客观的市场调查开始，以真实的信息作为参考。

4. 可持续发展性原则

景区的发展建设都必须有可持续的观念，可持续发展的原则应体现在景区的总体规划中。为了确保利益的一致性，前期的景区项目设计和实施要与景区的长远发展目的保持一致。再者景区项目的设计建设大部分是依赖于一定的旅游资源，因为资源的脆弱性和不可再生性，为了保持景区长久的生命力，在项目设计的时候要从可持续发展的角度对项目的环境、经济、社会文化效应进行评价，以避免后期旅游项目的运行带来的环境破坏、资源耗竭、社会震荡和文化颓败。

7.3.2　景区项目设计的内容

景区项目设计的内容是对景区旅游项目的展现，设计的东西很多，内容复杂，是一系列的工作，主要包括以下方面。

1. 起名定位

这是项目进行设计的基调控制，能够明确项目的性质、风格、主题和功能。好的项目名称定位能够对旅游者形成最初的旅游吸引力，是项目展现自身特色的一个窗口，以利于员工描述项目想要表达的文化氛围等基本信息。

2. 创意产品

旅游产品是旅游经济的核心，自然也是景区项目建设中的重点。而旅游项目就是一个综合的产品体系，个体产品可以是节庆活动、特色建筑群、情景展示，也可以是游乐设施等。因为景区项目设计应遵循差异创新性原则，景区项目的产品创新性要特别突出，充满创意，从而吸引旅游者的眼球，形成景区旅游产品的卖点。因此，创意产品也是景区项目设计内容的重点所在。

3. 空间安排

对景区资源的有效利用，是项目设计时需要重点考虑的问题。在景区项目的设计中如何合理安排地理位置和占地面积，在一定程度上决定着景区资源的利用。具体来说，旅游项目设计的空间安排是要确定项目具体的空间区位，各个建筑物的位置、距离、开放空间布局和大小等内容。

4. 管理方略

景区项目设计的内容最后都要在各项管理活动的安排下进行。在一个持续性发展的过程中怎样确保设计项目的有效实施，怎样与景区长期的发展吻合，这些都需要在市场的环境下对项目、工程、时间、日常等进行科学的管理。这些管理思路应该贯穿在景区项目设计的内容中。

7.3.3 景区项目设计的程序

旅游项目设计是一个程序化的过程，表达设计者的有序思维体系，结合实际的操作，这样可以为旅游项目的可行性奠定基础。了解旅游项目的设计程序有助于指导实践，景区项目设计的一般程序如下。

1. 形成项目的初步构想

思想是行动的前提。旅游项目涉及很多的东西，如资源的利用、人员的配备等。当景区管理方确定景区有旅游项目进行设计建设的时候，就必须要先整合自己的可利用资源，征询相关人士的初步意见，对旅游项目的设计发展前景进行初步的感知，形成初步的粗线条的构想，这是开展旅游项目后续工程的思想源头。

2. 调查景区项目的相关信息

这是旅游项目设计的调查阶段，整理出来的全面、真实、有价值的信息将对旅游项目的专门设计提供帮助。这个程序也是旅游项目对自己的目标市场、相关的竞争力及自身资源利用等与项目紧密相关信息的探测。调查的内容主要有以下方面。

1）景区自身资源概况

通过对景区进行前期的资源调查，了解景区自身资源所具有的优劣势。在进行调查的时候，景区应该将重点放在那些特殊资源上，了解它们的分布及与将要设计开发的项目之间的关联，这样可以确定景区旅游项目开发的特色底蕴和可以利用的资源。

2）客源市场信息

现在旅游已经进入卖方市场。景区的发展需要明确目标市场的所在，准确定位景区项目设计针对的人群，对旅游项目注入客源市场的吸引力因素。所以景区要明白自己究竟能够为客源市场提供什么，了解将来自己面临的消费者的一些消费习惯，以便更好地进行针对性营销。这些关于客源市场的工作完成后，需要进一步了解目标市场对景区服务和实施的具体细节要求，将一切细化到项目设计的内容中。这些最后将成为项目设计中最具有吸引力的地方。

3）景区外部环境

对景区外部环境的了解是指对景区所在地域的历史、文化、自然等相关资源的密度进行了解，明确旅游项目的可替代性和竞争力度。这些信息的了解也能帮助景区项目为将来获得外部环境条件的支持提供帮助。

4）相似景区旅游项目的有关信息

景区的资源具有独特性、差异性和不可复制性，但是景区的发展总是有相似的支持条件，尤其是相似的同类型的成功景区先例，能够有助于本景区旅游项目的设计。但是我们需要注意一点，旅游项目虽然可以复制，但是只有"复制"出特色、引领旅游潮流的做法才能够得到丰厚的回报，切莫盲目地跟从，一定要注重景区旅游项目的创新性。

以上四个方面的信息对景区项目的设计是非常关键的，要广泛地收集，精心地整理和多次地利用。为了应对景区项目设计中复杂的工作，各个景区在设计景区旅游项目时，要形成自己的系统，也为以后的设计和管理工作提供便利。

3. 创意设计成型阶段

根据上面的信息集合，我们就可以进入项目设计的实质性阶段，即将景区旅游项目的创意设计成型，这个过程可以包括以下几个步骤。

1）整合项目概念

整合项目概念是对适合目标市场和景区资源的旅游项目理念进行文字呈现，运用如"旅游项目是应该具有……让旅游者感受到……"等具有特征描述的句子。这些特征点需要立足于旅游者的需求及潜在需求，力求创新，这是创意设计的第一步。

2）明确项目功能

在这个环节，我们需要明确我们的旅游项目能够为旅游者提供什么，要呈现的是美丽旅游资源的富集还是人文内涵的展现等。明确这些，能够在旅游项目设计细节时将项目所需要的特征内涵整合其中，实现旅游需求和旅游供给的有效统一。

3）赋予内涵

赋予内涵是旅游项目设计实现其吸引力很重要的一步，要赋予旅游项目旅游者感兴趣的异地文化内涵、景致差异或者全新的旅游体验。这些的关键所在就是景区设计与实物的结合，给旅游者可触摸和感受得到的体验空间。从整体的角度看，旅游项目的各个构成要素要充分挖掘具有吸引力的历史、人文、地域等现象，经过选择、组合与加工，使项目设计具有长久的生命力。赋予的内涵与目标市场需求相配即是打动人心的核心观念。

4）选址论证

景区旅游项目的成功不仅仅在于旅游项目本身的吸引力，它是与周围环境共同作用形成的结果。一方面，在景区的什么位置上布置旅游项目既关系到整个景区的合理布局，也关系到景区能否综合协调发展。另一方面，在景区中为旅游项目选址论证也是为了合理地利用景区资源，为景区节约成本，实现景区利益最大化。

5）形象设计

完成景区旅游项目的核心内涵和布局设计后，我们就要为旅游项目如何以一个整体的形象展现在旅游者面前努力，这就是旅游项目的形象设计。形象设计必须有助于记忆和推广，目前可以引入的有企业形象识别系统（CI）战略，以理念识别（MI）、行为识别（BI）、视觉识别（VI）形成体系，强化旅游项目的宣传力度，使旅游者熟悉旅游项目。

4. 项目设计再完善

旅游项目设计的过程完成后，项目设计者要不断地与景区管理者进行沟通，从景区的实际出发，既考虑技术的可能性与先进性，又注重成本的控制和经济效益、竞争能力及项目制造的难易程度，对旅游项目进行不断的修改，使旅游项目设计更加完善、合理，更加贴合实际。

5. 项目策划书的编制

当以上工作完成并与景区管理层进行沟通后，设计者就可以着手编写项目策划书了。项目策划书的主要构件主要有以下几项：封面，主要包括旅游项目设计的主办单位、设计组人员、日期、编号；序文，陈述此次设计的目的、主要构想、设计的主体层次等；目录，体现策划书内部的层次安排，给阅读者清楚的全貌；内容，是旅游项目设计创意的具体内容，描述力求清楚，数字准确无误，要运用科学方法，层次清晰；预算，是为了更好地指导旅游项目活动的开展，需要把旅游项目预算作为一部分在策划书中体现出来；项目进度表，包括设计实施的时间安排和项目活动进展的时间安排，在规划时间时要留有余地，具有后续操作性；附录，旅游项目中所运用的相关参考资料要放在附录部分，以便查阅。

编写旅游项目策划书要注意文字简明扼要、逻辑性强、主题鲜明、运用各种图表和照片模型表达主题效果、具有可操作性这几点。

知识链接

景区文化演艺项目

旅游演艺是指在景区现场及旅游地其他演出场所内进行的、以表现该地区历史文化或民俗风情为主要内容，且以旅游者为主要欣赏者的表演、演出活动。旅游演艺具有文化、经济、社会等多层面意义。同时，旅游演艺还能够丰富景区产品内涵，提升景区旅游形象，强化景区品牌。目前，我国旅游演艺发展过程中，较成功的有六种旅游演艺产品，分别是以桂林《印象·刘三姐》为代表的山水实景类、以深圳"世界之窗"的《创世纪》为代表的景区综艺类、以杭州宋城《宋城千古情》为代表的室内舞台和巡游类、以丽江《丽水金沙》为代表的剧院类、以昆明《云南映象》为代表的各地巡演加驻场表演类、以西安唐乐宫《仿唐乐舞》为代表的宴舞类。具体项目见表7-2。

表7-2 我国主要旅游演艺产品

类　　型	地　　点	演艺名称
大型山水实景演出	桂林阳朔	印象·刘三姐
大型山水实景演出	杭州西湖	印象·西湖
市内立体全景式大歌舞	杭州宋城	宋城千古情
大型山水实景演出	丽江	印象·丽江
旅游歌舞晚会	丽江	丽水金沙
情景歌舞剧	香格里拉	香巴拉印象
大型原生态歌舞集	昆明	云南印象
大型梦幻风情歌舞	大理	蝴蝶之梦
大型原创功夫舞剧	郑州歌舞剧院	风中少林
大型实景音乐剧	登封	禅宗少林·音乐大典
超级多媒体梦幻剧	上海	ERA时空之旅
大型史诗音乐舞蹈晚会	深圳世界之窗	创世纪
大型实景式主题马戏	广州长隆	森林密码
仿古乐舞	西安陕西歌舞院	仿唐乐舞
综合性大型乐舞表演	西安大唐芙蓉园	梦回大唐
戏曲文艺表演	成都	蜀风雅韵
大型音乐剧	成都	金沙
大型组合式晚宴艺术	北京	北京之夜
杂技表演	吴桥杂技大世界	吴桥杂技
大型历史舞剧	西安华清池景区	长恨歌

7.4　景区项目价格管理

7.4.1　景区项目价格的演变

旅游价格是人们为实现特定目的离开常住地去往他处综合性消费价值的货币表现，是与旅游消费相关的各种商品价格和服务价格的总和。景区门票价格定位在国内旅游学界没有受到足够重视。由于旅游资源价值的二重性，旅游景点门票价格这一普通的经济学问题却变成一个两难选择课题。如何确定合理的门票价格涉及的内容很多，不仅仅是旅游企业和游客的供求关系问题，而且还要满足社会的公益性需要，只有政府代表人民利益来维护这种公平。因此在旅游产品的价格确定过程中必须坚持政府的主导作用，然后根据影响旅游资源价格的基本因素，在考虑地域差异的前提下提出一个标准化模式，以此来规范旅游景点门票的定价问题。

1. 国外景区门票价格的演变

国外景区门票价格问题从20世纪90年代末开始成为人们争论的焦点，低价策略受到了来自理论和实践的双重挑战。《纽约时报》2005年9月28日消息称，"包括黄石国家公园在内，美国17家国家公园将于明年提高门票价格，增加的收入将用于游客中心和厕所等设施的建设"。自美国维尼亚山国家公园1908年收取"机动车准入费"以来，公园收费一直是国外理论界关注的问题。早期理论探讨集中于"是否应该收取费用"。实践中，解决公园财务压力的办法即"机动车准入费"；随着机动车使用者的增加，"机动车准入费"受到抵制而被削减，逐渐被"游客使用费"所代替。到20世纪80年代初期"收取多少"变为焦点问题。

21世纪以来，国外景区门票价格定位态度更加谨慎，认为门票价格不是唯一的管理工具，单独使用不是最好的选择。特别重视旅游者和公众对门票价格的预期和反应。国外景区门票价格研究有两类主流观点：以发展中国家的现实为出发点，支持景区提高门票价格以获取更多收入，保证景区资源保护和设施维护，保证地方经济利益；经济发达国家多认为收取门票和提高价格的做法不利于社会公平。

2. 我国景区项目价格的历史沿革

《中国休闲旅游客户需求趋势研究报告》显示，目前较多国内游客的景区门票花费占总花费比例最高，其次是交通花费，分别占21.92％和20.92％；随后是购物、餐饮、住宿、文化娱乐，分别占19.00％、16.37％、11.52％、9.83％。在业界看来，景区单一收取门票的方式虽然最容易赚钱，但实际上这种旅游经济模式却处于最简单、最初级的阶段。

伴随着改革开放和物价增长，景区门票涨价趋势日益明显，这在某种程度上与人们的出游意愿相矛盾，景区门票价格的"涨"与"免"成为社会普遍关注的焦点，景区门票价格的政府规制也在从国家集中协调、审批向景点定价、地方规制、国家协调转变。纵观我国旅游价格的历史沿革，大体经历了政府福利型(1950—1978年)、计划主导型(1979—1991年)和市场主导型(1992年至今)三个阶段。自1993年4月国家旅游局会同国家物价局发布了《关于国际旅游价格管理方式改革的有关问题的通知》以来，我国的旅游价格改革基本适应了经济体制的转轨，逐步建立起了旅游价格管理的中央和地方两级协调制度，丰富了整个价格改革乃至整个经济体制改革的内容，从而有力地促进了旅游业的快速增长和国民经济结构的逐步优化，促进和带动了我国经济社会的持续、快速、健康发展。下面简要介绍一下景区旅游价格发展的三个阶段。

1) 政府福利型旅游价格

自新中国成立以来，游览参观点作为非营利性单位，社会福利性是其突出特性，景区门票价格多以政府定价、政府补贴为主导，国民承受能力是政府定价的基础原则。1950—1978

年，公园门票价格一般只有五分到一角，同时也不乏免费开放的公园。"低票价政策，四十年一贯制"是北京市公园门票价格从新中国成立初期到20世纪80年代一直坚持执行的。这种政府福利型旅游价格政策是适应当时低工资、低物价、低消费的历史条件的。

2）计划主导型旅游价格

自从1978年改革开放开始，我国开始为了储备外汇发展旅游业。从这个时候一直到1991年，国内的景区几乎都是政府控制，门票的价格也是有国家计划主导的。

3）市场主导型旅游价格

市场主导型旅游价格从1992年开始至今。深入的改革开放为我国经济带来了巨大活力，同时也带来了物价上涨，这无疑加重了政府财政负担，也使得景区入不敷出，景区门票收入无论是与国民总收入，还是与国民支出相比都存在着严重的失衡。进入20世纪90年代以后，随着园林经济体制改革的不断进行，景区自主权不断扩大，景区票价对经营管理活动的调节作用也越来越明显，适当调高门票价格就成为缓解政府财政负担、景区入不敷出现象的有效手段。同时，国家物局也陆续出台了关于景点门票价格管理办法和调整游览点门票价格的通知，景区门票在政府指导定价下逐渐向市场化转变。此时存在的景区双重属性、国内外游客承受能力差别大、有形和无形资产估价难以量化等问题，使研究者将按质论价、分等定价、合理补偿成本、兼顾社会承受能力作为门票定价的主要原则，"价值体现"与"资金弥补"也由此成为门票涨价的理由。

旅游观察

国内旅游价格论

目前，我国学者对景区旅游价格的构成的研究比较多，主要有三种观点：一是"资源论"。这种观点认为，旅游资源的质量是形成旅游核心竞争力最为直接的因素。旅游价格由游览参观点的等级类型、开发管理成本、无形资产、资源的稀缺性、效用大小、环境资源成本、资源的季节性等因素构成。二是"经济论"。这种观点认为，构成景区旅游项目价格的因素可以分为基础因素和弹性因素。基本因素应由体现风景区质量数量特征的景区旅游产品特色、景区规模、景区服务和正常盈利组成。弹性因素是指受市场因素影响和供求关系制约而影响景区旅游价格变动的因素，如物价指数、淡旺季供求等。三是"资源经济综合论"。这种观点认为，景区旅游价格由景区旅游资源等级价值、资源影响力价值、社会经济成本、环境成本等构成。

知识链接

我国景区旅游价格的政策建设取得的成绩

经过30多年的发展，我国景区旅游价格经历了很多的变化，起伏不定，人们对景区旅游价格也都提出了自己的想法建议。政府调节市场出台的相关政策也取得了一些成绩。

（1）建立了高效的旅游价格管理体制。社会主义市场经济体制改革的目标就是要让市场在资源配置和价格方面起决定性作用。景区旅游价格的形成与管理也在人们不断总结经验与提高认识的基础上逐步发展和完善的。目前，在旅游价格的各构成要素中，旅游交通价格、主要景点景区门票价格仍实行政府定价或政府指导价,而旅游饭店、餐饮、娱乐、购物等旅游项目价格则由经营者自主定价,价格主管部门的管理重点将放在规范相关价格行为上,而不再参与具体价格制定工作。另外,旅游行业的主管部门也积极适应市场经济条件下的新情况、新局面,转变政府职能,使政府职能部门以各方利益的"协调者"和旅游市场秩序的"维护者"的身份管理旅游价格,使得市场在旅游价格决定中发挥主导作用。旅游价格管理部门角色的转变和旅游价格形成机制的变革,是旅游市场高效运作的保证,也是市场经济体制改革取得的重大成果之一。

(2) 形成了较为合理的旅游价格体系。旅游价格体系的组成要素是多方面的,是一项综合性的大系统,各个旅游经济活动主体的变化都会影响到旅游价格的决定与调整,而旅游价格体系是否完善健全反过来又会影响旅游经营者和消费者的行为,从而对整个旅游产业的发展产生影响。过去我们的旅游价格体系过于僵化,没有层次性和灵活性,往往表现为"铁板一块",旺季淡季一个价,组团散客一个价,制约了旅游产业的发展。通过旅游价格管理体制的改革,将旅游产品的定价逐步下放,各旅游经营者有权根据市场供求情况采取更为灵活多样的旅游价格,丰富了旅游价格的品种,增大了其调控旅游市场供求关系的功能,把旅游市场推向了更开放、更繁荣的新局面。例如,景点景区按旅游旺淡季和旅游人数不同推出了相应的旺季价、淡季价和团体优惠价,旅游饭店推出了"午夜房"、"两天三晚周末房"等,形成了较为合理的旅游价格体系。

(3) 重点旅游景点的门票价格制定实行听证制。门票价格听证是指由旅游门票价格主管部门组织社会有关方面,对制定或调整门票价格的必要性和可行性进行论证。《政府价格决策听证办法》明确把主要旅游景点门票列为需要听证的商品和服务,举行门票价格听证会是实现政府价格决策制度化、法制化、民主化的重大举措。例如,2004年12月,受湖南省物价局的委托,湖南省张家界市物价局主持召开了门票价格调整听证会,对张家界市武陵源风景名胜区管理局提出的调整核心景区门票价格方案进行了公开听证。听证代表由消费者代表(含消费者协会团体代表)、经营者代表、人民代表大会代表、政协商会议委员代表、相关部门代表组成,他们对申请方案进行了广泛的论证和分析,并且充分表达了各自的意见和观点。这种门票价格决策听证制度使政府价格决策更加公开、透明,体现了公平与效率的原则,增加了与会各方的市场意识和群众观念,协调了经营者与消费者的利益和立场,是旅游价格管理体制的重大改革。

(4) 适时推出了景区门票的"一票制"。旅游产业的迅猛发展,带动了各景点景区的开发投资热,使景区的基础设施建设得到长足的发展,为旅游者游览参观提供了便利,但一哄而上的投资景区建设也带来了不少问题。例如,景区内管理混乱,出现了"多头管理却无人负责"的现象;乱收费、多收费、漫天要价、欺诈游客问题突出;掠夺性的开发建设,不注意环境保护和永续使用,使一些景区的游览价值大幅下降等。为了改变景区内管理收费的混乱局面,确保景区的可持续发展,目前大部分景区推出了"一票制",并明确规定"游览参观点门票实行一票制,对于确实需要单独设置门票的,须报省价格主管部门审批"。一票制的推出有利于明确并协调景区各相关单位的利益,解决乱收费问题;有利于保护景区资源和价格稳定;有利于降低景区管理成本,裁减冗员,是提高景点景区旅游质量,维护旅游消费者合法权益的重大举措。

7.4.2 影响景区项目价格政策制定的因素

景区旅游价格政策在建设过程中会受到很多因素的影响,主要表现在以下几方面。

1. 现行价格体制

现行的景区价格定价体制还没有确定,各个景区的价格制定依据都是一定程度上各自为主。相关的旅游监管部门也因为职务划分的不清楚或者不想破坏利益而少有作为。

从旅游业发展初期到现在,国家和地方已经出台了一系列有关旅游市场及其管理的法律、法规、条例。特别是近几年来,全国和各省、自治区、直辖市的价格法制工作进展加快,先后颁布、修订了一批涉及旅游市场价格的法律、法规,在一定程度上起到了解决旅游纠纷、规范旅游市场的作用。

2. 旅游市场竞争与旅游价格秩序

随着旅游的蓬勃发展,各地方政府纷纷把发展旅游作为地区发展经济的措施。很多投资也纷纷涌入旅游业。景区的开发建设方兴未艾,各地都可见到正在建设或者将要建设的景区。景区的市场竞争越来越强烈。各个景区的价格制定也是没有依据。景区的价格是只涨不跌。各方利益的博弈在景区的门票价格上体现得尤为厉害。这些都为景区旅游价格政策的建设制造了障碍。据调查,我国不少旅游区(点)的门票价格普遍高得惊人,在门票价格高的景区中,又以模拟仿造的"城"、"都"、"窗"、"馆"之类的所谓文化景观的门票价格偏高,且游客普遍认为它们的文化品位、文化内涵"不值这个价"。"高定价、高回扣",不正当竞争愈演愈烈,有的擅自搞"园中园"乱收费,在公园中硬塞进一些粗俗的表演和格调低下的游览项目,搭车收费,一些饭店、餐馆、娱乐场所不按规定明码标价,高收费低服务,浑水摸鱼、"野马"横行,肆意宰客。

3. 旅游价格执法力度

由于旅游价格管理的严重缺位,旅游价格监管法规体系的不健全,加之政府职能部门对违反旅游价格管理行为打击不力,不能将旅游经营者的行为有效控制在现行法律、法规容许的范围之内,导致"劣商驱逐良商",从而致使我国旅游市场价格一直比较混乱,一些旅游经营者的行为极不规范,大量违反旅游价格相关法律、法规的行为层出不穷,严重扰乱了旅游市场的正常秩序。例如,在一些旅游景点景区的门票上,随意更改票价、强行投保、强行交纳森林防火费;在旅游旺季,景区服务质量并没有随旅游价格提高,多收钱少服务、欺诈宰客等行为经常发生。可以认为,造成这一混乱局面,除政府职能部门监管不严、打击不力外,也说明了我国当前旅游行业自律还是太弱,从业人员素质不高。

旅游观察

国内门票价格上涨原因分析

景区门票涨价的主要原因:第一,实际的政府并不一定是公众的忠实代表,政府也有自己的利益,如果政府的利益和景区利润有关,显然存在制定更高门票价格的动机;第二,我国景区的收益在很大程度上来自门票收入,因而景区可能采取游说或贿赂行为,促使政府制定更高价格；第三，作为参照物的企业景区定价较高。这些原因使得景区价格决策接近利润最大化的行为。

7.4.3 制定景区项目价格政策的路径

1. 研究旅游价格政策

完善我国旅游价格政策要在现有旅游价格政策的基础上。研究目前旅游价格的缺陷不足，为以后提出完善的价格政策进行资料的收集。研究目前旅游价格是否能够合理地反映旅游市场的变动，对于景区而言，是否能够正确合理地反映景区的价值，为以后的价格制定提供依据。

2. 建立健全旅游价格管理的各项规章制度

市场经济的建立、政府职能的转变，使得行政命令不能再成为政府管理经济的主要手段。具体到旅游价格管理方面，就是要求物价职能部门通过深入的旅游市场调查，发现当前旅游市场价格存在的问题和漏洞，并且制定出符合旅游产业发展、能够解决实际问题的规章制度，为旅游业的发展提供制度与环境支持。

1）实行旅游标准化工程

景区可以通过制定国家或行业标准的旅游合同文本来取代目前各旅行社自制的旅游合同，以保护旅游活动中的弱势群体——旅游者的合法权益，同时也为日后可能出现的旅游价格纠纷提供处理依据。

2）建立起中央和地方的多方面协调机制

国家旅游局会同国家物价局等有关部、委、局，协调国内有关旅游价格和收费标准的调整幅度和出台时间；各省旅游局和物价局协商本地区有关旅游价格和收费标准的调价幅度和出台时间；同时还应主动联合与旅游密切相关的交通、市政、文化、园林、林业、水利、文物等部门，通过建立有效的部门联席会议制度发挥各方面积极性，以形成综合旅游价格管理能力。

3）构建有地方特色的旅游价格法规框架

一方面，要根据国家现有的有关法律法规，从我国国情出发，大胆探索并制定出与旅游价格配套的地方性法规和政府规章；另一方面，也要以法制性规制来取代经济性规制，对旅游不正当竞争应进行法制化管理，加强联合执法，依法维护良好的旅游市场秩序。

住建部：解决动物园票价过高问题

住房和城乡建设部 2013 年 7 月 7 日发布《全国动物园发展纲要》（以下简称《纲要》）。

为确保政府投资动物园的公益性，《纲要》要求未来 3 年内应研究解决动物园"门票价格过高"等问题。要全面调查研究，制定合理的门票价格，并保证成人的门票价格应不高于当地人均月收入的 5‰，且各类特殊人群应当按政府相关规定实行减、免票制度。城市人民政府应在动物园管理专项经费中设立动物保护教育专项资金,并对其使用进行严格跟踪监督,保证专款专用。对于动物保护教育所获得的经济收益,城市园林绿化主管部门应制定相应的使用管理办法,确保其中不少于50%的收益反哺到动物保护教育工作中。

《纲要》同时明确要求,各动物园要建立健全安全管理制度,兽舍和展区的隔离设施要禁止游人进入,并在醒目处安装警示牌。此外,各动物园还应设定游人接待量最高限制,当入园人数超过最大接待量时应暂停游人入园,并及时采取有效措施进行人员疏散。

财政部:省级免费博物馆年补500万

财政部公布《中央补助地方博物馆纪念馆免费开放专项资金管理暂行办法》(以下简称《暂行办法》),对于按规定免费开放的博物馆、纪念馆,其运转经费补助按照每年省级馆500万元/个的标准安排。

《暂行办法》规定,2008年以前立项建设、2010年及以后年度建成并纳入中共中央宣传部、财政部、文化部、国家文物局确定的免费开放名单的博物馆、纪念馆,以及新增命名为全国爱国主义教育示范基地的博物馆、纪念馆,运转经费补助按照每年省级馆500万元/个,地市级馆150万元/个,县区级馆50万元/个的标准安排;2008年以后立项建设或者改扩建的博物馆、纪念馆,中央财政不新增安排运转经费补助。

《暂行办法》还规定,对自行免费或低票价开放优秀省份的奖励由财政部、中共中央宣传部、文化部、国家文物局等部门,根据地方申请以及调查评估等情况确定。

按照《暂行办法》,中央财政对东、中、西部地区分别按照基本补助标准的20%、50%和80%的比例安排补助资金,其余部分由地方财政负责安排。各地方可以根据实际情况提高补助标准,高于基本补助标准部分,所需资金由地方财政自行负担。

4) 增强旅游市场的信息透明度,引导旅游者合理流向

中央和各省级物价部门应当时刻关注旅游市场价格动态,做好旅游价格与收费标准的预报工作,并根据市场供求状况和现行价格水平,对下一年度市场价格行情做出适当预测。同时,还应加强与旅游相关部门、行业协会和企业的联系,围绕突出的旅游价格矛盾开展协商对话,引导和规范旅游市场竞争,调节其供求关系。

3. 大力加强旅游价格执法监督检查

对于旅游市场上出现的价格违法、欺客宰客现象,必须下大力气进行整治。各级旅游行政管理部门既要当好价格监督检查的"裁判员",还要当好调定价与仲裁价格的"裁判员",共同做好旅游价格执法监督的检查工作及对政府价格政策、法规、政府定价行为的评估等。

1) 要完善旅游市场综合治理机制

各级旅游行政管理部门应继续深化政府主导、部门联动的工作机制,主动争取当地党委、政府对规范旅游市场秩序工作的领导,加强与公安、交通、工商、监察、质检等部门的协调配合,加大旅游市场综合治理力度,对旅游市场价格秩序进行定期清理整顿,从而解决旅游行业有法(如《中华人民共和国反不正当竞争法》、《中华人民共和国价格法》、《制止牟取暴利的暂行规定》、《关于制止低价倾销行为的规定》、《禁止价格欺诈行为的规定》等)不依、执法不严、违法不究的问题。

2）建立旅游价格行政执法错案责任追究制度

为进一步加强旅游价格行政执法工作管理，保证严肃执法，提高办案质量，维护国家的利益，保护公民、法人和其他组织的合法权益，必须制定旅游价格监督检查行政执法错案责任追究办法。

3）解决好"裁判"相对人自觉守法、依法办事的问题

景区可以通过聘请旅游服务质量监督员，加强价格法律法规实施情况的行政执法检查，形成强有力的旅游行政执法监督体系和旅游服务质量监督网络，从而将行业管理行为和旅游执法行为置于有效的监督之下。在行政执法检查中，不仅要检查价格主管部门、价格工作人员依法行政、依法治价情况，而且还要检查各级政府及有关部门、经营者等价格管理人的知法、守法情况，以提高社会的价格法制水平。

4. 完善旅游行业协会组织的价格自律职能

国际经验表明，旅游价格管理应充分发挥行业组织作用，强化行业协会的价格自律职能。因此，作为沟通旅游行政管理部门与旅游企业的桥梁和政府宏观管理与企业微观运营管理的中介工具，旅游行业协会一旦发现企业存在低价倾销或者价格垄断行为，应从维护本行业企业整体利益出发，对其进行劝阻，并报请政府有关主管部门进行查处；对过度的价格竞争引致的假冒伪劣产品充斥市场现象，旅游行业协会应该积极配合政府有关部门，制定产品的经济技术标准、产品质量、性能标准规范，并组织和监督企业严格执行，配合政府有关部门和政法部门，对通过以次充好，以假充真，降低技术、质量、性能标准方式达到降价销售目的的恶劣行为进行坚决打击。

5. 加强旅游价格管理从业人员培训工作，树立面向全球的旅游价格管理理念

旅游业属于劳动和知识密集型的服务产业，旅游人力资源是旅游企业最主要的资本。加入WTO以后，旅游企业更需要新型旅游管理人力资源的支撑，留住人才对旅游企业在激烈竞争的市场下更好地生存发展显得更为重要。我国旅游跨越式发展目标能否实现，主要取决于旅游人才的数量与质量；而要真正做好新时期旅游价格管理工作，就必须抓紧构筑旅游管理人才制高点，着重培养一支高素质的具备全球旅游价格管理理念的旅游从业人员队伍。为此，必须加大对旅游价格管理从业人员的培训力度。各地旅游物价部门要根据当地实际情况，结合国家政策和旅游产业价格管理的中心任务，对旅游价格管理从业人员采取职业教育、分层培养、输送到国内外深造等培训方式，通过理念、方法、内容和管理等创新培训和职业道德、纪律教育的强化，不断提高他们的政治、业务素质，充分发挥中高级旅游价格管理从业人员的龙头作用，从而实现快速提升旅游价格管理水平和服务质量，树立我国旅游业在国际上良好的信誉和形象。

旅游观察

人文关怀是一种责任

很长时间以来，一轮又一轮此起彼伏的景区涨价消息着实把我们的耳朵养起了厚厚的茧子，本以为消停了一段时间，可惜好景不长，目前这股涨价之风似乎又有卷土重来之势。

2006年7月，庐山风景区管理局拟将门票价格由现行的135元调整为230元，此次上调幅度达70%，这在同类事件中虽算不上石破天惊，但也足够令人瞠目结舌一阵了。不过申请方的理由却无创新之处，不过是诸如缺乏经费和目前价格偏低等陈词旧调。

关于景区涨价的孰是孰非，笔者不想多置笔锋，公众自有公论。只可惜，公众的大力讨伐之声相较于强势的权力终究还是太弱了。因此即使存在颇多疑点，很多个涨价方案依然成为最终事实。我们不禁要沉思，不断抬升的价格把进入的门槛逐渐升高，拦住的竟是游客的脚步？当整个社会倡导人文关怀的同时，是谁在变本加厉地无视公众的生存？

这让笔者又联想到了另一个事件。某地曾举办了专为富豪们量身定做的"国际奢华旅游展"，展出的全部是高档奢侈品，主办方还在展会上透露了将实施的太空之旅计划，每位富豪交纳约20万美元，就可实现遨游太空的梦想。据称，国内已有多位富豪报名参加。此消息一经见诸报端，立即引发了大讨论，很多人又愤愤不平，很多人津津乐道，更多的人只是抱着无所谓的态度看热闹。不管怎样，金字塔尖的面子问题似乎比金字塔底的肚子问题更能刺激人们日益麻木的神经。毕竟，这对于所有工薪阶层而言的天文数字在富豪们看来却是太过划算了——20万美元买一个梦，值！那买不起的怎么办呢？只好自己抱着枕头做一个免费的白日梦吧。

也许上面两个例子不应该相提并论，但想来这又反映了同一个实质的问题，那就是对弱势公众群体利益的漠视。如今，很多精明的经营者看中了少数群体的高消费能力，所以宁愿放弃大众市场，专攻高端市场。笔者无意指责各种利益主体的盈利行为，在市场经济下寻求利益最大化是一种合理的经济行为。但是，过分追求经济效益而忽视了社会中、低阶层的利益，甚至很多时候牺牲他们的利益来换取少数人一掷千金的虚荣心，那就上升到了一个社会道德伦理的层面。不知将这些行为定性为"媚富"是否公平，但这确是目前发展中出现的一种不良端倪。对于占社会构成绝大比例的公众来说，他们的生存能力使其处于弱势地位。现代社会高额的生存成本已经使他们不堪重负了，然而很多时候这种情形不仅得不到改善，反而更加恶化；他们甚至被各种冠冕堂皇的理由阻挡在了本应享有平等权利的高门槛之外，令人寒心的是，这些高门槛的设置是出于各自利益目的的人为结果。

因此，对弱势群体的关注是整个社会应该反思的问题，确切地说是这个群体之外的人最该反思的问题。人文关怀不是一句空话，而是一种责任。满足高消费人群也许可以创造更多的利润，却不会为社会创造更大的价值。少数人腰包鼓并不代表这个社会的进步程度，而只有当这个社会的绝大部分人都能够真正地享受生活的时候，这才会是一个和谐的社会，更是一个温馨的社会，一个有人情味的社会。

（资料来源：孙诗视. 人文关怀是一种责任[N]. 青岛日报，2006-12-7(13).）

7.4.4 景区项目价格定位

1. 景区门票价格定位依据

一些学者运用经济学、数学等方法，对旅游景区门票定价模型问题进行了研究。在进行景区门票价格定位时，可以根据风景名胜区的性质，即景区的社会公益性、社会公益和企业盈利双重性及企业性等，来说明景区门票价格制定的依据、条件和目标；也可以从构成风景区门票价格的基本因素和弹性因素分析入手,考核风景区质量特征的有关指标体系,建立了制定风景区门票价格的数学模型。不论从哪些因素分析,在确定景区门票价格时,都会受多种因素的影响,概括地讲,主要有景区性质、服务质量、市场供求、资源价值、成本投入等因素。

1) 景区性质

旅游景区投资主体的不同,决定了景区性质的不同,也决定了其开发建设旅游景区的目的不同。目前,我国旅游景区根据性质可以大体分为公益性的、准公益性的、私人性的。对于公益性的旅游景区,如城市的公园、纪念馆、博物馆,以及其他思想教育的场馆,属于居民日常休闲、文化活动的场所,应逐步实行免票;对于准公益性的旅游景区,如自然风景区、文物古迹等景点、景观,资源具有公共属性,应以公益性为主,兼有经营性,但不应以盈利为主要目的,如泰山、黄山、长城、秦始皇帝陵博物院等;对于实行商业性经营,需得到投资回报与正常利润的旅游景区具有私人性,可实行市场调节价,侧重投资效益。例如,深圳世界之窗、锦绣中华、欢乐谷,杭州宋城等这些由民营企业创建的完全以盈利为目的的景区,应该根据市场因素决定门票价格。

2) 服务质量

服务质量因素往往在讨论旅游景区门票定价依据时有所忽略,在产品经济已经过渡到服务经济并向体验经济转化的今天,服务质量高低应成为决定门票定价的一个重要依据。良好的服务可以满足游客"快乐三感———新鲜感、亲切感与自豪感"中的"亲切感和自豪感",成为旅游景区之间相互竞争的一个重要筹码。这里所说的服务质量包括旅游景区管理人员的管理水平、服务人员服务质量的高低,景区信息获得的便利程度,旅游交通的便利程度,通信的畅通程度,引导标示的明确完善程度,休息服务设施重组和人性化程度,卫生保洁是否及时等诸多方面。如果一个景区门票价格虽然相对高一些,但在景区内享有高质量的服务,游客是不会抱怨的。

3) 市场供求

旅游景区作为一种旅游产品,无论其价值量大小,都必须拿到市场上进行交换,其价值和使用价值才可能实现。而产品在交换的过程中,其价格就不可避免地受到供求关系的影响。在市场经济条件下,当供给一定、需求增加时便会引起价格的上涨,反之,价格则会下跌。例如,张家界武陵源风景区的核心景区门票于 2005 年 4 月起正式由 158 元上调为 245 元,调价后,截至当年 6 月,游客增幅仅为 2%,而上年同期游客增幅却达到了 27%。针对这一情况,景区又推行了一系列优惠政策招揽游客,如每 16 人免 1 人门票,组织 500 人以上奖励旅行社 1 万元,暑期学生门票优惠至 165 元等。不难看出,张家界武陵源风景区的门票从上涨到回落,实为市场因素在景区门票定价中起着关键作用。国内一些景区在旺季和淡季分别实行不同的价格,主要也是考虑市场需求。景区在运用价格杠杆调控客流的时候也要考虑到景区的形象和游客对于景区的认知度,无论何时都要让目标客源市场的游客认为是物有所值甚至是物超所值的。

4) 资源价值

商品的价格是以价值为基础的,旅游景区作为旅游产品也不例外,因此,旅游景区门票价格要根据价值等级实行分等定价,使资源得到优化配置。一处世界级的自然与文化遗产相比于一处普通的旅游景区，在门票价格上肯定有所差异，这是旅游资源的价值特性在价格上的一种表现。对于旅游资源价值的评价，一般采取定性评价和定量评价相结合的方法进行。定性评价是用分析对比的方法，通过文字描述旅游景区的价值，如"黄山知名度大、观赏价值高、资源聚集程度高、植被条件好、环境容量大，是世界极为罕见的天造奇观"等。定量评价是按照给定的评价标准、分值、计价权数以计分的办法来计算各旅游景区的综合价值，如北京市率先将旅游景区的综合价值分解为历史文化价值、审美价值、科研价值、生态价值、舒适满意度价值、市场价值等要素，分别给出分值和权数，然后按照这个统一的标准对各旅游景区计分并排出名次，并据此划分其门票价格区间。

5) 成本投入

众所周知，旅游景区门票的价格＝经营成本＋税金＋利润，制定门票价格除了考虑旅游景区价值，还计算成本的投入。景区成本主要包括景区内各种项目建设总投资及运营后景区内的各项管理费用，主要包括以下几个方面。

(1) 人工成本：职工工资、福利费、社会保障费。

(2) 公用管理成本：办公费、水电费、差旅费、修缮费、会议费、设备购置费和其他费用。

(3) 专项开发建设成本：公用设施建设、景区建设费用、公路建设费、综合费用、防火费用、资源保护费，以及自然景区的拆迁安置费。

(4) 其他成本：固定资产折旧、宣传促销费、财务费用、税金及附加等。

成本投入不一样，价格也应有所差别。例如，2005 年 9 月开园的中国香港迪士尼乐园前期总投资 141 亿港元，还实行"三三制"原则，其门票价格相对于国内各大知名景区和各类型的主题公园便显得偏高。在景区门票定价上，只有考虑成本投入，才能使投资者的利益得到保证，从而使其保持长期投资的积极性和主动性，才能使资源转换为产品，因而成本投入也是景区门票定价的一个重要因素。

此外，随着景区管理体制的不断变革，景区产品市场化、管理企业化，门票价格制定权限逐渐下放，影响景区门票定价的因素也因此而变得复杂多样，如景区等级、景区面积、管理体制、产品类型、产业环境、经济环境等都也会影响景区门票价格。景区等级表示产品质量，理论上，分值按景区等级从 A 级到 AAAAA 级，应分别赋值为 1、2、3、4、5；景区面积表示产品数量；管理体制反映景区利益取向，按私有化程度和经济利益主导程度从低到高依次为国有国营、地方政府主导、国有企业主导和私有企业私人主导；产品类型，即自然景观、历史人文景观、人造景观和休闲度假区；产业环境是采用各省旅游收入相当于 GDP 的比重为量化指标；经济环境采用景区所在省份的人均 GDP 数据，反映景区所处经济环境的差异。

2. 景区门票价格定位方法

目前景区旅游项目价格定位的常用方法有五种。

1) 通行价格定价法

通行价格定价法是指同类旅游项目的经营者经过协调，采用通行价格，消除对差别定价的反感，促进景区从非价格竞争中求得发展。这有助于谋求景区的共同发展，稳定地获取合理的利润。

2) 区分需求定价法

细分目标市场后,不同的市场表现出不同的需求强度,所以景区价格制定时需要区别对待不同的顾客、不同的地点、不同的时间。另外,分割目标市场和控制目标市场所需要的费用不能超过采用区分需求定价法所能增加的营业额。

3) 理解价值定价法

景区运用经营组合中的那些非价格因素影响游客,形成游客心目中对旅游项目价值的印象,根据统一的价值观念制定相应的景区价格。

4) 以竞争为中心的定价法

景区以具有与旅游项目相似级别吸引力的竞争者的价格为定价依据,具体做法主要有率先定价,一般景区可以获得较大收益;随行就市,市场价格反映了行业的集体智慧,容易获得理想的收益率;追随成功旅游项目的定价,制定大致相仿的价格。

5) 撇油定价法

在景区创新性旅游项目推出时往往采用这种方法。由于旅游项目填补了地区景区吸引力的空白,所以刚开始的时候定以高价,以此从购买力较强的旅游者那里取得高额利润,并在短期内收回投资。这有助于给旅游者以高端旅游项目的印象,但也会很快吸引竞争者进入,所以它是一种短期的定价方法。

知识链接

国外旅游景区门票价格特征

1. 门票价格重视社会效益

世界各国,尤其是社会经济与旅游业都发达的国家,旅游景区门票价格的制定日益重视社会效益,淡化经济效益。通过政府及社会的双重调控,不断降低门票价格,甚至众多景区参观点采取免费的方式,达到利用参观对国民进行爱国主义教育、国民素质教育,使旅游业更为接近提高区域社会科学文化水平,以提高国民素质、丰富国民生活为终极目标。

法国是一个以众多博物馆著称的国家,法国人文景观主要包括教堂、公园、博物馆和城堡,其数量之多令人叹服。法国政府始终坚持"以人为本、着眼未来"的管理原则,不随意提高门票价格,而是采取低价策略以弘扬民族文化,最终达到吸引更多旅游者的目的。大量的博物馆都免费向社会公众开放,被政府列入国家文化遗产保护名单的各类建筑物都要在政府每年规定的"文化遗产日"免费向游客开放1~2日,有些是定期免费开放,如巴黎卢浮宫每月第一个星期天全天免费开放。

意大利每年春天举办一次"文化周"活动,全国所有名胜古迹免费向游客开放;古罗马废墟长期向公众免费开放;著名的古罗马斗兽场1997年以前一直免费开放,现门票价格也不到5美元。

英国伦敦大英博物馆、海德公园、摄政王公园等几乎所有的公园都免费开放,就连英国的国家公园、自然保护区、海滨度假胜地、世界文化保护区也一律向游客免费开放。

以色列国家公园门票一般为10~20谢克尔,最低为3谢克尔(职工月平均工资为6 000谢克尔),仅仅是象征性地收费。

2. 旅游景区门票价格表现方式灵活多样

世界许多国家的旅游景区门票价格表现方式灵活多样。其一，针对不同社会群体，制定不同门票价格，如免费群体、优惠群体等。除了青少年学生这个最大的受惠群体外，不少国家对记者群体予以照顾，凭记者证即可自由参观。法国等国家对教师群体予以优惠，老年人、现役军人也都在受惠群体之内。其二，不同季节、不同时间段、景点不同游览段分别制定差异化的收费标准。最为常见的即自然景观淡季、旺季有不同的门票价格，如巴黎卢浮宫每天15：00之后，门票减半；游览埃菲尔铁塔使用不同上升交通工具、到达各层平台均有不同的门票价格。其三，单人票、家庭套票、团体票、周期票供游客多重自由选择。英国伦敦动物园成人票10英镑，学生票8.5英镑，儿童票7英镑，另有一种适合家庭的"节俭票"，30英镑一张，可含2个成人和2个儿童或1个成人和3个儿童，而且使用一张门票往往在一天之内可以多次进出景区。此外，在英国还可购买一张观光通行证，持证人可免费参观英国国内600余处景点、博物馆、名胜古迹；在法国巴黎花45欧元可购一张5天期的"博物馆通行卡"，凭卡可参观巴黎全部博物馆；韩国大田世博会参观者中成年人占53％，未成年人占47％。成年人入场券价格为9 000韩元，学生票平均价格为6 000韩元。

3. 旅游景区门票定价与区域社会经济发展水平相协调

世界各地旅游景区门票的定价可清晰地显示出其门票价格与区域社会经济、社会发展水平成反比的发展曲线，这一点在那些教育性、公益性强，致力于提高国民基本素质的名胜古迹、博物馆类景点上表现得尤其鲜明。政府通过定价、优惠、免费等多种形式鼓励国民进入旅游者行列，使旅游成为国民经常性的社会活动，成为国民日常生活的重要组成部分。意大利政府为拯救比萨斜塔，维修工程花费了3 540亿里拉，但门票仅约5.5美元，每日还要限制参观的人数。政府将公民缴纳的税收通过仅占公民月收入的1％左右的门票价格回报给了国民，并使国民从旅游中获取的更多，这是一种非常有远见的、明智的做法。在低门票收费的基础上，许多国家旅游景点重视通过多种途径获得经费，以保持景点的运转与维护，如国家的经费拨款补贴、各类社会基金的支持、社会的捐助等。与此同时，各旅游景区还重视扩大景区经营收入来源，通过为企业做广告等方式来增加收入，以维持低廉的门票价格。

7.4.5 景区项目价格战略

价格策略是景区营销工作的重要方面。它既能体现收入的核心营销要素，又是市场竞争的有效手段。价格策略运用得当，景区的市场份额和盈利率能够大幅提高；价格策略运用不当，景区的目标市场就会出现动荡，甚至产生严重的市场后果。

对于景区的营销管理者来说，要成功地运用价格手段调控市场，保障景区客源和收益的稳定增长，关键是要建立较为完善的价格战略体系，应包括价格决策、价格组合和价格管理三方面的内容。

1. 价格决策

从营销理论来讲，定价决策是为实现市场目标服务的，它与企业的经营战略密切相关。根据企业经营战略的不同，大体有三种定价决策方向：一是利润导向，就是追求利润最大化；二是销售导向，就是谋求较大的市场份额；三是竞争导向，就是采用对等定价或持续降价的策略，以应对竞争或者回避竞争。这三种定价方式孰优孰劣很难一概而论，关键要看企业自身的产品特性及其所处市场的营销环境。

1) 利润导向与高价策略

企业经营战略以利润为导向，并不意味着产品一定要高价。但是利润导向的战略思维常会导致经营者在价格决策时，较倾向于选择高价策略。当景区品质较高，资源具有不可替代性，市场又处于供不应求状态时，情况就更是如此。例如，九寨沟风景区票价高达310元（门票220元＋游览车90元），但是国内外游客仍然纷至沓来。

景区在选择高价策略和涨价时，必须考虑消费者对于景区产品及其相关服务的满意度、人们的心理承受的极限及竞争对手的情况。如果涨价超过了人们的心理承受极限，就有可能遭到市场的反弹，甚至引发政府干预。涨价还可能引起竞争对手的乘虚而入。

比较合理的方式是，高价和涨价伴随着产品的高价值或价值的提高。例如，无锡的灵山大佛景区，当地政府在景区二期工程中投入巨资，使景区品质得以大幅提升。但其门票价格历经两次提价，仍然控制在百元以内（从35元到68元，再到88元），实现了市场份额和盈利率的同步增长。

2) 销售导向与低价策略

新建景区在市场导入期，为了赚取人气，常会选择以销售为导向的经营战略。进入市场成熟期之后，也有一部分景区会继续沿袭这种经营战略，以保持已经获得的市场份额。销售导向的经营战略，在价格决策方面的显著表现，就是低价策略。当产品处于一个成长性的市场之中，低价策略是有利于迅速扩大市场占有率，产生规模效应的。不过，低价策略取得市场成功，需要具备三个条件：一是市场对价格高度敏感，并且低价能促进市场成长；二是企业成本会随着规模扩大而下降；三是低价能够阻止现实的和潜在的竞争者。

与其他快速消费品行业相比，旅游消费者对于景区产品的价格敏感度相对较低。一个普通游客对旅游费用的关注，首先是旅游出行的总体费用，然后才是具体景点的价格。因此，如果景区产品定价过低，未必能够促进市场成长。相反，过于低廉的价格，有可能对市场形成误导，使消费者以为景区质量欠佳，不利于景区品牌形象的塑造。

但是，旅游经销商对于景区价格的任何变动，通常十分敏感。鉴于这种情况，一些资源不占优势的中小型景区常会采用大幅度让利于旅行社的低价策略，争取旅行社将其纳入线路。由于大型景区运营成本较大，价格难以大幅度下降，中小型景区的这种低价策略有时也会十分奏效。

3) 竞争导向与竞价策略

企业经营战略以竞争为导向，其价格决策可能出现两种情况：对等定价和持续降价。在国内旅游业，持续降价主要出现在旅行社业。而在景区和饭店业，更为常见的是对等定价。当某个旅游区域内各大景区所占有的市场份额相对稳定，景区之间常会出现某种默契，采取对等定价的方式，应对竞争或者回避竞争。对等定价的"价格标杆"通常是一个旅游区域或旅游品类中的龙头景区。例如，同处珠江三角洲，深圳欢乐谷票价为140元，于是新建的广州长隆欢乐世界就以之为基准，将自己景区的票价定在145元；又如，同处四川省阿坝藏族羌族自治州，九寨沟票价为 220 元，而黄龙景区就将票价定在 200 元。

对等定价的好处，是可以将景区的市场竞争注意力有效转移到价格以外的其他竞争要素，如提高产品质量、加强市场宣传、改进客户服务等。对等定价的弊端，是可能形成准同盟性质的不正当竞争。当景区拥有垄断性的资源，处于市场绝对强势地位时，这种定价策略常会造成对渠道商和终端消费者的利益损害。不过，只要市场中出现新的可替代产品，或者其中某个景区出现产品升级，这种价格平衡就会迅速打破。

2. 价格组合

景区的价格组合策略主要分为两种类型：一是单一景区的价格组合；二是系列景区的价格组合。一般来讲，景区在发展初期，大多是以单一景区进入旅游市场。随着企业规模和实力的不断壮大，产品品目开始细化，逐渐形成产品线。例如，深圳华侨城至今已有世界之窗、锦绣中华、中华民俗村和欢乐谷四大景区。横店影视城已形成秦王宫、清明上河图、香港街、明清宫苑、大智禅寺、屏岩洞府、江南水乡和明清民居博览城八个景区。此外，大型景区还可能同时经营饭店和旅行社，甚至将业务领域拓展至地产、娱乐和传媒等其他关联产业。这样，景区就需要根据产品所针对的不同细分市场和目标人群，采取灵活多样的价格组合策略。

1) 单一景区的价格组合

景区进入市场之初，产品形式较为单一，价格组合的重要性常被经营者所忽视。特别是许多中小型景区，投资人大多是从其他行业转型而来，对于旅游行业的市场营销规律缺乏深刻认知，结果，往往因为价格策略运用不当，导致本可以避免的市场失败。

单一景区的价格体系分为三个层次：票房挂牌价、社会团体价和旅游团队价。

票房挂牌价主要针对旅游散客。景区公开面向市场的挂牌价，应保持稳定性和连续性，不宜轻易变更。

社会团体价主要针对两种情况：一是旅游散客相伴出行的人数较多，到了景区票房购票时，临时希望获得一定的价格折扣；二是景区营销人员针对大型企业进行促销，由于企业旅游团体的总量较大，因而提出折扣要求。对于这两种情况，处理方法应既坚持原则，又保持弹性。所谓坚持原则，就是社会团体的优惠价格在通常情况下不得低于景区给予旅行社的折扣上限。保持弹性，就是经营者应在既定框架内给予营销人员和票房人员一定的价格自主权，以便快速处理团体消费者的折扣要求，从而最大限度地避免游客不满和客源流失。

旅游团队价主要针对旅游经销商。重点应该把握好两个原则。

第一，价格优惠应以旅游经销商对景区的实际贡献为标准。以每年为景区输送的人员多少为标准确定优惠幅度而不以景区的规模大小作为优惠多少的依据。

第二，对旅游经销商的回报方式应该多样化。调动景区的综合资源，采取多种形式和手段，对旅游经销商主动进行"超值回报"。例如，在价格优惠之外，再给旅游经销商一定数额的广告费用；在年终对旅游经销商给予特别奖励；支持旅游经销商的企业公关活动等。而无论旅游经销商的客流量多么大，景区的价格底线都不应轻易突破。这样，才能维持景区价格体系的稳定。

2) 复合型景区的价格组合

大型景区发展到一定阶段，有可能形成产品序列，景区价格也会呈现复合型的组合特征。复合型的价格组合形式多样，机动灵活，有利于营销人员运用价格手段调控市场。但是，当景区形成产品序列，也会存在若干问题。例如，景区的系列产品如果具有同质化的倾向，消费者会认为没有必要游览所有景区。同时，景点过多还会导致游览时间太长，不利于旅行社的线路行程安排；而景区的系列产品如果彼此区隔，分别指向不同的细分市场和目标人群，又会加大营销资源的分配难度，造成景区内部的协调问题。

所以，复合型的景区价格组合，很难说有什么一成不变的固定模式。但是，无论采用什么样的价格组合，都应谨慎运用价格捆绑策略。对于景区来说，"价格捆绑"的市场后果是极其严重的。1998年，无锡三国城和水浒城两大景区取消单票实行两城合并，强制销售双城联票，曾经导致客源暴跌和收入锐减，使景区经营陷入空前危机。又如，云南大理将洱海、索道、蝴蝶泉、三塔四个景点捆绑销售，遭到北京、上海和广州等国内旅行社的集体抵制。从见诸媒体的报道来看，虽说云南大理的做法情有可原，但是，"价格捆绑"本质上是对消费者选择权的一种剥夺，破坏了市场竞争的自由和公平法则。作为一级地方政府，采取这种营销方式是很不明智的。

知识链接

景区价格组合的营销原则

第一，景区营销资源应向核心产品重点倾斜。

无论景区的产品序列是同质化还是异质化，由于所处的生命周期不同，其市场发展潜力也有大有小，因此，可能产生的市场预期收益也大不一样。按照"占优选择"的策略原则，景区应将有限的营销资源有效集中，凝聚于能够形成市场规模、产生较大当期收益、具有可持续发展潜力的核心产品或产品组合。

第二，要兼顾消费者、渠道商和企业的三者利益。

在对景区系列产品进行价格组合时，经营者时常会遇到一个难题，就是如何处理好企业利润要求和市场实际需求之间的辩证关系。例如，横店影视城现有八个景区，站在企业的角度考虑，自然是希望游客全部游览，这样才能获得最大收益。但是，游客也许只对其中的两三个景区感兴趣。而且旅行社的常规线路由于行程安排和线路报价等原因，也许只能选择景区系列产品的其中之一。

面对这种情况，景区经营者应对目标市场的需求状况和目标人群的消费特性进行深入研究，要将不同价格组合可能产生的市场效果进行比较分析和反复推演。在此基础上，才能找到企业利益和市场需求的平衡点。最后，再运用价格手段去引导市场。

第三，价格组合不能变成"价格捆绑"。

一些大型景区，包括某些政府主导的旅游城市，有时候会采用"打包销售"的价格组合策略。所谓"打包销售"，就是景区或城市将部分景区通过某种形式进行组合，如以"旅游精品线路"或"××市一日游"的形式，面向旅游市场集体推出。为了确保"打包销售"的市场效果，景区或城市还会相应推出价格和服务方面的一系列优惠政策。

应该说，由于游客对远距离的景区和旅游城市缺乏认知，这种"打包销售"的营销方法，能够全面展现景区或城市的优质旅游资源，丰富游客的旅游体验，有利于提高景区或城市的品牌形象。不过，需要注意的是，"打包销售"绝不能变成"价格捆绑"。"打包销售"和"价格捆绑"的重要区别是，前者主要运用价格杠杆进行市场引导，渠道商和终端消费者依然可对景区产品进行自由选择；而后者则完全剥夺了市场对景区产品的最终选择权，它在本质上属于一种"强买强卖"的不正当市场竞争行为。

3. 价格管理

景区解决了定价决策和价格组合问题，建立起较为完备的价格体系，为营销人员运用价格手段调控市场提供了基本的原则和框架，但是，由于市场瞬息万变，价格体系要真正发挥对市场营销的促进作用，关键还在于如何"管理"。

景区对价格体系的管理主要涉及三个问题："管什么"、"谁来管"和"怎样管"。

1) 价格管理应该"管什么"

价格管理，表面是"管价格"，其实是"管市场"。景区建立价格管理体系，是为了通过对市场的有序调控，为企业带来更大的现实收益。如果本末倒置，眼睛只盯住价格，以为把价格管住了就能做好市场，其效果只会适得其反。当价格体系失去弹性，景区营销工作就会流于死板，基层营销人员的思想和行为就会受到禁锢。而一线人员如果对价格问题没有发言权，也就难以处理旅行社、社会团体和普通游客可能提出的各种价格要求，从而失去旅游经销商的尊重。

2) 价格管理应该"谁来管"

这是一个带有普遍性的问题，处理不好很容易引起景区价格管理体系的混乱。景区在这方面的常见错误，一是价格管理权过度集中于高管层。而高管人员又远离市场一线，不了解市场的实际情况。于是只能乱拍脑袋，使价格策略失去了市场针对性，变成隔靴搔痒。二是价格管理权过度集中于财务部门。财务工作的职业特性决定了财务人员通常只认数字，不认市场。有些景区不但将票房归于财务部门管理，而且还将市场营销部门置于财务部门的变相领导之下。这就很容易把价格体系彻底管死，使景区营销工作失去活力。

知识链接

管好景区价格的关键

管好景区价格，关键是要做好以下三个方面的工作。

一是理顺体制。例如，票房作为景区接触游客的第一窗口，其服务水准直接影响到游客对景区的第一印象，其营销意识直接关系到景区的门票收入，其客源数据能为营销工作提供决策依据。因此，必须划归市场营销部门领导和管理。

二是明确职责。例如，对财务部门就必须明确其责任和义务。一方面，财务部门拥有对景区日常收支进行实时监控的责任和权力；另一方面，财务人员还必须主动做好为一线部门的服务工作。例如，每到年底，许多景区会对贡献较大的旅游经销商兑现返利政策。这时候，如果财务部门一味拖延付款，就可能引发旅游经销商的强烈不满。

三是分级授权。例如，对于景区的价格管理体系，高管层拥有最高决策权和最后否决权。但是，赠券发放权应授予行政部门，票务监督权应授予财务部门，票务管理权应授予营销部门。而营销部门的价格管理权，还应按照一定的原则继续分级授权，逐级下放至片区经理、票房经理及基层的市场营销人员和票房工作人员。当分级授权完毕，只要在各自权限范围之内，即便是最基层的营销人员和票房人员，也可以根据市场具体情况，对价格问题进行随机处理。

3）价格管理应该"如何管"

在价格体系的既定框架之下，营销管理者针对市场中不断出现的新情况和新问题，到底应按照什么原则，关注和解决哪些问题呢？

（1）坚持比价关系和合理性原则。景区的系列产品进入市场有早有晚，产品质量有高有低，每个景区的价格也不尽相同。这样，景区之间就会形成一定的比价关系。比价关系对潜在市场具有较强的心理暗示作用，会对消费者的购买决策行为产生影响。当消费者面对一组产品时，常会通过价格来区分产品品质。例如，某景区价格特别高，消费者会认为该景区的品质也较好。这时候，可能出现两种情况，一是决定购买，二是选择放弃。但是，无论消费者如何选择，都不会影响他对景区产品的质量认知。相反，如果景区系列产品的价格"一刀切"，消费者就会难以识别景区之间的质量差异。这样，消费者的购买决定就会带有较大的随机性。如果刚好选择了其中质量最差的景区产品，就发会严重影响消费者对于景区的品牌印象。因此，景区应遵循合理性原则，按照景区内在价值的差异，妥善处理景区之间的比价关系。

景区系列产品的比价关系，对团队市场的导向作用更加明显，需要营销管理者慎重对待。例如，某景区品质很好，价格也高，但是旅游经销商不能获得满意的折扣，那么，团队仍有可能流向品质较差而折扣较大的其他景区，从而既影响景区的品牌形象，又影响景区的预期收入。另一种情形是不同产品组合之间的比价关系。但是，处理原则依然应是保持比价关系的合理性。

（2）坚持折扣差价和连续性原则。景区给予旅游经销商何种价格折扣，对团队市场会产生重要影响。而价格折扣的关键要素是"差价"。一是"绝对差价"，就是指旅游经销商实际获得的差价额。二是"相对差价"，就是指旅游经销商对于差价额的心理感受。"相对差价"主要来源于比较，如旅游经销商对同一景区的不同产品和产品组合的差价比较、对不同景区之间的差价比较、对同行所获得折扣的差价比较等。"相对差价"是价格策略的核心。有时候，小小一块钱的"相对差价"，就足以"四两拨千斤"，一下子撬动市场。

知识链接

"相对差价"的巧妙实用

"相对差价"的市场运用技巧，关键是要把握好"连续性原则"。景区的价格可能有涨有跌，景区给旅游经销商的折扣也会有高有低。这些都是很正常的事情。但是，无论什么情况，"相对差价"都应保持连续稳定。景区在价格方面的任何调整，不能让旅游经销商产生不良的心理感受。有时候，折扣差价的细微变化，意味着景区对旅游经销商的行业地位的某种态度。如果轻易变化，很容易引起对方猜疑，从而影响彼此合作的诚意和信心。

这一点，在景区内部出现重大人事变动时，尤其需要注意。

但是，"相对差价"如果运用不当，甚至被景区经营者完全漠视，也会导致旅游经销商的强烈不满，使景区的团队市场蒙受重大损失。周庄景区在涨价过程中的主要失误，其实并不在于涨价本身，而是没有处理好"相对差价"这一核心问题。假如当时采用"只涨散客、不涨团队"的价格策略，那么，旅游经销商获得的"相对差价"就能大幅提高，非但不可能出现集体封杀的局面，而且旅游经销商还会加大市场推广力度，使周庄景区最终取得散客和团队同步增长的市场成功。

（3）坚持浮动幅度和灵活性原则。在全年的景区营销过程中，营销人员可能会根据不同季节、不同地区、不同节庆和不同团队，推出各种临时性的价格优惠措施。这样，无论挂牌价、社会团体价还是团队价，在景区既有基准价的基础上，难免会有一定的浮动幅度，出现各种季节差价、地区差价和批零差价。对于这些临时性的价格浮动，景区应按照"灵活性原则"加以处理。

之所以如此，主要基于三个方面的考虑。一是应对竞争的需要。当竞争对手面向市场推出各种价格优惠措施时，如果景区不能及时做出反应，有可能导致客源的流失。二是维系客户关系的需要。景区营销工作是与人打交道，应该富有人情味，不能机械刻板。有时候，运用临时性的价格优惠措施，给景区的合作伙伴一些意外之喜，也是一件令人愉快的事。三是增加收入的需要。旅游市场的消费行为特征，具有某种随机性和偶然性。例如，商务散客的旅游行程可能与公务处理情况及心情和天气这些偶然因素有关。而团队行程也可能根据客人要求而临时增加景点。要抓住这些看似偶然的市场机会，价格政策就必须保持灵活性。

需要注意的，短期的价格优惠措施不能变成长期的价格政策。短期优惠是景区对市场的一种主动回报，可收可放，进退自如；而价格政策则是景区对市场做出的郑重承诺，不能随意修改和变更。在实际的市场营销工作中，某些营销人员看到短期价格优惠带来了较大的团队量，于是心为所动，轻易地向旅游经销商做出长期价格承诺。结果，当旅游经销商全年的团队量远远不足以达到预期数量时，营销人员便陷入进退两难的尴尬境地：从维护价格体系平衡的角度，已经承诺的长期优惠政策必须收回。但是真的这样做，又会导致景区和旅游经销商的关系破裂。

价格决策、价格组合和价格管理共同形成了景区价格管理体系的三大基础。这三个方面既紧密联系、缺一不可，也存在各自不同的运作特性，需要根据市场的实际情况加以仔细辨别和灵活运用。从企业经营战略的角度看，价格管理体系只是景区营销管理工作的内容之一。不过，随着旅游市场的持续发展，当旅游产品及其服务日益走向同质化，景区之间的品牌竞争和渠道争夺日趋激烈，旅游买方市场逐渐形成时价格策略就可能上升为事关企业生存和发展的一种战略行为。

4. 景区项目价格管理的市场策略

（1）加大推进明码标价工作的力度，完善旅游价格公示制度和价格备案制度。景区内所有经营服务单位和个人都必须在醒目位置标示价签，放置由物价部门监制的价格（收费）公示牌，将所有价格向旅游者明示；旅游定点购物场所必须按规定明码标价，做到一货一签。在推行明码标价工作的基础上，可在少数经营店开展明码实价示范工作，分行业、有步骤地提倡和推进明码标价。对景区内具有地域性和文化特色的土特产等价格实行价格备案制，实行动态管理，有效防止随意定价等行为，同时也为不正当的旅游价格行为的查处提供有力证据。

（2）完善景区三位一体的价格监督网络体系。可以发挥地区价格监督制度的作用，尝试在景区内建立物价检查派出机构，负责维护景区的价格管理和监督检查工作，以便及时传递价格管理信息，增强经营者自我约束能力，形成市、镇、景区三位一体的价格监督网络体系，真正建立景区价格监管长效机制。

（3）加大查处力度和行业管理，实行综合管理。加强与工商、公安、旅游等部门的配合与协调，加大对虚高标价、虚假打折等价格违法行为的打击力度，形成部门联动、有效监管，使价格违法行为无处藏身。同时积极引导行业自律，发挥行业协会的作用，使其成为政府监管的有力补充。

（4）大力倡导诚信经营，寻求规范市场价格秩序的治本之策。通过采取引导、宣传、教育、建立经营单位诚信档案等手段，使经营者能够认识到诚实守信所带来的利益和不正当价格违法行为的不良后果。

本章小结

本章主要探讨了景区项目管理的内容、方法，并深入分析了景区项目设计的原则、内容与程序，同时关注了目前我国景区经营中的备受各界关注的门票价格问题，根据我国景区项目经营经验，归纳演绎景区项目价格的演变规律、政策障碍、政策路径、价格定位，以及价格管理策略等问题。

关键术语

关键术语	定　义
项目管理	以项目及其资源为对象，运用系统的理论和方法对项目进行高效率的计划、组织、实施和控制，以实现项目目标的管理方法体系
旅游项目	景区景点中实际存在的、可以触摸和感觉的设施设备和服务活动，是经过改造和设计的，能够将旅游资源独特魅力凸显出来的旅游开发形式
旅游价格	人们为实现特定目的离开常住地去往他处综合性消费价值的货币表现，是与旅游消费相关的各种商品价格和服务价格的总和

理论思考题

1. 景区项目管理的内容有哪些？
2. 景区项目管理的方法有哪些？
3. 简述景区项目设计的内容与程序。

4. 选取所在地有待提升的一处景区，针对其资源特征进行项目价格定位分析。

5. 结合实际，谈谈景区旅游项目的选择。

实训策划题

项目策划：休闲游艺旅游项目设计

步骤：第一，选择某一未开发的且具有休闲开发潜力的旅游景区；

第二，将学生分成小组，以组为单位；

第三，分组进行实地考察；

第四，运用旅游资源开发原理、项目选择原则、项目设计内容等专业知识，进行项目设计。

拓展阅读

我国景区门票的资源保护型定价模型

近年来，如何科学合理地制定门票价格成为社会各界讨论的热点。与此相对应，旅游景区门票价格研究已成为国内旅游研究的热点内容之一。目前，景区定价因素和方法的论文总体来说可以分为两种定价理念，即基于景区价值的定价方法和基于企业获利导向的定价方法。基于景区价值的定价方法研究论文大都强调景区的公益性，认为景区的门票价格应该满足公平性要求和公益性的目的。即使有些景区的经营权已经租赁给企业，政府以及行业协会也应该对景区经营企业的价格制定进行指导和干预，防止定价过高。基于景区价值的定价方法的研究论文力图通过对景区资源和游客评价等要素找到通用的方法去评估景区的实际价值，以制定出"合理"的门票价格，作为政府指导价格管制的依据。

以上两种定价理念的讨论，反映了研究者不同的出发点和价值判断标准。在计划经济体制下的市场经济，对于已经获得经营权的景区企业，至少应让其盈利行为建立在资源可持续使用的公益性基础之上。如果景区的经营者具有较短的经营期限，经济学上的"公地悲剧"就有可能发生，资源的公共性与使用的私有性将导致资源过度使用。如果不涉及价值判断问题，仅讨论已获得以自然资源为基础的景区经营权的企业如何为门票进行定价，最大化自己的利润，同时又通过这一价格来限定客流量，实现资源可持续利用的目的。在资源可持续使用方面符合代际公平的公益性目标，在获利方面符合企业的利润最大化目标，实现了公益性目标和盈利性目标的统筹兼顾。基于这一目的，根据景区生命周期发展阶段，可以采用以下定价模型。

1. 单阶段定价模型

假设有一个景区，其重要的可再生旅游资源共有 n 种。本文试图用门票价格来限制旅游量，使它们可提供持续产出。设 r_i、l_i 分别为其中第 i 种旅游资源的再生能力系数和易坏性系数，$i=1,2,\cdots,n$。再生能力系数在这里定义为旅游资源遭受到破坏以后再生的恢复速率；易坏性系数定义为单个旅游者的旅游活动给这种旅游资源所造成的损坏程度。

又假设 $S_0(S_0^1,\cdots,S_0^i,\cdots,S_0^n)$ 为旅游开始前各种旅游资源的原始总量，S_1 为旅游

周期结束后各旅游资源剩余量。按照资源可持续使用的要求，资源总量在使用过程中至少不应该下降，即满足 $S_1 \geqslant S_0$。

如果在旅游周期 T 内，景区旅游消费数量为 $Q=ae^{-bp}$，其中，p 为景点门票价格，a 为所有潜在游客量，$b>0$ 为价格弹性系数。这样，资源保护 $S_1 \geqslant S_0$，要求 $r_iT \geqslant l_iQ$。将 $Q=ae^{-bp}$ 代入，由此可以解得

$$p_i \geqslant -\frac{1}{b}\ln\frac{r_iT}{l_ia}, \quad i=1, 2, \cdots, n$$

这是每种资源的保护型定价。但是由于不可能为景区中的每一种旅游资源设定一个门票价格，所以这里应该选取 $\frac{r_i}{l_i}$ 最小的那种旅游资源作为标准，这样计算出的门票价格才能保证所有的旅游资源都可持续使用。因此，得到资源保护型景区门票的定价：

$$p^* = -\frac{1}{b}\ln\min\left[\frac{r_i}{l_i}\right]\frac{T}{a}, \quad i=1, 2, \cdots, n$$

然而，如果景区使用权已交给企业经营，景区企业往往会按照自身利润最大化的方式进行定价。假设旅游边际成本为零，则利润最大化的景区企业面对以下决策问题：

$$\max \pi = pQ$$
$$s.t. \ Q=ae^{-bp}$$

根据一阶条件，得到最优门票定价：

$$p^{**} = \frac{1}{b}$$

当 $p^{**} \geqslant p^*$ 时，企业定价超过保护型定价，资源保护可以自行实现。但当 $p^{**} < p^*$ 时，企业的利润最大化定价小于保护型定价。为防止资源枯竭，政府可以考虑制定较高的景区指导性价格 p^*，控制旅客流量。

2. 多阶段定价模型

如果将资源保护所考虑的时间从单阶段扩大到多阶段，定价模型则出现不同特征。这是因为在不同的阶段（季节）资源的生长恢复情况可能完全不同，如一些植物在春夏季比秋冬季生长速度要快得多。由于多阶段情况下仅仅要求所有阶段（季节）后的资源总量保持不变，而按照上节的单阶段模型制定每个阶段（季节）的保护型门票价格肯定将会相对较高，对游客量造成多余的约束。同时，如果每个阶段门票价格都在改变，还可能会对游客产生负面的心理影响。对此，这里建立多阶段变再生性的扩展定价模型，给出一个跨多阶段的统一门票价格。为了分析方便，模型的符号和含义假设如下：p_j——第 j 期门票单价（为决策变量）；u_j——第 j 期单个游客的效用（这里取柯布-道格拉斯函数形式）；U——全年所有游客总效用（为所有游客效用的相加）；Q_j——第 j 期景区内游客总量（假设游客作购买决策时，对于景区资源和游客量等影响效用的因素无理性预期，Q_j 仅与 p_j 有关）；$Q_{\max}$——景区的游客总承载量；s_j^i——第 j 期开始时景区内第 i 种旅游资源存量（假设旅游资源的自然生长符合 Logistic 方程）；$s_{\max}^i$——景区内第 i 种旅游资源的生长饱和量；$s_{\max}^i$——景区内第 i 种旅游资源达到生长速度最快时的量；S_j——第 j 期开始时景区内各种旅游资源总量；g_j^i——景区内第 i 种旅游资源在第 j 期的内秉生长速率；l_j^i——第 j 期单个游客对景区内第 i 种旅游资源的平均破坏率；c——景区建设成本在每年的分摊；π——景

区每年的利润；$i=1,2,\cdots,n$ 代表景区内的 n 种资源中的一种；$j=1,2,\cdots,m$ 代表全年中 m 个季节中的一个。

本模型假设旅游资源的自然生长符合带有限上界的生物增长 Logistic 方程：

$$\frac{dS}{dt}=g\left(1-\frac{S}{S_{\max}}\right)S$$

其中，$S_{\max}$ 为环境所支持的最大资源量；$S_{msy}=\frac{1}{2}S_{\max}$ 为资源达到最大生长速度 $\left(\frac{dS}{dt}最大\right)$ 时的存量，g 为资源的内秉增长速率。离散情况下第 i 种资源的增长方程为

$$s_{j+1}^i=s_j^i+g_j^i\left(1+\frac{s_j^i}{s_{\max}^i}\right)s_j^i \quad i=1,2,\cdots,n; j=1,2,\cdots,m$$

准则 1：景区利润最大化（经营性景区）

$$\max_{p_i}\pi=\sum_{i=1}^m p_jQ_j$$

s. t.

$$\begin{cases} Q_j=ae^{-bp_j} & (1) \\ s_{j+1}^i=s_j^i-\left[l_j^iQ_j-g_j^i\left(1-\frac{s_j^i}{s_{\max}^i}\right)\right]s_j^i & (2) \\ s_{m+1}^i \geqslant s_{msy}^i=\frac{1}{2}s_{\max}^i & (3) \\ s_1^i \geqslant s_{msy}^i=\frac{1}{2}s_{\max}^i & (4) \\ p_j \geqslant 0 & (5) \end{cases}$$

$$i=1,2,\cdots,n; j=1,2,\cdots,m$$

其中，$a,b,l_j^i,g_j^i,s_{\max}^i$ 均大于零且为外生变量，对于特定景区可以看作为常量。

本模型中第一个约束方程为需求函数；第二个约束方程为资源被游客破坏后的增长方程；第三个约束方程为多阶段结束后旅游资源的可持续要求即多个阶段结束后，每种旅游资源的总量都不得下降。这样只要在多阶段全部结束时，资源总量保持不变即可，即使在某些阶段中资源是下降的，也不影响可持续使用的要求。第五个约束方程实际是资源的期初初始条件。

第8章 景区营销管理

学习目标

知识目标	技能目标
1. 掌握景区营销特征 2. 掌握景区营销管理过程 3. 熟悉景区营销前沿策略 4. 熟悉景区营销计划及其制作 5. 了解景区营销计划的实施	1. 能够制定有效的景区营销方案 2. 能制定合理的营销环境调查方案

导入案例

黄龙洞营销事件

1998年，时任黄龙洞投资股份有限公司总经理叶文智筹资3 000万元人民币，支付了购买张家界旅游景点黄龙洞45年经营权的首期款。1998年4月17日，总经理叶文智为世界自然遗产张家界黄龙洞标志性景点"定海神针"投保1亿元人民币，创世界资源性资产办理保险之先河。叶文智自认为："给'定海神针'投保本身没有任何意义，按照自然力量，它不可能会倒，我看到的是我即将创造的一个世界第一——世界保险业第一次为石头进行保险，并且金额巨大。"在和保险公司举行为"定海神针"投保1亿元人民币的合同签订仪式，叶文智又再次令人惊讶，他不但没有邀请一家媒体参加，反而封锁了这一消息。因为叶文智心里早就布下了"连环阵"，即"要想让这条消息最广最有影响力地传播开来，两个渠道最快，一是新华社，二就是中央电视台"。合同一签订，他就迅速把消息发到了新华社和中央电视台。几乎一夜之间，包括美国《新闻周刊》、俄罗斯塔斯社、国内各个城市晚报、各大卫视等全世界2 700多家媒体相继转载（播）了这一消息。黄龙洞声名大振，黄龙洞的旅游人数从1997年的33万飙升至2001年的97万，旅游收入更是一路飙升，1997年后的五年间黄龙洞为当地政府带来的收入达到了1.1亿元。而黄龙洞实际付出的保费仅有26 000元人民币，相当于他付给2 700多家海内外媒体每一家的"宣传费"还不到10元人民币。这就是旅游营销界著名的"黄龙洞营销事件"。这一营销事件，对黄龙洞的深远意义，为景区营销提供了新思路。

黄龙洞的特殊营销途径，及其产生的营销效果震撼力，表明如何使景区价值被公众认识对景区营销而言十分重要。特别是在"注意力经济"时代，景区市场营销管理就显得尤为重要。

8.1 景区营销的定义、特征

营销是被现代企业广泛应用的运营策略。处于市场经济背景下的景区在运营过程中离不开以满足游客需要为中心的目的性驱动力。以经济学视角分析，资源是稀缺的，要使有限资源合理配置，必须在追求效益最大化的过程中，首先关注消费者目标市场。所以，景区要实现高效运营，获得最大效益，必须首先明确目标客源需求，再针对性地投入有限运营资源，实现这一过程的最经济的途径就是景区营销管理。

8.1.1 景区营销管理的定义

营销是个人和集体通过创造，提供出售，并同其他个人和集体交换产品及价值，以获得所需所欲之物的一种社会管理过程。这一过程是通过机会辨识、新产品开发、吸引客户、保留客户并培养忠诚，以及执行订单等环节实现的。

首先，需要明确的是营销的主要责任在于为公司创造出具有获利性的收入增长。营销必须辨识、评估、选择市场机会，并落实战略，以在目标市场取得绝对的优势或至少是显著优势，其核心是交换，交换是主动的、积极的。

其次，需要明确营销的思想精髓，即两个导向和四大支柱。两个导向是消费者导向和竞争者导向；四大支柱是市场中心、顾客满意、协调的市场营销及盈利性。

再次，需要明确营销管理的本质是需求管理。在制定营销规划时，必须密切注意需求的变化，随之调整定价、沟通、产品开发等企业策略。

将营销理念引入景区运营中，景区营销的任务关键就在于明确景区客源目标市场的需求和欲望，同时做到能比吸引力范围内的竞争者更好地满足游客需求，这一任务对应于景区管理系统就是景区营销所承担的使命。景区开发成功与否，取决于景区产品满足游客所追求效用的能力，要做到这一点并不容易，因为游客对不同景区的期望效用存在差异性，见表8-1。

表8-1 游客对各种景区吸引物的主要利益诉求

景区类型	游客期望点
主题公园	追求兴奋，各种现场吸引物，气氛，需要他人的陪伴，物有所值，愉悦的追求
滨海度假区	日光浴、海水浴、经济型，需要他人陪伴或独自一人
教堂	历史，对建筑的艺术欣赏，氛围——和平神圣气氛
博物馆	新事物的学习，怀旧情结，购买纪念品
戏院	娱乐、氛围，身份地位
娱乐中心	健身、体力挑战与对抗竞赛，地位

资料来源：[英]埃文斯，坎贝尔，斯通休萨. 旅游战略管理[M]. 马桂顺，译. 沈阳：辽宁科学技术出版社，2005.

> 知识链接

营销关键词：需求和欲望

每当消费者做购买决策时，他都期望从产品中获得效用。这种效用通常表述成需要或欲望。两者之间的区别在于消费者的感知程度，某个顾客对某一产品的欲求对另一个顾客而言，可能就是需求。

认识到两者之间的区别，有利于对产品制定出不同的价格。一般来说，对产品有需求的顾客，对产品价格变化的敏感度较小，而对产品有欲望的顾客，对产品价格的敏感度较大。因此顾客对一种产品的需求越强烈，该产品的价格弹性越小。

因此，可以将景区营销定义为景区经营者为满足旅游者需求并实现自身经营目标，而通过旅游市场所进行的变潜在交换为现实交换的一系列有计划、有组织的社会和管理活动。可以从以下几个方面理解。

第一，景区营销的出发点是适应并满足游客需求，最终目标是实现景区产品交换。景区营销是在其发展目标的驱动下，借以实现比竞争者更为有效地识别、预见和满足游客需求的过程。

第二，景区营销的主体是景区经营者，营销对象不仅包括景区景观、特色接待设施等有形实物，也包括景区服务、景区形象、景区周边居民好客度等无形客体。

第三，景区营销的核心是交换。景区通过展示旅游吸引物价值、旅游服务特色及旅游接待设施的便捷性，获得人们对景区产品的深刻印象、前往旅游的欲望及闲暇消费的选择，这是一个为景区发展创造价值的过程，可以促进景区与闲暇消费需求的人们供需双方更好地协调与平衡。交换的发生必须符合以下五个条件：至少有两个以上的景区或客源市场；交换双方有相互需求的欲望；交换双方有沟通和提供相应旅游服务的能力；交换双方有自由选择的权力；交换双方都认为与对方交换是适当的。

第四，景区营销管理是通过旅游市场分析准确确定目标市场，为旅游者提供满意的产品和服务，为景区产品实现交换的全过程的管理。

由此可见，景区营销管理是一个动态的过程，它包括分析、计划、执行、反馈和控制，更多地体现景区的管理功能，是对营销资源(如景区市场营销中的人、财、物、信息等资源)的管理。

8.1.2 景区营销的特征

景区产品是一种以旅游服务为核心的特殊产品，属于服务范畴，这势必会对景区营销管理产生影响。因此，了解景区营销特征，是景区营销战略实施的基础。景区营销的特征主要取决于景区产品的特点，主要表现在以下几方面。

1. 综合性强

现代景区涉及的产品和服务项目较多，包括景区的观光休闲度假产品、导游服务、景区交通服务、住宿服务、购物服务等，也就是在旅游产品组合方面，景区已经开始跳出自身的局限，将产品组合的触角延伸到吃、住、行、购、娱等环节，从过去仅仅依靠"门票经济"的单一盈利形式走向综合性盈利，由此形成景区营销强有力的资源基础支撑。这就决定景区营销应注重景区各个要素、服务、形象等的组合定位。

2. 有形资源营销与无形服务营销的结合

由于景区既有风光、物产等有形旅游资源，又有导游服务、景区工作人员的劳务、景区周边居民好客度、安全、景区形象等影响游客消费的因素，所以在景区营销宣传方面，既可以围绕景区有形资源做文章，也可以从无形的景区形象切入。在景区营销定位时，应同时关注有形资源形象与无形的服务理念。

3. 紧迫性

由于景区产品不能像一般商品一样被有效储存，以备将来出售，那么随着时间的流逝，如果景区产品没有实现其在对应时间的交换价值，期间所付出的人、财、物力资源都将是一种浪费。因此，景区营销需要及时开展，避免不必要的浪费。

4. 外向性

景区的经营者在竞争日趋加剧的环境中，应随时关注外部市场竞争状况的发展，始终瞄准市场，保持营销的外向性。

5. 游客和员工都是营销内容的重要组成部分

游客和员工均为景区产品的一部分，是景区特质的体现。游客是景区服务的对象，景区服务过程就是景区产品的形成过程，游客的态度和行为不仅会影响其游览体验，也会影响其他游客游览感知；而员工直接参与景区产品的形成和销售，并直接和游客接触，他们的态度和行为也会直接影响游客的游览情绪、对景区产品的感知程度。

6. 景区营销易受时尚影响

景区产品是一种高级层面的精神消费产品，其存在易受游客的消费理念、消费环境，特别是时尚因素的影响。例如，伴随第五届"2012年中国旅游新媒体营销大会"圆满召开，全国优秀旅游微电影展播也在网络上同步启幕，吸引来自全国各省市、旅游景区和酒店近百部旅游微电影参与，引发网上对微电影镜头中各地旅游体验的新一轮热心关注和点评。短短几天的展播中，表现"心灵故乡，老家河南"缤纷景致的星座微电影系列作品《让心回家》"脱颖而出"，网友和媒体在给予极高肯定的同时纷纷表示，十二星座微电影将壮美大气的中原河南与追求个性时尚体验的新旅行方式完美融合，着实让人"惊艳"。

7. 景区营销主体的多元化

在景区营销过程中，参与主体除景区外，还会有旅游代理商、旅游行政管理部门、城市形象宣传营销部门等多种主体。旅游代理商会在其宣传手册中利用景区景点刺激人们外出旅游；政府对其区域内的主要景区进行宣传，以促进区域旅游经济发展；城市也常常将景区景点纳入城市形象营销的主要内容。景区在营销过程中，应充分利用这一特征，突出不同营销主体的独特性，借势相关主体扩大影响，使营销工作卓有成效。

8.2 景区营销管理过程

景区营销管理的任务是针对不同游客的不同需求，提出不同的营销方案，以达到景区营销的目标。而在信息时代背景下，景区的供需市场均存在信息的不完全和不对称现象。从本质上讲，景区营销是降低景区供需双方信息不对称程度，降低景区产品交易成本，从而更好地满足游客各种价值需求的过程。特别是在进行营销分析、计划和执行过程中，营销管理人员几乎在每一个环节上都需要信息。从这意义上讲，景区营销也是有效完成信息管理的过程。从系统论视角分析，景区营销是一个有序的体系，整体的营销管理工作不仅要融入区域营销的基本步骤，还要更多地涉及企业各方的联动效应。菲利普·科特勒(philip kotler)认为市场营销管理的主要步骤可以概括为 R-STP-MM-I-C，其中 R 代表研究(Research)，STP 代表细分市场(Segmentation)、制定目标(Targeting)、定位(Positioning)，MM 代表营销组合(Marketing Mix)，I 代表执行(Implement)，C 代表控制(Control)。本节根据景区信息的不完全、不对称性，借鉴科特勒的 R-STP-MM-I-C 理念，将景区营销管理归纳为景区营销环境调查与分析，营销战略决策，营销计划的制订、实施和控制等环节。

8.2.1 景区营销环境调查与分析

景区环境现状调查与分析是对景区自身经营与发展的现状及相关外部因素进行调查和分析，它是制定景区营销规划、进行景区营销管理的第一步。

在进行景区营销环境调查时，不仅要对景区所面临的宏观大环境做出正确的评价和分析，同时也要对景区竞争对手、客源市场及景区自身经营管理的微观环境进行分析。宏观环境涉及景区所在区域的政治、社会、经济、文化、生态、技术、市场等方面的因素；而微观环境是与市场营销活动直接发生关系的具体环境，是决定企业生存和发展的基本环境，主要有景区企业的资源条件、规划方案、基础设施、管理体制等因素。概括起来讲，景区营销环境调查可以涵盖以下内容。

第一，景区自身因素调查。主要包括本景区近年来的经营状况，顾客接待量和收入的趋势，景区产品及服务所处的生命周期阶段，景区在景区环境、旅游营销、形象定位、知名度、美誉度等方面情况等。

第二，景区客源市场调查。主要包括游客的人口学特征（学历、性别、年龄、职业等）、消费行为、消费心理（旅游动机、旅游偏好等）及游客的地理特征。通过对游客情况的分析，从而了解各个层次客源市场的特征及其发展趋势。

第三，景区竞争对手调查。调查竞争对手在营业收入、市场占有额、产品设计、营销、游客构成人口特征等方面的特点，从而制定出合理的竞争策略。

第四，景区宏观环境调查。主要有旅游政策法规的变化，如区域政府的旅游法规与产业政策的变化；区域经济因素的变化，如人均收入水平的提高、恩格尔系数的降低、现金支付能力的提升、私家车数量的增加等因素，将导致出游方式的转变；社会制度的变化，如法定假日制度、人口结构变化、教育的大发展等；文化要素的变化，如时尚元素、节庆事件、消费理念的转变、生活方式的转变等；科技因素的变化，如新型预订系统、互联网技术、高新材料对景区接待设施的影响等。

第五，旅游代理商调查。即景区主要销售渠道调查，调查其各自发挥的作用如何。

通过对现状的调查，了解景区经营的内外部环境现状后，分析评价这些信息对本企业未来营销的意义，从而为企业制定营销战略提供指导。

8.2.2 景区营销战略的制定

景区营销战略的制定需要对景区环境进行调查和分析，然后进行目标市场选择，进而设计出营销战略，这是一个动态的过程。首先是对景区进行市场细分，细分目标客源市场及其旅游消费群体，其次是逐一分析每个客源市场的不同类型的游客群体的消费习惯和旅游偏好，然后进行市场定位，根据选定的具体市场的不同情况，分别提炼宣传主题和品牌广告语，设计旅游产品和旅游线路，拓展渠道，策划旅游文化和体育活动。

1. 景区客源市场细分

景区客源市场细分是景区经营管理者根据游客在人口特征、地理因素、消费行为、消费心理方面的差异，将整体游客市场分为若干个小的群体市场的过程。每一个群体具有相对一致的特点。

景区客源市场细分是景区选择目标市场的基础。通过市场细分，可以了解不同细分市场的特征，帮助经营者选择适合自己的目标市场，开发出满足细分市场需求的产品和服务，并有针对性地进行营销活动。

1）景区客源市场细分的基本步骤

第一，了解景区的发展目标、产品特点；

第二，了解游客的愿望与需求；

第三，选定合适的细分标准，对景区进行市场细分；

第四，分析各细分市场的主要特点。

2）景区客源市场细分的标准

第一，按照地理因素进行细分。主要是以旅游消费者所在的地理位置作为细分市场的基础。其理论基础是游客流的距离衰减规律及"居住在同一区域的人往往会有相似的需要和需求，而且这些需要和需求与其他区域的需要和需求会有很大的差别"。在实践中往往将旅游目的地距客源地的距离的远近或客源地客源出行半径的大小将客源市场分级划分。例如，有学者将武汉市休闲客源市场划分为一级市场和二级市场：一级市场是以武汉市为中心 1 个小时左右车程范围内的大中城市的游客；二级客源市场是以武汉市为中心 200 千米范围内的大中城市游客，就是依据地理因素进行的市场细分。

第二，依据人口学特征细分。人口学特征的市场细分主要是指依据人口的年龄、职业、性别、收入、家庭规模、家庭生命周期等来进行市场细分，这一细分方法资料易于获得，变量容易被量化。依据人口学特征细分的客源市场类型及特点见表 8-2。

表 8-2　人口学特征的客源市场细分

市场类型	主要特点
儿童市场（4～14 岁）	纯儿童旅游时，以夏令营、冬令营形式居多。家庭出游时，以儿童为中心，儿童观光活动与家庭休闲放松相结合
青少年市场（15～24 岁）	喜欢追求新奇和刺激，修学旅游较多
中青年市场（24～44 岁）	摆脱日常压力的动机较强，观光、休闲、公务旅游等形式多样
中老年市场 45～60 岁）	没有孩子拖累，自由消遣
空巢市场（60 岁以上）	有足够的闲暇时间，拓展视野，追求疗养度假和文化旅游，不喜欢快节奏活动

第三，依据心理学特征细分。根据心理学特征进行旅游市场细分，主要是基于游客的旅游动机、个性特点、生活方式、活动偏好等进行市场细分。这一类研究是目前在进行旅游市场细分研究的热点方法依据。例如，根据旅游动机，可以分为观光型（以自然景观为主型和以人文景观为主型）、学者型（此类游客的目的性较强，多把旅游作为一种文化交流活动）、健身型（以强身健体为目的，这种疗养型的旅游增加幅度较大）、猎奇型（以年轻人为主，希望凭借自己的体力、智力去征服自然）、商业型（主要分布在各大中城市，消费能力比较强）等类型。

第四，依据购买行为特征细分。购买行为特征细分是根据游客的购买方式、购买时机、购买水平（消费水平）、旅游者地位、游后推荐等方面来进行旅游市场细分。根据购买方式，可细分为团体市场和自助市场；根据消费水平，可细分为高端市场、大众市场和专业市场；根据购买时机，可细分为旺季市场、淡季市场、平季市场、寒暑假市场和春节、国庆节、双休日等节假日市场；按旅游者地位，可细分为未曾旅游者市场、曾经旅游者市场、潜在旅游者市场、首次旅游者市场和多次旅游者市场；按追求利益细分主要是根据每个旅游者的精神价值取向的不同进行划分。

这些划分依据无所谓孰优孰劣，在使用时可以根据实际情况结合多种细分依据进行旅游市场的细分。

知识链接

生活方式细分——Saga Holidays

位于英国肯特郡福克斯通城的 Saga Holidays 旅游经营公司，采用了直销策略方式开发了城市的老年人市场，专门为这一消费者群体提供特殊的服务而获得了成功。近年来，在经济发展较快的地区有一种趋势就是城市的老年人都愿意冬季到地中海旅游。为了满足这部分群体的特殊需求，旅游经营者们对消费者的生活方式进行了全面的调查，并推出了相关的服务。例如，如果旅游团中老年人占绝大部分，就会有特殊的英国护士随团负责保健服务，也会有英国的牧师提供宗教服务，专门针对老年人安排一些很轻松的活动，如纸牌游戏、旧时的舞会等。

3) 景区目标客源市场选择

从逻辑上讲，一个细分市场的购买潜力越大，就越值得将其作为目标市场，但同时，我们还需要考虑景区是否有足够的产品优势、营销能力进入该客源市场或者占据一定的市场份额。在结合了这些因素的情况下，选择合适的目标市场作为客源市场。但在对景区进行了市场细分，得到了若干了细分市场后，究竟发展哪些作为该景区的目标市场，这就需要进行目标市场的选择。

一般来讲，对旅游目标市场的选择有三种方式：无差异目标市场策略、差异性目标市场策略和密集性目标市场策略。

（1）无差异目标市场策略。无差异目标市场策略是指旅游企业不考虑整体市场内部旅游者需求的差异性，而将所有细分出的子市场都作为自己的目标市场，只推出一种旅游产品，制定一种价格，运用一种统一的旅游营销组合，为满足旅游者共同的需求服务。这种策略突出的优点在于，企业可以大规模销售，简化分销渠道，相应地节省市场调研和区别营销的经费开支，使平均成本降低。另外，对于垄断性、吸引力大的旅游产品容易形成名牌产品的强大声势，创造规模效应。这种策略的缺点是不能完全满足旅游者的差异性需求。随着旅游者的社会经济情况、生活方式及个人兴趣的不断变化，对旅游多样化的需求日益增长，单一的市场策略不易吸引旅游者。因此，本策略主要适用于市场上供不应求或少数垄断性较强及初上市的旅游产品市场，在旅游也已经进入"微消费，动旅游，云服务"的今天，随着旅游市场竞争的加剧，景区采用本策略的机会越来越少，它已不能适应现代旅游的发展。

（2）差异性目标市场策略。差异性目标市场策略是根据消费者的不同需求特点，对整体市场进行细分。企业在此基础上选择整体市场中数个或全部细分市场作为自己的目标市场，针对不同细分市场的需求特点，提供不同的旅游产品及制定不同的营销组合，为满足不同的细分市场的需求服务。例如，将旅游市场细分为观光、度假、会议、体育等不同的细分旅游市场，景区针对游客不同的需求，设计各种旅游路线、进行不同的营销组合。这种策略的优点是能更好地满足各类旅游者的不同需求，有利于提高旅游产品的竞争力和扩大旅游企业的销售量。另外，由于同时经营数个细分市场，有助于企业降低风险。这种策略的局限性表现在，企业产品种类多，导致研发费用增多，要求具有多种销售渠道，会使广告费用、推销费用、行政费用等随之增加。由于经营分散，在某一种产品中难以实现规模经济效益，从而影响了经营效率，影响企业优势的发挥。

（3）密集性目标市场策略。采用这种策略是指旅游企业在市场细分的基础上，选择一个或几个细分市场作为自己的目标市场，集中企业的全部精力，以某几种营销组合手段服务于该市场，实行高度的专业化经营。这种策略往往适合资源能力有限的中小型景区及旅游资源独特的旅游目的地。它们在较大的市场上难以取得竞争优势，因而力图在较小的市场范围内取得较高的市场占有率。例如，山西省的大寨凭借历史上"农业学大寨"的影响，走上旅游发展道路，在周围竞争林立的情况下，用比较低的价格去占领附近城市的休闲旅游市场和美术院校校外写生市场。

三种策略各自有其优缺点，企业在选择自己的经营策略时必须考虑到自身的条件、产品和服务的特点及市场的情况，加以权衡，慎重行事。

2. 景区营销战略定位

每个景区都应该使自己及其产品与竞争对手的产品区别开来。景区营销定位是使景区产品或景区品牌被细分市场的消费者认知的方法,即与竞争产品相比,本景区产品在游客心目中的地位较高。游客对景区及其产品的感性印象非常重要,一个好的印象能够推动游客购买景区产品;反之,游客就会转而去购买其他景区产品。因此,景区的战略管理者和市场营销人员必须努力使自己的产品在游客的心目中留下正面的印象,成为细分目标客源的优先选择。

景区营销定位是指景区营销管理过程中,通过对景区产品及其旅游形象的设计,确定景区产品的特点和竞争地位,便于游客识别及竞争机会识别。在市场营销战略中这种定位主要包括以下内容。

(1) 景区产品特色定位。即在某一规划期内景区发展为观光型或度假型或专项型或生态型旅游目的地,它是旅游地产品开发的战略方向和重点。

(2) 景区目标市场定位,即设定本景区销售和服务的对象。在对细分市场的规模、发展潜力,以及景区产品特点、发展情况和景区目标市场策略进行分析后,将选定并划分出目标市场的层次。目标市场一般分为一级目标市场、二级目标市场、三级目标市场或是核心客源市场、重点客源市场、开拓客源市场、机会客源市场。

邓小平故里的目标市场

在对邓小平故里进行市场定位时,专家根据市场细分,确定区域客源市场如下:一级市场是广安市本地市场、南充市市场、重庆市市场、成都市市场,二级市场为省内其他城镇市场,三级市场为周边省会市场及沿海和海外市场;按群体划分市场,以青少年爱国主义市场和公务员红色旅游市场为主,以中老年缅怀市场为辅,其他市场次之。

(3) 景区形象定位。景区形象是一个完整的理念系统,它包括景区在社会和公众心目中的形象和声誉。它是旅游地的象征,是召唤旅游者前往旅游地旅游的旗帜。

当景区决定如何进行营销定位时,通常采用的是目的地营销手段,以达到与竞争对手的差异。这一营销组合包括组织能够控制的用于刺激消费需求的各种变量,如人员、环境、价格、区域、过程等。而实际与营销相关的变量因素远不止这些,在景区营销过程中,还会遇到各种资源配置、现金流、运营风险等各种现实问题。

上述三方面定位是一个统一的整体,是相互联系和相互影响的,其中以景区形象定位为层次最高,难度也最大,因景区形象虽然可以由景区自己来设计和塑造,但对景区形象的接受者和评价者只能是社会公众。因而本节重点谈一下景区的形象定位。

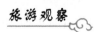

昆士兰景区目的地营销定位

昆士兰旅游公司(Queensland)根据景区的特色资源、目标客源及旅游业发展状况,制定了五个景区的目的地营销定位,确立各景区的多种目的地形象和目标市场(表8-3),并为每个景区进行宣传推广。

表8-3 各景区目的地形象及特点

目 的 地	定位基础	特　　点	国内游客
热带的北昆士兰	大堡礁及热带雨林	放松、亲切、自然、冒险、运动	57%
布里斯本	刺激的亚热带、都市旅游	增长见闻、体验新奇	75%
黄金海岸	海滩、兴奋、夜生活及娱乐	兴奋、快节奏、娱乐	70%
阳光海岸	海滨、放松	简单、轻松	90%
降灵节(白色星期天)	水上乐园	轻松、新奇、友好、活泼、自然	75%

资料来源:[英]埃文斯,坎贝尔,斯通休萨. 旅游战略管理[M]. 马桂顺,译. 沈阳:辽宁科学技术出版社,2005.

8.2.3 景区市场营销计划的制订

1. 景区营销计划的主要内容

景区营销计划是景区为实现发展目标,根据营销战略的统一部署,对内外部各种营销资源使用状况的具体设计和安排。简而言之,景区营销计划就是景区对未来营销行动设计的书面工作方案,可以从以下三方面理解。

首先,景区营销计划所处的层次是指导整个计划周期内各项营销活动的战略层次。例如,景区营销目标是对本计划期内景区将要达到的目标的约定,并由此协调和规范各种营销活动,以取得预期结果。其次,景区在选择目标市场以后,营销策论就是对景区产品进入各个细分市场后将要采取的营销活动如营销渠道、广告和促销、公关与宣传、营销调研、定价以及游客服务等方面的具体安排。最后,景区营销计划可以为景区开展营销活动提供明确的方向和指导。景区营销计划以准确、明晰的文字或图表明确营销活动的指导方针,可以保障景区在计划周期内的各项营销活动能够稳定、连续、有效地开展并最终达到计划之初设定的目标;可以使景区确定重点目标市场,从而集中人力物力财力进行有效营销;同时也能够保障景区营销政策的连贯性,并对营销效果进行合理评价。

制订景区营销计划要回答以下三个问题:

第一,本景区的经营现状如何?

第二,在该计划执行期间内,应实现何种市场竞争地位或达成哪些发展目标?

第三,如何实现这一市场竞争地位并达成相应的发展目标?

景区营销计划主要包括以下内容:战略目标、形象定位、营销预算及营销战略四个方面。战略目标是景区在规划执行期间内所拟实现的市场地位,一般包括规划执行期内的目标市场、目标销售量、目标市场份额、目标营业收入等方面;形象定位是景区在规划执行期内要打造的品牌形象,既包括在目标消费者心目中的印象,也包括在有关旅游中间商心目中的印象;营销预算是为了实现营销目标而计划的经费预算;营销战略是为实现既定的发展目标所采用的基本途径。

典型案例

温哥华旅游局营销计划

摘要

第1章 导论
- 规划目标
- 规划程序
- 计划评价
- 温哥华旅游局的业务单位

第2章 绩效数据
- 1994年游客规模
- 五年增长率
- 季节变化
- 客源市场细分
- 1994年行业和市场开发监控

第3章 营销环境
- 营销传播
- 基础设施开发
- 竞争环境

第4章 战略优先排序和原理

第5章 财政预算
- 总预算
- 预算的行动分配计划
- 预算的人力分配计划
- 1994年和1995年预算对照
- 市场开发预算

第6章 1995—1997年行动预测
- 1995年新动向的重点
- 行动预测
- 学术会议/企业会议
- 观光旅游
- 奖励旅游
- 消费者
- 传播
- 成员组成
- 游客服务
- 科技
- 缩略词定义

第7章 行动日程安排
- 1995行动日程

第8章 温哥华旅游局
- 员工
- 1994/1995年董事会
- 读者服务卡

知识链接

不同需求状态下的营销管理任务

表8-4 不同需求状态下的营销管理任务

需求状态	营销管理任务	营销策略
负需求	开导需求	扭转性营销
无需求	创造需求	刺激性营销
潜在需求	开发需求	开发性营销
下降需求	再创造需求	再营销
不规则需求	平衡需求	同步营销
充分需求	维持需求	维持性营销
超饱和需求	降低需求	低营销
不健康需求	破坏需求	反营销

资料来源：赵黎明，等.景区管理学[M].天津：南开大学出版社，2008.

2. 景区营销计划的主要程序

1）明确景区产品内涵

景区产品不能仅仅理解为旅游地的风景名胜，还应该包括必要的旅游设施、旅游环境、游客观赏和参与的活动项目、景区的管理和各类服务等。

景区吸引物就是景区内标志性的观赏物。它是景区旅游产品中最突出、最具有特色的景观部分。旅游从某种角度讲也可称作"眼球经济"，景区吸引物是景区经营招徕游客的招牌，是景区旅游产品的主要特色显示。吸引物不仅靠自身独有的特质来吸引游客，还要有良好的形象塑造和宣传效果才能起到应有的引力效果。所谓对景区吸引物的塑造实际就是给景区旅游产品定位，把景区最吸引人的、最突出的特色表现出来，进而形成景区的名牌。

景区活动项目是指结合景区特色举办的常规性或应时性供游客欣赏或参与的大、中、小型群众性盛事和游乐项目。景区活动的内容是非常丰富的，如文体表演、比赛，民间习俗再现，游客参与节目，寻宝抽奖等。景区活动能使游客的旅游感受更有趣味性，使旅游服务的主题更加鲜明和更有吸引力。这些活动不仅是景区旅游产品的一部分，而且还可作为促销活动的内容。例如，清明上河园的各色文艺演出和民俗活动已经成为吸引游客前来旅游的重要卖点。而每年的菊花节、清明文化节既是游客参与的重要内容，又是一种很好的营销活动。

景区产品的实质是一种经历和体验，所以在景区营销时，一定要重视游客的体验感受。由于旅游产品生产与消费具有不可分割性，顾客参与旅游服务产品的生产过程，因而在景区导游服务、交通服务、餐饮服务等过程中，员工的服务技能、态度、仪表、行为举止、应变能力、服务效率和效果都关系到游客对旅游产品的感知。

如果景区是体验的剧场的话，景区的工作人员就是剧场的演员，工作人员的表现将给游客直接的体验，所以必须使景区的员工融入景区的氛围，形成与游客互动的演职人员，共同创造令游客难忘的深刻体验和旅游产品。

旅游观察

深圳华侨城景区在员工中开展"我是一个景点"活动，要求员工在服务中精益求精，注重服务形象。

洛阳龙门石窟景区提出，"老年人和残疾人到龙门石窟，只要拨打"65980521"，10分钟内就有人过来搀扶帮助，对无法行走的，提供轮椅服务"。这既是一项服务内容，又增添了游客对景区的人性化感受，也成为一项营销内容。

除了旅游吸引物、活动项目和景区服务外，事实上，景区的环境与氛围也在很大程度上影响着游客的体验。民族景区的神秘性与淳朴性、宗教景区的庄严与神圣氛围、游乐园景区的欢乐氛围都对游客出游构成了强大吸引力。而如果景区破坏了这种氛围，片面追求经济利益，也会引起客人的不满。例如，某景区由于景区门口黑车现象严重，景区内部商贩拦路拉客，严重损害了景区的旅游氛围而被旅游监管部门提出整顿。

总之，旅游营销要注重对景区旅游吸引物、景区活动项目、景区服务及景区环境与氛围的营销，重视游客的体验感受，明确市场定位，塑造有吸引力的品牌。

2) 选择最佳景区产品组合策略

旅游产品组合是旅游企业在对旅游市场细分的基础上，为了满足目标市场的需求，针对旅游产品线，制定出不同的产品组合方式(表8-5)。

表8-5 不同市场的产品组合(四川阆中古城)

细分市场	产品营销组合	营销形象
观光市场	古城观光景点：锦屏山、大佛寺、天宫院、张飞庙、贡院等	锦绣阆中
休闲度假市场	居民院落、古城内五星级园林酒店、滨江啤酒阆中文化广场	康乐阆中 亲亲阆家幸福一生
专门兴趣市场	探险、摄影、文学、古建筑等对应的产品类型	
会议市场	古城五星级园林酒店、滨江啤酒阆中文化广场、桃园山庄等	阆中红 精英荟萃古阆中

3) 景区分销渠道选择

旅游营销的渠道是旅游产品实现销售的全过程中所经历的各个环节和推动力量之和。

景区的分销渠道，是指景区为了向旅游者提供方便的购买或进入路径而在景区生产和销售场所以外所开发或使用的组织和服务系统。

旅游中间商是向旅游企业与消费者提供中介服务的组织与机构。旅游中间商的出现，可以提高景区的销售效率和销售量。

常见的旅游中间商类型包括旅行社、会议策划机构、企业的旅游部等。

旅行社拥有十分广泛的客源市场，因而景区要充分重视与旅行社的合作关系。与旅行社合作的方法为，通过销售宣传册、电子表单和企业广告为旅行社提供有关旅游产品、服务和设施的详细信息；在有特殊活动和大型活动的信息时，要尽早促销以便旅行社能够对其进行销售；确保给予旅行社打折的权利；对经常为景区提供客源的旅行社给予嘉奖。例如歌舞《印象·丽江》的组织者规定，大型地接社如果全年组团人数超过5万人次，就能享受逐级累积的门票优惠和销售奖励。

会议策划机构对目前的商务旅游服务贡献很大。旅游经营企业可以根据自身的产品特点，选择与会议策划机构的合作。例如云南丽江在促销《印象·丽江》时，考虑到自身价位较高，产品锁定高端细分市场，专注于与开展商务旅游的机构合作。

企业的旅游部是对于大型企业而言的，是专门负责会议和旅行策划的部门或个人。景区可以通过与这些人或机构的合作，来实现景区的产品销售。

旅游分销的渠道模式分为三种：独家代理制、密集式分销和有选择的分销。从国内景区的市场实践来看，独家代理制的渠道模式不利于景区的市场发展。多数景区主要采用密集式分销，其渠道主体是成千上万的中小旅行社。其中，中小型景区由于实力有限，团队客源主要依靠地接旅行社；大型景区有时也会深入客源地市场开展远程促销。

有选择的分销，是指景区并不针对所有旅行社实行分销，而是抓住旅游分销链上的某些关键环节，与少数旅游代理商合作，逐步建立多层次的分销渠道。

在选择销售渠道时，景区需要兼顾目标市场的距离、企业自身的营销能力、中间商的规模和诚信程度等选择适合自身的营销渠道。如图8.1和图8.2所示是某景区对自己的观光类旅游产品和商务会议类休闲度假类旅旅游产品选择的销售渠道：

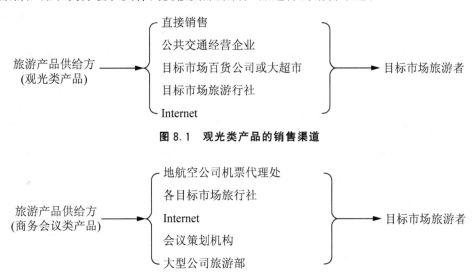

图 8.1　观光类产品的销售渠道

图 8.2　商务会议类产品的销售渠道

4）促销策略

景区促销是指景区为了提高游客来访量，促进目标顾客购买产品，通过向市场传递自身旅游信息而采取的综合行动。

常见的促销措施如下。

（1）广告促销。①在广播、电视、报刊、网络等大众媒体上刊登广告，如全国有200多家景区(旅游地)在中央电视台投放宣传广告。②在目标市场的汽车站、火车站、机场、超市等位置张贴大幅广告画。③在旅游专业媒体上刊登广告或新闻报道、特写、经验介绍，如《中国旅游报》。④制作VCD风光片并在相关媒体上播放，如在公交车、长途汽车等交通工具的车载电视上播放风光片。⑤聘请旅游形象大使，如杭州市利用"女子十二乐坊"组合在日本的影响力，邀请她们担任杭州市旅游形象大使，此后累计接待日本游客近13.6万人次，与2002年同期相比增加了43.67%。⑥在飞机票、火车票等载体上做广告。⑦开通以景区名称命名的专列、专机，如北京到云台山专列。

（2）公关促销。①邀请并接待旅游批发商、零售商和媒体记者、作家、摄影家采风，在主要客源地的有关媒体上发表宣传文章。例如，山东枣庄锁定河南旅游市场，邀请河南包括旅游主管部门、旅行社、旅游院校等100多家单位免费赴台儿庄考察、旅游，对于促销台儿庄收到了极好的效果。②为输送团量大的旅行社提供优惠和年终奖励。③印制宣传册、地图、线路图等免费输送的促销材料。④参加有积极意义的公益活动。⑤借助名人和公众人物促销，如普京访问少林寺，少林寺景区抓住形势加强促销。⑥举行各种形式的庆祝活动，如黄帝故里拜祖大典活动对黄帝故里新郑的促销。

(3) 展会促销活动(业内促销与公众促销)。参加各种旅游交易会、展销会、专业论坛，设立展台。其中，值得推荐的旅游交易会见表8-6。

表8-6 旅游交易会推荐表

展会名称	承办城市	推荐级别
中国国际旅游交易会	上海或昆明	★★★★★
上海世界旅游资源博览会	上海	★★★★★
广州国际旅游展览会	广州	★★★★
北京国际旅游博览会暨中国北方旅游交易会	北京	★★★★
东亚国际旅游博览会	大连	★★★
中国(济南)国际旅游交易博览会	济南	★★★
广州国际休闲娱乐产业博览会	广州	★★★
中国旅游产业节	天津	★★★
中国中部(河南)旅游交易会	郑州	★★★

(4) 公共信息促销。①拍摄电视散文。②唱响一首主题歌，如《神奇的九寨》、《我想去桂林》等唱响了该地的旅游。③编制导游丛书、文化丛书、摄影丛书等。④利用电影促销等，如电影《少林寺》为嵩山少林寺带来了滚滚客源，电影《新少林寺》又推动了这一势头，电影《非诚勿扰》捧红了浙江的西溪湿地。

(5) 事件促销。利用特种事件促销会收到意想不到的效果。例如，2009年，澳大利亚昆士兰旅游局通过网络在全球招聘大堡礁看护员，短短几天就吸引了近百万次的网络访问量，大堡礁也因这份"世界上最好的工作"一举成名。而黄龙洞景区的一系列营销，也多利用的是事件营销的方式。栾川老君山景区2012年推出了凭身份证李姓游客可以免票的政策，这一事件引起广泛关注，成为一个营销亮点。

此外，还有一些促销的方向是景区可以借鉴的：新闻发生地，如发现喀纳斯水怪的报道；诗词游记所涉及的景点，如《望庐山瀑布》；文学作品描述地或故事发生地，如金庸武侠小说对大理旅游影响巨大；课本信息传播：中小学教材，《跟着课本去旅游》；邮票、货币、门票、烟盒等纪念品或消费品的外包装图案所涉及的地点；名人效应：出生地、活动地，如韶山是毛泽东的出生地；历史事件或者战争纪念地。

8.2.4 景区营销计划的实施与控制

景区营销活动应由专门的职能部门承担，以确保营销计划的实施效果；为贯彻落实景区营销战略，景区营销部门需制定营销行为指南；为从物质上保证景区各项营销活动的顺利进行，还需编制科学的营销预算，并通过营销审计等方式控制营销进程。在景区遭遇不可预期的突发事件影响时，应实施危机营销管理，整合各种营销资源，及时处理市场矛盾，以保证营销目标的顺利实现。

旅游观察

"银发旅游"需要深耕细作

目前，我国老年出游的比例已高达20%，并且呈现高速增长的态势，但也面临市场供给不足、服务项目不全、产品开发单一等问题。

究其原因，不少旅游业者仅仅着眼于目前比较赚钱的市场，把"银发旅游"看做是"鸡肋"。或者，一方面欲从这个市场分取一杯羹；另一方面，不愿意投入资金为老年人旅游提供更健全的服务体系。

《中华人民共和国老年人权益保障法》（以下简称《老年人权益保障法》）提出，积极应对人口老龄化是国家的一项长期战略任务。需要引起人们注意的是，随着人口老龄化快速发展，我国老年人口消费规模快速增长，"银发旅游"将迎来发展高潮。有专家预言，在未来30年间，每年的老年旅游者将保持7.3%的增幅。据国际老年大学协会估计，到2025年，"银发旅游"带来的产值将超过34万亿元。

图8.3 老人旅游团

我国老年旅游发展是迅速的，但与发达国家相比还有很大差距。世界旅游及旅行理事会的调查结果显示，在欧美等发达国家，老年旅游占世界旅游市场的50%～60%，远远高于我国的20%的比例。

目前，"银发旅游"存在的问题有市场细分不够到位；旅游景区、景点的产品设计缺乏针对性；旅游服务项目的专业性不强；产品线路比较单一。因此，如何充分开发挖掘"银发旅游"是一个摆在我们面前的重大课题。

第一，从政府层面，要降低"银发旅游"交易成本，扶持这个潜力无限的旅游市场的发展。例如，依照《老年人权益保障法》与《中华人民共和国旅游法》的规定，大力建设方便老年旅游的公共服务设施，免费或者优惠开放博物馆、纪念馆、公共图书馆、文化馆、公园等场所，减轻旅行社的成本压力，方便老年人出行。

第二，从教育层面，要推动职业院校开设"银发旅游"专业。这方面，我们要借鉴发达国家与地区的经验。例如，新加坡淡马锡理工院早在2009年开设乐龄（指老年人士）管理学专业，它的主要目标是集中培训专业人才，以应对未来"银色产业"的需求。《老年人权益保障法》也提出,"国家鼓励高等学校、中等职业学校和职业培训机构设置相关专业或者培训项目,培养养老服务专业人才"。旅游职业院校应当抓住这一重大发展机遇,为"银发旅游"做知识与人才的储备。

第三,从企业层面,要进一步细分市场,开发具有针对性的旅游产品,实行个性化线路和差异化服务,实施差别价格策略。

零点前进策略公司曾经对老年旅游进行过专业调研,老年人的旅游方式往往以纯玩为主。相比之下,其他年龄段的旅游人群的购物支出往往占到整个旅程总消费的50%左右。遗憾的是,很多旅行社并没有认真研究"银发旅游"市场特点,在营销组合方面比较单一,游程中安排了过多的购物点,导致老年游客的满意程度下降。

也有不少业者错误地认为银发市场必定追求实惠。其实不然。老年人的经济状况各不相同,"银发旅游"依然可以细分为高端、中端、低端市场。因此,充分开发"银发旅游"市场,必须仔细研究市场细分参数。例如,根据季节的差异,可设计观花采果游、避暑避寒游等;根据主题差异,可设计金婚游、亲情游、怀旧游等;根据信仰的差异,可设计红色旅游、宗教朝圣游等。更重要的是,要研究老年人群特征,推出个性化服务,并依据差别服务制定不同差价,以满足老年游客不同需求。

8.3 景区营销的前沿策略

8.3.1 合作营销

合作营销也称协同营销,主要是景区之间通过共同分担营销费用,协同进行营销传播、品牌建设、产品促销等方面的营销活动,以达到共享营销资源、巩固营销网络目标的一种营销理念和方式。合作营销,一般要求景区全方位寻求与自身品牌定位相一致的景区进行合作。

丽江在进行旅游促销时,在本地市场主动联合相关机构,共建全市旅游营销联合体,实行丽江旅游目的地的共生式营销;在省内市场,与其他景区建立契约式联合营销体系,如与昆明石林、大理三塔和楚雄恐龙谷景区结成"云南精品旅游线景区联盟"。在周边市场,与四川景区联合促销,与旅行社合作设计"丽江古城—玉龙雪山—三江并流"、"九寨沟—黄龙—都江堰—青城山—玉龙雪山—丽江古城—三江并流"等线路产品。

8.3.2 口号营销

俗话说"红花总要绿叶配",景区固然要注意对自身的旅游资源进行科学的规划和适当的开发,但口号宣传也不可或缺。在有些城市的广场、街道、码头,矗立着巨幅山水名画和景区的形象宣传口号,展示了令人神驰的旅游风景。它既给人们提供了愉悦的情绪,也起到了户外广告的作用,使这些风景名胜更加知名。表8-7为一些成功运营的景区营销口号。

表 8-7 成功运营的景区营销口号

景　　区	营销口号
长城	不到长城非好汉
黄山	五岳归来不看山，黄山归来不看岳
九寨沟	童话世界，人间天堂
千岛湖	天下第一秀水
锦绣中华	一步跨进历史，一日畅游中国
中国民俗文化村	24 个村寨，56 个民族
世界之窗	世界与你共欢乐/您给我一天，我给您一个世界
清明上河园	一朝步入画卷，一日梦回千年
苏州乐园	迪士尼太远，去苏州乐园

8.3.3 美食营销

在市场经济条件下，美食也已经成为旅游产业的重要内容之一，其对旅游经济的发展有极大促进作用。美食营销是利用景区当地的特色美食的带动作用来促销宣传景区的营销方式。而在市场营销中的"美食模式"可以通过加入娱乐、趣味及互动元素，让营销成为一种游戏，使消费者乐于接受，主动接受，甚至是互相推荐，从而达到实现销售及传播的目的，因而形成了"盐加味精——制造流行"、"盐加辣椒——借势营销"、"盐加孜然——炒作营销"等几种方式，旨在寓乐于销，打破沉旧的产品导向型营销模式，实现品牌导向型营销模式，增加消费者的体验内容，让品牌与消费者产生良好的互动，从而避开商家拼命往市场里堆产品，却无人问津的局面。

案例分析

小龙虾与盱眙旅游

盱眙县在邀请有关专家进行旅游营销时，专家经过论证，看准了该地区小龙虾的独特优势。于是自 2001 年开始，盱眙县人民政府开始举办中国龙虾节，而中国龙虾节以其独特魅力，从全国 5 000 多个节庆活动中脱颖而出，成为江苏省唯一被国际节庆协会（IFEA）评选为"IFEA 中国最具发展潜力的十大节庆活动"，被第三届中国会展（节事）财富论坛评为"中国节庆 50 强"，并雄居前列。

在中国龙虾节的精心打造下，不仅刮起一股席卷大江南北的"红色风暴"，更传奇般地为盱眙造成了势，也为盱眙造来了财，借助龙虾节，盱眙由原先一个默默无闻的县份一跃成为江苏名县。如今，"盱眙龙虾"已成为盱眙发展的一大品牌、盱眙经济的一张特色牌、盱眙人的一张"金名片"。

小龙虾对旅游带动能力增强。盱眙实施旅游环境综合整治，推进项目建设。近年来，盱眙旅游产业发展迅速，异军突起，打造"特色休闲之都"成效显著，盱眙的山水美食吸引了八方游客。2010年1—8月，盱眙接待游客人数达到252.8万，实现旅游总收入16.9亿元，同比分别增长22.3%、46.2%，均创历史新高。全县旅游从业人员突破10万人，跃居苏北地区各县（市）之首，盱眙正式成为名副其实的"苏北旅游第一县"。

8.3.4 概念营销

概念营销不是着眼于消费者现在的需求，而是着眼于消费者的欲望。要知道，需求是有限的，而欲望是无限的。概念营销是消费者利益的集中体现，通过引导消费观念，最终引起消费者的关注，从而销售产品。在产品极大丰富、产品差异非常小的时代，靠产品本身的差异很难取胜。对很多消费者来说，概念的差异将成为消费者选择产品的一个重点。概念营销成功的关键是获得消费者持续的注意力，如果景区完全脱离其产品和服务，仅仅制造一些文字游戏和虚假新闻来追求轰动效应，最终是要失败的。

典型案例

国际慢城桠溪

在2010年11月27日召开的苏格兰国际慢城会议上，我国江苏省高淳县桠溪镇被正式授予"国际慢城"称号，成为我国第一个"慢城"。

"桠溪生态之旅"风光带处于高淳游子山公园国家森林公园东麓，是一处整合了丘陵生态资源而形成的集观光休闲、娱乐度假、生态农业为一体的农业综合旅游观光景区，是全国农业旅游示范点、南京市自驾游基地。

慢城的理念顺应了人们在紧张生活之余追求放松、休闲生活的需求，从而使桠溪的旅游业获得了空前的成功。这是概念营销的成功案例。

8.3.5 网络营销

网络营销是以互联网为基础，利用数字化的信息和网络媒体的交互性来辅助营销目标实现的一种新型市场营销方式。它是不分地点、不分时间的营销模式，能让游客在任意地点、任意时间看到相关景区信息，使游客有更大的概率关注景区信息并能方便自由地查询。在网络营销中，景区可以通过图片、文字、视频等多种媒体形式，多角度、多形式地进行宣传推广，营销人员可以充分发挥想象力，充分展现景区形象。游客可以在网络上实现实时交流、咨询有关内容，并根据自身爱好选择景区产品。为增加景区销售、提升景区品牌价值、提高核心竞争力，景区应充分运用网络营销的优势，通过合理利用互联网资源，如微博、官方网站等，实现网络营销信息的有效传递，以招徕更多游客，占有更大份额的客源市场。

1. 景区官方网站营销

建设景区的官方网站，丰富网站内容，不仅包括景区的宣传推介，还应该添加电子商务板块，推行电子门票、电子优惠券及住宿预订等服务，并与银联、支付宝、财付通签署协议，实现电子支付。

2. 网店营销与销售

与阿里巴巴集团旗下淘宝网、腾讯公司旗下拍拍网等电子商务交易平台签署协议，在淘宝网、拍拍网开启官方旗舰店，开放全方位的在线票务销售。

3. 与专业旅游网站的合作

国内知名的专业旅游网站主要有携程旅行网、去哪儿、同程网、驴妈妈旅游网、艺龙旅行网、途牛旅游网。景区可以展开与这些知名旅游网站的合作，进行景区推介营销。

4. 即时通信工具弹出式广告

即时通信工具是指信息的发布者与信息的接收者几乎同时达到传送要求、延迟很小的系统工具。目前网民常用的有QQ、MSN、飞信、微信等通信系统工具。QQ通信工具的注册用户已经突破了10亿，并开发了PC终端和手机终端软件。

弹出式广告是指当人们在使用通信工具交流或浏览某网页时，会自动弹出一个很小的对话框。随后，该对话框或在屏幕上不断盘旋，或漂浮到屏幕的某一角落，这就是互联网上的"弹出式"广告。景区可在重大活动开展前以"弹出式"广告进行网络营销和推广，主要介绍景区的活动内容和规模，在众多的通信工具中，景区可优先选择腾讯公司的QQ和微信。

5. 网络论坛推广

在网络盛行的今天，每个人都有若干个不同的网络身份，活动于不同的网络社区。利用这些虚拟的网络社区，通过网络上的"口口相传"打造景区品牌，树立知名度。知名的论坛有百度贴吧、天涯论坛、人人网等。

8.3.6 互动营销

互动营销是建立在通信网络的基础上，使消费者在消费的过程中通过通信网络快速与景区直接建立起联系，使得消费信息快速、准确地传递到景区，同时景区可以向消费者提供其他增值服务。通过这种物质消费与精神消费的充分结合，达到提高旅游市场占有率及消费者对景区的忠诚度。互动营销的实质是跨越时空的限制，以最低的成本为顾客服务。

应该说互动营销的应用非常广泛，且大多以互联网络、手机、电话中心和数字电视为载体。在日本和韩国，互动营销主要是基于互联网和手机上的运用；在泰国，主要使用手机；在中国，目前主要运用在互联网，但很快就会更多地运用到手机上，预计在未来10年，这种互动营销将成为主流的一对一的营销方式。

手机终端的营销方式主要如下。

1. 3G官方网站

3G时代手机的数据传输速度有了质的飞跃，这将会使利用手机上网查询旅游信息更为方便快捷，这项服务将会被更多的手机用户，尤其是旅游者所使用。建设景区手机网，利用这个平台进行手机终端网络直销。手机网站要对景区的旅游景点、旅游产品、景区文化、活动预告等进行详细介绍，提供票务、住宿等服务，并与移动通信运营商合作，争取实现手机支付功能。

2. 短信息

在旅游淡季，通过群发短信，直接向消费者赠送景区优惠券或电子门票，促进景区淡季旅游的发展，如半价门票代码或者回复确认信息，获取以手机号码为代码的电子门票等，并建立客户信息库。

3. 彩信

在旅游旺季前，通过群发彩信，向消费者发布活动预告、赠送景区优惠券或门票抽奖活动，通过图片展示景区美景，从视觉方面对消费者产生一定冲击，激起游客前往景区旅游的欲望。

4. WAP信息

黄金周、小长假前，通过WAP群发信息，传递景区的优惠活动、新旅游产品简介，通过手机上网功能直接浏览景区WAP官方网站，查询详细信息。

典型案例

首款手机短信与主题乐园实景互动游戏

中国首款手机短信与主题乐园实景互动的有奖游戏——"富豪乐满地"，从2003年8月4日起，由中国最大的台商投资项目——广西桂林市乐满地度假世界向全国手机用户隆重推出。此实景式的旅游游戏，为旅游名城桂林打造了另一类旅游品牌——美丽诱人、充满幻想、现代浪漫的科技互动景区。

"富豪乐满地"取材自桂林乐满地主题乐园，在短信游戏中所有经历的奇特场景都现实存在于主题乐园内，它是国内第一款手机短信与景区现实场景互动的游戏。在线上，"游客"只需要动动拇指，足不出户就可以欣赏到桂林的好山好水。在玩的同时，游戏还逼真地让"游客"亲历投资的风险和运筹帷幄的大将风范，满足投资欲望，如果"运气佳"的话，每天拥有的资产会有成百上千的变化，一瞬间就可成为桂林乐满地主题乐园的"总裁"，让每个光顾此地的人支付昂贵的过路费；也许一不小心，"游客"便身败名裂，身无分文，很经典地体验商海投资的沉浮变幻。

这款新型的手机短信游戏很别出心裁，它让所有人都能享受贵族一样的生活，体验投资乐趣，感受旅游精彩，激发人们对生活的热切追求。同时，这款游戏也让桂林更加成为世人向往的旅游胜地。

8.3.7 事件营销

旅游事件营销是能为东道主创造极高层次的旅游、媒体报道、声望或经济影响的活动事件，集新闻效应、广告效应、公共关系、形象传播、客户关系于一体。其出发点是以事件促进旅游业发展的动力、激活目的地静态吸引物、提高目的地的吸引力。旅游事件的媒体效应作为旅游行为决策中的一个重要刺激因素对旅游目的地的宣传和营销起了重要的作用；旅游事件的需求峰聚效应使旅游目的地的住宿、旅游交通需求呈现集中性增长；旅游事件的溢出效应为旅游目的地的形象塑造和形象宣传创造了重要的契机。要想实现旅游事件的上述良好的带动效应，以下三方面的因素不容忽视。

1) 找准景区事件营销创新的切入点

景区事件营销的切入点应当建立在公众的关注点、事件的热点、企业的诉求点三点统一的基础上，并在心理和情感层面上与消费者产生共鸣，越是心理上、利益上和地理上与受众接近和相关的事件，其价值越大。旅游景区在进行事件营销的过程中，切入点的选择要体现多元效应：娱乐性、炫耀性、参与性、兴奋性的结合，使旅游者在参与事件的过程中获得超值的享受。事件营销要结合景区产品服务进行创新，培育旅游者新的旅游观念，开辟新的市场，通过事件营销引导旅游者的消费行为。例如，万贯集团开创了"四川碧峰峡模式"，利用碧峰峡风景区独特的生态条件，策划了"大熊猫大举入住碧峰峡"事件，在景区建立了大熊猫保护基地，依赖首次大规模熊猫群体迁徙的品牌及迁移途中的壮观场面、专业的护送措施吸引大众、媒体的聚焦，打开了碧峰峡风景区走向世界的窗口；利用摩梭人的神秘性，策划了"摩梭女王迁住碧峰峡"话题，在国内率先举办了大型泸沽民俗文化活动。自然与文化民俗的精妙策划与碧峰峡的景观特征相得益彰，美誉度得以大幅度提升，现在仅门票年收入就超过 6 000 万元。

2) 注重声誉机制的约束作用

景区的美誉度是景区重要的无形资产。一方面，成功的景区事件营销在获得经济利益的同时，也起到了向社会公众传递信息的重要作用，可以大力节约景区的广告、宣传费用，降低景区运营、开发的成本。另一方面，良好的声誉是保证契约成功执行的隐性条款，通过降低企业合作方的交易成本（寻找信息、谈判、履约的成本），在合作过程中获得互利、共赢的优势，并为企业在市场上的融资、扩大价值提供基础。良好的声誉还可使企业获得较高的社会资本。特别是在市场经济发展过程中，资源、资金、技术等稀缺要素的地位已逐渐被信誉所代替，声誉的稀缺性在市场经济中日益突出。通过好的景区事件营销可以使其赢得这一比较优势，并有可能成为其他竞争对手的进入壁垒，在竞争中处于主动、领先的地位。

3) 旅游企业家才能的发挥要考虑游客利益和社会责任

旅游产品的开发、营销策划高层次的要求与旅游企业家才能的联系更加密切。旅游企业家也有产品价值完善的激励，他们通过对资源、市场、资本的有效组合来体现人力资本创造利润的重要价值。因此，优秀的旅游事件营销者必须考察旅游者的社会人口学特征、出游动机、行为规律、游客体验及游客的满意度等，分析总结旅游者的基本特征和规律，以便更好地使旅游产品的规划和开发与市场匹配。

依赖政府对产权的进一步界定的约束来实现对旅游企业家的价值内在化的激励，形成以社会责任为中心、游客利益为出发点，由责任来决定权利和利益的策划理念，从而真正发挥企业家才能在市场经济中的价值创造作用。

景区事件旅游策划可以利用短时间内的轰动效应形成新的旅游吸引物，使旅游者获得更多的感知信息，并促进其做出决策，增加客流量，平衡旅游的淡旺季。甚至可以达到改变旅游产品的结构、实现旅游经济优势目的。但一定要注意景区事件旅游营销策划的误区和制约因素，如轰动效应后必有利益最大化的误区，及其创新切入点、声誉机制的约束、游客利益和社会责任等制约因素，否则将会适得其反。

本章小结

本章重点讨论的是景区营销管理的相关问题。首先，从概念角度介绍了景区营销、营销管理及营销计划的理念，并分析其特征；其次，重点介绍了景区管理过程，包括对营销环境调查与分析、营销策略的制定、营销要素的组合等。最后，介绍了主要的前沿性营销策略，如概念营销、网络营销、事件营销等。通过学习本章内容，希望学生能够掌握营销管理的方法与步骤，从而有效地制定出适合于景区的营销决策。

关键术语

关键术语	定 义
景区营销管理	一个动态的过程，它包括分析、计划、执行、反馈和控制，更多地体现景区的管理功能，是对营销资源（如景区市场营销中的人、财、物、信息等资源）的管理
景区客源市场细分	景区经营管理者根据游客在人口特征、地理因素、消费行为、消费心理方面的差异，将整体游客市场分为若干个小的群体市场的过程
无差异目标市场策略	旅游企业不考虑整体市场内部旅游者需求的差异性，而将所有细分出的子市场都作为自己的目标市场，只推出一种旅游产品，制定一种价格，运用一种统一的旅游营销组合，为满足旅游者共同的需求服务
网络营销	以互联网为基础，利用数字化的信息和网络媒体的交互性来辅助营销目标实现的一种新型市场营销方式
旅游事件营销	能为东道主创造极高层次的旅游、媒体报道、声望或经济影响的活动事件，集新闻效应、广告效应、公共关系、形象传播、客户关系于一体。其出发点是以事件促进旅游业发展的动力、激活目的地静态吸引物、提高目的地的吸引力。

理论思考题

1. 景区营销管理的概念是什么？
2. 景区营销管理有何特征？
3. 景区营销管理的一般程序由哪几部分构成？
4. 景区环境现状分析与调查主要包括哪几部分内容？
5. 景区如何进行市场细分？
6. 景区的促销策略有哪些？
7. 景区的生命周期理论是什么？

实训模拟题

角色扮演：扮演景区市场部经理角色，策划景区营销管理过程。
实操要求：将学生分成组，每组选择一类景区产品，设计管理过程及相应角色；
　　　　　组中每位学生扮演一个体验角色，每组在15分钟内完成表演。

SWOT 分析

SWOT 分析法是一种企业战略分析方法，即根据企业自身的既定内在条件进行分析，找出企业的优势、劣势及核心竞争力之所在。其中，S 代表 strength（优势），W 代表 weakness（劣势），O 代表 opportunity（机会），T 代表 threat（威胁），S、W 是内部因素，O、T 是外部因素。按照企业竞争战略的完整概念，战略应是一个企业"能够做的"（即组织的强项和弱项）和"可能做的"（即环境的机会和威胁）之间的有机组合。

SWOT 分析的具体内容是优势—劣势—机会—威胁。

从竞争角度看，对成本措施的抉择分析，不仅来自于对企业内部因素的分析判断，还来自于对竞争态势的分析判断。成本的优势—劣势—机会—威胁分析的核心思想是通过对企业外部环境与内部条件的分析，明确企业可利用的机会和可能面临的风险，并将这些机会和风险与企业的优势和缺点结合起来，形成企业成本控制的不同战略措施。

SWOT 分析的基本步骤如下。

（1）分析企业的内部优势、弱点，既可以相对企业目标而言的，也可以相对竞争对手而言的。

（2）分析企业面临的外部机会与威胁，可能来自于与竞争无关的外环境因素的变化，也可能来自于竞争对手力量与因素变化，或二者兼有，但关键性的外部机会与威胁应予以确认。

（3）将外部机会和威胁与企业内部优势和弱点进行匹配，形成可行的战略。

SWOT 分析有四种不同类型的组合，即优势-机会组合（SO）、弱点-机会组合（WO）、优势-威胁组合（ST）和弱点-威胁组合（WT）。

SO 战略是一种发展企业内部优势与利用外部机会的战略，是一种理想的战略模式。当企业具有特定方面的优势，而外部环境又为发挥这种优势提供有利机会时，可以采取该战略。例如，良好的产品市场前景、供应商规模扩大和竞争对手有财务危机等外部条件，配以企业市场份额提高等内在优势可成为企业收购竞争对手、扩大生产规模的有利条件。

WO 战略是利用外部机会来弥补内部弱点，使企业改劣势而获取优势的战略。存在外部机会，但由于企业存在一些内部弱点而妨碍其利用机会，可采取措施先克服这些弱点。例如，若企业弱点是原材料供应不足和生产能力不够，从成本角度看，前者会导致开工不足、生产能力闲置、单位成本上升，而加班加点会导致一些附加费用。在产品市场前景看好的前提下，企业可利用供应商扩大规模、新技术设备降价、竞争对手财务危机等机会，实现纵向整合战略，重构企业价值链，以保证原材料供应，同时可考虑购置生产线来克服生产能力不足及设备老化等缺点。通过克服这些弱点，企业可能进一步利用各种外部机会，降低成本，取得成本优势，最终赢得竞争优势。

ST 战略是指企业利用自身优势，回避或减轻外部威胁所造成的影响。例如，竞争对手利用新技术大幅度降低成本，给企业很大成本压力；同时材料供应紧张，其价格可能上涨；消费者要求大幅度提高产品质量；企业还要支付高额环保成本等，这些都会导致企业成本状况进一步恶化，使之在竞争中处于非常不利的地位，但若企业拥有充足的现金、熟练的技术工人和较强的产品开发能力，便可利用这些优势开发新工艺，简化生产工艺过程，提高原材料利用率，从而降低材料消耗和生产成本。另外，开发新技术产品也是企业可选择的战略。新技术、新材料和新工艺的开发与应用是最具潜力的成本降低措施，同时它可提高产品质量，从而回避外部威胁影响。

WT战略是一种旨在减少内部弱点、回避外部环境威胁的防御性技术。当企业存在内忧外患时，往往面临生存危机，降低成本也许成为改变劣势的主要措施。当企业成本状况恶化，原材料供应不足，生产能力不够，无法实现规模效益，且设备老化，使企业在成本方面难以有大作为，这时将迫使企业采取目标聚集战略或差异化战略，以回避成本方面的劣势，并回避成本原因带来的威胁。SWOT分析运用于企业成本战略分析可发挥企业优势，利用机会克服弱点，回避风险，获取或维护成本优势，将企业成本控制战略建立在对内外部因素分析及对竞争势态的判断等基础上。而若要充分认识企业的优势、机会、弱点及正在面临或即将面临的风险，价值链分析和标杆分析等均等为其提供方法与途径。

第9章 景区安全管理

学习目标

知识目标	技能目标
1. 掌握景区安全表现形态 2. 掌握景区设施安全管理 3. 熟悉景区危机管理 4. 熟悉景区相关安全法规 5. 了解景区安全预警技术	1. 能够准确及时处理景区安全事故 2. 具备应变管理素能 3. 能进行合理的安全预警系统设计

导入案例

阿里山小火车的翻车事故

2011年4月27日,我国台湾阿里山风景区的森林小火车被倒塌的大树砸到,导致4节车厢翻覆,5人死亡,109人受伤。这列挂有8节车厢的森林小火车大约在12:17从神木站开出,准备开回阿里山总站,行驶不到200米,突然有棵大楠木枝干断裂,砸中第7节车厢,将车厢砸至侧翻,5、6节车厢翻滚到路基下,第8节车厢倒在铁轨上。

事发当日阿里山游客特别多,不少游客是站在车厢里,车厢侧翻时可能有游客被甩出车厢,导致伤亡惨重,更有可能游客被压在车厢下,造成失踪。因为阿里山的公路不太好走,运送伤者怎么运送成为难题,台湾有关方面派出两架空中直升机运送。

对于这次的小火车翻覆意外,台湾当局"行政院长"表示,虽然事故判断是自然现象,且无超载或是人为操作疏失,但仍应警惕天然灾害的无常。他表示,未来对铁路沿线的巡视时不应只看表面,应建立更严谨的标准作业程序,设法排除可能危及安全的因素,防患未然。

景区以其独特的自然、人文景观和愉快轻松的环境带给游客愉悦的心理感受和体验,成为主要的旅游吸引物。景区作为一种重要的公共空间,受到各种人为或自然因素的影响,使景区的安全备受拷问和挑战。安全是旅游的生命线,景区发生的这些旅游安全事故不仅给游客的人身财产造成重大损失,也严重损害了景区旅游形象。自然灾害所造成的严重资源破坏、景区中游客被困甚至伤亡事件,都说明在自然灾害频发的严峻形势下,利用灾害预警机制,发布准确预报,避免游客伤亡,将自然灾害所带来的损失降到最低,是景区安全管理的工作重点。

9.1 景区危机表现形态

景区危机是指任何危及景区经营目标的事情和事件，致使景区处于一种不稳定状态，威胁景区目标的实现。根据危机的性质和产生的原因，对于旅游景区来说，可能发生的危机主要有两大类：一类是由自然灾害或人为因素引起的突发性事件，前者如火灾、地震、台风等引发的突发事件，后者如游乐设施故障或管理不力引发的公共安全事故；另一类则是完全由于人为因素引起的潜在危机，如规划失误、产品结构不合理、开发过度或保护措施不力导致的景区形象品牌破坏、生态破坏、景观破坏等。

9.1.1 景区自然灾害

自然灾害是旅游活动中由天气、洪水等不可控制的自然原因引起的安全问题，是旅游安全的常见表现形态之一。由于自然灾害对景区资源、旅游活动、旅游者与旅游从业人员的生命、财产都有可能造成巨大的危害，因而被广泛地重视。常见的景区自然灾害可分为三种类型。

（1）威胁人类生命及摧毁旅游设施的自然灾害。重大自然灾害均会威胁人类生命和旅游设施，如台风、沙尘暴等气象灾害；地震、火山喷发、海啸、雪崩、泥石流等地质及地貌灾害；其他如水灾、旱灾、森林大火等自然灾害。

（2）危及旅游者健康和生命的其他自然因素与现象，如高原反应。在西藏等高海拔景区，旅游者可能会出现缺氧，耳鸣等反应。

（3）旅游者与野生动植物、昆虫等的接触产生的危险。景区的猴子伤人事件时有发生。此外，有毒昆虫、植物也容易导致旅游者患皮肤病或者受到身体伤害。

9.1.2 景区公共安全事故

旅游安全是旅游者精神愉快、身心放松的基本保障。公共安全事件直接危及旅游者的人身安全，不仅会使游客对景区的满意度降低，同时，还使通过多种渠道获得景区旅游事故信息的潜在旅游者对旅游景区的安全感知水平发生变化，进而对潜在旅游者关于景区的旅游消费决策产生负面影响，从而影响旅游景区游客规模的扩大。因为对于大多数的旅游者来说，一旦对旅游景区的安全感知水平降低，就会由于担心安全问题而取消、推迟旅游计划，或者进行替代旅游景区的选择。

景区公共安全事件多是人为原因，由于人的原因而导致的灾害事故主要有火灾、犯罪、疾病（或中毒）、交通事故等。

1. 火灾

火灾是由在时间和空间上失去控制的燃烧所造成的灾害，多为人为火灾，往往伴随爆炸。近年来，景区火灾呈起伏交替上升趋势，主要发生在景区宾馆饭店、各类公共场所及森林景区内。火灾往往会造成人员伤亡，旅游基础设施、资源受损。

2．犯罪

犯罪是景区旅游安全中最为引人注目的表现形态之一。旅游活动中存在的犯罪现象大体分为盗窃、欺诈、暴力型犯罪三大类型。此外，毒品、赌博等也是威胁旅游安全的潜在因素。

旅游犯罪是旅游业发展中负面影响程度最严重的一种行为。我国旅游业要实现可持续发展，必须重视和研究旅游发展中的犯罪问题。就旅游景区而言，其地形、气候复杂多变，同时景区面积较大，客观上给景区的安全管理带来了很大困难；再者，景区的游客流动性大而且较为分散，旅游者的无组织、无秩序的游览活动常常造成各种险象环生，安全事故隐患重重。尽管旅游犯罪在景区发生的可能性较小、时间较短，但对景区经营的直接影响是不容忽视的。例如，吉林某旅行社导游在丽江古城挥刀连砍20人的重大恶性事件，在人们心中形成的阴影不会短期内消散。

3．疾病

不卫生的饮食或者水土不服，有可能导致游客疾病。最常见的是食物中毒。食物中毒发病快，且常常集体发病，需要引起景区餐饮部门的注意。

4．交通事故

旅游交通事故是经常出现的旅游安全问题，也是旅游者非常担忧的问题，它的破坏性可能是毁灭性的。在景区的交通事故中，常见的有以下一些类型。

1）景区道路交通事故

在一些面积较大的景区，景区内巴士是一种常见的交通方式。虽然景区内车速不高，但由于人流和车有可能并行一条路，且往往弯道较多，行驶安全值得关注。

2）景区水难事故

景区水难事故指的是在水体中出现的安全事故，包括在景区游泳、漂流、水上游船等过程中所出现的安全事故。近年来，此类安全事故出现频率呈上升趋势。

3）缆车等景区交通事故

缆车索道的建设在方便游客参观游览的同时，还会破坏景观效果和生态，而且还容易由于设备设施等问题出现安全事故。

9.1.3 景区旅游设备的安全隐患

景区旅游设备的安全管理是保证景区正常运营的基本要求，景区设备设施的安全不仅影响游客在景区的旅游活动，而且也影响到景区的形象和旅游者对该景区的信心。景区设施故障的出现存在必然性和偶然性。设备的自然磨损、老化及设备的使用周期，都会导致设备出现故障，从这个角度讲，设备出现故障是必然的。然而，如果我们充分了解设备的性能和特点，并且按要求对设备进行维护保养，就能减少设备出现故障的几率，从这个角度讲，设备出现故障又是偶然的。1999年，乘坐西山龙门索道的110位外地游客，因索道保险烧坏，被困在空中缆车上；工作人员紧急开动备用辅机，不料再次出现故障，致使游客被困在缆车上1小时40分钟。这次事故虽然没有造成人员伤亡，但我们看到电路故障烧断保险后，其备用辅机仍然有问题，说明该景区的旅游设施安全管理工作并不到位。

9.2 景区安全法规体系

我国现有的旅游安全法规主要有《旅游安全管理管理暂行办法》(国家旅游局，1990)、《旅游安全管理暂行办法实施细则》(国家旅游局，1994)、《重大旅游安全事故报告制度试行办法》(国家旅游局，1993)、《重大旅游安全事故处理程序试行办法》(国家旅游局，1993)。

有关旅游饭店的规定有《关于加强旅游涉外饭店安全管理严防恶性案件发生的通知》(国家旅游局、公安部，1993)。

有关旅行社的规定有《旅行社办理旅游意外保险暂行规定》(国家旅游局，1997)。

有关景区漂流的规定有《漂流旅游安全管理暂行办法》(国家旅游局，1998)。

涉及旅游交通的规定有《旅游汽车、游船管理办法》(国家旅游局，1983)。

有关旅游设施的标准有国家标准 GB/T 16767—2010《游乐园(场)服务质量》(国家质量监督检验检疫总局、国家标准化管理委员会，2011)。

有关旅游投诉的法规有《旅行社质量保证金赔偿暂行办法》(国家旅游局，1997)、《旅行社管理条例实施细则》(国家旅游局，2001)、《旅游投诉处理办法》(国家旅游局，2010)。

此外，各地方旅游局也根据本地情况，制定了一些规章制度，这些安全法规几乎涉及旅游业运行的各个方面，大体形成了相对完整的旅游安全法规体系。

9.3 景区安全管理的内容

景区安全管理的内容主要包括游乐设施安全管理、景区交通设施的安全管理、景观安全管理及景区治安管理。

9.3.1 游乐设施安全管理

1. 游乐设施设备的安全控制

景区在引进游乐实施时，要特别关注产品应具有的生产许可证，杜绝无生产许可证产品进入景区，危及游客的人身安全。

2. 游乐设施安全管理制度与安全管理措施

1) 安全管理制度

景区应建立健全各项安全管理制度，主要包括安全管理制度、全天候值班制度、定期安全检查制度、游乐机及游客项目安全操作规程、水上游乐安全要求及安全事故登记和上报制度等。

2) 安全管理措施

设立完善高效的安全管理组织与机构(安全委员会)，明确组织内各级、各岗位人员的安全职责；对员工开展经常性的安全培训和安全教育活动；对游乐设施开展定期的年、季、月、节假日和旺季开始前的安全检查；树立安全检查档案，每次检查要填写检查档案，检查的原始记录由签字人员签字存档；严禁使用超过安全期限的游乐设施、设备载客运转；凡遇有恶劣天气或游艺、游乐设施发生机械故障时，须有应急、应变措施；在游乐设施周边醒目位置张贴游客须知、警示等标识，保证周围场地开阔、通畅，且有敞亮的照明。安全隔离栅栏应牢固、可靠，高度及间隙应满足技术标准需求。

3. 员工安全管理制度与措施

员工安全管理包括以下内容。

（1）未持有专业技术上岗证的，不得操作带电的设备和游艺设施。

（2）员工应注意着装安全；高空或工程作业必须佩戴安全帽、安全绳等安全设备。

（3）员工在工作过程中应严格按照安全服务操作规程作业，包括营业前做好对游乐设施的安全检查，使其运行不少于两次，确认一切正常；营业中要向游客介绍游客规则、注意事项及谢绝不符合乘坐条件的游客参与活动；严禁超员，引导游客系好安全带；维持游客游乐秩序；开机前先鸣铃，确认无任何险情时方可开机；密切关注游客动态，及时制止个别游客的不安全行为；营业后要整理、检查各承载物、附属设备及游乐场地，确保其整齐有序、清洁干净，无安全隐患；做好当日游乐设备运转情况记录。

知识链接

景区大型娱乐设施的安全标准

1. 安全保险措施

游乐设施在空中运行的乘人部分，整体结构应牢固可靠，其重要零部件宜采取保险措施。

吊挂乘人部分用的钢丝绳或链条数量不得少于两根。与坐席部分的连接，必须考虑一根断开时能够保持平衡。

距地面1米以上封闭座舱的门，必须设乘人在内部不能开启的两道锁紧装置或一道带保险的锁紧装置。非封闭座舱进出口处的拦挡物也应有带保险的锁紧装置。

当游乐设施在运行中，动力电源突然断电或设备发生故障，危及乘人安全时，必须设有自动或手动的紧急停车装置。

游乐设施在运行中发生故障后，应有疏导乘人的措施。

2. 乘人安全束缚装置

当游乐设施运行时，乘人有可能在乘坐物内被移动、碰撞或者会被甩出、滑出时，必须设有乘人束缚装置。对危险性较大的游乐设施，必要时应考虑设两套独立的束缚装置。可采用安全带、安全压杠、挡杆等。

束缚装置：应可靠、舒适，与乘人直接接触的部件有适当的柔软性。束缚装置的设计应能防止乘人某个部位被夹伤或压伤，应容易调节，操作方便。

安全带：可单独用于轻微摇摆或升降速度较慢的、没有翻转没有被甩出危险的设施上，使用安全带一般应配备辅助把手。对运动激烈的设施，安全带可作为辅助束缚装置。

安全压杠：游乐设施运行时，可能导致乘人被甩出去的危险时，必须设置相应类型的安全压杠;安全压杠本身必须具有足够的强度和锁紧力,保证游客不被甩出或掉下,并在设备停止运行前始终处于锁定状态。

3. 对安全栅栏、站台的安全要求

安全栅栏应分别设进、出口,在进口处宜设引导栅栏。站台应有防滑措施。

安全栅栏门开启方向应与乘人行进方向一致(特殊情况除外)。为防止关门时对人员的手造成伤害,门边框与立柱之间的间隙应适当,或采取其他防护措施。

边运行边上下乘人的游乐设施,乘人部分的进出口不应高于站台300毫米。其他游乐设施乘人部分进出口距站台的高度应便于上下。

4. 其他安全要求

游乐设施应在必要的地方和部位设置醒目的安全标志。安全标志分为禁止标志(红色)、警告标志(黄色)、指令标志(蓝色)、提示标志(绿色)四种类型。

凡乘客可触及之处,不允许有外露的锐边、尖角、毛刺和危险突出物等。

游乐设施通过的涵洞,其包容面应采用不易脱落的材料,装饰物等应固定牢固。

乘人部分必须标出定员人数,严禁超载运行。

9.3.2 景区交通设施安全管理

景区的交通设施主要包括景区的缆车、景区内观光巴士等设施。景区内缆车的安全管理可以参照景区游乐设施安全的管理。

对景区内观光车安全管理的影响因素主要可以归纳为人、车、道路环境三个方面。

与交通安全有关的人员主要有驾驶员、乘客、行人、骑自行车的人和交通管理人员等。其中,驾驶员是所有人员中与道路安全关系最密切的人。

车辆的性能、技术状况与交通安全也有着巨大的关系。车辆中驾驶员座位的舒适性、操作机构的适应性和轻便性、驾驶室的视野和车辆的安全防护设施也直接影响着景区交通安全。

1. 驾驶员安全管理

驾驶员安全管理制度主要有驾驶员的岗位责任制度,驾驶员的教育与审验制度,驾驶员的心理、生理定期检测制度,驾驶员的医疗保健制度,驾驶员的车辆例行保养制度,驾驶员的安全行车奖惩制度,驾驶员的安全行车监督检查制度等。

2. 景区内旅游观光车运行安全管理

(1) 车辆运行安全管理制度主要包括以下内容:车辆保险制度,车辆维修制度,车辆性能状况检查制度,车辆年度监测制度,车辆固定专人保管、使用与替班审核制度。

(2) 车辆运行安全检查制度主要包括以下内容:每日例行检查与安全否决制度、节前安全大检查制度、领导跟车上路检查安全行车制度。

3. 景区道路安全管理

建立健全相关制度,主要包括景区道路养护制度;设置或完善危险路段安全防护设施和安全警示标志,加强公路巡查,及时消除路障,消除塌方和飞石等公路安全隐患,保障公路的安全通畅。

9.3.3 景观安全管理

对景观的保护是旅游开发需要坚持的原则之一。危及景观安全的因素主要有地震、森林大火、雷电、洪水、山体滑坡及人为原因导致的火灾等。景观安全管理的主要从以下方面着手。

（1）防雷电：在古建筑上安装避雷针，吸引闪电击中自身并安全地将闪电导入地中。在古树上安装接闪器、引下线和接地体，减少树干流过的雷电流，要求把接地体做成大环，使接地体埋设的沟槽离开主根，不伤害树木的主要根系。

（2）防火：在景区安装醒目的防火安全标示，加强对游客防火意识的宣传。在寺庙等香火比较旺盛的地区及在举办重大节事活动时，更需要加强防火安全的管理。建立健全景区的消防设施和消防安全部门。

（3）防洪：建设景区的排涝系统、调蓄系统，加固建筑，加强夏季防洪管理。

（4）其他方面：不断巡查，及时发现安全隐患，防范景区碎石滑落、枯木断折等事故的发生。

9.3.4 景区治安管理

景区发生治安问题不仅危害游客的人身和财务安全，而且还会损害景区的形象，所以对景区的治安管理必须高度重视。景区作为游客集中地带，人员复杂，人口流动性强，且地形较为复杂，所以景区的治安问题就显得比较突出。景区治安问题有偷盗、诈骗、抢劫、谋杀等。景区的治安管理主要可从以下方面着手。

（1）建立完善的立体防控体系：建设包括民警、保安、治安积极分子、志愿者服务队等警民联动的防控队伍。

（2）加强数字景区建设，健全"全球眼"视频监控系统：在门票站、精品游览线、旅游停车场、游客聚散地、景区接待单位、宾馆酒店等地方安装电子眼监控系统，并实现与公安监控网的对接，实现资源整合，资源共享，落实统一调度，应急联动措施。

（3）完善警务服务机制：在景区警务室配备急救药箱、担架、急救绳等物品，与景区内外诊所、急救站互动，开通游客救护绿色通道；组织景区民警、保安等进行急救知识和攀爬技巧培训。

9.4　景区安全管理的阶段性任务

世界旅游组织发布的《旅游业危机管理指南》（*Crisis Guidelines for the Tourism Industry*），指导成员国如何进行危机应对与管理工作，提出旅游业危机管理的主要途径是沟通、宣传、安全保障和市场研究四个方面，旅游业危机管理包括危机之前、危机期间和危机过后三个阶段。对景区而言，应借鉴世界旅游组织的这一旅游业危机管理理念，构筑景区安全管理的阶段性任务，从而实现科学、规范的安全管理，并做好景区安全预警工作。

9.4.1 危机之前

在沟通方面,要制订安全管理计划,任命专门发言人,设立一个和媒体沟通的部门,定期对安全管理计划进行预演排练;在宣传方面,开发旅游贸易伙伴数据库,建立在出现安全问题时能及时联络的沟通系统,应预留出特别事件基金,以应付危急情况;在安全保障方面,要保持与其他负责安全保障部门的工作联系,旅游部门要制定旅游行业的安全保障措施,成立旅游从业人员安全工作组,由专人负责与政府、专业机构、旅游行业和世界旅游组织联络,设立应急电话中心;在市场研究方面,旅游部门要与主要的饭店、航空公司和旅游经营商设立双向协定,交换过夜停留、出租率、价格等方面的最新信息。

9.4.2 危机期间

危机发生的第 1 个 24 小时至关重要,科学合理、系统有效的反应能够把突发性事件对旅游目的地的破坏程度降到最低。在沟通方面,坚持诚实和透明,通过媒体中心迅速发布准确可靠的安全信息,及时向其他组织如警察机构、防灾减灾组织、航空公司、饭店协会、旅行经营商和世界旅游组织通告目的地有关情况;在宣传方面,向贸易伙伴提供关于灾害程度、救助行动、安全保障服务及防止灾害不再发生的举措。通过政府帮助产业恢复和吸引旅游者返回,实施金融救助或财税措施支持旅游企业,在困难时期,政府需要与企业紧密合作,用临时性的税收优惠、补贴措施来激励旅游经营者、航空公司等企业在安全后能迅速恢复运营;在安全保障方面,要充分发挥应急电话中心的作用,通过跨机构的联络,采取安全保障措施,提升安全水平;在市场研究方面,要调研发现谁在危机期间旅行及原因所在,迅速向宣传部门反馈信息。

9.4.3 危机过后

研究表明,即使危机过后,危机带来的负面影响仍然会在旅游者心中保持一段时间,危机过后的工作也非常重要。在沟通方面,要积极准备反映旅游活动正常恢复的新闻,用正面报道抵消危机在旅游者心目中形成的不利影响;在宣传方面,要进行有针对性的宣传,把宣传促销转向距离最近的客源市场,组织专门的旅游经营商考察,创造与贸易伙伴沟通的机会;在安全保障方面,需要重新审视安全保障系统,以保证其在危机结束后依然有效,通过旅游接待调查反馈,奖励先进,鞭策后进,提高安全保障服务的质量;在市场研究方面,要调研客源市场对目的地的感知,采取行动纠正不良的感知和理解。

知识链接

旅游安全工作迈入科学化轨道

《旅游法》既是对我国旅游业发展历史的法制总结,也是对我国旅游业未来发展的战略前瞻。设立旅游安全专章,对旅游安全工作进行专门的规范说明,是《旅游法》的重要亮点,这既是对我国旅游安全与应急工作的法制回应,也必将对我国旅游安全工作迈入科学化轨道提供重要的法制基础。总体而言,《旅游法》对旅游安全治理工作的立法规范具有如下特点。

(1) 指向明确。在《旅游法》中设置旅游安全专章，其指向性非常明确，即打造安全的旅游目的地、保障旅游者的人身财产安全。这一指向有利于明确回应我国旅游业发展在安全层面的战略需求。

在21世纪之初，我国旅游业就旗帜鲜明地提出要树立"中国是最理想的投资沃土和最安全的旅游胜地"的国际形象，这既是国家旅游局的战略方针，也是我国旅游业的战略行动。特别是近年来，我国旅游业一直呈井喷式发展状态，我国国内旅游市场规模和出境旅游市场规模已跃居世界前列。2012年，我国国内旅游已达到29.6亿人次，出境旅游达到8 300万人次。如此庞大的旅游规模，即使发生旅游安全问题的几率很小，但由于基数大，旅游安全事件和事故的绝对值也容易维持高位，这对旅游业的安全形象、对旅游企业、对社会大众将产生诸多不良影响。因此，《旅游法》对旅游安全进行专门规范，是对这一问题的重要回应，是推动我国旅游业安全发展、健康发展的重要治理举措。

(2) 系统全面。《旅游法》的旅游安全专章既从政府、旅游经营者，也从旅游者角度对旅游安全的权利义务进行了全方位、立体化的规范。

在政府层面，《旅游法》要求县级以上人民政府统一负责旅游安全工作，并将旅游应急管理纳入政府应急管理体系，同时规定了政府有关部门在旅游安全与应急中的职责。这一规定意义重大，在传统条件下，旅游部门在管理安全工作时缺乏相应的资源、手段、人手和专业能力，总是感觉无从下手、有心无力。通过《旅游法》的规范和明确，旅游安全与应急工作成为政府安全应急工作的基本范畴，将获得政府安全应急资源的重要支撑。未来的旅游安全应急工作将成为"有源之水"。

在旅游经营者层面，《旅游法》对旅游经营者的安全生产条件、制度与应急预案建设、应急技能培训、产品与服务的安全监测、特殊旅游群体的安全保障、旅游安全说明和警示、旅游救助和应急处置等方面进行全面而系统的规范，这对于明确旅游经营者的安全保障义务、安全工作的基本范畴具有重要的规范意义和指导意义。

在旅游者层面，《旅游法》在旅游者专章和旅游安全专章都明确了旅游者面临人身财产危险时的求助权。同时，旅游者专章对旅游者提供个人信息、遵守安全警示、应急配合及文明旅游等行为要素进行了系统规范，体现了旅游者权利与义务的对等。这些引导性的条款表明，旅游者自身的安全素质、意识和行为表现是保护旅游者安全的重要基础，也是旅游者应遵守的基本义务。

(3) 保障有力。《旅游法》为充分保障旅游者的人身财产安全，对旅游风险的阻断机制进行了系统设计。其一，全面规范了旅游经营者的安全义务，要求将安全注意事项列入包价旅游合同，有利于降低旅游经营者环节的安全风险；其二，要求国家建立旅游目的地的安全风险提示制度，有利于加强政府对旅游者的风险提示和服务能力；其三，要求将旅游安全作为突发事件监测评估的重要内容，有利于提升旅游安全预警的专业能力；其四，要求对高风险旅游项目实施经营许可，有利于提升高风险旅游项目的安全门槛；其五，要求对旅行社、住宿、旅游交通和高风险旅游项目实施责任保险制度，有利于提升面向旅游者的安全赔偿能力。可见，这些综合措施将全面提升旅游者的安全保障力度。

(4) 以人为本。作为一部综合性的法律，《旅游法》对旅游安全议题的全面关注是国家对旅游安全工作高度重视的重要体现。同时，这一部法律也处处体现着"以人为本"的治理原则。这表现在：其一，既从政府层面对旅游者安全进行保障，也从旅游经营者层面对旅游者安全进行保障；其二，对老年人、未成年人、残疾人等特殊旅游群体的安全保障予以高度关注，要求旅游经营者对他们采取有针对性的安全保障措施；其三，不仅对旅游者在境内的旅游安全给予重视，也对出境旅游者在境外的协助和保护请求予以高度重视；其四，明确了在发生突发事件后，旅游者有返回出发地或指定的合理地点的权利；其五，对风险情形下的费用支出和分担机制进行了规定，明确了旅游者的权利义务，减少了赔偿纠纷的可能性。

9.5 景区安全预警管理

安全预警是通过提供可能出现的安全事故的数据和信息进行示警和预报。安全防治管理的关键是预警工作，这也是减灾的关键。

9.5.1 安全预警管理工作原则

1. 以人为本，安全第一

把保障游客的生命安全和身体健康、最大限度地预防和减少安全事故灾难造成的游客伤亡作为首要任务，切实加强预警管理。

2. 预防为主，平战结合

贯彻落实"安全第一，预防为主"的方针，坚持事故灾难应急与预防工作相结合。做好预防、预测、预警和预报工作，做好常态下的风险评估、物资储备、队伍建设、完善装备、预案演练等工作。

9.5.2 安全预警管理工作内容

景区应建立有效的预警体系，健全安全管理部门，具体工作从以下方面着手。

1. 预警信息的获得

景区应与地震局、气象局、防汛抗旱指挥办公室等相关灾害发布机构合作，从而随时获取当地未来48小时内的天气变化情况和灾害预警信息。

2. 预警信息的发布

当景区可能发生因灾害性天气、传染性疾病、社会骚乱等原因会危及旅游者人身、财物安全的安全事故时，经营者应及时通过媒体向旅游者做出公开、真实的说明和明确的警示，提示游客某地区正值某灾害多发季节，并告之目前情况和应采取的相应措施。

在景区内部，亦可通过景区解说系统等进行预警信息的发布。此外，还应该设置安全宣传栏，发放安全手册，在事故频发、有危险的地段设置安全告示牌、警示牌，提醒旅游者在旅游过程中应该注意的事项和出事后应当采取的紧急措施。在导游图上，介绍景区的安全保障情况和游览注意事项。

3. 预防措施的准备

根据可能出现的安全问题，采取有效的安全防护措施，如在景区旅游旺季到来之前，科学地进行宣传，采取有效措施进行分流，在旺季时将游客数量控制在能承受的饱和范围之内，以减轻景区巨大的安全保障压力。

9.5.3 旅游景区危机预警系统

景区危机是非常态事件，依靠常规管理程序是不能有效化解的，必须建立危机预警和应变系统，这一系统包括以下内容。

1. 组建景区内部安全管理小组

我国旅游景区企业规模相对较小，安全管理小组应由企业最高决策人担任负责人，安全管理小组应建立工作制度，定期分析、研究企业可能发生的危机，并结合景区自身特点有针对性地开展模拟危机处理。

2. 强化安全意识，观察发现危机前兆，分析预计危机情境

旅游景区发生危机大都有前兆，主要表现在：市场环境方面，服务质量投诉增多，产品价格非理性变化，新的竞争对手加入，国家调整旅游产业政策等；内部管理方面，信息沟通渠道堵塞，人际关系紧张，人才流失，亏损增加，过度负债，技术设备更新缓慢等；在产品促销方面，缺乏整体战略，新产品开发缓慢，促销费用不足等。旅游景区要从危机征兆中透视企业存在的安全隐患，并引起高度重视，预先制订科学而周密的危机应变计划。安全管理的成功与否，关键在于危机发生时，景区是否已有一套危机应对制度，它应该包括如下方面：设立专门的应对组织及企业发言人；设立对策负责人及联络方式；确定迅速、统一、公开的信息发布方式；注重与相关领域的重要媒体建立长期信任关系；将安全管理制度制作成手册或文件。

3. 进行安全管理的模拟训练

定期的模拟训练不仅可以提高安全管理小组的快速反应能力，强化安全管理意识，还可以检测已拟订的危机应变计划是否可行。

9.6 景区安全管理的措施

景区应当根据本单位经营活动特点，加强安全监督管理工作，建立、健全安全生产责任制，配备专门机构或人员负责日常安全监督检查工作，完善安全设施、设备，确保旅游安全。

9.6.1 施行法定代表人负责制

法定代表人（或主要负责人）是等级景区安全工作的第一责任人，统筹负责本单位的安全管理工作。其主要工作如下。

（1）贯彻国家法律、法规、规章和行业相关规定，落实安全管理责任制。

(2) 领导组织制定本景区的安全生产规章制度和操作规程。
(3) 保证安全管理资金的投入，配备必要、有效的安全保障设施。
(4) 定期研究本景区安全管理工作，及时消除安全事故隐患。
(5) 组织制定并实施旅游突发事件应急预案。
(6) 负责调查、处理本景区内发生的安全事故。
(7) 按规定及时、如实地向有关部门报告各类旅游突发事件。
(8) 履行法律、法规、规章和企业章程规定的其他安全管理职责。

9.6.2 健全安全管理机构，明确其主要职责

景区安全管理机构的主要职责如下。
(1) 接受旅游、公安、消防、卫生、安全生产、质量监督等行政管理部门及上级主管部门对景区安全管理工作的业务指导和监督检查。
(2) 建立并完善本景区的安全管理规章制度。
(3) 建立并落实本景区的安全生产责任制。
(4) 建立本景区的安全生产例会制度，定期研究本景区的安全管理工作，及时通报有关工作信息。
(5) 建立生产安全隐患排查制度，及时发现并消除本景区各类安全隐患，对不能立即整改的，应当采取必要的安全防范措施。
(6) 建立安全教育制度，定期对员工进行安全培训和操作演练，新聘员工应当接受安全教育培训。
(7) 从事法律、法规规定的特殊工种作业人员，应当经过专业主管部门的培训和考核，取得合格证方可上岗。
(8) 要建立景区安全档案。依靠景区安全资料和档案对景区进行防控和管理，对景区设施设备进行维护保养和检查记录，以保证设施安全运作。对景区的地貌、路线、水文、气象记录要进行跟踪，作为安全防控的依据和操作救援的依据。

9.6.3 建立并健全安全管理制度

1. 安全隐患排查制度

安全隐患排查能够对本单位容易发生事故的部位、设施，明确责任人员，制定并落实防范和应急措施。

2. 游览安全管理制度

景区游览安全管理制度能保证游客游览环境的安全，应做到按照相关规定和景区规划容量的测算，将游客数量控制在最佳接待容量之内；完善景区设施安全管理制度，制定工作人员规范操作规程；在景区内重点部位和危险地域加强安全防护措施；在节假日、黄金周等重点时期设立景区游客安全疏导缓冲区；禁止游客在未开发或无安全保障的地域开展旅游活动；景区护园队等保安人员要加强景区内巡视，禁止游商尾随游客兜售商品，保证景区内良好的游览秩序。

3. 安全信息发布制度

景区建立安全信息发布制度，应及时向游客提供准确、规范的安全信息，包括通过有线广播、安全须知、宣传手册等形式，及时发布地质灾害、天气变化、洪涝汛情、交通路况、治安形势、流行疫情预防等安全警示信息及游览安全提示信息；根据消防、用电及道路交通等有关法律、法规的规定，在景区内设置明显的警示标志，并采取安全措施；景区内的施工现场应当设置易于识别的安全提示标志；非游泳区、非滑冰区、防火区、禁烟区等区域应当设置明显的禁止标志。

4. 安全用电管理制度

建立健全安全用电管理制度，严禁违章用电。景区应做到用电装置和材料符合国家规定，配电装置的清扫和检修按照《北京地区用电单位电气安全工作规程》等相关规定执行；景区安装或者移动电气设备，须由专业技术人员操作，并严格遵守安全操作流程；景区内重点用电设备应当安装漏电保护装置，对该类装置的拆卸和移动应当按照相关规定执行。

5. 交通安全管理制度

交通安全是景区安全的重要环境，应特别关注游览线路的规划，使其符合国家规定的道路交通条件；运营中的游览工具须符合国家相关质量标准，游览工具的驾驶员应当经过专业技能培训；景区内夜间游览区域应当配备数量充足、功能有效的照明设备。

6. 消防安全管理制度

为确保景区消防安全，应建立消防安全管理制度，具体包括保持消防通道畅通，配备足够的消防器材，并定期组织检查；建立义务消防队伍，定期组织所属员工的安全培训和应急演练；加强景区内古建筑物消防安全管理，禁止在古建筑保护范围内堆存易燃、易爆物品；动火、用电应当按照《古建筑消防管理规则》的相关规定执行；有森林资源覆盖的景区应当按照《中华人民共和国森林法》和《森林防火条例》的相关规定进行专项消防管理；景区餐饮场所内灭火器材配置点的距离应当符合国家有关规定；在厨房操作间、燃气调压室等重点部位应当设置可燃气体报警探测器；景区停车场应当配备专用灭火器材。

7. 特种设备安全管理制度

景区应依据《特种设备安全监察条例》及相关法律、法规的规定，建立特种设备安全管理制度，以保障特种设备的安全运行和游览活动的有序进行。

（1）景区内的特种设备应当符合国家标准，特种设备的操作人员具备相应的资质；建立特种设备技术档案；每日设备运行前，应当进行安全检查，并做好定期维护保养工作。

（2）景区内各类游乐项目的运营场所应当公示安全须知；对游客进行安全知识讲解和安全事项说明，并配备相关人员具体指导、帮助游客正确使用游乐设施，严禁超员运营。

（3）景区工作人员应当及时劝阻游客的各种不安全行为。

（4）在景区内开展的攀岩、冲浪、漂流、骑马、拓展、蹦极、速降等特种旅游项目，应当制定内容详细的安全操作规程和安全提示手册。

(5) 景区内的制高点和高层建筑设施应当安装避雷、防雷设备，并在每年雷雨季节之前进行检测和全面维护。

(6) 景区应当向参与特种旅游项目的游客推荐投保人身意外伤害保险。

8. 大型活动风险管理制度

举办大型活动前严格履行申报审批手续，主动接受相关行政管理部门的安全检查，坚持"谁主办，谁负责"的原则，按照相关规定进行事前风险评估，制定大型活动的安全工作方案和应急预案。

9. 应急预案制度

(1) 根据各类预案配备必要的应急救援物资，突发意外事件后，救援人员能够按照景区应急预案在第一时间启动救援机制，有效开展救援行动。

(2) 根据本景区内易发事故的特点建立消防、用电、交通、自然灾害事故的应急预案，预案内容应当包括应急救援组织、危险目标、启动程序、处理与救援程序、紧急处理措施等部分。

(3) 应急救援预案应当每半年至少演练一次，并做好记录。

此外，旅游景区应当建立安全事故报告制度。安全事故发生后，景区应当按照国务院发布的《生产安全事故报告和调查处理条例》及地市旅游局发布的旅游安全事故报告制度规定，在第一时间内向旅游行政管理部门报告。景区将经营场所或大型娱乐项目出租或承包的，应当与承租单位签订安全管理协议，明确各自的安全管理职责。等级景区对各承租单位的安全工作统一协调、管理。旅游景区应当设立医务室，并配备医务人员。

知识链接

九华山出台安全生产措施

安徽省九华山风景区管委会正式出台四项措施强化全山旅游企业安全生产。四项措施内容是定责、严防、细管、重罚。

风景区管委会与各旅游企业签订了安全生产、森林防火目标管理责任书，实行目标化管理，建立起一整套安全生产责任体系，指导全山旅游企业完善各类安全应急预案，帮助企业开展应急演练、优化应急组织，提升突发事件处置能力。加强安全宣传引导，正确引导旅游企业创新管理模式，建立现代企业制度，推进旅游服务标准化，将安全质量融入生产管理各个环节，实行规范化、精细化管理。强化安全监管，开展安全生产大检查、隐患大排查，督促企业严格落实各项安全措施。严肃安全责任追究制度，建立事故隐患整改惩罚机制，发现隐患立即责令限期整改，重大隐患挂牌督办，跟踪问责，督促整改。对不按要求整改或整改不到位的，坚决予以停业整顿，对停产整改逾期未完成的不得复产。

9.6.4 完善安全保障与救援系统

1. 物资保障

应当根据应急需要储备相关的食品、药品、专用帐篷和救生器材等应急常备物资，并及时补充和更新。

2. 应急队伍保障

为提高景区突发安全事故的应对能力，要按照"专兼结合、指挥灵便、反应快速、社会参与"的原则，立足现有资源，整合突发安全事故应急救援队伍体系。充分发挥森林公安民警、护林员等在处置突发公共事件中的骨干作用。

3. 交通运输保障

完善应急运输保障协调机制，科学配置应急运输力量，形成快速、高效、顺畅的运输保障系统。

做好应急交通工具的征集工作，进行交通线路防护和抢修的动员准备。根据需要和可能组织开设应急救援"绿色通道"，优先运送应急处置人员、物资和装备。道路、桥涵等设施受损时，应当迅速组织力量抢修。

4. 医疗卫生保障

根据区域特点和辐射半径，合理布设和建立急救站，明确各类医疗救治和疾病预防控制机构的资源分布、救治能力和专业特长，做好医疗设施装备、药品储备工作。

发生突发安全事故时，应根据"分级救治"的原则，按照现场抢救、院前急救、专科医救的不同环节和需要，安排医护人员，准备医疗器械和救助药品，组织救护。

要加强公共卫生体系建设，开展应急救护知识的专门教育，全面提高公共卫生管理和紧急处置能力。

5. 治安保障

景区派出所承担应急处置治安保障任务，根据不同类别、级别突发安全事故，拟定维持治安秩序行动方案，明确警力集结、交通控制、执勤方式等相关措施。

6. 现场救援和工程抢险装备保障

各类救援队伍和工程抢险队伍要配备专业设备，加强演练和设备维护，确保"招之即来、来之能战"。各级应急机构应将可供应急救援使用的设备类型、数量、性能和存放位置，列表造册，逐级上报，供突发安全事故应急调用。

要加强应急工程设施建设，组织实施抗震、防汛等防护工程的建设和应急维护，注重紧急疏散避难场所和相关工程的建设，设立应急标志和设施，并进行有效维护和管理。

7. 避难场地保障

各景区要把避难场所建设纳入景区总体规划，逐步形成布局合理、设施完备、能够满足人员紧急疏散的永久性避难场所。目前，为妥善安置紧急疏散人员，可以征用机关、学校、文化场所、娱乐设施，必要时也可征用经营性宾馆、酒店作为临时避难场所。

应急疏散、避难场所和工程要符合"紧急撤离、就近疏散、避开危险、保障安全"要求。

9.6.5 配备旅游安全防范设施

（1）景区内应设有多个 24 小时开通的求助和报警热线，并派有专人轮流值守。

（2）景区的主要景点应有灾害警铃、固定求救电话、广播等示警设备和贯穿整个景区游览线路的广播和警铃系统。

（3）景区安全管理部门的工作人员应配备有可靠的移动通信设备，如对讲机、手机等。

（4）景区应根据当地的气候和天气情况，在易发生自然灾害的危险地段、场所设置规范、醒目的中英文警示标志或禁止进入标志。

（5）景区在各个公共建筑、娱乐场所和客流量较大的地段应设有安全出口、应急通道、安全疏散通道，并确保这些通道保持畅通。

（6）景区消防管理应符合《中华人民共和国消防法》和其他相关标准的规定，并对消防设施进行定期检查。

（7）景区应杜绝破坏生态平衡的规划方案，应在景区周围修建防护林、塘坝、排洪渠等防灾基础工程，并修建与景区规模匹配的地震避难所、防洪高台和其他布局合理的灾害避难所。

（8）景区应配备有一定规模的医疗室（站），其设施的配置应达到《旅游规划通则》的相关要求。

（9）景区应配备可联网的计算机，与相关自然灾害专家达成协议，能及时针对灾情与其进行网上咨询。

9.6.6 加强救灾方案储备

（1）景区安全管理部门应针对景区情况制定周全、合理的紧急救援预案。

（2）景区安全管理部门应建立科学、有效的计算机应急决策支持系统，以及时利用地理信息系统的空间分析和模拟技术，确定景区周边地区最近的可用避灾场所。

（3）景区应根据自己的实际情况，联合公安、交警、医院、消防、客运、海事、电力等多个部门对既定救灾预案进行多次实地演习，并请相关专家针对演习中的薄弱环节完善救灾预案，加强各部门应对灾害时的协调能力。

本章小结

本章主要是围绕景区安全管理展开。首先阐述了景区安全管理的表现形态，即自然和人为的两种表现形态；并简单介绍了有关景区安全的法律、法规；然后重点谈到了景区安全管理的项目内容，包括对游乐设施安全的管理、交通安全的管理、景观安全的管理、治安管理等相关内容。而如何预防，即景区预警体系的构建也对景区作用显著。景区安全管理是景区发展实践中容易被忽略的问题，然而，游客外出旅游时，人财物的安全需要是第一位的，因此景区预警管理及有效的安全防范措施对景区管理实践而言十分重要。

关键术语

关键术语	定义
景区安全	任何危及景区经营目标的事情和事件，致使景区处于一种不稳定状态，威胁景区目标的实现
自然灾害	旅游活动中由天气、洪水等不可控制的自然原因引起的安全问题，是旅游安全的常见表现形态之一
景区安全预警	景区通过提供可能出现的旅游安全事故的数据和信息，进行示游客行为安全教育，以及景区预警和预报系统的建立

理论思考题

1. 景区安全表现形态中自然灾害有哪些类型？
2. 景区安全表现形态中人为灾害有哪些类型？
3. 景区安全管理项目中游乐设施的安全管理应从哪些方面着手？
4. 景区景观安全可以从哪些方面来保障？
5. 景区的预警体制应如何构建？
6. 景区的安全管理措施有哪些？

实训模拟题

角色扮演：进行景区安全事故实战演习

实操要求：将学生分成组，每组选择一个景区安全事故，设计演习过程及相应角色；组中每位学生扮演一个体验角色，每组在15分钟内完成表演。

拓展阅读

泰国普吉岛宰客严重 欧盟18国大使说该管

作为泰国最大的岛屿及著名的旅游胜地，普吉岛迷人的风光吸引了上千万外国游客。然而最近，普吉岛不时有负面消息传出：的士司机漫天要价、外国游客入境时无故被收费，还有游客玩耍时溺亡……

普吉岛混乱的旅游市场让欧洲联盟（以下简称欧盟）各国看不下去了。欧盟18国驻泰国大使集体发表联合声明，要求普吉岛当地政府大力整治旅游市场，充分保障外国游客权益，避免他们遭受敲诈勒索或人身安全遭到威胁等。

欧盟18国驻泰大使在英国大使馆脸谱网上发布的这份声明呼吁，普吉岛当地政府要执行严格准则，规范移民局官员、警察等公务人员的行为，确保外国游客的人身和权益受到保护和公正对待。声明说："旅客需要安全感，并需要受公平对待。"

根据欧盟18国的声明，旅游乱象主要体现在以下方面：当地的士和嘟嘟车（当地的一种三轮电车的士）司机向游客施以暴力并进行恐吓；一些旅游点的门票、交通和食宿费用对外国人和本国人开出不同的价码，一些的士和嘟嘟车对外国游客漫天要价；存在"租车船陷阱"，不少外国游客在岛上租用电单车或摩托艇，可是常有人在这些交通工具上动手脚，导致使用时发生损坏，最后被商家索要巨额赔偿；没有一致的海洋安全标准，海滩上没有是否安全的标记等，不断有外国游客在普吉岛旅游时意外身亡。

第 10 章　中国景区治理模式及典型案例分析

学习目标

知识目标	技能目标
1. 掌握中国景区治理结构 2. 掌握中国景区治理模式特征 3. 熟悉整体租赁、股份制、上市公司等模式 4. 熟悉网络复合、自主开发、政府主导等模式 5. 了解影响中国景区治理模式的因素	1. 能够设计景区组织结构图 2. 能设计景区治理模式 3. 能辨析景区权力关系

导入案例

2012"十一"黄金周中的景区经济学

2012年10月13日广东卫视《财经郎眼》栏目的话题是"伤不起的黄金周"。2012年的"十一"黄金周出游的游客是"堵在路上、挤在景区、憋屈在心口"。鼓浪屿，10 000人的岛，8天，涌进了72万人次；西湖的断桥3天经过了119万人次。谈到景区经济学的话题时，郎咸平教授用了"景区爆满经济学"和"垃圾遍地经济学"，并谈到以下观点：

景区爆满的原因，就是"我们很多景区垄断的结果"。目前，我国景区供给非常少，如黄山。黄山的封山育林工作做得非常好，附近高速公路修得非常好，但是黄山旅游收入提高后，却没有去开辟其他新的景区，只是在不断地修建黄山，山西的五台山也是如此。这些所谓的著名景区在目前的景区管理体制下，不断被扩充，不断被完善，不断提高价格，不断降低竞争、提高垄断，旅游收入提高了，于是政府和企业就没有兴趣再开发新的景区。这样的结果是什么呢？截止到2013年2月底，全国AAAAA景区有153个，至2013年4月全国AAAA景区有1 651个（中国社会科学院旅游研究中心、劲旅咨询—劲旅智库，《2013年中国AAAA、AAAAA级旅游景区门票价格分析报告》），其中的AAAA级景区还包括上海动物园、北京的中央电视台电视塔、中信高尔夫度假村等。而美国国土面积比我国小，人口大约是我国的1/5，却有49个国家级历史古迹、398个国家级自然公园、582个国家自然地标、2 481个国家历史地标。因此，供给严重不足的情况下，需求一定是爆满的，而提高景区产品价格就是强化地方垄断，景区垄断是非常糟糕的事情。而对于老百姓来说，真正想去玩的地方不一定是著名景区，可能是想要一家人去一个人不多的地方，看看满山的枫树，看看野生动物，就会感觉很舒服；或者来个露营、扎个帐篷，就感觉很好。而目前的景区开发把这些地方都给破坏了，然后开始进行景区垄断。2012年"十一"黄金周过后，三亚的海滩有50吨的垃圾，天安门有8吨的垃圾，这就是景区的"垃圾遍地经济学"。因此，有学者说，国内的游客素质低，但是游客的素质是培养出来的。

景区开发管理者应该把自然还给老百姓。例如，雁荡山、终南山、天柱山等景区不要搞一大堆的石板凳、石柱子，就把这些风景名胜的原始风貌还给老百姓，老百姓也会喜欢。所以，景区开发的观念要做一次修正，突破政绩工程的传统政府主导理念，要尊重自然，原真性地开发景区，有效引导游客的景区体验；通过带薪节假日的调整，使人们能实现错峰出游，让老百姓按照自己的需要设置出游时间，开发旅游小高峰。在英国等国家，清洁素质的培养常常利用经济手段。例如，在英国，如果在不该丢垃圾的地方丢了垃圾，会罚款2万英镑，而且可能会监禁6个月。我国也应该对景区的环卫系统进行创新完善，制定重罚清洁系统。

近几年各种媒体对景区门票价格热炒不绝，特别是2012年"十一"巧遇中秋节，黄金周呈现"挤爆、堵死、井喷"，被变"黄金粥"，景区"超容"，被普遍关注，中国式的景区"门票经济"继续受到大众谴责。面对旅游持续升温、百姓持续释放大量旅游消费的现状，我国景区治理必须冷静反思：如何选择景区治理结构模式？如何提升国家风景名胜的公益性？如何实现景区资源持续利用？如何平衡景区发展的社会效益和企业行为？景区管理制度谁来安排？景区产品谁来提供，谁来控制？其性质是什么？

针对中国景区发展实践，本章将采取实证分析方法，将景区经营与管理的问题聚焦我国景区发展上，讨论我国景区治理模式，将更具研究性和探讨性。

10.1　中国景区治理模式概述

随着我国旅游业的快速发展、社会主义市场经济体制的逐步建立，以及各项改革开放措施的不断深化，我国景区经营的市场化程度不断提高，各种适应社会主义市场经济体制和国民经济与社会发展需要的景区治理模式不断创新、完善与发展。

10.1.1　影响中国景区治理模式的因素

作为旅游产业核心要素的景区却是中国旅游产业现阶段发展中的薄弱环节，其发展水平与旅游产业快速扩张和地方经济社会发展对景区的发展要求与期望不相适应的矛盾十分突出。面对中国旅游业的快速增长，景区治理显得尤为重要。然而，长期以来，由于景区体制复杂、政出多门的宏观管理格局，加之普遍存在的区位制约、交通等基础设施薄弱、资金投入不足和人才匮乏，使中国景区专业化经营水平低、市场经济适应性差，管理制度滞后。这些因素概括起来讲主要有以下方面。

1. 景区的主体性质

我国景区从20世纪80年代开始形成，一直是政府主导建立建设，国有、国营的性质一直未变，因而景区的主体性质类同于计划经济时代的国有企业。只是近几年，民营资本才开始介入景区的建设，而且一般集中于以人造景观为主的景区。在旅游发展实践中，这种主体又演变为从地方到中央的多套行政管理主体，如国家建设部门、国家文物部门、国家环保部门、国家水利部门等从地方到中央的管理系统。从实质上看，其主体性质仍是单一的国家性质。

从个体上来看，景区经营企业不同于按照《中华人民共和国公司法》设立的普通法人企业，而是一种特殊的法人企业。因为其属性既不同于由政府所有并直接经营、向公众提供公共产品或准公共产品的企业，如军火制造企业、市政公司、自来水公司等，又不同于以营利为目的，从事竞争性、市场化商品生产的一般工商企业。景区的经营受《文物保护法》、《中华人民共和国自然保护区条例》、《风景名胜区条例》等法律法规的约束，以提供准公共产品为主要政策目标，同时还要兼顾其他的商业性或非商业性目标。各个目标在景区目标体系中的权重大小，从根本上决定了治理模式的类型。

2. 景区发展的政策法规环境

早在 1904 年，马克思就指出：理性的资本主义生产不仅需要生产的技术手段，而且需要一个可靠的法律制度和按照形式的规章办事的行政机关，而且公共产品由国家统一提供更为有效。有了与治理结构密切相关的公司法，当人们要组成公司时，他们可以集中于磋商"特殊契约"，他们需要干的只有两件事，一是选择企业形式，即选择有限责任还是无限责任；二是根据公司法规定形成章程，后者是构成当事人之间契约的另一个重要组成部分。

对景区而言，面临的发展环境更为复杂，它不仅要受到一般法律的约束，还要受到相关部门法规规范和相关公约的约束，如《中华人民共和国环境保护法》、《中华人民共和国森林法》、《风景名胜区条例》、《中华人民共和国文物保护法》、《中华人民共和国公司法》、《中华人民共和国证券法》、《保护世界自然与文化遗产公约》等。

由于景区的治理涉及的部门很多，制定一部全国性的旅游法规必然涉及一些利益的重新分配和调整。《旅游法》分总则、旅游者、旅游规划和促进、旅游经营、旅游服务合同、旅游安全、旅游监督管理、旅游纠纷处理、法律责任、附则 10 章 112 条，自 2013 年 10 月 1 日起施行。

景区治理模式的重塑必须要有法律的支持，没有法律的支持或者与法律相悖，其结果要么是治理模式的让步，重新做制度安排，要么是法律的让步，修改法律。例如，成功"整体租赁"的碧峰峡和不成功的桂林山水"买断案"遭遇的最大问题就是法律问题，其成功或失败的结局更多的是与法律博弈的结果。

所有权问题本来是一个法律问题，但在我国又与政治制度、意识形态、传统文化等有着千丝万缕的关系。我国实行的是社会主义制度，人民是国家的主人，一切公共资源的所有权属于国家。《中华人民共和国文物保护法》第五条规定："中华人民共和国境内地下、水下和领海中遗存的一切文物，属于国家所有。"风景名胜区的一切景物和自然环境，必须严格保护，不得破坏或随意改变。

按照公司治理理论，所有权问题实质上是国有公司和私有公司如何处理委托代理权的问题。国有公司与私有公司委托代理关系的区别在于两类企业委托人效用函数的差异性。一般认为，私有公司的委托人追求的目标应该是利润最大化或股价最大化，而对国有公司的初始委托人而言，他们追求的目标应该是福利函数的最大化。我国景区的性质更接近于国有公司，但是，景区的委托代理关系的处理非常复杂。

旅游经济研究者一般将景区经营权理解为旅游企业在一定期限内对旅游资源占有、使用和享受收益的权利。经济学家认为，所有权是指企业的剩余索取权和剩余控制权。所有权权能分离的内容，就是占有权、使用权、收益权和处分权部分权能的分离或者权能与权能之间的分离。

目前，吸引大多数旅游者的景区包括国家级风景名胜区、自然保护区和森林公园、历史文化名城、全国重点文物保护单位等，分别归属于住房和城乡建设部、国家林业局、环境保护部、国家文物局等部门管理，也是旅游资源所有者的代表。一些寺庙道观则分属于国家宗教事务局及宗教协会管理。在一些乡村地区，旅游资源及其所在的山体、水体、土地、森林等属于乡村集体所有。因此，在开发过程中出现了村庄、乡镇自行上马破坏资源项目的不良现象。

我国景区所有权问题也同国有企业一样，存在"所有者虚位"的问题。住房和城乡建设部主管的风景名胜区名义上其所有权和使用权都由住房和城乡建设部管理，实际上，风景名胜区所在的地方政府，主要是县或者县一级以下的政府拥有更大的管理、开发、利用权力，形成"县官不如现管"的局面，从而导致两个方面的问题：一是建设部门从其管理方式上重视旅游资源的保护；二是中央政府和省政府经常性的失去对国际风景名胜区的实际控制权，而由地方政府实施开发管理，又常常导致资源的过度开发或破坏性开发。这种破坏的不良后果往往被归咎于旅游发展的后果。这一状况在我国其他部门主管的景区同样存在。随着市场经济的发展，景区的所有权问题（往往体现为资源的所有权）受到空前的关注，这一问题也成为影响景区治理模式的关键因素。

3. 景区的治理主体

现代公司历来认为，治理的主体有两个：一个是宏观治理主体，即国家；一个是微观治理主体，即公司。对于发展中国家或转轨经济国家而言，国家作为公司治理主体的作用就更加突出，它承担着双重使命，一方面要建立起现代公司治理运行的基础体系，包括法律、制度、市场体系等；另一方面又要保障和完善这些体系的正常运行。可以说，如果没有政府直接参与，是难以建立起有效的公司治理结构的。同样，对于处于发展初期的我国景区来说，其治理主体也有两个：一个是宏观治理主体，即旅游资源的所有者国家，往往由地方政府或行业主管机构代表；另一个是景区的经营主体，如公司、管理局、博物馆、管理处等。

4. 政府因素

我国由计划经济向市场经济转变的过程中，政府的角色逐渐由"全能政府"向"权能政府"转换，我国的旅游管理体制也随之发生着变化。以国家旅游局为例，1998年体制改革后，人员精简了40%，新增了制定并组织实施各类景区的设施标准和服务标准的职能，并明确了指导优秀旅游城市创建工作的职能。各级旅游局与自办的经济实体逐步脱钩，将精力放到旅游行业管理和旅游政策的制定和实施上来。旅游行政管理体制改革的总体趋势是不同程度地强化了职能，扩大了行业管理的范围和力度。

旅游局系统只是涉及景区治理问题的政府职能部门之一，除此之外，还有文物部门、园林部门、宗教部门等十几个职能部门，这些职能部门在行使各自职能时，经常发生部门冲突与摩擦。例如，旅游管理部门与文物管理部门的矛盾，如果没有更高一级职能部门，即国务院的调解，就成为景区发展的最大制约因素了。

对一个国家来说，一个起作用的市场经济是以特定的活动为先决条件的，其他一些特定的活动也因其所起的作用而获得支持。更为重要的是，政府作用的范围和方式至少在原则上同一个自由的市场是可以取得一致的。政府所需要做的，从根本上说是为企业和市场创造一个良好的机制和运作环境，也就是以弥补"市场缺位和市场失败"的弊端为依据，对旅游企业实行间接控制。景区发展的关联性和开放性特征决定了景区的治理必须依靠政府和市场两种力量来完善自身的发展结构。在市场经济不太发达的中国，政府因素的影响显得尤为重要。

10.1.2 中国景区治理结构

治理是指权力在特定领域中的运用，有着统治与管理的含义，意为实现某种目标，管理者运用国家与社会组织的各种权力，对行为主体进行支配、控制、协调和管辖。景区治理是治理理念在景区中的应用，如果把景区视为一个企业，把景区发展视为产品，那么按照公司治理结构的含义，景区的治理也是一个复杂的过程、关系、制度和机制。景区治理结构和一般公司治理结构一样，都属于机制性问题，核心在于制度设计和安排。不同的是，一般公司治理结构强调如何根据公司组织内部关系协调各方利益主体，如股东、董事会、高级管理人员、审计员及员工等的制衡关系，以确保公司的健康成长和所有主体应得的利益不受侵犯。景区治理结构是在景区范围内根据景区经营管理资源的有效利用，设计各利益相关主体，如国家、地方政府、行政管理部门、投资者、当地居民、游客等之间的制衡关系，以确保景区的健康发展，并满足景区各相关利益者的需求。景区治理结构可以看做是管理好一个景区的制度安排。其核心是如何设计一个能促进有效保护和合理利用的机制，以发现并解决景区发展中出现的经营、管理、保护等问题，以满足景区相关利益者的需求为目的，设计出景区由谁管理、为谁服务、如何管理、如何保护与服务的相关制度。

景区治理结构应是景区各相关权利主体彼此独立、相互制约的制度与关系。在层次上，景区治理结构应包括两个层次：一是外部治理，包括市场经济方面的景区产品市场、资本市场、劳动力市场，还包括政策法规方面的《风景名胜区条例》、《中华人民共和国自然保护区条例》、《文物保护法》等；二是内部治理，包括公共资源的有效保护和对公共资源的合理利用。外部治理是市场和法规对景区的治理，虽然不能代替景区的内部治理，但却对景区内部治理结构和治理行为的选择具有重要影响。因此，在设计景区治理结构时，不能不考虑市场和法规对景区经营管理的要求。在内涵上，景区治理结构主要包括五个方面：一是景区治理的总体目标，属导向性机制；二是景区治理的政策框架和法规体系，属规范性机制；三是景区的管理体制，属组织运行机制；四是景区的经营机制，属景区运作系统和传导机制；五是景区员工和当地社区居民的参与和接受，属参与机制。这五个方面的内容和机制有着紧密的逻辑联系，共同构成了景区治理结构的有机整体。

1. 中国景区治理结构的特点

1) 景区治理预算的硬约束性

中国景区治理的预算相对较硬。尽管对景区中公共资源与环境保护应当属于公共产品或准公共产品范畴，由国家进行投入，但由于景区依托公共资源而提供的观光、休闲、科普、教育等产品主要属于私人产品，加之景区所在地政府通常财力有限，特别是在我国广大西部地区，当地政府对旅游景区投入十分有限，甚至根本没有。景区的收入来源主要是向旅游者出售旅游产品和旅游服务。一般来说国家和当地政府为了发展经济、改善人民生活质量，在景区开发初期会出资建设景区的基础设施和必要的服务设施，但当景区经营进入正常状态后，政府希望能从景区开发和经营中获得更多的利润。对于一些特殊的以资源保护为主要功能的自然保护区等，当地政府也希望通过开发旅游，要求景区的旅游收入至少能弥补国家投入的不足，以确保这些特殊功能景区的正常运转。

2）景区产品市场的弱竞争性

以风景名胜和国家文物为主体的景区，通常具有独特的旅游资源，景区产品市场竞争较弱，特别是当景区具有大体量、高品位的旅游资源时，景区旅游资源的垄断优势明显，景区吸引力很大。这些景区所提供的产品和服务在旅游市场中的竞争程度和被替代程度不明显，容易产生"皇帝女儿不愁嫁"的观念，导致景区经营缺乏提高效率、降低成本、提升质量的动机。但近几年在政府主导型旅游发展战略推动下，景区开发投资主体多元化，民间资本进入景区经营发展势头较猛，景区开发建设发展较快，景区产品市场的替代性和竞争性也将会逐渐增强。

3）公共资源产权的不可转让性

按照我国有关法律规定，风景名胜区、自然保护区、森林公园和文物保护单位的公共资源属国家所有，产权属于国家，不可转让。但景区内旅游服务设施，如饭店、餐饮店、旅游商品销售店等可以转让。

4）景区经理市场不发育

景区经营性企业经理，既可以由景区管理委员会直接委派，也可以从人才市场上招聘。从提高景区经营效率角度看，从人才市场上招聘景区经营性企业经理更为有利。

5）政府干预程度大

由于景区普遍存在的公共资源属国家所有，并不可再生，使得政府对景区的经营活动干预较多，政府凭借其任命的景区管理委员会或其他派出机构，按照景区规划和有关法律法规，对景区经营项目进行控制。景区经营项目经过政府或其管理委员会批准后，除了在经营项目的设置上需要经过政府审批及景区门票价格需政府主管部门审批外，政府不需要对景区日常经营活动进行过多干预。

2. 中国景区治理结构的构建

1）景区治理结构主体的构建

景区治理结构的主体，包括景区管理委员会的管理层、经营景区的经理人、服务于景区的员工、当地社区居民、地方政府、国家有关部门等。

经营景区的经理人是景区发展的灵魂，在景区治理结构中应发挥重要作用，承担对景区公共资源的合理利用和有效保护的职责，是实现景区经营效用最大化的主要责任人。在景区治理结构中，如何发挥景区经理人的作用，需要解决两个问题：一是建立一个经理人生成和退出机制；二是对经理人进行有效的激励和约束。经理人生成和退出机制主要包括：①改变经理人由政府选派的方式，由景区管理委员会在经营者市场中通过竞争招聘产生；②建立职业化的景区经理人岗位资格证书制度，景区职业经理人持证上岗并评定相应的等级；③建立景区职业经理人选择聘任制度。凡是因为"败德行为"给景区造成重大经济损失，或因渎职对景区公共资源造成重要破坏的经理人，除依法追究其责任和进行处罚以外，确定其若干年不得从事景区经理职业，更不能回政府部门担任重要职务。景区经理人机理机制包括：①确立以年薪制为主体的激励性报酬体系，以景区经营效率作为经理人获取报酬的依据，其经营效率应包含有景区公共资源保护效率。同时，在确定经理人报酬体制中要体现其与一般员工的差别。②通过在职消费对经理人进行激励。③注重发挥精神激励的作用，给予经营绩效特别显著的经理人较高的政治待遇或行业评价。经理人约束机制包括内部约束和外部约束。内部约束主要有完善管理委员会与经理人之间委托代理关系；规范景区经营治理结构和治理行为，强化管理委员会及当地政府、国家有关部门和社区居民的监督能力，提高监督质量。外部约束主要有市场约束（包括产品市场、资本市场和经理人市场）和法规约束。

目前，我国正处于经济转轨时期，市场经济不发达、不成熟，管理体制正在发生深刻变化。所以，在构建景区治理结构时，还需要考虑我国的资本市场、经理市场、管理体制改革等方面的特点。特别是我国的资本市场和劳动力市场正处于建立过程中，资本市场不能反映景区经营的市场价值，经理市场供给不足，有限的经理人才不能合理流动，景区管理人员的选聘机制和景区经营绩效、景区公共资源保护绩效的评价尚未建立。

2）构建景区治理结构的注意事项

（1）由于景区经营必须反映政府战略目标，如资源与环境保护目标、门票价格控制以体现景区公共资源的社会属性的目标、当地居民的参与经营目标，以确保地方可持续发展目标等，而使景区经营难以政企分开、事企分开。

（2）景区经营产品如果作为一种公共产品或准公共产品，也是可以多种经济成分参与提供的，一次景区经营可以多元化投资，包括私人投资和利用外资对景区进行开发和经营。

（3）景区不是一般的股份公司，是特殊法人，其经营行为不能主要依靠《中华人民共和国公司法》来规范和调整，而主要靠《风景名胜条例》、《中华人民共和国自然保护区条例》及《文物保护法》规范。

（4）景区由于承担着政府目标，在实行股份制企业经营时，也只能实行有条件的股份制经营。

知识链接

中国风景名胜区经营权转让的演进

1985年，国务院发布《风景名胜区管理暂行条例》，规定风景名胜区依法设立人民政府，全面负责风景名胜区的保护、利用、规划和建设。风景名胜区没有设立人民政府的，应当设立管理机构，在所属人民政府领导下，主持风景名胜区的管理工作。设在风景名胜区内的所有单位，除各自业务受上级主管部门领导外，都必须服从管理机构对风景名胜区的统一规划和管理。

1995年，国务院办公厅发布《关于加强风景名胜区保护管理工作的通知》和《国务院办公厅关于加强和改进城乡规划工作的通知》，明确规定把保护风景名胜资源放在风景名胜区工作首位。风景名胜资源属国家所有，必须依法加以保护。各地区、各部门不得以任何名义和方式出让或变相出让风景名胜资源及其景区土地。并且不准在风景名胜区景区内设立各类开发区、度假区等。至此，国家法规中首次明确规定了风景名胜资源和景区土地不得出让，并对景区内的建设做了相关限制，但是"变相出让"的说法却很模糊。

2001年，建设部公布《关于对四川省风景名胜区出让、转让经营权问题的复函》，明确指出，任何地区、部门都没有将"风景名胜区的经营权向社会公开整体或部分出让、转让给企业经营管理"的权力。根据国务院确定的"严格保护、统一管理、合理开发、永续利用"的风景名胜区工作方针，在国家所有、政府监管、符合规划的前提下，可鼓励社会各方面投资建设风景名胜区内交通、服务、宾馆、饭店、商店、通信等旅游设施项目。对基础设施维护保养、绿化、环境卫生、保安等具有物业管理性质的服务项目，可委托相应的管理公司负责经营管理。不能将风景名胜资源和门票专营权出让或转让。可见，国家对风景名胜区经营权转让持否定态度，但是也可看出政府对景区内的经营政策更加放宽，允许企业投资景区的部分项目，但坚持对景区门票的专营权。

2002年，九部委联合下发通知要求加强城乡规划监督管理中有关景区管理的规定建设部明确规定，严禁以任何名义和方式出让或变相出让风景名胜区资源及其景区土地。风景名胜区管理机构必须实行政企分开，管理机构的职责是保护资源，执行规划，不得从事开发经营活动，不得将景区规划管理和监督的责任交由企业承担。此时，政府进一步划清了管理机构和企业的职责，为管理权和经营权的分离打下了基础，是景区管理体制上的一大进步。

2003年9月，建设部复函贵州省建设厅，同意将贵州列为全国唯一一个风景名胜区内项目特许经营管理的试点省份。2004年，贵州省签订"马岭河-万峰湖国家重点风景名胜区"特许经营权转让协议，成为风景名胜区特许经营转让的首例。可见，虽然建设部严令禁止风景名胜区经营权整体出让，但对景区经营权的限制在进一步松动，并以试点的形式做了一些探索性的工作。

2005年4月，建设部再次表态"禁止转让国家级重点风景区经营权"，建设部副部长仇保兴表示，风景名胜区经营权的转让方式中，有四条底线是不能突破：

① 政府的行政管理职能不能有任何削弱，更不能做任何的转移。风景名胜区不能交给企业管理。

② 绝不能在核心景区推行任何实质性的经营权转让。

③ 对已经开发、成熟的景点及其他重要的景点，不允许转让其经营权。

④ 风景名胜区的大门票不能让公司垄断，或者捆绑上市。

这一政策的提出主要是因为部分已转让经营权的景区出现行政管理能力虚化的问题，导致景区内建设和资源的保护缺乏应有的监督。同时，也有些投资企业将门票纳入上市范围。显然，政府依旧不愿放弃对景区大门票的干预。"四条底线"的提出也体现了相关部门对景区经营权转让"既成事实"的无奈，只能以底线的形式做出一些建议。虽然没有明文规定景区经营权转让的合法性，但政策上已进一步放宽。

在国家相关权威法律缺位的情况下,尽管建设部三令五申禁止风景名胜区的经营权转让,但在各地旅游招商引资洽谈会上却频频传出景区经营权转让的消息,引发了理论界的激烈争论。争论的第一个焦点是"景区经营能否转让"。支持方的推崇和反对方的担忧都各有道理,至今未取得共识,这也使得景区经营权转让不得不在谨慎中前行。

10.1.3 中国景区治理模式特征分析

从20世纪90年代开始,各地区在发展地方旅游业时,先后采取了多种多样的发展模式,其中包括以整体租赁著名的碧峰峡模式、以包装上市为特征的黄山模式(图10.1)、以股份制融资开发为手段的富春江模式(图10.2)、以建立旅游经济开发区为发展方式的净月潭模式(图10.3)和以国有独资集团公司为治理方式的陕西旅游集团公司模式(图10.4)。

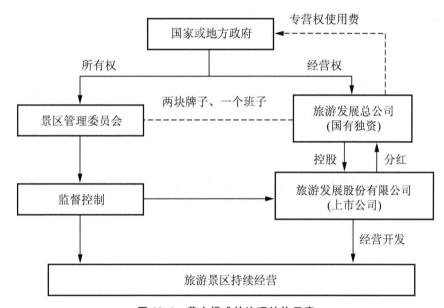

图 10.1 黄山模式的治理结构示意

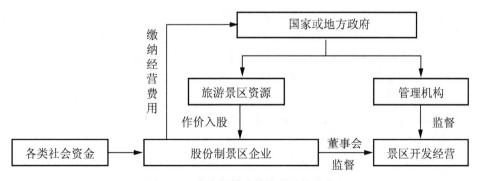

图 10.2 富春江模式的治理结构示意

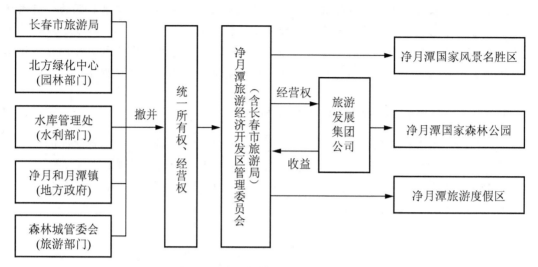

图 10.3　净月潭模式的治理结构示意

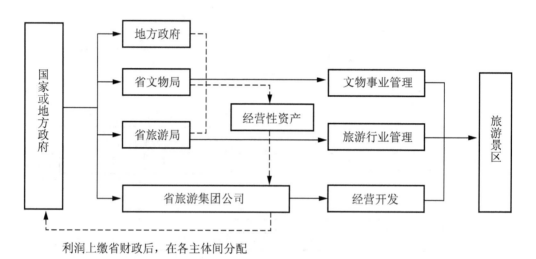

图 10.4　陕西旅游集团公司的治理结构示意

（1）从模式产生的地域看，除陕西旅游集团以外，各模式都产生于传统的非热点旅游地区。传统的旅游热点地区包括北京、西安、桂林、上海等地区。这些地区是在我国旅游业发展初期，国家采取优先发展入境旅游政策的推动下产生的，是我国传统观光产品的代表。这一特征表现也符合所谓的"蛋壳理论"，即一种新治理模式的产生总是要冲破重重阻力（蛋壳），阻力最小、蛋壳最薄的地方才能够产生新的治理模式。由于非热点旅游地区既有的利益机制还未形成，因此改革阻力较小而发展动力较大。

（2）从产生的时间看，各模式都产生于我国国内旅游迅猛发展的20世纪90年代末期。20世纪70年代末至80年代末的10余年时间，是我国国内旅游市场的冰冻时期。这一现象的产生一方面与国家优先发展入境旅游、限制国内旅游的政策有关，另一方面也与居民的人均收入水平偏低有关。20世纪90年代末，国内旅游市场需求迅速启动，旅游收入以年均19.1%的速度增长，旅游人数以年均10.7%速度增长，其增长幅度远远高于入境旅游。

(3) 各模式的治理主体都由"地方政府＋旅游公司"构成。有所不同的是，宏观治理主体和微观治理主体之间界限的清晰程度不同。有的模式两个主体之间的界限比较清楚，表现为两个治理主体两套机构，如碧峰峡模式和陕西旅游集团模式；有的模式两个主体之间界限模糊，表现为宏观治理主体实质性地介入微观治理主体，甚至两者实行"两块牌子，一套人马"，如净月潭模式和黄山模式。

(4) 景区的治理模式表现为两种基本类型：点式治理和面式治理。其中碧峰峡模式、黄山模式、富春江模式和净月潭模式都是针对某一具体景区进行治理，表现为点式治理的思路(净月潭模式表现为由点及面的治理特征)。而陕西旅游集团模式是针对某行政区域中多个景区进行统一治理，表现为面式治理的思路。

(5) 除碧峰峡模式外，其他治理模式下旅游资源的所有权和经营权均没有实现实质性的分离。实质性分离的判断标准是现代公司理论的占有权、处分权、使用权和收益权的分离。碧峰峡实现了真正意义上的两权分离，也是治理效果最好的一种模式。其他景区两权都没有实现真正的完全分离，所有者代表——地方政府背后操作的痕迹明显。

10.1.4 中国景区治理的基础条件

(1) 旅游景区资源所有权不能转让，旅游景区管理委员会代表国家行使旅游景区所有权。

(2) 任何个体都存在投机倾向，即个体会利用信息的不对称性来欺骗对方以获取自己的最大化利益。

(3) 旅游景区的项目存在两大类，即基础性项目和经营性项目，且基础性项目开发经营的好坏直接影响到经营性项目开发经营的好坏。基础性项目指景区内部的基础设施，包括景区交通、通信、水电和环保等，旅游景区的内部管理也属于基础性项目；经营性项目包括景区内宾馆饭店设施、娱乐设施、购物设施及相应服务等。

(4) 对景区开发经营存在两种投入方式，即使用专用性强、成本高、质量好的投入和非专用性、成本低、质量差的投入，前者可以实现旅游景区旅游资源最大化利用，后者效率低。

(5) 地方政府财政收入紧张，景区管理委员会无力对旅游景区经营性项目进行开发经营。

10.2 整体租赁模式——以碧峰峡模式为例

10.2.1 碧峰峡模式的产生

碧峰峡是成都万贯集团投资开发的一个大型生态景区，位于四川省雅安市，幅员面积20平方千米，森林覆盖率达90%，有"天府之肺"的美誉。万贯集团是四川省著名的民营企业，创建于1986年。经过16年的求实创新、锐意进取，已发展成为集房地产业、旅游业、市场运营于一体的跨地区、多元化经营的集团公司，公司资产规模40亿元。

1997年，万贯集团紧扣时代脉搏，看准了旅游市场的巨大潜力，决定与雅安市政府合作，联合开发碧峰峡。1997年年底，万贯集团与雅安市政府签订了联合开发碧峰峡的合同，租赁碧峰峡景区的开发权和经营权70年，在不到两年的时间里注入资金1.8亿元，并于1999年12月28日初步建成，正式向游人开放。在碧峰峡的开发中，万贯集团大胆创新、敢为天下先，在全国独创了"整体租赁模式"，经营十分成功。

2000年春节，在成雅高速公路上曾出现5千辆车竞发碧峰峡的壮观景象，碧峰峡几乎能停车的地方都停满了车辆。2000年，碧峰峡就接待游客60万人次，实现收入6 000万元。2001年至今，碧峰峡已接待游客近200万人次，实现收入近2亿元。自1999年开业以来，多位党和国家领导人先后到碧峰峡视察，对碧峰峡给予了高度评价和肯定。各国媒体先后对"整体租赁模式"和碧峰峡的管理、服务进行了全方位的报道。

"整体租赁模式"概括地讲，就是在一个风景旅游区内，由政府统一规划，授权一家企业较长时间地独立经营和管理，组织一方或多方投资建设，统一规范、有序经营，达到资源优化配置、永续利用，使景区的社会效益、经济效益、生态效益协调发展，政府出资源，企业出资金，所有权、经营权、管理权"三权"分离的旅游开发模式。具体可以从以下几方面理解。

一是，总体控制、有序服务的整体经营模式。这种模式是指在一个时期内，由一家独立的法人企业实施对旅游区的总体控制，包括统一区内规划，统一区内建设，统一区内管理标准，使区内所有从业者都能如一个企业内部各环节一样，得到有效控制运转，最终达到统一的质量标准。

二是，市场化、专业化、社会化所构成的社区治理模式。即在整体控制下，为实现景区的有序、高效经营而采取的"准城市化、准社区化"治理模式。这种模式的特点是管理层次少、注重成本核算、专业化管理、社会化服务，对内竞争、对外统一。

三是，从家门到景区大门的全程治理模式。这种模式的特点是游客从家门开始，到回到家门为止，由景区提供吃、住、行、娱、购、游全方位的标准化、精细化服务。这样，可以减少游客对服务不周到、安全无保障、消费不透明等方面的担心。

四是，挖掘筛选、多角度开发资源整合模式。即把一个旅游区所拥有的客观存在的和谐统一资源加以挖掘和筛选，并以其中具有核心竞争优势的资源作为主体加以开发完善，形成主次分明、层次清晰、优势明显的资源整合模式。

10.2.2 碧峰峡模式的特点

整体租赁模式优化和创新了旅游产业结构，在保护自然资源、生态资源的前提下，实现了高起点规划、大资金投入、规范化管理、可持续发展，具有一般现代企业的特征，也具有景区企业的特性。

1. 成功实现所有权与经营权的分离

我国风景名胜区内的资源属于国家所有，应受到严格保护。整体租赁模式在《风景名胜区条例》的约束下，承认碧峰峡景区的资源具有公共资源性质，明确景区归国家所有，同时运用现代企业经营管理理念来经营碧峰峡，即采用政府出资源、企业出资金的方式，由政府将景区的经营权授予一家独立的企业，独家投资，垄断经营，体现了国家资源与企业资本的有效结合。

2. 有效的投资规模

有效投资规模是在一个相对独立的景区中，投资总规模与实际达到该景区的游客总需求量之间适宜的比例关系。如果投资规模大于游客总需求，则形成剩余投资，造成部分投资无法按期收回，其结果是景区内各投资主体进行恶性竞争，对景区的资源和环境造成破坏。如果投资总规模小于游客总需求，则形成投资饥渴，部分游客需求无法得到满足，必然降低景区的服务质量，造成投诉增多等现象。不管是投资剩余还是投资饥渴，都是无效投资。特别是投资饥渴对一个景区长远发展是极为不利的，也是贫困地区景区开发利用不足、旅游资源普遍闲置、资源优势不能转化为经济优势的主要原因。景区的有效投资规模对投资主体的性质、投资者数量多少、投资主体规模大小和素质高低并无必然的联系，只要投资总规模和游客总需求相适应，则景区的服务质量和环境质量就能得到保证，投资者的投资回收也就会有保障。整体租赁模式是通过独家授权、垄断经营，确保景区投资企业的投资回报和资本增值，激发投资者不断加大景区投入，达到景区最有效的投资规模。这一经营模式中，投资景区开发经营的资金主要来源于景区所在地之外的投资企业。例如，碧峰峡景区开发资金直接来自成都万贯集团，在一期开发中，万贯集团投资近2亿元。

3. 由政府授权一家企业垄断性整体开发

从本质上看，景区的开发，是旅游资源与投资主体的结合。根据投资主体的多寡，景区模式存在"1+多"和"1+1"两种方式。前者是指一个景区与多家投资主体的同时结合，国家、集体、部门、个体等一起共同投入该景区的开发经营；后者则是一个景区仅与某一家投资主体相结合，由该投资主体独家控制，垄断性经营。碧峰峡整体租赁经营模式是"1+1"投资开发经营方式，由政府授权某一家企业而不是多家企业组织投资开发建设，独家经营。

4. 政府统一规划，企业长期经营

在景区经营中，政府不但要注重旅游资源利用效率，更要注意对旅游资源的保护，有效监督景区经营活动，使旅游资源永续利用。这是景区经营中政府的主要职责。在这一模式中，政府保护旅游资源和环境的功能，是通过对景区统一规划、强化景区建设项目的审批管理来减少景区经营过程中对资源和环境的破坏。对于投资企业来说，景区开发经营，更主要的是要确保投资回报，追求资本增值。为了避免景区经营企业由于追求投资回报所采取的短期开发行为，引导资金朝着景区可持续发展的方向流动，政府将景区经营权长期租赁给企业，使投资方的切身利益紧紧地与景区的资源保护联系在一起，使景区经营可能造成的外部成本内部化，而不能不以长远利益为目标，正确处理景区资源保护和开发利用的关系，把旅游资源与环境的保护作为景区重要的经营范畴，即远景投资回报业务。50年的经营期限，注定企业必须做长远规划，包括如何保护景区资源，如何合理开发利用，如何有效管理营销等。

5. 管理主体各司其职、相互制约

1998年1月8日以前，雅安市政府及碧峰峡所在地的地方政府是该景区的治理主体。之后，原有的治理主体转变为宏观管理主体，而四川雅安万贯碧峰峡有限公司非常明确地

成为新治理主体。而政府是景区所有者的代表，主要职责是编制景区规划，成立景区专门的管理机构，对景区日常经营管理及资源与环境的保护措施进行有效监督，协调景区开发经营与地方政府、当地居民间的关系，并通过各种行政、立法、税收、物价、计量、工商、行业管理等手段对景区进行直接或间接调控。而景区经营企业作为景区资产的经营者、市场竞争的参与者，负责整个景区日常经营，保证国有资产的保值增值，保证景区的可持续发展，保证景区经营投资者的投资效益，并对旅游者提供优质服务，为社会提供适销对路的旅游产品。

10.2.3 碧峰峡模式的优势与风险

1. 优势分析

1）体制创新

整体租赁模式本着"三个有利于"的原则，从经济欠发达地区旅游资源开发的实际出发，把景区视为企业，按照建立产权明晰、责权明确的现代企业制度的基本原则，将景区的所有权与经营权有效剥离，在确保公共资源国家所有的前提下，将景区的经营权租赁给一家企业长期垄断使用、整体开发创造了一个景区经营的新模式。

2）资本优势

整体租赁模式较好地解决了那些旅游资源富裕而经济落后的贫困地区发展旅游业的资金障碍，是其成功的关键之一。经过大量融资后的市场化资本运作，使景区迅速实现由低层次分散经营向高层次整体化经营的跨越，使旅游资源优势较快地转化为地方经济优势。同时，将大量的增量资产注入景区，盘活了景区的存量资产，使景区的经济、社会、环境效益最大化，是公共资源和市场资本的有效结合。

3）有效的保护机制

整体租赁模式立足于保护，强调政府对景区规划的绝对控制，景区企业垄断性长期经营则缔造了自觉保护的良性机制，实现了开发、利用与保护的有机统一，从制度与机制上确保景区可持续发展。这既有利于旅游资源的有效保护，又利于旅游资源的高效利用，强调在政府统一规划的前提下，景区企业较长时间地整体控制和经营景区。政府对景区规划的统一控制，保证了政府对景区开发项目的绝对控制，任何不符合规划的经营项目都将被否决，从项目审批制度上保证景区的可持续发展。

4）先进的经营理念

整体租赁模式是按照现代企业制度来设计风景旅游区的开发经营模式，对景区实施专业化管理、企业化经营和市场化发展的经营发展战略，带来了全新的观念、全新的机制、全新的管理，是对经济欠发达地区人们思维方式的彻底变革，使景区的开发经营朝着高标准建设、深层次开发和整体化全程营销的方式，能有效地整合各种资源要素，提高旅游资源的配置效率，促进景区的可持续发展。

5）显著的效益优势

这一模式促进了景区的关联带动作用，带动了当地经济发展，提高了当地居民的生活水平，是旅游富民的典型。目前，碧峰峡景区平常有600余名员工，旺季达1 000多名。

这些员工有相当一部分是下岗职工、城市待业人员或当地农民。这些人的收入每年平均在1.5万元左右。为了使景区的发展平衡协调，最大限度地满足游客的需求，在碧峰峡景区建设之初，就把景区周边"农家乐"纳入公司的统一规划。近几年，景区周边的农民和经营户相继办起了50余家宾馆、酒店或饭馆，有床位1000多张。据统计，这些经营户每年收入最低的有四五万元，最高的达几十万元。碧峰峡景区周边有两个行政村，为了帮助农村剩余劳动力转移，实现农民增收致富，万贯集团组织了200余人的农民滑竿队。滑竿队的管理、经营、收费、标识和服务实行统一管理，既杜绝了拉客、宰客现象，又实现了规范有序经营。抬滑竿的农民每年收入都在5000元以上。碧峰峡景区内有60多间商业铺面和摊点。景区在统一管理的前提下，对所有的商业铺面、摊点都实行了对外招商，扩大了社会就业。

碧峰峡生态动物园每年需要大量的牛肉、活鸡和饲草。为了发展当地经济，景区帮助农民和养殖专业户在雅安市多地建立了养牛基地、饲草基地和养鸡场，还专门组织农村妇女为动物园提供青草。目前，碧峰峡生态动物园每年所需的5.5万千克牛肉、6000只活鸡、40万千克饲草，全部由周边区、县提供。仅此一项，每年就为当地农民增收200多万元。

2. 风险分析

1) 政策法规风险

整体租赁模式与现存政策法规的冲突可能产生两种风险：其一是整体租赁模式的推动者——雅安市主要领导的政治风险。其二是投资商——万贯集团的投资损失风险，因为"违规"而被强行中途叫停，其投资于基础设施、生态保护等项目的资金无法收回。

2) 监督与控制风险

景区的整体租赁经营是一种全新的委托代理关系，与发展比较成熟的公司委托代理关系不同，在责权利的分割方面还存在着不足与疏漏。因而，在此关系上建立的监督与控制机制就存在风险：其一是监督控制失效风险；其二是监督控制冲突风险。

3) 合作的风险

由于景区开发经营的关联性较强，涉及的合作对象也较复杂。任何一个合作对象的不合作都可能导致该模式的失败，涉及的主要合作对象包括地方政府、景区管理机构、景区投资企业和当地居民。整体租赁模式在地方政府、景区管理机构、景区投资企业和当地居民之间安排了一个利益均衡机制，这种机制使得经营者有效地规避了合作风险。

10.2.4 碧峰峡模式的完善与发展

公共资源类景区的经营，实质上是对风景名胜、文物古迹等公共资源注入资本、技术、劳务等生产要素，谋求经济效益、社会效益和环境效益最大化的过程。景区的企业化经营受制于环境及条件的变化和发展。衡量和检验一种景区经营模式是否科学、合理、有效，最主要的是看它在实践中能否有利于公共资源的经济、社会和生态效益全面发挥。具体讲，就是能否更好地服务地方经济社会发展，为地方经济发展和人民的生活水平提高发挥更大的作用，是否有利于景区的长远发展。规避经营风险、提高资源和资金的使用效率，确保各相关利益主体公平受益，应当成为景区经营模式优化和发展的总体方向。

然而，由于这一模式所倡导的两权分离、整体开发、垄断经营、企业控制，突破了现行景区管理局体制和政策法规框架，因而在实践中承受着较大的风险，为规避风险，碧峰峡模式应在两方面进行优化完善。一是，将景区资源资产作价入股，与景区投资企业的货币资本组成景区经营企业，并按照双方持股比例分享经营效益的做法，调整为以景区资源性资产在合作期间的经营权即特许经营权作价入股，与外来货币资本组成景区经营企业，共同受益。二是，需要更多地体现服务地方经济发展，服务当地居民的发展需要，培育海纳百川的景区企业文化，有效规避合作风险。

10.3 股份制企业模式——以富春江模式为例

10.3.1 富春江模式的产生

我国公共资源类景区改制为股份制企业，投入景区经营始于浙江桐庐。1993年12月18日成立的浙江富春江旅游股份有限公司，是全国首家以风景资源为主要资金投入的规范化股份制企业。在20世纪90年代末期，股份制企业经营方式已经深入到国家级风景名胜区、国家级重点文物保护单位，以及世界遗产景区的开发建设中。

浙江省桐庐县具有丰富的旅游资源和良好的旅游交通区位，著名溶洞景观瑶琳仙境、华夏医药文化发祥地之一的药祖圣地桐君山和东汉古迹严子陵钓台，均在该县，又处"两江一湖（富春江、新安江、千岛湖）"黄金旅游线上，发展旅游的资源优势、区位优势和市场优势明显。为了统一开发、建设、管理和经营该县境内的景区，成立了桐庐县旅游总公司，作为县风景旅游局的直属企业，统一负责全县旅游资源的开发和经营。经过十多年的发展，桐庐县旅游总公司成为浙江省旅游行业中经济效益颇佳的县级旅游公司。随着改革的深入和旅游业的进一步发展，中小型国有企业的种种弊端逐渐暴露出来。景区开发效益佳、前景好，但是投资大、周期长，需要巨额的长期资金作后盾。仅仅依靠行业积累、银行贷款、发行债券、引进外资等都难以满足景区开发需要。而通过股份制改造，可以迅速募集资金，进行大规模开发经营，并使一部分社会消费基金转化为生产建设基金，企业在建设期内不需要承担高额利息，由负债经营建设转为自筹资金建设，不但提高资金使用效率，也使旅游资源得到更大程度的开发和合理配置。为此，县旅游总公司于1993年8月向县体改委提出改制申请，并经省股份制试点协调工作领导小组批准，浙江富春江旅游股份有限公司于1993年12月成立，股本总额6 000万元，由国家股、发起人法人股、社会定向法人股、个人股组成，是全国首家以风景旅游资源为主要投入的股份有限公司。这种以"景"建"景"的筹资方式，开创了国内股份制企业开发经营景区的先河，创造了一个旅游发展筹资新路径，拓宽了景区建设和发展的新思路，吸收了300多个股东参股，共吸引资金近4 000万元用于开发旅游资源、建设景点及配套设施，为景区的发展开创了一片广阔的新天地。

浙江富春江旅游股份有限公司成立后，内抓景区开发、建设和管理，外抓宣传促销，在投资项目选取上，兼顾经济效益和社会效益、近期效益和长期效益，在外部条件比较困难的条件下，仍然取得了显著的经营业绩和社会效益，投资回报率都在20%以上，有的高达40%。1995年国家实施双休日以后，国内旅游业快速发展，桐庐旅游业面临着更好的发展机遇，但与此同时，政企不分的弊端也逐渐暴露出来。1996年，浙江富春江旅游股份有限公司正式与县旅游局脱离，谋求公开上市发行股票。2000年，浙江富春江旅游股份有限公司以部分景区经营性资产入股，进入上市公司"国旅联合"。"国旅联合"于2000年9月22日上市，总股本1 400万股，流通A股占5 000万股。浙江富春江旅游股份有限公司占"国旅联合"12.23%的股份。

景区为筹集开发建设资金，对景区经营实行股份制改造，并由政府委托股份制企业独家经营景区，或者在景区经营的基础上组建一家新股份制公司，政府授权其独家经营景区资格的景区经营方式。

10.3.2 富春江模式的特征

1. 所有权与经营权完全分离，开发权与保护权部分分离

采取股份制企业经营的景区，所有权代表为具有当地政府派出机构职能的景区管理机构。景区的经营权由政府直接委托给经过股份制改造的景区开发有限公司，或授权在原景区经营企业的基础上新组建的景区旅游股份有限公司较长时间的持有。景区管理机构只负责景区的规划控制、资源与环境保护及对景区经营企业的经营业务监督，不直接参与景区开发建设和日常经营。景区所有权与经营权完全处于分离的状态。但景区资源的开发权和保护权仅部分分离。在职能上，景区管理机构的主要职责是负责景区资源的保护，使景区资源在开发利用中不被破坏或实现持续利用；股份制景区企业的主要任务是筹集资金，在景区规划的指导和景区管理机构的监督下，对旅游资源进行合理开发、有效利用。股份制景区企业在景区开发建设和经营管理中，对旅游资源和生态环境保护负有直接责任，是景区资源保护权与开发权既有分离、又相结合的经营模式。

2. 向社会筹集大量资金进行景区开发，是模式形成的主要动力

旅游资源的开发需要大量的资金作支撑，尤其是景区开发初期，交通、通信、能源、水电等旅游基础设施往往是制约旅游发展的最主要因素，这些基础设施的建设均需要巨大的投入才能切实改善。组建股份制公司开发建设景区，是解决资金制约的有效途径之一。首先，它可以在较短的时间内筹集大量资金，集中投入景区基础设施建设及经营项目的开发和经营。其次，旅游需求市场庞大，大型风景名胜区或文化遗产景区多数有垄断型的旅游资源，开发优势明显，投资风险小，投资回报率高，是最有吸引力的投资领域。社会资本以股份制的形式参与风景名胜区或文化遗产景区的旅游开发，是资本与资源的最佳结合，是资本与资源实现双赢的有效途径。

3. 股份制公司实行垄断经营

在股份制企业模式中，为了吸引社会资本的进入，确保景区企业投资回报，景区旅游资源开发和旅游产品建设由股份制企业统一负责，政府或直接委托股份制景区经营公司垄断经营，或授权新组建的旅游股份有限公司较长时间(一般为30～50年)拥有景区专营权，实行长时间垄断经营。股份制企业是景区内唯一的合法经营主体，统一负责景区的旅游资源开发、门票经营及各项旅游设施的建设，并组织旅游项目经营，提供旅游服务。在合约期内，景区管理机构不直接参与景区经营，也不授权其他企业独立经营，确保企业对景区的垄断经营，确保投资回报。

4. 经营企业需缴纳一定专营权使用费

由于风景名胜资源和文化遗产资源具有公共属性，当景区经营方式采取由政府授权新组建的股份制景区经营企业以较长时间进行独家经营时，景区经营企业需要向景区所有者代表缴纳一定数额的专营权使用费，即景区资源专营费或景区特许权益。但是，景区经营采取政府直接委托国有股份制企业垄断经营景区时，则不需要向景区所有者代表缴纳专营费。因为，国有股份制企业经营景区时，相当于国有国营，股份制企业的经营收益就成为国有资产的增值。既然国有资产及其增值均为国家所有，由国有企业缴纳景区专营费就失去了意义。当股份制景区经营企业由社会资本或民营资本占主导时，或由新成立的股份公司特许经营时，则需要缴纳景区专营费。因为此时，股份制企业的股权结构和性质都发生了重大变化。由政府统一收取景区专营费，既是对公共资源使用的补偿，又体现出公共资源国家所有的属性，是完全必要和合理的。

10.3.3 富春江模式的完善与发展

实行股份制企业经营的景区，目前还只是少数风景名胜区或文化遗产景区，且主要出于资本市场较为发育、市场机制较为健全的华东沿海地区。从股份制性质与经营方式看，主要有三种形式：一是股份制企业全部为国有股份，实行政府委托国有股份制公司整体开发经营景区；二是股份制企业以国有股为主体，吸纳景区当地社区居民和职工参股，由政府委托股份制企业整体开发经营景区；三是股份制企业由国有企业法人及公众公司共同出资组建，以公众公司为主体，由政府授权股份制企业较长时间地独家经营景区。这三种方式都实行企业化管理、市场化经营，但其管理体制有所不同。在政府委托国有股份制企业或国有股为主的股份制企业负责景区经营时，景区的经营管理以企业为主，由景区归属部门负责人兼任股份制董事长，其总经理也由主管部门委派，并兼任景区管理机构负责人；对于实施股份制企业整体独家经营的景区来说，景区经营管理也以股份制企业为主，但景区管理机构独立于经营企业，两者之间一般不具有人事、财务、职能上的交叉。这几种股份制企业经营方式，对不同类型、级别的景区或处于不同发展阶段的景区，都有其优势。

为了更好地开发与保护旅游资源，运用股份制经营管理的景区应进行完善。例如，增强景区管理机构地位，强化其景区管理职能与经营监督力度；景区经营管理实行实质性的政企分开；经理人员职业化；建立规范而富有特色的景区治理结构；建立更广泛的社区参与机制。

10.4 上市公司模式——以黄山模式为例

上市公司模式是指景区经过股份制改造上市后，受景区管理机构的委托，代理经营包括景区门票在内的一切旅游业务，成为景区内唯一负责旅游经营的机构，对景区实行垄断性经营的方式。采用这种模式进行经营的景区，其所有权代表是景区管理机构，其经营权由景区管理机构委托给景区上市公司；景区上市公司统一负责景区旅游资源的开发利用，而资源的保护工作由景区管理机构承担。这一模式是典型的景区管理权与经营权、开发权与保护权"四权"完全分离的景区经营模式。

10.4.1 黄山模式的产生

黄山是我国首批国家级风景名胜区，是我国为数不多的世界自然与文化双遗产。改革开放以来，黄山旅游业发展迅速，2012年，黄山市接待游客3 600万人次，旅游总收入突破300亿元，其中入境游客160万人次、旅游创汇4.8亿美元，四项指标均比5年前增长2倍多，实现了从粗放经营向规模化、集约化经营的转型。

1989年，安徽省人民代表大会颁布《黄山风景区管理条例》，授权黄山风景区管理委员会代表黄山市人民政府管理黄山景区，黄山风景区管理委员会主任由黄山市人民政府市长兼任。1990年，黄山被联合国教科文组织列入《世界遗产名录》，为黄山旅游发展创造了有利条件。在黄山市委、市政府的统一领导和授权下，黄山风景区管理委员会对景区进行统一管理，景区经营由国有独资企业——黄山旅游发展总公司负责。为了推进黄山旅游经济体制改革和运行机制的优化，更多地募集资金建设黄山，加快黄山旅游资源的开发利用，1996年11月18日由原黄山旅游发展总公司独家发起，以其所属的10家单位的全部经营性资产为出资，成立黄山旅游发展股份有限公司。1996年11月22日，"黄山旅游"8 000万B股成功上市；1997年4月17日，"黄山旅游"4 000万A股上市发行，5月6日在上海证券交易所挂牌上市。"黄山旅游"因兼容景区、索道、宾馆、旅行社等众多旅游绩优业务，集食、住、行、游、购、娱为一体，成为"中国第一支完整意义上的旅游概念股"。1996年6月，原黄山旅游发展总公司更名为黄山旅游集团，作为黄山旅游发展股份有限公司的控股公司，黄山旅游集团与黄山风景区管理委员会实行两块牌子、一套班子的体制。1999年11月2日，黄山风景区荣获联合国教科文组织颁发的首届"梅利娜·迈尔库里世界文化景观保护与管理国际荣誉奖"。

10.4.2 黄山模式治理结构

对于黄山这类国家风景名胜区或文化遗产的景区而言，其根本任务是在有效保护景区景观资源、生态资源和文化资源的基础上，合理利用资源，发展旅游。所以景区经营模式的选择和运用，必须在确保景区资源、环境和文化有效保护的前提下，进行科学合理的开发利用。任何体制的变革和机制的创新都必须以有效保护为原则。采用上市经营的景区，其治理结构需遵从公共资源类景区治理结构的一般要求：设立景区管理机构对景区实施统一管理，景区经营在景区管理机构的调控下由景区管理机构的景区经营企业负责，政企分开，但又不完全分开。

采用上市经营的景区，其治理结构有以下特点。

1. 景区经营总目标

上市经营的景区依托丰富独特的旅游资源优势，凭借巨大的知名度优势，积极发展

"世界自然与文化遗产"的品牌优势,都制定了十分宏伟的经营目标。例如,黄山管理委员会制定的景区经营总体目标是把黄山建设成为全国最美、山区最富、生态最好的世界一流的旅游目的地。

2. 景区经营法规体系

上市经营的景区具有资源的独特性、资源的极端重要性、经营的特殊性,因此,其经营需要接受多方面的法律法规的约束,主要有以下方面:联合国教科文组织的相关规定或公约,如《保护世界自然与文化遗产公约》;国家和当地政府制定的关于保护景观资源、生态环境和文化遗产的法律法规;国家级有关部门制定的关于上市公司的法律法规;景区管理委员会制定的有关景区经营管理的规章制度;景区上市公司与景区管理委员会签订的有关景区专营权的委托代理协议、合同等,这是上市公司垄断经营景区的法律依据。

3. 景区管理体制

采取上市公司经营模式的景区,其管理体制应遵从多数风景名胜区管理的普遍做法:设立景区管理委员会作为当地政府的委派机构,代表政府行使景区所有权职能,对景区实行统一规划、统一开发、统一管理。景区管理委员会为景区经营管理事务的最高权力机构,其领导班子由派出机构任命,国家干部身份。景区的经营业务由景区管理委员会的国有全资企业——景区旅游发展总公司统一负责。景区管理委员会主任兼任旅游发展总公司董事长,直接控制景区经营业务。上市景区的管理体制有两大特点:一是景区管理委员会规格较高,例如,《黄山风景名胜区管理条例》授权黄山管理委员会代表黄山市人民政府管理黄山。二是政府授权景区管理委员会的职能比较充分,能够对景区实行有效管理。例如,黄山风景区管理委员会代表黄山市人民政府,负责拟定景区发展规划、经批准后组织实施,对景区内旅游、环保、建设、交通、农业、林业、水利、国土、园林、公安、工商进行统一管理。

4. 景区经营机制

景区在"所有权与经营权分离、开发权与保护权分离"的基础上,实行管理委员会直接委托、上市公司代理独家专营的经营机制。按照政企分开的原则,景区管理委员会将景区开发、经营业务授权其国有全资企业统一负责。景区旅游公司在管理委员会的领导下开展经营。但是管理委员会主任或主持工作的副主任又兼任景区旅游总公司或集团公司的董事长,直接控制景区经营的最终决策。因而这一政企分开,又不是完全的政企分开。景区旅游总公司或集团公司将全部或部分经营性资产剥离后,独家发起成立规范的景区旅游股份有限公司。景区股份有限公司在证券市场上市时,景区管理委员会授权上市的景区旅游股份有限公司景区门票专营权,对景区进行垄断经营。

景区旅游股份有限公司按照《中华人民共和国公司法》的要求,建立现代企业制度,依法设立企业董事会、监事会等规范的法人治理结构,作为市场主体,参与旅游市场竞争,实行自主经营,自负盈亏。在经营中,按照上市公司的有关规定,及时公布企业的重大事项,定期发布经营信息,主动接受主管部门的管理和社会的监督。但是,在这一模式中,上市公司的董事长、总经理,通常由景区管理委员会负责人担任;而监事会主席一般也由景区管理委员会党委执行书记担任。这种机制的安排，名义上是景区政企分开，上市公司负责经营，但其实质上是景区管理委员会借助上市公司的平台自主经营。管理委员会与上市公司之间虽然存在风景资源的委托代理关系，其实质是自己委托、自己代理。这种制度显然与国家关于上市公司治理结构的法规要求不相符合，因而，这一制度安排必然是暂时性的，将随着景区上市公司的逐步规范而不断完善。

10.5 网络复合模式——以净月潭模式为例

10.5.1 网络复合模式的内涵

网络复合模式是指一个景区设立拥有政府管理权限的景区管理机构，同时行使同级旅游行政管理部门的职权，对景区实施一体化、封闭式、全方位的管理的经营模式。景区的所有权与经营权都属于作为政府的景区管理机构，但景区经营由景区管理机构的独资企业采取部分直接经营，部分由社会资本共同组建规范的股份公司景区的方式进行，景区的旅游业务开拓紧密依托旅游部门的市场网络开展。

10.5.2 净月潭模式的产生

长春净月潭旅游发展集团有限公司组建于1996年12月，是一家以旅游产业开发为主导产业，集旅游服务、国内贸易、餐饮娱乐、建设开发、种植业、养殖业、旅游产品加工等为一体的多元化综合性经济实体。公司设在长春净月潭旅游经济开发区内，是国家风景名胜区和国家森林公园，全面承担着开发区和电影城区的开发建设任务。

1985年是净月潭旅游发展史上发生重要转折的一年。为了保护和利用净月潭的自然资源，搞好风景区的建设和管理，发展旅游事业，1985年5月4日成立长春市净月风景区旅游总公司，隶属于长春市净月风景区管理局，为全民所有制企业。该公司的成立标志着净月潭旅游业正规经营的开始。净月风景区旅游总公司成立后，对进入净月潭的游客开始实行门禁管理，每人次收费0.1元。此后随着水上旅游项目的开展，旅游区域开始发生明显变化，游人开始由潭南野游区向水库大坝附近转移。但是，由于林区内的道路不畅，各种旅游设施还是空白，因此，可供游览的地方十分有限。游览方式以单位集体组织郊游为主，只能在林中活动或乘坐游船，或自带食品野餐，内容比较单调。

1985年12月3日，长春市在净月潭风景区设立北方绿化中心，1986年5月17日，长春市净月风景区管理局更名为长春市风景区管理局，不再直接管理净月潭的旅游，长春净月风景旅游总公司整体移交给北方绿化中心，债权债务同时移交。长春市净月风景区管理局与长春市林业局在长春市财政局监督下于1986年9月11日签订将长春市净月风景区旅游总公司移交给北方绿化中心协议书，移交职工及设备。

1989年5月，长春市净月风景区旅游总公司更名为长春净月风景区旅游公司。公司注册资金由原来的35万元增加到48.6万元，公司仍为全民所有制企业，负责风景区的经营和管理事项。

1995年3月，长春市人民政府决定将净月潭风景区的门禁管理移交给长春净月潭森林旅游城管委会。森林旅游城管委会组建长春净月潭森林旅游城旅游有限责任公司专门负责森林公园的大门管理，景区内的经营仍归北方绿化中心所属的长春净月风景区旅游公司。

1995年8月，长春净月潭旅游经济开发区管委会成立后，于当年11月将长春净月潭森林旅游城旅游有限责任公司和长春净月风景区旅游公司合并，连同东方旅行社、松梅宾馆、净月潭水库管理处经营的游船及筹建中的龙城娱乐公司、冰雪娱乐中心组合在一起，成立长春净月潭旅游经济开发区旅游总公司。

1997年5月，长春净月潭旅游发展股份有限责任公司成立。1998年2月，该公司与长春净月潭旅游经济开发区旅游总公司分别以货币和资产投资方式入股，组建成立长春净月潭旅游有限责任公司。公司的经营范围为园区的旅游开发服务等。1999年4月，长春净月潭旅游发展集团公司成立，长春净月潭旅游有限责任公司成为集团公司的子公司。

长春净月潭旅游经济开发区成立后将净月潭森林公园定位在城市森林生态旅游上，突出品牌特色，加大景区基础设施和景区景点建设力度，完善旅游接待设施，到2004年旅游开发开放区域达40平方千米。旅游接待人数稳步增加。1985年接待人数为20万人次，1995年为30万人次，2000年增加到50万人次，2004年突破80万人次。

10.5.3 净月潭模式的特征

（1）景区所有权与经营权、资源的开发权与保护权部分分离。运用网络复合模式经营的景区，由于其森林资源、生态资源和景观资源的所有权为国家所有，具有政府权限的景区管理委员会是其所有权的代表。加强生态环境建设，切实保护好景区的各种自然资源是景区经营的首要任务。在此基础和前提下，才能考虑如何开发利用好这些资源为经济建设服务。正是由于景区的公共资源属性和自然资源的脆弱性，景区的所有权与经营权、资源的开发权与保护权在总体上是结合的，都统一在景区管理委员会。景区管理委员会不但是其所有权代表，而且拥有全方位的景区经营权，统一负责景区的管理、规划、开发、经营。景区内的资源保护和生态环境建设是景区管理委员会的首要职责。

（2）景区设立具有政府职权与旅游部门网络的管理机构，实施一体化、封闭式、全方位管理。网络复合治理模式中的景区管理机构不仅是当地政府的派出机构，而且经政府广泛授权，职能充分到位，行使景区内部一切经济和社会事务的管辖权。实质上，景区管理机构虽然不是一级政府，不具有政府的主体资格，但其在职能、权威、力度上都发挥政府主体的作用。同时，它又与派出政府的旅游行政管理部门合并，保留景区管理委员会和地方旅游局两块牌子，行使景区发展与旅游行业管理两种职能，是一种"以点带面，以面促点"的多赢体制。

景区以自主经营为主，同时吸纳社会资本参与。在网络复合模式中，景区的管理权属于景区管理机构，任何经营项目的实施必须遵循景区总体规划，并经景区管理机构批准后才能上马；景区经营业务则由景区管理机构下设的国有全资企业统一负责，按照市场经济规律进行，是一种主要由景区自主经营的模式。但是，在实行自主经营为主的情况下，景区吸收社会资本参与具体经营项目的开发。

（3）依靠经济开发区的政策环境，依托旅游部门的网络优势建立现代企业制度。网络复合模式中十分重要的一点是景区的经营既要吸引社会资本参与，又不使其占主导地位。

这对于社会投资来说，是较为严格的约束条件。如果处理不当，这种约束条件可能转变为一种资本进入壁垒，将会影响景区的经营与发展。要想在一定的约束条件下，成功地吸引社会资本进入，并使其获得满意的投资回报，一方面要在投资环境上优化，另一方面要在经营机制上创新。特别是景区开发拥有开发区在土地、税收等方面的优惠政策，对于成功地吸引社会资本参与景区经营发挥了切实的作用。在旅游业务拓展上，特别是在旅游产品宣传促销上，充分利用与管理委员会合并的旅游行政管理部门的专业优势和市场网络优势，更加有效地开拓旅游业务。

10.5.4 净月潭模式风险分析

1. 监控失效的风险

该模式只有一套监控机制，而且管理主体与监控主体合二为一。尽管从理论上讲长春市政府具有更高一级的监控权，但实际上管理委员会主任是由市政府任命的公务员，政府对其的管理和经营行为的监控有失效的可能。对景区资源的有效保护开发是监控的重点，这一任务往往依靠有效的景区规划来实现，但其制定和审批的过程都局限在政府系统内，进而可能出现规划的制定和审批过程流于形式，监控作用失效。

2. 管理效率降低、经营风险扩大的风险

净月潭模式最初是依靠净月潭景区发展起来的，但时至今日，其经营管理对象有扩大化的趋势。其中净月潭旅游发展集团有4家全资子公司、2家控股公司，净月潭旅游发展股份公司也有4家全资子公司。管理委员会的业务涉及旅游服务、国内贸易、餐饮娱乐、建设开发、种植业、养殖业、旅游产品加工、影视业等内容。经营内容的多元化和管理幅度的扩大可能导致效率降低和管理失控的风险。

10.6 自主开发模式

景区的自主开发模式是由景区管理机构作为其经营主体的一种非企业经营模式。该模式的经营权、管理权、开发权和保护权互不分离，景区管理机构既是景区所有权的代表，又负责景区的经营、开发和环境保护。

根据景区管理机构隶属部门的不同，该经营模式又可分为隶属于旅游主管部门的自主开发模式和隶属于资源主管部门的自主开发模式。

隶属于旅游主管部门的自主开发模式的经营主体是景区管理机构，其经营以市场为导向，实行非企业型治理。但景区管理机构隶属于当地旅游局。景区管理机构既是景区所有权代表，又是景区经营主体，既负责景区资源开发，又负责景区资源与环境保护。其代表性景区有河北野三坡、重庆四面山等景区。

隶属于资源主管部门的自主开发模式的经营主体是景区管理机构。景区管理机构隶属于当地建设、园林、文物等资源主管部门。这一模式主要集中于大型文物类的景区，如北京故宫、颐和园、八达岭长城等。

10.7 政府主导模式

10.7.1 政府主导模式的内涵

景区的政府主导治理模式是指在以市场为基础配置资源的前提下，全面实行政府主导，以便全面发动社会力量，进一步加大景区开发力度、深度的一种经营方式。

10.7.2 政府主导模式的提出

在我国围绕建设世界旅游强国、培育新兴支柱产业的战略目标，各地政府纷纷提出了建设旅游大省、旅游强省、旅游大市、旅游强市的目标。在这一各地政府关注旅游发展的背景下，国家旅游局提出了政府主导型的旅游发展模式。1995 年部署了这项工作，1997年开始正式明确地提出政府主导性的旅游经营治理模式。但是这一模式的提出在包括国务院有关部门在内的各地部门中存在一些不同的意见。主要有三种意见。

观点一：政府主导经营管理充分借鉴了国际经验，是从意大利、西班牙、墨西哥、新加坡、以色列等国家的共同经验中提炼出来的，而且在全国范围内的倡导和推行已经取得了显著成效。

观点二：在改革开放以来的实践过程中，我国的指导方针经过了一步一步地探索，从"摸着石头过河"一直到明确提出建立社会主义市场经济体制的基本方略。之后，加快改革进程，向市场经济发展已经成为事实。在这种情况下，提出"政府主导"，显然有悖于社会经济发展的基本策略。从实践效果来看，政府主导必然又形成长官意见的翻版，造成一种政绩竞赛，产生一批无人负责的项目。

观点三：政府与市场的关系是一个根本问题，在不同的发展阶段，应按照实际情况采取不同的模式，在发展初期，由于旅游发展的固有特点，应采取政府主导的发展模式；在发展中期，由于旅游市场经济有了相当程度的发展，应采取政府干预型的发展模式；而到旅游发展成熟阶段，市场机制的作用得到充分发挥，应当采取市场主导型的发展模式。

这三种观点各有各的道理。问题的关键在于，这不是单纯的学术之争。从宏观角度看，政府与市场的关系是社会主义市场经济体制建立与完善的根本问题；从微观分析，这些意见观点涉及一系列方针、政策的制定与落实。从政府主导、政府干预与市场主导的发展阶段分析，针对旅游市场经济发育程度的不同，应采取不同的方式。但不论哪种方式，都在靠市场发挥作用的同时形成政府主导、干预或调控的局面。因此，政府永远都将控制着属于公共资源的旅游资源，任何时期政府都不能放松对旅游资源，尤其是世界遗产、文物保护单位及风景名胜区的监督管理。

10.7.3 政府主导模式的实践方式

近几年来，从中央到各地，在实行政府主导型的景区发展上，有了丰富的实践，也积累了很多经验。

第10章 中国景区治理模式及典型案例分析

1. 中央主导模式

首先,中央领导的身体力行。2001年,江泽民考察黄山,在登山的过程中接触了8个国家的海外旅游者和15个省的国内旅游者,在登山中途休息时提到:如果中国人每人每年都能出去旅游一次,中国的很多事情就好办多了。朱镕基到各地视察时,从产业结构调整层面上对景区发展进行过分析,谈到景区基础设施建设的问题。这体现了中央领导十分重视旅游发展。

二是,在历年的政府工作报告及其他中央文件中,旅游的地位大为提高。一般都是从扩大内需、经济结构调整、促进产业发展和扩大开放四个角度分别提到旅游。这种情况一方面说明旅游的多方面作用已经为决策者所认识,另一方面也充分体现了中央的重视。

三是,2000年,国务院组建了假日旅游部际协调会议,作为国务院的非常设机构运转,使假日旅游在制度化的轨道上有序运行。

四是,2001年年初,国务院召开了全国旅游发展工作会议,这是进入新世纪之后国务院召开的第一个会议。会议之后,国务院发布了《关于进一步加快旅游业发展的通知》。

五是,2002年,旅游市场整顿列入政治局工作要点,并进入国务院工作重点,各个部门共同配合,对旅游市场全面治理。

六是,国务院的各个部门对旅游的态度大有转变,更加重视,积极支持。

2. 地方主导模式

从各地来说也是如此,政府主导型的旅游发展模式主要在地方落实,几年来,各地加大力度,加快速度,层层抓落实,特别是旅游城镇作为广义的景区,其政府主导发展模式成效十分显著。

例如,桂林的阳朔成效显著。阳朔号称是中国旅游第一县,全县上下,以旅游为中心。阳朔的特点是充分整合自己的资源,把山水和旅游紧密结合在一起,实际上采取的是分散式和集中式两种布局相结合,集中是构造了一条阳朔西街,分散是把山水资源形成一个大阳朔的概念。现在阳朔已经是一个国际化程度非常高的地方,涉外婚姻很多,有很多外国人常住在阳朔。在发展过程中,县委、县政府始终抓一条,就是抓城市的风貌。旅游产业逐渐变成了阳朔的支柱产业。

从乡镇区域范围的旅游景区来看,古村古镇的景区开发价值备受关注。国内开发的比较早的是江苏的周庄,但是目前其旅游商业氛围太重,所以随着人去的越来越多,周庄的旅游开发价值在逐渐贬值。此外,浙江省还开发了乌镇,乌镇首先组建了一个旅游开发总公司,把乌镇百姓房子的产权买下来,但百姓还可以居住。之所以要买下产权,是为了防止百姓随意开发,防止商业化的过度发展。

在乌镇的政府主导发展实践中,成功的经验有以下几点。一是规划到位。现在的乌镇,江南水乡的氛围极其浓郁,酒作坊、纽扣博物馆、根雕博物馆、染坊等都是在规划范围之内的。二是体制保障。乌镇进行的是统一开发,成片开发,在体制上是党政企不分的。开发公司的总经理是乌镇的镇长,也是乌镇的党委书记。正是因为有了这样的体制,才保证了统一开发和成片开发。这不光是政府主导,这是政府作为市场主体在运作,但是运作的效果非常好。现在很多地区都在研究古村古镇的开发问题,经验证明,靠农民自主开发、自发经营是行不通的。公司化的成片开发、统一开发，如果有政府发挥主导作用，开发就能有好的效果。另外，这种模式的另一个关键因素是政府领导需具备较高的文化素质，没有相应的文化素质，就不知道该留什么该建什么，更听不进专家意见。

10.7.4 案例分析——云台山模式

"云台山模式"是焦作市旅游业多年来发展历程的一个缩影，它的形成得益于国家大环境的改善，得益于市委、市政府的高度重视，得益于焦作市旅游资源的丰富多彩，得益于全市广大人民群众的大力支持，同时也凝聚了全市旅游系统干部群众的心血和汗水。

（1）领导重视是关键。焦作市委、市政府每年都要多次召开常委会和政府常务会议，专题研究旅游工作；每年年初焦作市都要召开由市委书记和市长及各县市区党政一把手参加的高规格旅游工作会议；每个黄金周过后，焦作市委、市政府都要及时召开会议总结经验、查找问题，明确下一阶段发展目标；每年市财政都拿出500万元专项经费用于旅游宣传促销。

（2）完善景区是基础。在景区景点的开发建设中，围绕"焦作山水"的旅游定位，焦作市坚持高标准规划、高起点建设，重点开发北部太行山一线以云台山、青天河、神农山、青龙峡、峰林峡五大园区为主的云台山世界地质公园自然山水峡谷景观，中心城区以焦作影视城、龙源湖乐园、森林动物园三大主题公园为特色的城市休闲娱乐景观，南部黄河一线以太极拳发源地陈家沟、"万里黄河第一观"嘉应观、韩愈故里等景点为代表的历史人文景观，逐步形成了以自然山水游为主，历史文化游、休闲娱乐游、体育健身游、科普知识游、民俗风情游、工业参观游等配套发展的旅游产品体系。在此基础上，焦作市以旅游道路建设为支撑，先后建成了连接各主要景区的14条旅游景观大道，并自筹资金25亿元在城市外围修建了焦郑、焦晋高速公路和焦作黄河公路大桥，大大增强了城市及景区的可进入性和通达性，并最终形成了以五大景区、十大景点为代表的旅游新格局。

（3）整体宣传促销是手段。一是开展形式促销，唱响焦作山水。形式促销主要指通过利用新闻媒体、举办节会活动、组织"大篷车"出游、接入互联网、参加旅游交易会等开展促销活动的一种宣传方式。这是近年来最常用的一种方式，效果也较为显著。二是实行政策营销，激活焦作山水。政策营销是近年来各地普遍采用的一种营销方式，具有导向性、激励性等特点。政策营销的实行，为激活焦作山水旅游市场起到了巨大的推动作用。焦作市在前两年优惠政策的基础上，借鉴辽宁大连、江西井冈山等旅游城市市场开发的成功经验，进一步修订了《关于本省及外省市旅游专列、团队赴焦旅游的优惠政策》，对组织、招徕客源赴焦作旅游的旅行社给予了更多的优惠和现金补贴奖励，大大调动了旅行社组团接团的积极性。三是实施情感营销，塑造焦作山水。每一趟旅游专列驶进焦作，焦作市都要举行隆重的欢迎仪式。每年春节前夕，焦作市有关部门工作人员都要奔赴各主要客源市场进行答谢慰问。

（4）优质精细服务是保障。在旅游业发展过程中，焦作市从一开始就特别注重服务工作，努力兑现"不让一位游客在焦作受委屈"的服务承诺。一是实现旅游服务的规范化。通过制定完善行业规范性文件和标准，实行了严格的监督检查和旅游行业的准入、考核、淘汰机制，使旅游服务从简单粗放走向了规范有序。二是突出服务的人性化。充实规范了各类旅游标志，建立健全了游客服务中心，广泛收集了游客对焦作市旅游服务工作的意见和建议，努力提高服务水平。三是追求服务的个性化。划分科学合理的旅游线路，使每一位游客在焦作都能找到适合自己的产品和线路。关注游客饮食的差异性，使游客在焦作不仅能吃到焦作的风味小吃，也能够吃到可口的家乡菜。

上述景区经营管理模式，都是我国目前景区经营中成功经营又被推广的模式，都是景区发展改革的结晶，是实践的创举。当前，我国景区开发建设和经营管理正处于关键的改革时期，一些新的景区治理模式正在各地探索，新的模式将层出不穷。与此同时，景区经营中的成功经验正在被各地广泛传播。这些景区经营管理模式，产生于特定的环境条件，具有一定的风险与局限，需要在运用中不断完善，在实践中不断发展，需要结合各地的不同情况，灵活地加以运用，并完善与发展。

本章小结

我国景区治理模式是我国旅游业持续健康发展不得不面临的一个现实问题，也是提高景区经营与管理水平的一个前提条件。本章从我国经营成功的景区的治理模式入手，分别从治理模式的产生、特点、治理结构、潜在风险等方面展开分析。同时，选择典型案例，分析其治理模式内涵。但多数治理模式本身就是一种缺乏整体制度安排的、自发的治理途径的探索。这种尝试性的景区治理模式探索是复杂的、漫长，但对于寻找旅游资源的保护途径也是一种有益的探索。

关键术语

关键术语	定 义
治理	权力在特定领域中的运用，有着统治与管理的含义，意为实现某种目标，管理者运用国家与社会组织的各种权力，对行为主体进行支配、控制、协调和管辖
整体租赁模式	在一个风景旅游区内，由政府统一规划，授权一家企业较长时间地独立经营和管理，组织一方或多方投资建设，统一规范、有序经营，达到资源优化配置、永续利用，使景区的社会效益、经济效益、生态效益协调发展，政府出资源，企业出资金，所有权、经营权、管理权"三权"分离的旅游开发模式
上市公司模式	景区经过股份制改造上市后，受景区管理机构的委托，代理经营包括景区门票在内的一切旅游业务，成为景区内唯一负责旅游经营的机构，对景区实行垄断性经营的方式
网络复合模式	一个景区设立拥有政府管理权限的景区管理机构，同时行使同级旅游行政管理部门的职权，对景区实施一体化、封闭式、全方位的管理的经营模式
自主开发模式	由景区管理机构作为其经营主体的一种非企业经营模式。该模式的经营权、管理权、开发权和保护权互不分离，景区管理机构既是景区所有权的代表，又负责景区的经营、开发和环境保护
政府主导模式	在以市场为基础配置资源的前提下，全面实行政府主导，以便全面发动社会力量，进一步加大景区开发力度、深度的一种经营方式

理论思考题

1. 简述我国景区管理中的常见问题。
2. 影响景区治理模式的因素有哪些？
3. 简述碧峰峡景区治理模式的特点。
4. 陕西旅游集团模式的潜在风险表现在哪些方面？
5. 简述景区股份制治理模式、上市公司治理模式和自主开发模式的共同点。

实训辩论题

辩论题：1. 中国景区是否能上市经营？

正方：能上市经营

反方：不能上市经营

2. 运用政府主导治理模式的内涵、实践方式及典型案例，辩论其在中国景区管理体制改革过程中的应用。

正方：中国景区管理体制应实施政府主导

反方：中国景区管理体制应实施市场主导

拓展阅读

关于景区治理的争论

由于旅游资源类别和景区治理模式的多样性，目前，无论是理论界还是实践界，对旅游资源管理体制与景区治理模式都还存在很多分歧。总体而言，国内学者存在两种主要观点：一种是"产权转移派"，认为自然遗产和文化遗产等旅游资源同时也是一种重要的经济资源，只有通过产权的市场流转才能实现有效配置。在我国当前国情下，对旅游资源进行市场化经营才是最有效的利用方式，景区应当坚持企业化的治理模式；另一种是"国家公园派"，认为旅游资源是一种公共资源，景区应当坚持非企业化的治理模式，使景区变成一个小级别的行政单位，把资源保护的职能内部化，将景区的所有权、管理权、经营权、收益权一体化。此外，在实践中，国家有关部委也曾明确提出，绝不能在核心景区推行任何实质性的经营权转让，并叫停了一些地方政府的景区经营权转让行为，而地方政府却在纷纷依托旅游资源进行招商引资、签订景区整体租赁或转让合同，从而导致了一些景区和投资商无所适从。

由此可见，目前无论是在理论上，还是在实践中，就旅游资源管理体制、景区治理模式问题，还存在着很大的争议，迫切需要形成统一的认识和规制。中国景区治理中存在的难题主要表现在以下几个方面。

1. 旅游资源所有权人缺位与产权虚置

所有权作为旅游资源产权的核心部分，直接影响着旅游资源管理体制和景区治理模式。根据新制度经济学原理，防止"公地悲剧"发生的最有效办法就是界定清晰的产权，通过产权界定来使外部成本内部化，并由市场制度来实现产权的流转和资源的有效配置。但现实中，由于产权界定在技术上和成本上都存在一定的障碍和困难，因此，由政府出面，通过相关法律来明晰产权是比较节约成本的一种办法。但如果这种制度安排不合理，就会造成资源的所有权人缺位与产权虚置。

按照我国现行法律法规，自然资源和文物等文化遗产资源基本上都属于全民或集体所有，这其中自然也包括主要的旅游资源。表面上看，旅游资源的产权界定非常清楚，全民（或集体）是旅游资源的终极所有权人，似乎不存在什么产权不清的问题。但实践中，我国的景区开发和管理上广泛存在着所有权、经营权和行政权混乱的现象，所有权人缺位的问题较为突出。这是因为中央政府相关组成部门代表国家，分别对不同性质的资源代行所有权人权益时，往往将这些资源委托给各级地方政府，由地方政府相应的组成部门进行"代管"。这样，旅游资源的产权、行政权、管理权通过层层代理便被不断转移和分割，使国家作为旅游资源所有者代表的地位出现模糊，资源产权虚置或弱化。旅游资源所有权人缺位形成的产权虚置，是造成目前旅游资源管理混乱、景区治理模式落后、部门所有、条块分割等问题的根本原因。

2. 旅游资源价值评估困难

要实现旅游资源的产权流转，首先就必须科学合理地确定旅游资源的价值与价格。人人都承认旅游资源是有价值的，但在目前的经济学理论和实际操作中，既无法认定，也难以评估旅游资源的实际价值，使旅游资源的资产化面临理论和操作上的障碍。

从劳动价值论的角度看，劳动是价值的源泉，价值只是"凝结在商品中的无差异的人类劳动"。旅游产品由旅游资源、设施和服务三个主要部分组成，虽然设施、服务是完全由劳动创造的，但旅游资源（主要应是自然旅游资源）却并非只是由劳动就能够创造出来的，这就导致了旅游资源价值认定的理论困惑。

从效用价值论角度看，商品的效用是价值的源泉，旅游产品能够满足人们的旅游需求，说明是有效用的。但效用价值论认为不能进入市场交易的物品是没有价值的。由于我国现有法律法规不支持国有旅游资源产权的市场交易，因此也导致了旅游资源价值认定的理论困惑。

旅游资源价值理论上存在着争论，实践中又没有完善的价值评估和核算体系，虽然不少专家提出了"级差地租法"、"收益预估法"、"类比法"、"专家评估法"等许多评估旅游资源价值的方法和设想，但都存在这样那样问题，很难得到应用。这就使得旅游资源的价值认定和价格形成存在障碍。

3. 旅游资源产权流转困难

现代产权理论认为，产权只有不断地流转，资源配置才能不断得到优化。而现实中，旅游资源所有权人缺位、产权虚置、旅游资源资产化困难等难题的存在，使得旅游资源的产权流转非常困难，无法通过市场机制进行有效配置（将最好的资源配置给最好的经营者），造成了目前旅游资源利用效率不高等现实问题。

由于缺乏有效流转，旅游资源开发中出现了三种具有代表性的问题：一是资源品位与开发投入不对称。高品位的资源需要高品位的开发和高强度的投入。现实中，具备开发能力的地区往往缺乏优质资源；而资源富集的地区常常却因经济能力有限而无法合理开发，使得一些一流的旅游资源往往被闲置或低水平开发成二、三流旅游产品，而一些品位并不是很好的资源，却往往被投入巨资开发。二是资源品位与开发主体不对称。虽然国家对旅游资源有分等划级，但依然实行的是"统一领导、分级管理"的模式，很多优质旅游资源的实际掌控者往往不具备科学开发的能力与实力，造成了旅游资源品位与开发主体的不对称，许多优质资源由于管理权问题而被低劣地开发。三是资源开发与市场需求不对称。由于旅游资源不能通过合理流转进入市场，市场机制无法发挥有效配置的基础功能，一些掌握着旅游资源但却对旅游开发和经营并不熟悉的部门，却在从事着事实上的旅游开发工作，造成大量宝贵资源被重复开发建设成为低水平项目，无法满足旅游市场的需求，既造成了资源的浪费和破坏，又加剧了旅游市场的恶性竞争。

不解决旅游资源合理流转的问题，就无法实现旅游资源的最优配置，就无法解决旅游资源利用效率低下的问题，就不可能真正按照市场经济的规律办事。

4. 景区经营权转让无法可依

随着1998年被称为"引领中国旅游业发展方面的模式——碧峰峡模式"的建立，国内众多旅游景区都踏出转让经营权这一步。景区经营权转让是旅游业持续发展的内在要求，是市场经济发展的必然结果，全国已有案例中不乏成功的例子，但失败的教训也给我们敲响了警钟，其中转让年限制度安排是制约景区健康持续发展的重要因素。科学合理的年限制度安排有助于景区经营权转让中地方政府、受让企业、社区居民及其他相关者的利益实现帕累托最优，但目前我国景区经营权转让年限制度表现为一种固定式年限确定方式，且缺乏科学的法律法规和统一的核算体系作指导，不能适应经营权转让背景下旅游景区的可持续发展，因此亟须改革现有年限制度。

目前旅游景区两权分离的实际操作显示，我国旅游景区经营权转让年限的确定在实践中形成了一条规律——集中于30～50年，但我国还没有出台专门的法律法规对旅游景区经营权转让年限的确定做出明确规定，可供参考的只有《中华人民共和国城镇国有土地使用权出让和转让暂行条例》第12条，它对土地使用权出让最高年限做了规定：商业、旅游、娱乐用地的土地使用权出让最高年限为40年。此条例不完全适用景区经营权转让，因为：第一，旅游景区经营权转让的内容不仅仅是景区的土地使用权；第二，"旅游用地"这一表述太过宽泛，旅游景区可以依据一定的因素划分为不同类型，各自具有不同的性质和特征，笼统地冠以统一的最高年限不具备切实的指导意义；第三，"40年"这个数字缺乏充分的科学依据，大部分已实行经营权转让的旅游景区并没有将年限控制在40年以内，既说明法律规范的贯彻力度有待加强，也对此法规的适用性提出了质疑。

第 11 章　国外景区管理经验借鉴

学习目标

知识目标	技能目标
1. 掌握美国国家公园管理体制 2. 掌握英国景区管理体系的特点 3. 熟悉日本广岛森林公园的治理模式 4. 熟悉游客体验管理方法 5. 了解南非、印度尼西亚等景区管理模式	1. 能借鉴美国国家公园管理体制，完善我国风景名胜区管理 2. 能借鉴英国遗产协会等景区管理经验，完善我国文化遗产类景区管理 3. 能借鉴巴厘岛国际度假区管理模式，完善我国旅游度假的经营与管理

导入案例

圆明园防渗膜之争

在"圆明园'主人'是谁？"的激烈争论的背景下，圆明园防渗工程听证会于 2005 年 4 月 13 日在北京举行。

圆明园管理处观点：

(1) 在湖底铺设防渗膜是一项改善生态环境的节水工程。

(2) 圆明园现有 1 700 多名职工，如不节水增收，职工工资都难以保证。

(3) 防渗工程是作为圆明园环境整治的一部分开展的，没有进行单独立项。

反对方观点：

(1) 被管理处人为的"生态保护"是一场"生态灾难"。"流水不腐，死水易臭"，防渗膜使湖水与地下水系隔绝，从而产生大量腐败气体，恶化生态环境。

(2) 管理处只是圆明园的"管家"，而不是"主人"，作为"国宝"代管者的圆明园管理处，为了解决 1 700 人的"吃饭"问题，而把圆明园当成一个营利机构，追求小集体利益，与"国宝"委托者的取向相背离。

(3) 圆明园是"国宝"，人民作为"国宝"的主人，为何在"主人"不知道的情况下，就进行耗资巨大的防渗工程的开发？

专家观点：

(1) 中国人民大学社会学教授周孝正认为，没有单独立项属程序缺失，程序缺失是圆明园防渗工程合法性的"软肋"；在圆明园这项全国重点文物保护单位进行一项耗资 3 000 万元的"宏伟"工程，居然忽视了报批手续，反映了管理者法制观念之淡薄。

(2) 文物保护专家、全国政协委员罗哲文认为，没有中央政府的统一管辖，很难对遗产实现有效的管理和保护。

（3）北京大学专门从事遗产保护研究的李伟博士认为，美国《遗产合作伙伴法》提供了破解这一难题的新思路，其要点是，在遗产管理的问题上把纵向和横向的相关部门有机结合起来。而目前我国的遗产管理体制是注重纵向、忽视横向。

圆明园防渗工程之争的重要原因是我国正处于经济体制转型时期，有关景区管理体制尚未理顺，法制不够健全，景区管理的技术和手段还比较落后。而世界上许多国家在景区管理方面，有较完善、合理、有价值的经验。例如，美国国家公园的建设和管理走在世界前列，英国人很善于对旅游资源中的文化因素进行开发利用；日本作为世界经济强国和亚洲国家，其景区经营治理模式显然有别于北美和西欧，也是值得借鉴的。此外，南非的狩猎保护区、印度尼西亚的巴厘岛度假区都是世界经营管理成功的典型景区，对我国不同类型的景区的发展都有借鉴意义。这一章我们将以国外典型景区为例，介绍国外景区管理的先进经验和科学的治理模式。

11.1　美国国家公园的管理体制

11.1.1　美国国家公园管理体制的形成及特点

美国国家公园的管理制度特征是典型的中央集权制，全国范围内的所有国家公园统一归国家公园管理局管理。美国国家公园管理局设立于1916年，隶属于美国内政部，专门负责全国的国家公园事务。美国《国家公园事业法》规定，国家公园的管理主体是美国中央政府，并采用中央集权制管理国家公园；国会对国家公园具有绝对权威的处置权，是国家公园所有权和经营权的代表；国家公园管理者的角色是管家或者服务员；有关国家公园所有权经营权、管理权、资金成本、项目管理、人力资源管理等管理规范。

这种景区管理体系的产生源于1872年美国国会批准成立的世界上第一个国家公园——黄石国家公园。

1872年3月1日，美国国会颁布了关于在怀俄明州与蒙大拿州交界处建立黄石国家公园的法令。该法令强调，建立国家公园是为公众的利益、供大众欣赏使用而设立的。黄石国家公园建立之后，美国又陆续将西部地区一些联邦政府的土地，批准建立国家公园、国家纪念地，加快了国家公园系统的发展步伐。至1997年，美国国家公园系统包括20个类别（表11-1），共369个单位，总面积33.7万平方千米，覆盖49个州，占国土总面积的3.6%，其中国家公园54处，面积为20.9平方千米，占国家公园总面积的62%。

表11-1　美国国家公园系统分类一览

序号	类别名称	中文名称	数量（处）	面积（英亩）
1	National Park	国家公园	57	51 914 776.25
2	National History Park	国家历史公园	118	200 395.23
3	National Recreation Area	国家休闲游乐区	18	3 692 222.28
4	National Historic Site	国家史迹地		

续表

序号	类别名称	中文名称	数量(处)	面积(英亩)
5	International Historic Site	国际史迹地		
6	National Monument	国家纪念地	73	2 706 954.90
7	National Memorial	国家纪念碑	28	8 531.78
8	National Battlefield	国家战场	24	61 648.16
9	National Battlefield Park	国家战场公园		
10	National Battlefield Site	国家战场遗址		
11	National Military Park	国家军事公园		
12	National Seashore	国家海滨	10	594 518.33
13	National Lakeshore	国家湖滨	4	228 857.29
14	National River	国家河流	15	738 089.17
15	National Parkway	国家园林路	4	173 865.28
16	National Scenic Trail	国家风景小道	3	225 356.57
17	National Wild and Scenic River and River-way	国家荒野风景河流及沿河路		
18	National Preserve	国家保护区	19	23 742 279.74
19	National Reserve	国家保留地		
20	Other Destinations	其他未命名地	11	39 374.33
总计			384	84 327 446.01

美国国会于1872年颁布法令宣告黄石国家公园建立时已明确规定,黄石国家公园归内政部管辖。自此后批准成立的国家公园、国家纪念地都由内政部管理,另外一些纪念地及自然的、历史的区域,分别由军事部门或者农业部的林业局进行管理。因为当时还没有一个对联邦政府各种公园土地进行统一管理的机构。

1916年8月25日,美国总统威尔逊签署了一项关于成立国家公园管理局的法令。在内政部内负责当时40个国家公园和纪念地管理工作的新的联邦局正式成立了。这项法令规定:国家公园管理局的成立,将加强对国家公园、纪念地、保护区等由联邦政府掌握的地域的管理;而建立国家公园、纪念地、保护区的根本目的是保护它们的美丽景观、自然环境、历史纪念及那里的野生生物;同时供人们欣赏、享用,而又不至于损害它们,从而将来能为子孙后代所享用。

1933年,美国的一项行政法令将当时的63个国家纪念地和军事纪念地从林业局及军事部门转交给国家公园管理局进行管理。从此,国家公园管理局实现了对国家公园系统各单位的统一管理。其组织结构如图11.1所示。美国国家公园管理局系统共有员工约1.5万人,总部约600人左右;夏季另雇用3 000~5 000名临时人员。此外还有8万名志愿者。

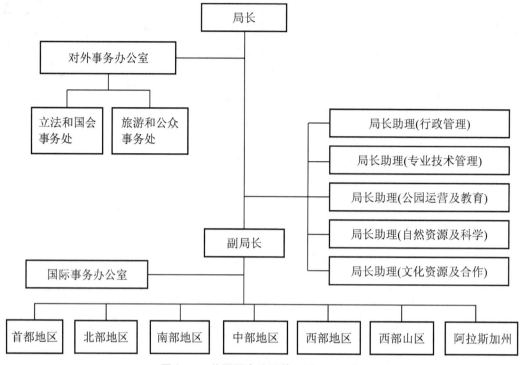

图 11.1 美国国家公园管理局组织结构

美国国家公园管理体系经过一个多世纪的发展,目前已经成为世界范围内管理体系最完善、最有效的景区治理模式,其精髓在于:国家公园的管理有完整的理论和法律体系,有明确的指导思想;全国有一个自成系统的、统一的管理机构;各国家公园根据各自资源保护的特点,由各种类型的专家长期进行资源保护及游客服务工作;大力进行科学普及和宣传教育。

美国国家公园管理的主要特点如下。

第一,国家公园的土地、资源的所有权及其保护职能明确,受法律保障;

第二,公园的行政管理实行一元化垂直领导;

第三,国家公园的经营权和管理权分离;

第四,公园的规划设计高度集中,由国家统一组织专家编制;

第五,公园的管理大量吸收社会公众参与和社会支持,资金来源主要靠政府拨款,部分靠私人或者财团捐赠,门票收入用于环境和资源保护建设及环境保护宣传教育支出。

11.1.2 黄石国家公园管理经验

1. 黄石国家公园概况

黄石国家公园简称黄石公园,是世界第一座国家公园。黄石国家公园地处号称"美洲脊梁"的落基山脉和中落基山之间的熔岩高原上,绝大部分在怀俄明州西北部,并向西北方向延伸到爱达荷州和蒙大拿州,公园共有东南西北及东北 5 个入口,北、中部园区海拔

2 400多米，公园东北角的鹰峰海拔3 462米，是公园的最高点，面积达8 987平方千米。这片地区原本是印第安人的圣地，但因美国探险家梅里韦瑟·路易斯（Meriwether Lewis）与威廉·克拉克（William Clark）的发掘，而成为世界上最早的国家公园。它在1978年被列为世界自然遗产。

美国人认为土地是一种商品，可以像农产品一样在市场上出售。最初的拓荒者认为，通过向自然界索取来占有物质财富，是他们获取社会地位和荣耀的途径。随着美国西部的开发，人们的注意力集中到公有土地上。独立战争后仅几年的时间里，大面积的土地所有权得到承认，数百万公顷被指定用于保护区的土地落入铁路、矿业、伐木公司和养牛企业联合组织的投机商手中。为保护大自然的美景，使黄石地区不再落入探矿者、擅自在未占用公地上定居者、大农场主和伐木场主手中，在1872年3月1日，美国国会通过了建立黄石国家公园的提案，该提案将黄石公园永远地划为"供民众游乐之用和为大众造福"的保护地。这一举动开创了近代社会通过政府努力、为公众保护自然景观的先河，迎来了世界迈入自然保护新世纪的曙光。

黄石国家公园自然景观以石灰岩为主的热地台阶、大峡谷、瀑布、湖光山色、间歇喷泉与温泉等特色突出。同时，黄石国家公园还是一个野生动物的乐园，其中属于世界珍稀动物的有北美野牛、灰狼、棕熊、麋鹿、巨角岩羊、羚羊等。

黄石国家公园是世界上国家公园管理的典范，在资源与环境保护、科学研究、宣传教育、员工招募、资金运作等方面都有极大的借鉴意义。

2. 黄石国家公园的管理目标

（1）保护公园资源。

① 黄石国家公园的自然、文化及相关价值在良好的环境中得到保护、修复和维护，并且在广义的生态系统和文化氛围中得到很好的经营。

② 黄石国家公园在获取自然、文化资源及相关价值的知识方面做出巨大贡献；关于资源和游客管理决策均是在充分的科学信息的前提下提出的。

（2）成为向公众提供娱乐和游客体验的场所。

① 游客能安全地游览，并对可进入性、可获得性、多样性及对公园设施、服务的质量和娱乐感到满意。

② 黄石国家公园的游客、所有美国人、全世界人民都能够理解并且赞赏为了当代及子孙后代而对黄石国家公园的资源进行保护。

（3）确保机构的高效率。通过吸引合作伙伴、采取主动及从其他机构、组织和个人的支持来增强其管理能力。

3. 黄石国家公园的资源保护

黄石公园的总体保护措施——公园的所有工作人员都参与公园资源的保护工作。所有员工都参与对游客的资源和环境保护教育活动。例如，当游客们看到在公路上慢悠悠行走的野生动物时，很乐于听员工讲解关于野生动物的生活习性、种群状况、稀有程度等方面的情况；当和垂钓者闲聊时，工作人员就检查了他们是否遵守了公园的有关规章制度，从而降低对鱼类造成的负面影响。

黄石公园在20世纪80年代开展了"资源运营"项目。除了资源方面的专家负责监督公园的自然和文化方面的资源状况，以及确定需要采取什么措施去保护或者修复它们之外，有5名全职的资源运营协调员及15名资源运营和保护部职员。他们的具体职责是监督资源状况，从而确定游客的影响程度，并采取有效措施将这种影响降到最低；在游客经常游览的景点开辟道路、野营地及增加设施设备；教育游客如何保护公园的资源；加强法律和公园规章制度的实施力度。

1994年，黄石公园建立了赔偿金制度，其主要目的是为那些遭到人为破坏的自然或者文化资源提供修复的资金。此外，黄石公园还设立了野生动物保护、本地植物保护和地质资源保护等方面的规章制度。

4. 黄石国家公园教育与研究的公益性管理

黄石公园把对游客进行的关于公园自然和文化特色的教育作为为游客提供愉快旅游经历的重要组成部分。在理想的情况下，讲解从游客进入公园之前就开始了，并且持续到游览结束之后，这样可以在实现资源保护的同时，给每一个游客留下终生难忘的旅游经历。

每年有数以千计的关于公园方面的书面咨询、电话询问、电传或者电子邮件被转入黄石公园的全体员工手中。公园通过各种各样的正式或者非正式的私人交往、室内外展示、出版物、多媒体等方式来增进公众对公园价值和资源的理解和好评，另外还安排讲解专家在网站上开展了对景点的虚拟游览、互动地图、详细介绍黄石公园等活动，这样可以提高该网站的访问次数和受欢迎程度，而且这还将公园的服务范围向非传统的、各种类型的公众拓展。

讲解和教育的形式多样化，可以人员全程陪同讲解，也可以通过声像资料展示，此外，运用多媒体向游客陈述公园的地质演变、野生动物等也是一种很有效的教育途径。

每年黄石公园针对来访游客和其他公众出版大约60种读物。黄石公园协会作为教育和讲解的主要合作伙伴，通过在公园的游客中心销售出版物，将获得的资金用于印制公园外文版地图、提供外文导游、出版法文、德文、西班牙文、日文报纸等。当游客驾车驶入公园时，将自己的收音机拨到调频1610频道，就可以收到关于公园的简短信息和注意事项。

在科学研究方面，黄石公园在1871年就开展了正规的科学调查。首批勘查项目的重点是公园的水生态系统，不过对涉及公园特色的其他方面也做了大量文献记录，包括考古、植物区系、动物区系等。1898年，黄石公园最早的科研许可证颁发给了W. A. Setchel教授。之后，吸引了来自不同学科、不同研究机构的科研工作者。近几年，黄石公园每年批准250～300个科研项目，其中大约50%的项目是由大学的教授或者与大学有密切联系的研究人员所主持或者监督的，还有近25%的项目是由私人基金、企业或者个人完成的，其余的项目由公园的工作人员或者其他政府机构的科研工作者完成。

5. 黄石国家公园最具代表性的旅游项目

1）初级守护者

黄石公园针对5～12岁的孩子开展了一项名为"初级守护者"的官方项目，其目的是向孩子们介绍大自然赋予黄石公园的神奇及孩子们在保护这一人类宝贵财富时所扮演的角色。

要成为一名初级守护者，每个家庭只需要为长达 12 页的活动表支付 3 美元，这样孩子们就可以参观公园的任何一个游览中心。孩子们的主要活动包括参加由公园守护者引领的一些活动，在公园的小道上徒步旅行，完成一系列的关于公园的资源和热点问题的活动，以及了解诸如地热学、生态学的相关概念。然后，在核实了孩子们确实出色地完成上述活动后，参与者将被授予官方的"初级守护者"荣誉称号。

2）野生动物教育——探险

黄石公园是美国观察悠闲漫步的大型野生哺乳动物的最佳地区之一。该活动是在黄石公园协会的一名有经验的生物学家的带领下，探寻黄石公园内珍稀的野生动物。通过该活动参与者将会了解在何处、何时、怎样观察野生动物，并且从野生动物的行为、生态学及保护状况中得到满足。

3）寄宿和学习项目

寄宿和学习项目对于那些想通过游历世界上最早成立的国家公园而获得乐趣、恢复精力的游客而言是最合适的，这项活动真正集教育与休闲于一体。借助黄石公园住宿条件，该项目活动为游客提供了最为美好的两个不同的世界——白天和夜晚。白天参与者在黄石公园研究会的自然学家的带领下饶有兴趣地探寻黄石公园的奇趣之处；夜晚在返回住处享受美味佳肴和舒适的住宿设施，并且在有历史性的公园饭店内体验丰富多彩的夜生活。

4）现场研讨会

该活动为游客提供一段相对比较集中的近距离的教育经历，主要涉及一些专门领域，如野生动物学、地质学、生态学、历史学、植物学、艺术及户外活动的技巧。近几年还包括"野狼的世界"、"冬天的写作"、"火山活动"、"荒野紧急救援"、"高山野生花卉"及"Ghost 饭店"等专题活动。

研讨会的指导者一般是对黄石公园充满感情，并且愿意与他人共享其专业知识的知名学者、艺术家和作家。无论是青年人还是老年人，无论是男士还是女士，无论是长期从事科研工作的学者还是初来黄石公园的游人，凡是具有某一方面好奇心的游客，都可以成为该活动的积极参与者。

大多数的研讨会都会在黄石公园内的骆驼谷、野牛牧场或者公园的饭店内举行。活动一般持续 1~4 天，人员限制在 13 人以内，费用为每天 55~65 美元。

5）徒步探险

面积达 8 900 平方千米的黄石公园是全美国最原始的荒原地区。其中，1 700 多公里的小道适合徒步行走。在公园守护者的带领下，游客用半天的时间，可以完成参观鲜为人知的地热区、探寻野生动物的栖息地、经历黄石公园的一段荒凉地带等徒步活动。

黄石公园的徒步探险旅游可选择的活动地点很多，徒步旅行的难度也从轻松到十分艰险不等，甚至有些活动不适合有心脏病、呼吸系统疾病或有其他严重病史的游客参与。公园特别规定，所有 15 岁以下的孩子在进行徒步探险时必须由父母陪同前往。

6）野营和野餐

黄石公园内共有 12 处指定的野营地点，其中大部分野营地遵循谁先到先为谁服务的原则。在野营地点，游客既可以欣赏黄石公园的美景，又可以远离喧嚣的都市，体验悠闲自得的恬静的乡野生活，同时，还可以通过与公园守护者、其他游客的交谈等活动加深对黄石公园的体验。

6. 黄石国家公园的资金运作

黄石公园的资金大部分是经美国国会批准，从税收中划拨的。其资金来源的构成有基本资金、特殊项目酬金、项目拨款、私人或财团捐赠、展示项目酬金及建设资金等。此外，门票收入也是资金来源的重要组成部分。但是门票收入一般用于公园内特别项目的开发，并非用于员工薪水和设施设备等固定支出。员工薪水是由美国国家财政发放，据统计在政府划拨的资金中有68%（1998年）被用于支付员工薪水和津贴。黄石公园的资金除了运用在员工薪水津贴、设施设备上外，还运用在污染处理设备、研究项目、游客运营、特殊项目等方面。

7. 黄石国家公园的资金来源构成

1) 基本资金

该项资金每年由美国国会批准，并根据《国家公园服务法》划拨给每一个国家公园。尽管这笔资金每年都在增长，但其增长幅度仍低于黄石公园开支的增幅。

2) 特殊项目酬金

除门票以外，黄石公园还被授权对特殊活动收取酬金。

3) 项目拨款

划拨给公园的年度拨款中还包括一些针对特别项目的资金，这些项目必须是在《国家公园服务法》中认为是有价值的，才能够被批准获得拨款。黄石公园已经得到的一次性项目拨款的例子有印刷公园中的小道的路标；拆迁九个地下储存罐；历史图片的保存；对许可经营项目的调查。

4) 私人捐赠

黄石公园被授予接受私人捐赠用于弥补运营经费的不足的权利，这些钱不包括黄石公园协会和黄石公园基金会所获得的捐赠。有些捐赠可用于任何项目，而有的捐赠只能用于指定的项目。

5) 展示项目酬金

从1997年起，美国国会授权国家公园系统可以保留80%的门票收入，另外20%由联邦机构决定如何使用。黄石公园是最早授权的100个单位之一。按照《国家公园服务法》，这笔被授权的资金可用于弥补项目预算的赤字，以便能够解决那些非常紧迫的资源保护和基础设施维护问题。尽管每年这些都可以为公园提供重要的资金来源，但它还是被认为是非固定项目。

6) 建设项目资金

除了每年划拨的基本资金，美国国会还专门为国家公园系统划拨建设资金，每一个建设项目必须由国会单独批准，因此，黄石公园必须通过和其他公园竞争才有可能获得该项资金。黄石公园已经获得了一些项目的资金。

黄石公园是美国国家公园的里程碑。国家公园是一种自然景区类型，兴起于美国，随后在世界范围内得到发展并逐步走向成熟。虽然各国对国家公园的理解有所不同，但是现在学术界对国家公园所具有的价值和功能有一致认识，即国家公园可以提供人类追求的健康环境、美丽环境、安全环境及充满知识源泉的环境，其一般具备四个功能：一是保护环境，二是保护生物多样性，三是供公众游憩、繁荣地方经济，四是促进学术研究及国民环境教育。

11.1.3 中国和美国自然文化遗产管理比较

在我国并不存在美国意义上的国家公园，只有与此类似的自然保护区和风景名胜区。中国在地理条件、领土幅员和自然遗产资源方面与美国有很强的可比性，但在自然文化遗产管理上差别较明显见表 11-2。

表 11-2 中国与美国自然文化遗产管理比较

比较内容	中 国	美 国
自然文化遗产名称	自然保护区、风景名胜区、森林公园地质公园、水利风景区、旅游风景区、历史文化名城等	国家公园、国家森林、国家野生动植物保护区、国土资源保护区、某些博物馆五大类
所有权	名义上国家所有，实际为部门和地方所有制，相当数量的遗产管理机构并不掌握遗产资源产权，如土地权、林权等，而只有资源的部分管理权	大多数为联邦政府直接掌握产权并全权委托给遗产管理机构，少量为自治团体、企业和个人所有
规划体系	按管理部门，在部门内部进行评审	内务部国家公园局丹佛规划中心统一编制总体规划、专项规划、详细规划和单体设计，规划成果完成后普遍征询公众意见
资金机制	以地方财政拨款和地方经营筹资为主	国家公园的建设运行经费进入联邦政府财政经常性预算，其他遗产为分级所有、分级出资，同时有大量的社会捐赠资金
管理机制	绝大多数为属地化管理的事业单位	垂直管理为主的非营利机构，同时有大量的志愿者参与
经营机制	多数为政企合一、财政拨款加自收自支；少数以经营权转让方式全盘转移给公司进行市场化经营	有限范围的特许经营
监督机制	地方政府监管为主，上级业务主管部门为辅	上级主管部门和公众共同监督

资料来源：郭亚军. 旅游景区管理[M]. 北京：高等教育出版社，2006.

尽管两国的国情国力存在很大差异，但从管理效果看，美国自然文化遗产管理的很多方面均产生了良好的效果，值得我国景区管理借鉴。

国家公园管理作为一项国际性游憩、旅游管理行为，尽管存在社会制度和文化背景的差异，但也存在许多共同之处。特别是在所有国家和地区的国家公园管理活动中，需要处理的矛盾和关系是基本相同的。这些矛盾和关系包括资源保护与旅游发展之间的关系，中央政府与地方政府之间的关系，国家公园用地与周边土地之间的关系，不同政府部门之间的关系，立法机构、行政机构和民间团体之间的关系，管理者与经营者之间的关系，以及国家公园管理机构与民间保护团体之间的关系。在这些矛盾和关系的处理上，美国国家公园有很多值得借鉴的经验。

遗产管理中最主要的矛盾是保护与利用之间的矛盾，而保护与利用都是依靠管理手段来实现的。而管理者的自身定位将直接影响遗产保护的最终效果。目前，美国国家公园管理体系在处理遗产保护和利用的矛盾关系上，已产生了良好效果，并在世界范围内引起了巨大影响。首先是国际自然及自然资源保护联盟（IUCN）已经于1974年正式接纳了美国国家公园管理体系的概念，并以此确立了一套国家公园的国际标准；其次是加拿大、日本、德国、挪威、泰国等国家相继采用了国家公园管理体系。

美国的遗产保护建立在较为完善的法律体系之上，几乎每一个国家公园都有独立立法，美国国家公园管理局的设立及其各项政策也都以联邦法律为依据。20多部联邦法律，几十部规则、标准和执行命令保证了美国国家公园作为国家遗产在联邦公共支出中的财政地位，也避免了美国国家公园管理局与林业局等部门之间的矛盾。我国景区管理中的法律体系不尽完善，应将国家遗产的保护纳入法制轨道，并促使各相关行政部门进行有效的合作。

1965年美国国会通过了《特许经营法》，要求在国家公园体系内全面实行特许经营制度，即公园的餐饮、住宿等旅游服务设施向社会公开招标，经济上与国家公园无关。国家公园管理机构是纯联邦政府的非营利机构，专注于自然文化遗产的保护与管理，日常开支由联邦政府拨款解决。特许经营制度的实施，形成了管理者和经营者角色的分离，避免了重经济效益、轻资源保护的弊端。针对我国景区管理的实践，可以在一些世界级的景区，将其直接归属中央政府管理，并实施特许经营制度，取得成功经验后向其他自然文化遗产推广。

科学的规划决策系统是保证国家遗产有效管理的有力工具。美国国家公园的经验是用地管理分区制度、公众参与、环境影响评价、总体管理规划—实施计划—年度报告三级规划决策体系等。目前，我国的规划决策有可操作性不强、决策过程不够科学、公众参与强度不够等问题。学术界应与相关政府部门通力配合，尽快完善有关遗产保护管理方面的规范、指南、制度和其他政策性文件，最终形成符合我国实际的、切实有效的规划与决策体系。

11.2 英国景区管理体系

英国旅游局根据1969年《旅游发展条例》设立，隶属于就业部之下。英国旅游局的主要职能是宣传促销、促进旅游基础设施建设，旅游局下设秘书处、旅游市场委员会（宣传促销）、旅游设施委员会（协调相关部门旅游设施建设）、旅游开发委员会（改善旅游交通及标识、环境卫生）、饭店餐馆委员会（饭店星级评定）、文物遗产委员会（文物保护宣传），并设有驻外旅游办事处30个。另设三个半官方组织——英格兰旅游委员会（又译为旅游局）、苏格兰旅游委员会（又译为旅游局）和威尔士旅游委员会（又译为旅游局），主要职能是宣传促销与旅游合作。英国旅游协会成立于1929年，其成员有船运公司、铁路、饭店和有度假地的地方政府。

在旅游资源方面，与美国、中国、意大利、法国、埃及等国家相比，英国并不拥有多少令人叹为观止的旅游资源，但是英国人很善于对旅游资源中的文化因素进行开发利用。王室文化、博物馆文化是英国旅游资源的主体。英国官方认可的5 552个景区中，有1 514座博物馆、1 427处历史遗迹、344处园林、375个工厂景点；此外，还有野生动植物园261处、游客中心253处、美术馆246座、乡村公园209处、农场186个、蒸汽机车旅游线101条等。

英国遗产的管理是伴随工业革命与君主立宪的建立而逐步完善的。其治理模式的突出特点是多元管理主体、多种管理目的体系及较完善的景区外部监督与控制机制。

11.2.1　英国景区管理体系概述

英国各景区的管理主体往往各不相同。地方政府、私营组织、民间机构等是主要管理主体。地方政府如苏格兰旅游局、威尔士旅游局；私营组织主要有中小型私人公司、个体企业；全国性机构，如英国国家信托基金、地区信托机构与专项信托机构。此外，还有中央政府，如英格兰遗产局；多元化经营的跨国组织，如皮尔逊公司；大型休闲公司，如布莱克浦快乐滨海公司等。

这与我国景区管理主体类似，地方政府在景区管理中扮演着重要角色。不同的是，英国政府承认部分景区私有权，因而私人组织也成为景区的管理主体之一。

英国国有组织管理景区主要是为了获得中央政府和地方政府的财政支持，所以经营景区的主要任务就是努力达到政府规定的经营目的，具体有：保护国家或地区的文化遗产；为公众提供休闲设施；为民众提供受教育的机会；改善国家在国际上的形象，或提高某一地区在国内的知名度；作为发展经济或振兴城市的工具；出于政治目的。而私营和民营的景区的经营机制与一般工商企业没有多大区别。私营景区的经营动机是使产品多样化，提高市场占有率，达到一定的投资返还率或增加利润。民营组织经营景区的动因有两个，即资源保护和教育。

英国景区的所有权与经营权是可以分离的，如由地区信托基金经营的景区就是分离的；也可以是不分离的，如国有景区是由政府所有并经营的。

英国景区的外部并没有建立一套监控机制，而是依靠政府法规和资质认证来监控景区；另外，英国政府推行一套BS 5750的认证系统，重点对景区的建设和运行过程进行监控；此外，由各类协会对景区的运行进行监控；如果是私营或民办的景区，其主要监控力量来自各个股东。

11.2.2　英国景区管理体系的特点

1. 景区协会是景区管理的主要推动力量

目前，英国至少有三个主要的全国性景区协会团体。其中，ALVA景区协会成立于1989年，是年接待量超过100万的景区组织的机构，其成员包括英国的博物馆、大教堂、文化遗址和大规模娱乐景点等。令人意外的是，英国的两个政府机构（古皇宫管理局和英格兰遗产局）也是该协会的成员。此外，还有许多区域性的景点机构，如苏格兰景区协会等。这些协会的作用有两个：一是在议院外进行游说活动，要求政府采取一些有利于景区发展的政策；二是行业内的自我质量控制和自我调整，以使整个景区行业在顾客和政府中享有更高声誉。

2. 各地方政府是景区管理的主角

英国的许多景区都属于地方政府和民办机构（表11-3）。地方政府在景区开发、经营方面享有很大的自主权。英国的全国旅游机构——英国旅游局和英国旅游委员会主要负责英国旅游业的对外营销，不具体管理景区。同样，各州郡的旅游局和旅游委员会也主要负责景区的营销工作。稍有不同的是它们还从事地方旅游资源的统筹开发、计划研究和资料统计工作，对本地旅游业实施资金援助并提供信息咨询等。

表11-3 英国景区所有权归属一览

主要景区景点	所有权归属部门	部门拥有和经营景区的动机
博物馆、美术馆、纪念碑、古代遗址、古建筑、乡村公园、森林	所有权归国家所有，由中央政府、地方政府或国有企业行使	首先是环境保护；其次是教育、为社区居民提供闲暇场所、促进旅游发展
主题公园、动物园、小船坞、娱乐中心、购物中心	所有权归个人所有，私营组织，如商业组织，行使	首要动机为利润；其次是娱乐、最大限度增加游客数量和市场份额、开拓市场
古建筑、文化遗产中心、露天博物馆、蒸汽汽车	所有权由民办组织实施，如信托、慈善机构、国家信托基金、地方经济博物馆	首要动机是用获得的收入进行环境保护；其次，教育和游客管理

资料来源：郭亚军. 旅游景区管理[M]. 北京：高等教育出版社，2006.

3. 各方合作，共同实现景区管理

国家机构与地方政府合作；公共组织与私人合作；公司间相互合作。

11.2.3 英国景区管理体系的经验总结

（1）松散的联邦式管理体系。从英国的景区管理实践来看，英国景区管理主体呈现多元化特征，中央、地方、企业、民间协会等各方力量齐上阵，形成松散的联邦式管理体系。各种力量在发达的行业协会、完备的法律体系、成熟的金融体系及对旅游资源私有化的法律认可环境中运行。

（2）协会既是政府和企业的纽带，又是管理景区的一种方式。英国旅游行业协会不仅起到了政府和企业之间的纽带作用，而且体现了除市场控制、国家干预之外的又一种控制。

（3）旅游资源保护公众化。首先，英国议会1949年成立了自然保护局，并授权该局建立自然保护区。目前，该局已经建立了广泛的自然保护区，除了国家级自然保护区之外，地区当局也建立了地方自然保护区。其次，皇家鸟类学会、郡自然保护区集团、苏格兰野生动物集团、野生动物协会和自然保护协会等非政府组织也从事自然保护区管理工作。此外，义务团体不仅从事自然保护区工作，而且还在各自的自然保护区从事植树造林，在保护区轮流值班。

11.3　日本自然公园的治理模式

11.3.1　日本国家公园制度

1. 管理制度

日本国家公园由日本国家环境厅厅长主管，自然保护委员会协管。对国家公园、准国家公园和都、道、府、县自然公园的管理有国家环境厅与都道府县政府、政府以及国家公园内各类土地所有者密切合作进行：在 11 个国家公园和野生物种办公室下，现有 55 个公园管理站；准国家公园和都道府县自然公园由有关的市政府和都、道、府、县管理。

按照日本的《自然公园法》的规定，《自然公园法》的执行由国家公园管理人（园长）及公园的其他员工、地方政府官员会同公园的各类土地所有者合作完成。

2. 保护性制度

日本按照生态系统的完整性和风光秀丽等级、人类对自然环境的影响程度、游客使用的重要性等指标将所有国家公园的土地划分为特别区、海洋公园区和普通区，对国家公园进行分级保护。特别区又分为特殊保护区、Ⅰ级特别区、Ⅱ级特别区、Ⅲ级特别区。具体保护措施有园内限制人类活动、美化园内环境活动、收购国内的私人土地。

3. 旅游服务政策

（1）未来促进对国家公园的充分利用，允许地方公共团体和个人按照国家公园的使用规划提供服务设施。

（2）公共设施的提供。

（3）特许承租人提供设施。

（4）设立国家度假村。

11.3.2　日本自然公园概况

日本的公园按其景观起源分为营造物公园和自然公园两种。营造物公园可以分为国家营造物公园和地方团体的营造物公园；国家营造物公园可以分为国营公园和国民公园，地方团体营造物公园可以分为都市公园和其他公园。自然公园可以分为国立公园、国定公园和都、道、府、县立公园三大类。国立公园，其自然景观非常优美，在全国范围内有一定代表性，由自然环境保全审议会提出意见，最后由环境厅长官指定；国定公园，其自然景观优美，但风景质量水平差，首先由都、道、府、县提出书面申请，然后由自然环境保全审议会审查，最后由环境厅长官指定；都、道、府、县立自然公园，其自然景观魅力具有地方代表性，在听取都、道、府、县自然环境保全审议会意见的基础上，分别由都、道、府、县知事指定。

营造物公园和自然公园最大的区别在于：营造物公园是人为制造的景观，供公众使用的区域；而自然公园则是保护和利用自然景观，并对园内的一切行为做出相应限制的指定区域。其分类体系如图 11.2 所示。

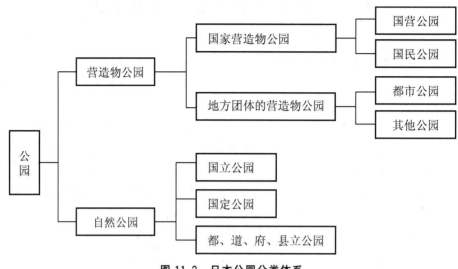

图 11.2　日本公园分类体系

11.3.3　日本的《自然公园法》

1957 年，日本制定并开始执行《自然公园法》。

该法总则中的第一条明确指出了制定该法的目的是保护自然的风景地，充分利用自然风景资源，为国民提供保健、修养及科普教育的优美场所。

法则主要内容：在严格保护的前提下，适当开发、合理利用；针对被指定成为国立、国定和都、道、府、县立自然公园的风景地，做出制订公园计划和管理计划的有关规定；明确公园内利用设施的有关要求和居民、游人的相应行为限制。

公园计划——《自然公园法》规定，所有自然公园必须做出相应的公园计划。公园计划的内容主要包括保护计划和利用计划。其中保护计划包括保护方面的限制计划和实施计划；利用计划包括利用方面的限制计划和实施计划。其具体内容见表 11-4 所示。

表 11-4　日本自然公园的保护计划和利用计划内容一览

计划类别	计划内容
保护限制计划	海洋：特别地域、普通地域；陆地：特别地域——特别保护区、第一种特别保护区、第二种特别保护区、第三种特别保护区，普通地域
保护实施计划	动植物复原、保护措施、防沙措施、防火措施
利用限制计划	利用的时期、方法，限制的必要事项
利用实施计划	游乐区域、游乐设施；利用设施：单独设施、运输设施、道路——步道、车道、自行车道

在公园计划中，必须对自然公园内的利用设施，分 11 项 37 种做出十分详尽的规定。11 项分类如下：①道路及桥；②广场和园地；③宿舍（即住宿建筑物）和避难小屋；④休息场所、瞭望设施；⑤野营场、运动场、游泳场、划船、滑雪场、滑冰场，以及停车设施；⑥供专人用的车库、停车场、加油设施及升降机；⑦运输设施；⑧给排水设施、医疗救急设施、公共浴场、厕所和污水处理设施；⑨博物馆、植物园、动物园、水族馆、博物展示设施及野外剧场；⑩植物保护、动物保护、繁殖设施；⑪防沙设施和防火设施。

在公园计划中，须分别划分特别地域（特别保护区）和普通地域，写明要受限制的行为，再报由相关长官批准，其程序一般是国立公园由环境厅长官依据《自然公园法》中相关标准审批；国定公园和都道府县立自然公园则由都、道、府、县知事批准。多数情况下，环境厅长官委托各都、道、府、县知事办理。

其中限制的行为：工作物的新建、扩建；木竹采伐；矿、土、石的开采；污、废水排放；广告的设置；水域改土；土地开发；植物的采摘；建筑物顶的色彩；车马进入的区域；家畜的放牧；物资的贮存；火源的管理；动物的捕猎、蛋的收集等。

需要说明的是，因保护区域等级和行为限制的内容不同，审批的严格程度也不同。

根据《自然公园法》，在公园计划的基础上，还须做出相应的管理计划，主要包括以下内容。

（1）管理体制及方向：明确公园管理体制，并对今后管理的方向、措施作原则性的说明。

（2）有关事项说明：①景观管理有关事项；②地域开发、整备有关事项；③土地及事业设施管理的有关事项；④指导利用者的有关事项；⑤地域美化、修景的有关事项；⑥其他方面事项。

11.3.4 广岛中央森林公园概况

1. 基本情况

广岛中央森林公园位于广岛县西南部丰田郡本乡町，毗邻广岛县国际机场，距广岛市约 40 千米。全园属典型的丘陵地貌，最高海拔 370 米，最低海拔 250 米，森林覆盖率大于 90%。公园建于 1986 年，面积约 287 公顷，总投资 324 亿日元（约合 2.7 亿美元）。

2. 建园目的

建立广岛中央森林公园的目的是保护广岛县国际机场周边优美自然环境，充分发挥机场缓冲地带森林多功能防护效益，为全县居民提供一个环境清洁，风光优美，具有保健、休养、科普教育等功能的场所。

3. 管理机构

森林公园日常管理办事机构称为"广岛县中央森林公园事务局"，下设局长、次长、管理课、事业课、公园整备课等机构。机构最大特点是精简、高效。

4. 主要功能分区及设施

1）主要功能分区及设施

（1）公园管理区：根据自然条件选择地势平坦、开阔的区域，主要供公园日常管理办公使用。该区面积 20 公顷，分为公园中心、自行车中心、森林学习展示馆和修景园地。

① 公园中心：建筑面积 759 平方米，主要供日常管理办公、休憩及学习使用，设有小卖部。

② 自行车中心：建筑面积 630 平方米，供园内运动用自行车日常管理、维修及存放。

③ 森林学习展示馆：全木结构，建筑面积 298 平方米，展示、介绍有关森林的各种实物和知识，为游人提供一个科普教育的理想场所。

④ 修景园地：面积 1 公顷，为修饰、美化公园管理区环境的园林绿化用地。

(2) 用仓川区：以园内主要溪流——用仓川为主题的水景区域，面积 15 公顷。

① 用仓川园地：长 1 100 平方米，为游人观水、戏水、亲水的区域。

② 湿性植物园：面积 2 公顷，为游人了解、学习水生植物场所。

(3) 森林体验区：根据自然条件，将园内坡度较小（≤15°）、植物种类丰富但密度适中且无有害植物的区域，划为游人体验区。该区面积 18 公顷。其中森林浴场面积为 11.5 公顷，为游人体验、学习森林，开展森林浴的场所。

(4) 保全绿地区：根据自然条件及周边影响因素，划出能发挥生态环境保护作用的区域。该区面积 27 公顷，分为瞭望广场（面积 1.1 公顷，供游人远眺广岛机场、因岛大桥）、自然观察路（长 2 200 米，供游人登山、健身、观察、了解大自然）和公园保安林（防护林）。

(5) 用仓新池区：以园内湖泊——用仓新池为主题的水景区域，面积 27 公顷。

① 三景园：面积 6 公顷，为典型的日式庭园。

② 芝广场：面积 1 公顷，设水上观景台、休息场所等设施。

③ 池周边修景：面积 5 公顷，为修饰、美化湖泊周边环境的园林绿化用地，设步道、月见桥等设施。

(6) 运动广场区：选择园内地势平坦、植被稀少的区域，为游人提供一个健身、休闲的场所，面积 13 公顷。

① 运动广场：供游人开展多种体育活动的场所，面积 3 公顷。

② 自行车运动场：供游人开展自行车健身运动的场所，曾是 1994 年亚运会自行车赛场，面积 1.5 公顷。

③ 多目的广场：是公园内植纪念树、友谊树，开展文娱表演等多种活动的场所，面积 2.5 公顷。

(7) 高尔夫球场：标准 18 洞，面积 13.1 公顷，总投资约 65 亿日元。

(8) 野营、烧烤场：面积 2 公顷，设于地势平坦、植被稀疏、靠近水源的区域，并配备齐全各种野营及烧烤设施。

(9) 自行车道：按国际自行车联合会标准修建的自行车赛道。宽 5 米，长 13.6 千米；合成沥青路面；最大坡度率上坡 12%，下坡 10%；最小转弯半径 30 米；最大高低差 111 米。

(10) 附属设施包括停车场，面积为 3.5 公顷，可同时停放一般车辆 1 100 台和大巴 23 台。

2）日式庭园——三景园

该园占地 6 公顷，是一座有山、有水的环游式庭园，于 1993 年为纪念广岛机场开通而建成，当时耗资 26 亿日元。

广岛县位于日本中国山地南端，毗邻濑户内海，境内地形起伏、峡谷众多。在这峡谷中，有令人难忘的山村农舍；在海岸线上，有以宫岛为代表的诸多名胜。该园正是将这些风景用日本庭园式手法再现的庭园式公园。

"三景"意喻山、家乡和海。该园由三个园区组成，有自然植被丰富的山园，其内气势磅礴的"三段瀑布"从半山石壁上飞流直下，怒涛倾注，轰雷喷雪，云飞雾走；在乡村园中建有竹林、梅林、池塘、小木房和枫叶谷，实在是一幅秀美、朴实的山村画卷；大海、岛屿、小桥及水上茶室（观潮亭），层次分明、错落有致地分布于大海园，使人联想起美丽的濑户内海和世界驰名的宫岛胜景。

该园共栽植乔木100种2万株，灌木30种16万株，草坪3 000平方米，花卉65种4 000株；使用天然石材9 500吨，其中玉石2 500吨。在园林绿化上，其最大特点是所有乔、灌木均从森林中直接移植。

11.3.5　日本自然公园管理经验

（1）成熟的法律法规体系。目前，日本有16项与自然公园相关的国家法律规范调节了与自然公园有关的各方的责、权、利关系，最大限度地消除了管理过程中矛盾冲突发生的可能。

（2）专门详尽的管理计划。在公园计划的基础上，还需要做出相应的管理计划，主要包括以下内容：管理体制及方向；有关事项说明，包括景观管理事项、地域开发整备事项、土地及事业设施管理事项、指导利用者事项、地域美化修景事项等。

（3）日本自然公园建设投资受物价、劳动力、设施设备标准等因素影响较大，投资额较高、资金筹措渠道多。日本自然公园的投资额在几百亿至几千亿日元，甚至为几十亿至几百亿人民币；资金主要由国家、都、道、府、县政府解决，小部分通过自筹、贷款、引资等。

11.4　南非尼加拉私人狩猎保护区治理模式

尼加拉私人狩猎保护区通过非洲保护协会（CCA）把收益分给当地居民，该协会致力于引导国际捐赠人赞助非洲农村的地区项目。非洲基金会（原来的农村投资基金）以下列方式资助这些项目：

项目必须是由尼加拉私人狩猎保护区附近的社区成员发起，必须有益于社区；项目必须解决非洲基金会预先确定的项目类型，如小企业的发展、文化发展、地区基础建设或努力建设和培训；提议者必须表明项目具有经济、社会和环境可持续性；社区成员必须与非洲基金会合作，致力于发展（如提供劳力或财力）；提议要经过非洲基金会地区管理人员的审查并提交基金托管人；如果提议被通过，就把预算划拨给地区管理人员，并由他监督项目的实施。

现金不直接交给社区，因为过去这种做法曾造成社区成员贪污问题。这种损失对于一个必须依靠捐赠者并且说明捐款如何使用的组织来说是行不通的。因此，目前的机制被认为是确保捐赠管理透明度的最有效的方法。

1998—2000 年，尼加拉私人狩猎保护区通过非洲基金会向附近的威尔弗迪特提供了总额为 33 200 英镑的项目基金。尼加拉的非洲基金会基金已经被用于为威尔弗迪特的两所学校增加基础设施。

尼加拉私人狩猎保护区从事底层工作的员工（如负责处理内务的员工）是通过现有雇员招聘的。管理者通知现有的雇员需要招聘新员工，并要求他们通过朋友和亲戚网络传播空缺的消息。感兴趣者同项目经理联系。合适者可以得到面试机会。

尼加拉私人狩猎保护区把经营场所的废弃食物赠送给威尔弗迪特的一个养猪场。尼加拉私人狩猎保护区正在与现存的一个非政府组织合作调查：发展当地的手工制作并在经营场所的古玩店出售当地产品的可能性。

当地居民对附近保护区内资源的利用程度或者让他们更多地参与土地管理的可能性很小。不过，尼加拉私人狩猎保护区的员工一直与南非国家公园的土地管理者们一起推动当地居民参与正式会议中对土地管理行为的讨论，以及对自然资源的可持续利用，如清除灌木时的薪材和大坝里的水。在离威尔弗迪特最近的保护区生活和商业性偷猎行为都不多。

11.5 印度尼西亚巴厘岛度假区治理模式

11.5.1 巴厘岛概况

巴厘岛面积 5 632 平方千米，人口 315 万。岛上的居民普遍信奉印度教。巴厘岛虽然紧邻印度尼西亚经济文化中心爪哇岛，但却没有受到雅加达政局动荡的影响。在过去的 30 年中，旅游业保持着平稳发展。2000 年，超过 140 万国际游客从境外直飞巴厘岛，占巴厘岛国际游客人数的一半。旅游业为巴厘岛带来了源源不断的财富，现在的巴厘省已经成为印度尼西亚最富裕的省份之一。

11.5.2 巴厘岛度假区管理经验

（1）保护好自然环境、开发好旅游资源，是地区经济发展的基础。在巴厘岛，为保证生态景观效果，法律规定所有建筑高度不准超过四层。为保护海水质量和近海生态环境，政府规定开发商要建酒店必须先建污水净化系统，游客必须在特别开辟的专门区域下海游泳、活动，不能踩、触珊瑚，也不允许在近岸边钓鱼，严令禁止近海捕捞。

在短期经济利益与自然环境保护相矛盾时，无论是建筑、活动，还是行业关系，各地都选择了保护自然生态环境。

（2）强化旅游地宣传促销，充分利用国际度假旅游专业市场渠道。巴厘岛非常重视旅游地的整体形象宣传，政府在其中起了核心作用。一方面，巴厘岛当地的政府拨出专项资金，政府直接进行旅游宣传，包括编印地图、小册子，参加旅游交易会，组织或承办大型国际性娱乐康体活动，并使旅游宣传营销成为政府重要的日常工作之一。另一方面，通过政府或行业协会，组织各旅游企业做广告宣传，包括机场广告。此外，由于国际管理公司的介入，许多远在德国、美国、日本的旅游中间商也在使劲为这个岛屿和酒店做宣传广告，他们的努力是最直接的，许多度假酒店甚至没有专门的销售部门，靠远在千里之外的集团公司销售中心和代理商的网络系统获得了源源不断的客源。

巴厘岛旅游度假区在进行旅游营销时,首先强化政府和协会的力量,充分利用国际会议、活动和政治经济事件的机会,利用新闻舆论力量巧妙运作,把有限的资金财力集中起来利用,先在扩大名声、树立形象上把巴厘岛打出去,让世界知道印度尼西亚有一个热带度假休闲岛屿——巴厘岛。其次,加强对外联系,引进国际知名旅游管理公司、大型旅游代理中间商,互惠互利、灵活合作,打开外国游客进入巴厘岛的渠道。

(3) 转换政府职能,提高办事效率。旅游业是巴厘岛的第一大产业,旅游经济收入占国民收入的半壁江山,巴厘省旅游局为此做出了巨大的贡献,重视提高政府管理旅游的能力,积极学习欧洲、新加坡的模式。该旅游局的作用集中于以下几方面:批准民间发展旅游的许可证;帮助企业和私人,为他们发展旅游提供方便;宣传营销功能;保障客人在巴厘岛的安全。

(4) 观光旅游与度假旅游相辅相成、密不可分。观光与度假是巴厘岛旅游发展密不可分的两个方面。游客在巴厘岛平均停留时间是11天,游客通常会租车或自驾车到东部、中部山区考察民族风情、火山湖泊,到北部观光农业,考察红树林、海豚、珊瑚。巴厘岛现有的三个度假区实际上成了旅游者的临时居住中心,游客围绕居住中心进行一到两天的观光游览。度假游客通常以散客为主,除参观以外,也出海钓鱼、潜水。有时观光旅游者和度假旅游者很难区分,只是他们的停留时间和兴趣要求稍有差别。

(5) 发展旅游,不一定需要中心城市的依托。在巴厘岛旅游发展初期,往往以当地居民的集镇为中心发展旅游区,如库塔区。但在20世纪90年代后发展起来的旅游区多自成一体,大部分与当地居民区分离,城市很少提供旅游接待服务,如努沙杜瓦度假区。这主要是由于交通等基础设施的完善、消费观念的改变,而引起城市在以旅游为主导产业的地区的作用大大削弱。

(6) 基础设施和旅游度假设施的设计建设突出热带海岛环境优势。在巴厘岛,度假酒店都在尽量把自己与环境融合在一起,而且越是新建的、越是高档的酒店,这种倾向越明显。希尔顿酒店是巴厘岛最豪华的酒店之一,长长的栈桥把两个岛连在一起。但豪华酒店的大堂没有铺地毯,没有铺大理石,甚至没有用石板、水泥,而是沙滩。人们三三两两地在世界最豪华的酒店里行走,赤着脚,光着膀子,随心所欲,自由自在。但酒店的装潢却又是精心设计的,墙壁上传统风格的水循环机械装置在不紧不慢地运动着,墙角的沙滩时时刻刻有人在平整,并画上沙画。酒店也尽量采用当地材料和自然材料,别墅式的单栋房子有的全部用木材,有的在空心砖墙外又精心地包裹上一层草或椰子叶,屋顶一律是草和椰子叶。外观统一、自然、协调,内部舒适、豪华。

本章小结

本章从美国旅游管理体制出发,详细介绍了美国国家公园管理体制,并深入分析了美国国家公园的典范——黄石国家公园。同时,在介绍英国景区管理体系和日本国家公园制度的基础上,详细分析了英国管理体系的特点及其对我国景区管理体系的借鉴意义,以及日本广岛中央森林公园的基本情况。此外,介绍了南非尼加拉私人狩猎保护区与巴厘岛度假区的管理经验。国外这些经营管理十分成功的景区发展模式，对我国景区经营市场化、管理企业化的发展有重大借鉴意义。

关键术语

关键术语	定　义
美国国家公园管理体系	美国国家公园管理体系经过一个多世纪的发展，目前已经成为世界范围内管理体系最完善、最有效的景区治理模式，其精髓在于：国家公园的管理有完整的理论和法律体系，有明确的指导思想；全国有一个自成系统的、统一的管理机构；各国家公园根据各自资源保护的特点，有各种类型的专家长期进行资源保护及游客服务工作；大力进行科学普及和宣传教育
英国国有景区管理体系	英国国有组织管理景区主要是为了获得中央政府和地方政府的财政支持，经营景区的主要任务就是努力达到政府规定的经营目的，具体有保护国家或地区的文化遗产；为公众提供休闲设施；为民众提供受教育的机会；改善国家在国际上的形象，或提高某一地区在国内的知名度；作为发展经济或振兴城市的工具；出于政治目的
日本国家公园管理制度	日本国家公园由国家环境厅厅长主管，自然保护委员会协管。对国家公园、准国家公园和都、道、府、县自然公园的管理由国家环境厅与都、道、府、县政府、市政府及国家公园内各类土地所有者密切合作进行；在11个国家公园和野生物种办公室下，现有55个公园管理站；准国家公园和都、道、府、县自然公园由有关的市政府和都道府县管理。按照日本《自然公园法》的规定，《自然公园法》的执行由国家公园管理人(园长)及公园的其他员工、地方政府官员会同公园的各类土地所有者合作完成

理论思考题

1. 比较分析中美两国景区管理体制。
2. 简述美国黄石国家公园的特色旅游项目。
3. 简述日本自然公园的管理模式。
4. 简述南非私人狩猎保护区的管理模式。
5. 谈谈如何借鉴巴厘岛度假区的管理模式，改革我国旅游度假区的管理体制。

实训辩论题

辩论题：(1) 英国遗产地治理模式对我国景区管理是否存在借鉴意义。

正方：有借鉴意义

反方：无借鉴意义

(2) 美国国家公园管理体制是否属于企业管理。

正方：属于企业管理

反方：不属于企业管理

拓展阅读

伊朗印象

从首都德黑兰、古城设拉子到亚兹德，再到有"半个世界"之称的伊斯法罕，随处可见的历史古迹见证着这片土地上曾经的辉煌和厚重的文化，令人目不暇接，叹为观止。

设拉子东北部的波斯波利斯是波斯帝国都城的遗址，公元前522年，波斯国王大流士一世即位后下令修建，历经150年才最终完成。这座象征着阿契美尼德王朝辉煌文明的伟大城邦当时是波斯帝国的心脏，集中了大量财富。公元前330年，亚历山大大帝攻占了这里，将整个都城付之一炬。值得庆幸的是，时隔2 000多年，那场大火之后留下的众多石柱、宏伟的石门和精美的石雕依然完好。漫步在有着精致雕饰的高大石柱之间，会让人产生穿越时空的无限遐想。

清真寺在伊朗随处可见，导游阿里告诉我们，只要有超过10 000人居住的地方，就一定建有清真寺。在参观过的众多清真寺当中，印象最深的当数伊斯法罕广场上的伊玛目清真寺。该清真寺建于1612年阿巴斯一世时期，整个工程持续了22年。巨大的礼拜殿圆顶内高38米，外高50米，据说这样的建筑设计可以使诵经的声音遍传清真寺的各个角落。远远望去，整座建筑以蓝为底色，上饰以白色、金色的繁复花纹，在阳光的照射下尽显富丽堂皇。

陵墓是记录历史的重要载体，在伊朗能够参观到各个历史时期的帝王陵墓。傍晚时分，在伊朗抒情诗人哈菲兹的陵园里，前来拜谒的游人依然络绎不绝。诗人安睡在陵园中央的一个石亭里，人们多是围坐在石冢边默默悼念，一位年轻女子则手捧一本哈菲兹的诗集，上半身伏在石冢之上。导游悄声告诉我们，伊朗人至今仍保持着用哈菲兹的诗占卜的习惯，人们可以信手翻到诗集的任何一页，从而获得诗人在冥冥之中的某种提示，这位女子一定是要做出一个重大决定才会求助于哈菲兹。不知为何，此情此景竟让人生出莫名的感动。

令人感动的还有善良好客的伊朗人民，无论是在大街小巷，还是在酒店、景点，只要你的眼神与他们相遇，一定会得到一个友好的微笑。所到之处，伊朗旅游部门的工作人员都热情地发出邀请：伊朗欢迎更多的中国游客，也欢迎中国企业投资伊朗的旅游业。

参 考 文 献

[1] 刘祯，陈春花，徐梅鑫．经营、管理与效率：来自管理经典理论的价值贡献[J]．管理学报，2012(9)．

[2] 崔凤军，杨娇．公共资源类景区产品性质界定的再思考：公共经济学视角[J]．旅游论坛，2008(2)．

[3] 邓敏，陈实．基于政策演变的景区经营权转让的实践问题分析[J]．桂林旅游高等专科学校学报，2006(6)．

[4] 俞雪勇，吴明晖，吴艇．景区公共卫生设施优化规划研究[J]．系统工程，2010(2)．

[5] 邹统钎．体验经济时代的景区治理模式[J]．商业经济与管理，2003(11)．

[6] 王晨光．两个著名旅游景区游程实录与管理评析[J]．旅游学刊，2004(3)．

[7] 刘啸．关于旅游景点门票价格确定模式的探讨[J]．旅游学刊，2005(3)．

[8] 潘秋玲，曹三强．中外旅游景区门票价格的比较研究：兼论门票价格的定价依据[J]．旅游学刊，2008(1)．

[9] 张晓燕．旅游景区事件营销误区透析：以飞机再次穿越天门洞为例[J]．旅游学刊，2006(8)．

[10] 黄潇婷．国内景区门票价格制定影响因素的实证研究[J]．旅游学刊，2007(5)．

[11] 郭强，董骏峰．旅游景区门票的资源保护型定价模型研究[J]．旅游学刊，2010(8)．

[12] 董晓梅．云南省旅游景区的危机管理现状分析[J]．昆明大学学报，2008(4)．

[13] 陈文君．我国旅游景区的主要危机及危机管理初探[J]．旅游学刊，2005(6)．

[14] 吴三忙，李树民．基于交易成本节约视角的旅游景区治理模式选择研究[J]．旅游科学，2006，20(4)．

[15] 班若川．解码旅游演艺第一股[N]．中国旅游报，2012-12-06(1,8)．

[16] 国家统计局统计科学研究所信息化统计评价研究组．2012年中国信息化发展指数（Ⅱ）研究报告[J]．调研世界，2012(12)．

[17] 阎友兵，陈喆枝．基于实物期权理论的景区经营权转让年限制度安排[J]．旅游学刊，2010，25(12)．

[18] 程爵浩．悉尼海湾喷射艇(Jet Boat)旅游娱乐市场现状、经营模式及其启示[J]．船艇，2007(11)．

[19] 聂艳梅，张昱翔，张文迪等．娱乐经济，欢乐之城：娱乐型景区与城市旅游形象传播策略研究[J]．广告大观（综合版），2012(2)．

[20] 史婷婷．迪士尼世界的"快乐"制度[D]．上海：上海师范大学，2011．

[21] [英]约翰·斯沃布鲁克．旅游景点开发与管理[M]．张文等，译．北京：中国旅游出版社，2001．

[22] 赵黎明，等．旅游景区管理学[M]．天津：南开大学出版社，2004．

[23] 张凌云．旅游景区景点管理[M]．北京：旅游教育出版社，2003．

[24] 姜若愚．旅游景区服务与管理[M]．大连：东北财经大学出版社，2003．

[25] 邹统钎．旅游景区开发与管理[M]．北京：清华大学出版社，2004．

[26] 彭德成．中国景区治理模式[M]．北京：中国旅游出版社，2003．

[27] 邹统钎．旅游景区开发与经营经典案例[M]．北京：旅游教育出版社，2003．

[28] 崔凤军．风景旅游区的保护与管理[M]．北京：中国旅游出版社，2001．

[29] 国家旅游局规划发展与财务司．中国景区发展报告2005[M]．北京：中国旅游出版社，2005．

[30] 郭亚军．旅游景区管理[M]．北京：高等教育出版社，2006．

[31] 杨桂华．旅游景区管理[M]．北京：科学出版社，2006．

[32] 国家旅游局规划发展与财务司．中国景区发展报告2005[M]．北京：中国旅游出版社，2005．

[33] [英]埃文斯，坎贝尔，斯通休萨．旅游战略管理[M]．马桂顺，译．沈阳：辽宁科学技术出版社，2005．

[34] 陈才，王斌．旅游景区管理[M]．大连：大连理工大学出版社，2011．

[35] 张进福，黄福才．景区管理[M]．北京：北京大学出版社，2009．